संस्कार रामायण

संस्कार रामायण

सं. डॉ. विनोद बाला अरुण

प्रभात प्रकाशन, दिल्ली
ISO 9001:2008 प्रकाशक

प्रकाशक • **प्रभात प्रकाशन**
4/19 आसफ अली रोड,
नई दिल्ली-110002

संस्करण • 2018
मूल्य • छह सौ रुपए
मुद्रक : एस.बी.एम. इंडस्ट्रीज प्रा.लि., राई (हरि.)

SANSKAR RAMAYAN *Ed.* Dr. Vinod Bala Arun ₹ 600.00
Published by Prabhat Prakashan, 4/19 Asaf Ali Road, New Delhi-2
e-mail: prabhatbooks@gmail.com ISBN 978-93-5048-871-3

निवेदन

यह सर्वविदित तथ्य है कि 19वीं शताब्दी में गन्ने के खेतों में काम करने के लिए अंग्रेज बिहार और पूर्वी उत्तर प्रदेश से मजदूरों को अनेक देशों में ले गए थे। उनमें—मॉरीशस, गयाना, फिजी, त्रिनिडाड एंड टोबैगो, सूरिनाम और दक्षिण अफ्रीका प्रमुख हैं। ये असहाय मजदूर अपने साथ अपने परमप्रिय सहायक रामचरितमानस जो तुलसी रामायण के नाम से प्रचलित है, हर संकट-संघर्ष और पीड़ा-प्रताड़ना में शांति पाने के लिए वे 'मानस' का ही पाठ किया करते थे। यह परंपरा अब तक जारी है।

मॉरीशस में रामायण-पाठ की परंपरा सर्वाधिक जीवंत है। गाँव-गाँव में रामायण मंडलियाँ हैं जो घर-घर जाकर रामायण का पाठ करती हैं जिसे सत्संग कहा जाता है। मॉरीशस के जन-जीवन में रामायण का प्रभाव कितना गहरा है यह इसी बात से समझा जा सकता है कि रामायण के विश्वव्यापी प्रचार-प्रसार के लिए मॉरीशस की संसद् ने एक ऐक्ट पारित करके 2001 में रामायण सेंटर की स्थापना की।

गोस्वामी तुलसीदासजी की रामायण मॉरीशस के हिंदू-समाज के दुःख-सुख की संगिनी है। विशेषकर किसी स्वजन की मृत्यु के समय लोग मृत्यु से ब्रह्म-भोज तक 12-13 दिनों तक सांयकाल अपने घर में रामायण का पाठ करते हैं जिसमें परिवार के लोग और हित-मित्र भाग लेते हैं। पिछले 30 वर्षों से मैं इन अनुष्ठानों में रामायण-पाठ के लिए जाता रहा हूँ।

मेरा यह दृढ़ विश्वास है कि रामचरितमानस परम प्रेरक ग्रंथ है। पारिवारिक-सामाजिक मर्यादाओं की सीख के साथ ही यह आध्यात्मिक उपलब्धि का मार्ग भी प्रशस्त करता है। प्रभु राम आचरण के भगवान् और जन-जन के उद्धारक हैं। 'मानस' के माध्यम से मनुष्य श्रेष्ठ लौकिक जीवन जीना सीखता है और देहावसान के बाद अपने उद्धार की गारंटी भी प्राप्त करता है।

मॉरीशस में रामायण सत्संग में सक्रियतापूर्ण संलग्न होकर मैंने यह देखा कि हम किसी की मृत्यु के समय तो नियमपूर्वक रामायण का पाठ करते हैं लेकिन अन्य अवसरों पर वह नियमबद्धता नहीं दिखाई देती। यह बात मुझे खटकती रही। रामायण सेंटर की स्थापना के बाद मैंने यह विचार किया कि जीवन के अन्य सुखद-दुखद

एवं शुभ-अशुभ अवसरों पर विधिपूर्वक रामायण का पाठ होना चाहिए, जिससे हमें मानसिक शांति और मूल्यों के प्रति सजग चेतना प्राप्त हो सके और हमारा जीवन अध्यात्म की उर्वर भूमि बन सके। हर सत्संग में मैं इस कमी की ओर लोगों का ध्यान खींचता रहा, रामायण मंडलियों से इस संबंध में आग्रह करता रहा। प्रत्युत्तर में सबने यही जानना चाहा कि वे कौन से उपयुक्त अवसर हैं, जिन पर रामायण-पाठ होना चाहिए और उन अवसरों पर किन अंशों का पाठ किया जाना चाहिए।

इसी विचार-मंथन से 'संस्कार-रामायण' का जन्म हुआ। मैंने सोचा कि जीवन को शुभ और श्रेष्ठ बनाने वाले अवसरों पर परमात्मा को धन्यवाद देने के लिए और दुखद अवसरों पर परमात्मा की कृपा प्राप्त करने के लिए रामायण का पाठ किया जाना चाहिए। यह पाठ एक अनुष्ठान की तरह निश्चित रूप से होना चाहिए, जिससे रामायण-पाठ एक संस्कार, एक पूजा बन सके।

इस लक्ष्य की संपूर्ति के लिए मैंने वाल्मीकि-रामायण और रामचरितमानस की विदुषी, रामायण सेंटर की उपाध्यक्षा डॉ. विनोद बाला अरुण से विचार-विमर्श किया। उन्हें उपयुक्त प्रसंगों को चुनने और पुस्तक के संपादन का दायित्व दिया। मुझे इस बात का हर्ष है कि उन्होंने इस दायित्व को तत्परता, दक्षता और निष्ठापूर्वक निभाया। परिणामत: 'संस्कार रामायण' आपके हाथों में है।

'संस्कार रामायण' के प्रकाशन के साथ रामायण सेंटर की एक बड़ी महत्त्वाकांक्षी योजना पूरी हो रही है। हम चाहते हैं कि आप भक्तिपूर्वक जीवन के हर सुखद-दुखद अवसर पर रामायण का पाठ सुनिश्चित और सुनिर्धारित ढंग से करें। हमें आपके सुझावों की प्रतीक्षा रहेगी।

जय श्रीराम।

—राजेन्द्र अरुण

अध्यक्ष, रामायण सेंटर, यूनियन पार्क, मॉरीशस

rava@intnet.mu

ramayanacentre@yahoo.com

भूमिका

रामायण सेंटर अपने जन्मकाल (जून 2001) से पं. राजेंद्र अरुण के मार्गदर्शन में रामायण के प्रचार-प्रसार को नए आयाम दे रहा है। इसने प्रतिवर्ष राष्ट्रीय स्तर पर तुलसी-जयंती, वाल्मीकि जयंती और राम-विवाह के आयोजन की परंपरा आरंभ की और इन्हें लोकप्रिय बनाया। रामनवमी-समारोह को राष्ट्रीय पहचान प्रदान की। इससे मॉरीशस में रामायण के प्रचार-प्रसार को नई गति और गरिमा प्राप्त हुई।

लेकिन हम भली-भाँति जानते हैं कि हमारा दायित्व केवल रामायण संबंधी आयोजनों को लोकप्रिय बनाना ही नहीं है, बल्कि रामायण के मूल्यों को सहज रूप से जन-जन तक पहुँचाना और जीवन के हर उत्सव और संस्कार से रामायण को जोड़ना भी है, जिससे रामायण के आदर्श, मूल्य और संदेश जन-साधारण से लेकर विद्वत् जन तक आसानी से पहुँच सकें।

इस हेतु हमने 'संस्कार रामायण' के प्रकाशन की योजना बनाई। रामायण सेंटर के अध्यक्ष, मॉरीशस के रामायण-गुरु पं. राजेंद्र अरुण की यह आंतरिक कामना है कि हिंदू धर्म के हर प्रमुख संस्कार के अवसर पर रामायण के प्रसंगों का भक्तिपूर्वक पाठ किया जाए जिससे जीवन कल्याणकारी बन सके। वे अपने प्रवचनों, कथाओं और सत्संगों में इसका निरंतर उल्लेख करते हैं।

मेरा यह सौभाग्य है कि पं. राजेंद्र अरुण ने 'संस्कार रामायण' का दायित्व मुझे सौंपा। उनके मार्गदर्शन में मैंने इस कार्य को पूरा करने का प्रयत्न किया है।

संस्कार का सामान्य अर्थ है—शुद्ध करना, उपयुक्त बनाना या सम्यक् करना। किसी साधारण या विकृत वस्तु को विशेष क्रियाओं द्वारा उत्तम बना देना ही उसका संस्कार है। परम उत्कर्ष को प्राप्त करने के लिए साधारण मनुष्य-जीवन को विशेष धार्मिक प्रक्रियाओं द्वारा उत्तम बनाया जा सकता है। ये विशिष्ट प्रक्रियाएँ ही 'संस्कार' हैं। हिंदुओं ने मनुष्य जीवन के लिए 16 संस्कारों का विधान किया। ये संस्कार

हैं—गर्भाधान संस्कार, पुसंवन संस्कार, सीमंतोन्नयन संस्कार, जातकर्म संस्कार, नामकरण संस्कार, निष्क्रमण संस्कार, अन्नप्राशन संस्कार, चूड़ाकर्म संस्कार, कर्णवेध संस्कार, विद्यारंभ संस्कार, उपनयन संस्कार, वेदारंभ संस्कार, केशांत संस्कार, समावर्तन संस्कार, विवाह संस्कार और अंत्येष्टि संस्कार।

आज के युग में अधिकांश लोग इन सभी 16 संस्कारों को संपन्न नहीं करते हैं। इसीलिए केवल उन महत्त्वपूर्ण संस्कारों को इस पुस्तक में समाविष्ट किया गया जो जन-जीवन में विशेष रूप से प्रचलित हैं जैसे—जन्म, विद्यारंभ, विवाह और मृत्यु। इन संस्कारों के अतिरिक्त भी जीवन का विस्तृत फलक है जिसमें सुख-दुःख, हर्ष-विषाद, लाभ-हानि के चित्र उभरते-मिटते हैं। इन अवसरों पर रामायण-पाठ करके मन को शांति मिलती है और पूजा भावना तृप्त होती है। जीवन के इस महत्त्वपूर्ण घटना-क्रम को समाहित करने के लिए हमने दो शीर्षक और निर्धारित किए—शुभ अवसर और संकट-आपदा। गृह-प्रवेश भी जीवन का एक महत्त्वपूर्ण अवसर होता है अतः हमने इसे भी एक शीर्षक के अंतर्गत रखा और इस तरह सारे संस्कारों-अवसरों को सात शीर्षकों में विभाजित किया। इन अवसरों पर किन अंशों का पाठ किया जाए, अब यह महत्त्वपूर्ण प्रश्न सामने था।

मेरा दृढ़ विश्वास है कि रामचरितमानस का एक-एक शब्द मंत्र है, अतः समय और सुविधानुसार यदि पूरे रामचरितमानस का पाठ किया जाए तो अति उत्तम। यदि पूरा पढ़ना संभव न हो तो सुंदरकांड और उत्तरकांड का पाठ भी अत्यंत लाभदायक है। सुंदरकांड हनुमान्‌जी के पराक्रम, लक्ष्यप्राप्ति के लिए सतत प्रयत्न, उनकी बुद्धिमत्ता, दूरदर्शिता, सजगता, संकल्प के प्रति दृढ़निष्ठा और सीता-रामजी के प्रति अत्यंत प्रगाढ़ भक्तिभावना से ओतप्रोत है। सीताजी का पातिव्रत्य, अटल आत्मविश्वास, रावण के साथ निर्भीक वार्त्तालाप, श्रीराम के पराक्रम के प्रति अखंड विश्वास और देदीप्यमान चरित्र इसी कांड में देखने को मिलता है। श्रीराम की कृतज्ञता, शरणागत वत्सलता और संकल्पसिद्धि के लिए सतत प्रयास के दर्शन भी इस कांड में होते हैं। इसीलिए यह कांड सुंदरकांड है।

उत्तरकांड मुख्य रूप से भक्ति का प्रतिपादन करनेवाला कांड है। मानव जीवन के लक्ष्य, संत-असंत के लक्षण, ज्ञान-भक्ति की दार्शनिक विवेचना और सबके संशयों का निवारण करके श्रीराम के प्रति अनन्य भक्ति की स्थापना करनेवाला यह कांड जितनी बार पढ़ा जाए उतना ही प्रभावी सिद्ध होता है और भक्ति उतनी ही परिपुष्ट होती है। किंतु घंटे-दो घंटे के सत्संग या आयोजन में इन पूरे कांडों का न तो पाठ संभव है और न ही पूरी रामायण का आनंद प्राप्त हो सकता है। अतः

हमने जहाँ जीवन के विस्तृत फलक को सात शीर्षकों में विभाजित किया वहीं रामचरितमानस के सातों कांडों से अवसरानुकूल उपयुक्त अंशों का चयन किया।

हर शीर्षक के अंतर्गत कई प्रसंगों को रखा गया है जिससे पाठक अपनी इच्छानुसार उनमें से किसी का भी चयन कर सकता है। इससे एकरसता भी मिटेगी और रामायण के विविध प्रसंगों को जानने-समझने का अवसर भी प्राप्त होगा। प्रसंगों को हमने कांड और दोहों के क्रम के अनुसार दिया है।

कुछ विशेष प्रसंगों को एकाधिक अवसरों पर पढ़ने का सुझाव दिया गया है। ये अंश इतने सुंदर, भावपूर्ण और मूल्यों से ओत-प्रोत हैं कि इनका बार-बार पाठ हमारे जीवन का रूपांतरण करने में सहायक बन सकता है जो हमारा अभीष्ट है। हम चाहते हैं कि विभिन्न आयोजनों पर इन प्रसंगों का पाठ औपचारिक पूजा-पाठ के साथ-साथ रामायण के सनातन एवं जीवंत मूल्यों को जन-जन तक पहुँचाने के लिए हो। तुलसीदासजी ने रामचरितमानस में जीवन के रहस्य को बहुत बारीकी से प्रस्तुत किया है। ऊपर से विरोधी दिखनेवाले प्रसंग गहराई से झाँकने पर सहयोगी और पूरक लगते हैं। इसीलिए एक शीर्षक के अंतर्गत परस्पर पूरक प्रसंगों को स्थान दिया गया है।

हर शीर्षक की चर्चा करते समय हमने उसकी सार्थकता और उपयोगिता पर एक टिप्पणी भी दी है और उसमें जिन अंशों को रखा गया है उनके औचित्य और महत्त्व पर भी सार रूप में प्रकाश डाला है।

जीवन-मूल्यों और आदर्शों के महासागर रामचरितमानस से विभिन्न रत्न निकालने के प्रयत्न समय-समय पर किए गए हैं। किंतु हमारी जानकारी में 'संस्कार रामायण' अपने ढंग की अनूठी कृति है। इसमें आयोजनों के अनुरूप पाठ करने के लिए विभिन्न प्रसंगों का चयन किया गया है। इससे सत्संगों में अवसरानुरूप विषय-वस्तु निर्धारित करने में सहायता मिल सकती है।

यद्यपि हमने पाठ के लिए गोस्वामी तुलसीदासजी के रामचरितमानस के अंशों का चयन किया है लेकिन पुस्तक को नाम दिया है 'संस्कार रामायण' क्योंकि जन-जीवन में रामचरितमानस को रामायण के नाम से ही जाना जाता है।

अपने सुधी पाठकों से मेरा निवेदन है कि 'संस्कार रामायण' नाम सुनकर वे यह न सोचें कि संस्कारों पर लिखी गई यह कोई नई रामायण है। यह तो जीवन को संस्कारित करनेवाले रामचरितमानस के कुछ प्रमुख चुने हुए प्रसंगों का संकलन और संपादन है। इसका उपयोग करके यदि हमारा समाज-जीवन तनिक भी रूपांतरित हो सके तो मैं समझूँगी कि रामायण सेंटर का यह प्रयत्न सार्थक सिद्ध हुआ।

पुस्तक का आकार बहुत बड़ा न हो जाए, इसलिए हमने सीमित प्रसंगों का ही चयन किया है। कुछ लंबे प्रसंगों को अपनी सुविधानुसार पूरा या आंशिक रूप में पढ़ा जा सकता है।

इस पुस्तक के संपादन में हमने गीताप्रेस गोरखपुर द्वारा प्रकाशित रामचरितमानस की टीका का साभार उपयोग किया है। हम उनके प्रति कृतज्ञ हैं।

जय श्रीराम।

—डॉ. विनोद बाला अरुण

उपाध्यक्षा : रामायण सेंटर

यूनियन पार्क, मॉरीशस

vinoo.arun@gmail.com

अनुक्रम

निवेदन *5*
भूमिका *7*

1. जन्म और जन्मदिन **15**
(क) गुरु, विप्र और संतों की वंदना (बालकांड, दोहा—1-7) 15
(ख) श्रीरामनाम, श्रीरामगुण और श्रीरामचरितमानस की महिमा (बालकांड, दोहा—18-28) 24
(ग) पार्वतीजी का जन्म (बालकांड, दोहा—64-71) 35
(घ) भगवान् राम-जन्म-प्रसंग (बालकांड, दोहा—190-203) 42

2. विद्यारंभ **57**
(क) गुरु, विप्र और संत वंदना (बालकांड, दोहा—1-7) 57
(ख) श्रीरामनाम, श्रीरामगुण और श्रीरामचरितमानस की महिमा (बालकांड, दोहा—18-28) 58
(ग) रामजी के विभिन्न संस्कार, गुण और गुरु विश्वामित्र के साथ प्रस्थान (बालकांड, दोहा—203-209) 58
(घ) भरतजी का चित्रकूट आगमन, लक्ष्मणजी का क्रोध, श्रीरामजी का लक्ष्मण को समझाना एवं भरतजी की महिमा का बखान (अयोध्याकांड, दोहा—226-234) 65
(ङ) श्रीरामजी से हनुमान्‌जी का मिलन, श्रीराम और सुग्रीव की मित्रता, बालिवध की प्रतिज्ञा, श्रीराम का मित्र-लक्षण-वर्णन और सुग्रीव का वैराग्य (किष्किंधाकांड, दोहा 1-7) 75

(च) हनुमान्‌जी का लंका को प्रस्थान, सुरसा से भेंट, छाया पकड़नेवाली राक्षसी का वध, लंकिनी-वध, लंका में प्रवेश, हनुमान्-विभीषण-संवाद—(सुंदरकांड, दोहा 1-5) 84

(छ) हनुमान्‌जी का अपने आपको श्रीराम के कार्य हेतु नागपाश में बँधवाना, हनुमान्-रावण-संवाद—(दोहा 19-22) 90

(ज) युद्ध में विभीषण की चिंता और श्रीराम का विजय-रथ वर्णन (लंकाकांड, दोहा—79-80) 94

(झ) हनुमान्‌जी द्वारा भरतजी का प्रश्न और श्रीरामजी का उपदेश, श्रीरामजी का प्रजा का उपदेश (उत्तरकांड, दोहा—35-47) 97

3. विवाह और विवाह की वर्षगाँठ **110**

(क) शिव-पार्वती-विवाह (बालकांड, दोहा—90-103) 110

(ख) श्रीराम-सीता-विवाह (बालकांड, दोहा—254-265) 128

(ग) श्रीराम-सीता-संवाद (अयोध्याकांड, दोहा—60-69) 139

(घ) अनसूयाजी द्वारा सीताजी को पतिव्रत धर्म की शिक्षा (अरण्यकांड, दोहा—4-6) 149

4. गृह प्रवेश **158**

(क) श्रीराम-वाल्मीकि-संवाद, चित्रकूट में पर्णकुटी बनाकर श्री सीता-राम और लक्ष्मणजी का निवास (अयोध्याकांड, दोहा—124-133) 158

(ख) पंचवटी में गोदावरीजी के समीप पर्णकुटी छाकर श्री सीता-राम और लक्ष्मणजी का निवास (अरण्यकांड, दोहा—13-16) 168

(ग) अयोध्या में श्रीरामजी का स्वागत, भरत-मिलाप, सबका मिलनानंद (उत्तरकांड, दोहा—1-9) 172

5. शुभ अवसर **185**

(क) गुरु, विप्र और संत वंदना (बालकांड, दोहा—1-7) 185

(ख) श्रीरामनाम, श्रीरामगुण और श्रीरामचरितमानस की महिमा
(बालकांड, दोहा—18-28) 185

(ग) जाम्बवान् द्वारा प्रभु-कृपा के महत्त्व का बखान,
हनुमान्जी द्वारा सीताजी का श्रीराम के प्रति संदेश-कथन और
श्रीरामजी का कृतज्ञता-ज्ञापन (सुंदरकांड, दोहा—29-33) 186

(घ) विभीषण की शरणागति और उनका राजतिलक
(सुंदरकांड, दोहा—42-49) 191

(ङ) राम-राज्य का वर्णन (उत्तरकांड, दोहा—20-23) 199

(च) काकभुशुंडि द्वारा ज्ञान-भक्ति-निरूपण, गरुड़ जी के सात प्रश्न
तथा काकभुशुंडि के उत्तर (उत्तरकांड, दोहा—114-122) 202

6. संकट-आपदा **220**

(क) श्रीराम-कैकेयी-संवाद (अयोध्याकांड, दोहा—39-43) 221

(ख) श्रीराम-कौसल्या-संवाद (अयोध्याकांड, दोहा—52-60) 225

(ग) लक्ष्मण-निषाद-संवाद (अयोध्याकांड, दोहा—90-94) 234

(घ) कौसल्या-भरत-मिलन (अयोध्याकांड, दोहा—163-169) 238

(ङ) भरत-भरद्वाज-संवाद (अयोध्याकांड, दोहा—202-212) 245

(च) श्रीराम-भरत-संवाद (अयोध्याकांड, दोहा—258-264) 256

(छ) श्रीराम-नारद-संवाद (अरण्यकांड, दोहा—40-46) 262

(ज) सीताजी की खोज में वानरों का समुद्रतट पर आना,
सम्पाती से भेंट और बातचीत, जाम्बवान् का
हनुमान्जी को बल याद दिलाकर उत्साहित करना
(किष्किंधाकांड, दोहा—25-30) 270

(झ) सीता-त्रिजटा-संवाद, सीताजी को संदेश देने के उपाय पर
हनुमान्जी का चिंतन (सुंदरकांड, दोहा 11-17) 277

(ञ) विभीषण का रावण को समझाना (सुंदरकांड, दोहा—37-40) 284

(ट) युद्ध में विभीषण की चिंता और श्रीराम का विजय-रथ-वर्णन
(लंकाकांड, दोहा—79-80) 288

7. मृत्यु और पुण्यतिथि **289**

(क) लक्ष्मण-निषाद-संवाद (अयोध्याकांड, दोहा—90-94) 289

(ख) केवट-प्रसंग (अयोध्याकांड, दोहा—99-102) 290

(ग) श्रीराम-वाल्मीकि-संवाद (अयोध्याकांड, दोहा—124-133) 294

(घ) दशरथ-मृत्यु (अयोध्याकांड, दोहा—154-174) 294

(ङ) जटायु-उद्धार (अरण्यकांड, दोहा—30-33) 313

(च) शबरी को नवधा भक्ति का उपदेश (अरण्यकांड, दोहा—34-36) 318

(छ) श्रीराम-नारद संवाद (अरण्यकांड, दोहा—40-46) 321

(ज) बालि-उद्धार, तारा का विलाप, तारा को रामजी का उपदेश (किष्किंधाकांड, दोहा—7-12) 321

(झ) हनुमान्‌जी द्वारा भरतजी का प्रश्न और श्रीरामजी का उपदेश, श्रीरामजी का प्रजा को उपदेश (उत्तरकांड, दोहा—35-47) 327

(ञ) काकभुशुंडि द्वारा ज्ञान-भक्ति-निरूपण, गरुड़जी के सात प्रश्न तथा काकभुशुंडि के उत्तर (उत्तरकांड, दोहा—114-122) 328

1

जन्म और जन्मदिन

हिंदू धर्म में बालक का जन्म बहुत महत्त्वपूर्ण घटना माना जाता है। हर बच्चे को श्रीराम या श्रीकृष्ण और हर बच्ची को लक्ष्मी, सरस्वती या सीता के रूप में देखा जाता है। उसके जन्म लेते ही उत्सव और आनंद का वातावरण छा जाता है। बच्चा श्रेष्ठ आचरण वाला हो, एक आदर्श मानव हो, सुसंस्कृत और सुशील हो, इस हेतु जन्म से पहले ही कई संस्कार किए जाने लगते हैं। बालक के जन्म लेने पर गाना-बजाना, मिठाई बाँटना, उत्सव और आनंद तो चलता ही है, परमात्मा को धन्यवाद देने और बच्चे के कल्याण के लिए तरह-तरह के धार्मिक आयोजन भी किए जाते हैं। रामायण का पाठ उनमें से एक है।

इस अवसर पर पाठ करने के लिए रामचरितमानस के कुछ अंशों को हम प्रस्तुत कर रहे हैं!

(क) गुरु, विप्र और संत वंदना (बालकांड, दोहा–1-7)

गुरु, विप्र और संतों को हमारी संस्कृति में बहुत ऊँचा स्थान प्राप्त है क्योंकि ये ज्ञान, श्रेष्ठ आचरण, निर्लिप्त जीवन और आध्यात्मिक उत्कर्ष के प्रतीक हैं। इस अंश का पाठ करने से बालक को अपने गुरु, श्रेष्ठजनों और साधु-संतों का सम्मान करने तथा उनके बताए मार्ग पर चलने की सीख मिलती है।

❖❖❖

दोहा

जथा सुअंजन अंजि दृग साधक सिद्ध सुजान।
कौतुक देखत सैल बन भूतल भूरि निधान॥ 1॥

जैसे सिद्धांजन को नेत्रों में लगाकर साधक, सिद्ध और सुजान पर्वतों, वनों और पृथ्वी के अंदर कौतुक से ही बहुत सी खानें देखते हैं॥ 1॥

❖❖❖

चौपाई

गुरु पद रज मृदु मंजुल अंजन। नयन अमिअ दृग दोष बिभंजन॥
तेहिं करि बिमल बिबेक बिलोचन। बरनउँ राम चरित भव मोचन॥ 1॥
बंदउँ प्रथम महीसुर चरना। मोह जनित संसय सब हरना॥
सुजन समाज सकल गुन खानी। करउँ प्रनाम सप्रेम सुबानी॥ 2॥
साधु चरित सुभ चरित कपासू। निरस बिसद गुनमय फल जासू॥
जो सहि दुख परछिद्र दुरावा। बंदनीय जेहिं जग जस पावा॥ 3॥
मुद मंगलमय संत समाजू। जो जग जंगम तीरथराजू॥
राम भक्ति जहँ सुरसरि धारा। सरसइ ब्रह्म बिचार प्रचारा॥ 4॥
बिधि निषेधमय कलि मल हरनी। करम कथा रबिनंदनि बरनी॥
हरि हर कथा बिराजति बेनी। सुनत सकल मुद मंगल देनी॥ 5॥
बटु बिस्वास अचल निज धरमा। तीरथराज समाज सुकरमा॥
सबहि सुलभ सब दिन सब देसा। सेवत सादर समन कलेसा॥ 6॥
अकथ अलौकिक तीरथराऊ। देइ सद्य फल प्रगट प्रभाऊ॥ 7॥

श्रीगुरु महाराज के चरणों की रज कोमल और सुंदर नयनामृत-अंजन है, जो नेत्रों के दोषों का नाश करनेवाला है। उस अंजन से विवेकरूपी नेत्रों को निर्मल करके मैं संसाररूपी बंधन से छुड़ानेवाले श्रीरामचरित्र का वर्णन करता हूँ॥ 1॥

पहले पृथ्वी के देवता ब्राह्मणों के चरणों की वंदना करता हूँ, जो अज्ञान से उत्पन्न सब संदेहों को हरनेवाले हैं। फिर सब गुणों की खान संत-समाज को प्रेमसहित सुंदर वाणी से प्रणाम करता हूँ॥ 2॥

संतों का चरित्र कपास के चरित्र (जीवन) के समान शुभ है, जिसका फल नीरस, विशद और गुणमय होता है। (कपास की डोडी नीरस होती है, संत-चरित्र में भी विषयासक्ति नहीं है, इससे वह भी नीरस है, कपास उज्ज्वल होता है, संत का हृदय भी अज्ञान और पाप रूपी अंधकार से रहित होता है, इसलिए वह विशद है, और कपास में गुण (तंतु) होते हैं, इसी प्रकार संत का चरित्र भी सद्गुणों का भंडार होता है, इसलिए वह गुणमय है।) [जैसे कपास का धागा सूई के किए हुए छेद को अपना तन देकर ढक देता है अथवा कपास जैसे लोढ़े जाने, काते जाने और बुने जाने का कष्ट सहकर भी वस्त्र के रूप में परिणत होकर दूसरों के गोपनीय

स्थानों को ढकता है, उसी प्रकार] संत स्वयं दुःख सहकर दूसरों के छिद्रों (दोषों) को ढकता है, जिसके कारण उसने जगत् में वंदनीय यश प्राप्त किया है॥ 3॥

संतों का समाज आनंद और कल्याणमय है, जो जगत् में चलता-फिरता तीर्थराज (प्रयाग) है। जहाँ (उस संत समाजरूपी प्रयागराज में) रामभक्ति रूपी गंगाजी की धारा है और ब्रह्मविचार का प्रचार सरस्वतीजी हैं॥ 4॥

विधि और निषेध (यह करो और यह न करो) रूपी कर्मों की कथा कलियुग के पापों को हरनेवाली सूर्यतनया यमुनाजी हैं और भगवान् विष्णु और शंकरजी की कथाएँ त्रिवेणी रूप से सुशोभित हैं, जो सुनते ही सब आनंद और कल्याणों की देनेवाली हैं॥ 5॥

[उस संत समाज रूपी प्रयाग में] अपने धर्म में जो अटल विश्वास है वह अक्षयवट है, और शुभकर्म ही उस तीर्थराज का समाज (परिकर) है। वह (संतसमाज रूपी प्रयागराज) सब देशों में, सब समय सभी को सहज ही में प्राप्त हो सकता है और आदरपूर्वक सेवन करने से क्लेशों को नष्ट करनेवाला है॥ 6॥

वह तीर्थराज अलौकिक और अकथनीय है एवं तत्काल फल देनेवाला है; उसका प्रभाव प्रत्यक्ष है॥ 7॥

❖❖❖❖

दोहा

सुनि समुझहिं जन मुदित मन मज्जहिं अति अनुराग।
लहहिं चारि फल अछत तनु साधु समाज प्रयाग॥ 2॥

जो मनुष्य इस संत समाजरूपी तीर्थराज का प्रभाव प्रसन्न मन से सुनते और समझते हैं और फिर अत्यंत प्रेमपूर्वक इसमें गोते लगाते हैं, वे इस शरीर के रहते ही धर्म, अर्थ, काम, मोक्ष—चारों फल पा जाते हैं॥ 2॥

❖❖❖❖

चौपाई

मज्जन फल पेखिअ ततकाला। काक होहिं पिक बकउ मराला॥
सुनि आचरज करै जनि कोई। सतसंगति महिमा नहिं गोई॥ 1॥
बालमीक नारद घटजोनी। निज निज मुखनि कही निज होनी॥
जलचर थलचर नभचर नाना। जे जड़ चेतन जीव जहाना॥ 2॥
मति कीरति गति भूति भलाई। जब जेहिं जतन जहाँ जेहिं पाई॥
सो जानब सतसंग प्रभाऊ। लोकहुँ बेद न आन उपाऊ॥ 3॥
बिनु सतसंग बिबेक न होई। राम कृपा बिनु सुलभ न सोई॥

सतसंगत मुद मंगल मूला। सोइ फल सिधि सब साधन फूला॥ 4॥
सठ सुधरहिं सतसंगति पाई। पारस परस कुधात सुहाई॥
बिधि बस सुजन कुसंगत परहीं। फनि मनि सम निज गुन अनुसरहीं॥ 5॥
बिधि हरि हर कबि कोबिद बानी। कहत साधु महिमा सकुचानी॥
सो मो सन कहि जात न कैसें। साक बनिक मनि गुन गन जैसें॥ 6॥

इस तीर्थराज में स्नान का फल तत्काल ऐसा देखने में आता है कि कौए कोयल बन जाते हैं और बगुले हंस। यह सुनकर कोई आश्चर्य न करे, क्योंकि सत्संग की महिमा छिपी नहीं है॥ 1॥

वाल्मीकिजी, नारदजी और अगस्त्यजी ने अपने-अपने मुखों से अपनी होनी (जीवन का वृत्तांत) कही है। जल में रहनेवाले, जमीन पर चलनेवाले और आकाश में विचरनेवाले नाना प्रकार के जड़-चेतन जितने जीव इस जगत् में हैं॥ 2॥

उनमें से जिसने जिस समय जहाँ कहीं भी जिस किसी यत्न से बुद्धि, कीर्ति, सदगति, विभूति (ऐश्वर्य) और भलाई पाई है, सो सब सत्संग का ही प्रभाव समझना चाहिए। वेदों में और लोक में इनकी प्राप्ति का दूसरा कोई उपाय नहीं है॥ 3॥

सत्संग के बिना विवेक नहीं होता और श्रीरामजी की कृपा के बिना यह सत्संग सहज में मिलता नहीं। सत्संगति आनंद और कल्याण की जड़ है। सत्संग की सिद्धि (प्राप्ति) ही फल है और सब साधन तो फूल हैं॥ 4॥

दुष्ट भी सत्संगति पाकर सुधर जाते हैं, जैसे पारस के स्पर्श से लोहा सुहावना हा जाता है (सुंदर सोना बन जाता है)। किंतु दैवयोगसे यदि कभी सज्जन कुसंगति में पड़ जाते हैं, तो वे वहाँ भी साँप की मणि के समान अपने गुणों का ही अनुसरण करते हैं (अर्थात् जिस प्रकार साँप का संसर्ग पाकर भी मणि उसके विष को ग्रहण नहीं करती तथा अपने सहज गुण प्रकाश को नहीं छोड़ती, उसी प्रकार साधु पुरुष दुष्टों के संग में रहकर भी दूसरों को प्रकाश ही देते हैं, दुष्टों का उन पर कोई प्रभाव नहीं पड़ता।)॥ 5॥

ब्रह्मा, विष्णु, शिव, कवि और पंडितों की वाणी भी संत-महिमा का वर्णन करने में सकुचाती है; वह मुझसे किस प्रकार नहीं कही जाती, जैसे साग-तरकारी बेचने वाले से मणियों के गुण समूह नहीं कहे जा सकते॥ 6॥

❖❖❖

दोहा

बंदउँ संत समान चित हित अनहित नहिं कोइ।
अंजलि गत सुभ सुमन जिमि सम सुगंध कर दोइ॥ 3 (क)॥

संत सरल चित जगत हित जानि सुभाउ सनेहु।
बालबिनय सुनि करि कृपा राम चरन रति देहु॥ 3 (ख)॥

मैं संतों को प्रणाम करता हूँ, जिनके चित्त में समता है, जिनका न कोई मित्र है और न शत्रु! जैसे अंजलि में रखे हुए सुंदर फूल [जिस हाथ ने फूलों को तोड़ा और जिसने उनको रखा उन] दोनों ही हाथों को समान रूप से सुगंधित करते हैं [वैसे ही संत शत्रु और मित्र दोनों का ही समान रूप से कल्याण करते हैं] ॥ 3(क) ॥]

संत सरल हृदय और जगत् के हितकारी होते हैं, उनके ऐसे स्वभाव और स्नेह को जानकर मैं विनय करता हूँ, मेरी इस बाल-विनय को सुनकर कृपा करके श्रीराम जी के चरणों में मुझे प्रीति दें॥ 3 (ख) ॥

❖❖❖❖

चौपाई

बहुरि बंदि खल गन सतिभाएँ। जे बिनु काज दाहिनेहु बाएँ॥
पर हित हानि लाभ जिन्ह केरें। उजरें हरष बिषाद बसेरें॥ 1॥
हरि हर जस राकेस राहु से। पर अकाज भट सहसबाहु से॥
जे पर दोष लखहिं सहसाखी। पर हित घृत जिन्ह के मन माखी॥ 2॥
तेज कृसानु रोष महिषेसा। अघ अवगुन धन धनी धनेसा॥
उदय केत सम हित सबही के। कुंभकरन सम सोवत नीके॥ 3॥
पर अकाजु लगि तनु परिहरहीं। जिमि हिम उपल कृषी दलि गरहीं॥
बंदउँ खल जस सेष सरोषा। सहस बदन बरनइ पर दोषा॥ 4॥
पुनि प्रनवउँ पृथुराज समाना। पर अघ सुनइ सहस दस काना॥
बहुरि सक्र सम बिनवउँ तेही। संतत सुरानीक हित जेही॥ 5॥
बचन बज्र जेहि सदा पिआरा। सहस नयन पर दोष निहारा॥ 6॥

अब मैं सच्चे भाव से दुष्टों को प्रणाम करता हूँ, जो बिना ही प्रयोजन, अपना हित करने वाले के भी प्रतिकूल आचरण करते हैं। दूसरों के हित की हानि ही जिनकी दृष्टि में लाभ है, जिनको दूसरों के उजड़ने में हर्ष और बसने में विषाद होता है॥ 1॥

जो हरि और हर के यश रूपी पूर्णिमा के चंद्रमा के लिए राहु के समान हैं (अर्थात् जहाँ कहीं भगवान् विष्णु या शंकर के यशका वर्णन होता है, उसी में वे बाधा देते हैं) और दूसरों की बुराई करने में सहस्त्र बाहु के समान वीर हैं। जो दूसरों के दोषों को हजार आँखों से देखते हैं और दूसरों के हितरूपी घी के लिए

जिनका मन मक्खी के समान है (अर्थात् जिस प्रकार मक्खी घी में गिरकर उसे खराब कर देती है और स्वयं भी मर जाती है, उसी प्रकार दुष्ट लोग दूसरों के बने-बनाए काम को अपनी हानि करके भी बिगाड़ देते हैं) ॥ 2 ॥

जो तेज (दूसरों को जलाने वाले ताप) में अग्नि और क्रोध में यमराज के समान हैं, पाप और अवगुणरूपी धन में कुबेर के समान धनी हैं, जिनकी बढ़ती सभी के हित का नाश करने के लिए केतु (पुच्छल तारे) के समान है, और जिनके कुंभकर्ण की तरह सोते रहने में ही भलाई है ॥ 3 ॥

जैसे ओले खेती का नाश करके आप भी गल जाते हैं, वैसे ही वे दूसरों का काम बिगाड़ने के लिए अपना शरीर तक छोड़ देते हैं। मैं दुष्टों को [हजार मुखवाले] शेषजी के समान समझकर प्रणाम करता हूँ, जो पराए दोषों का हजार मुखों से बड़े रोष के साथ वर्णन करते हैं ॥ 4 ॥

पुन: उनको राजा पृथु (जिन्होंने भगवान् का यश सुनने के लिए दस हजार कान माँगे थे) के समान जानकर प्रणाम करता हूँ, जो दस हजार कानों से दूसरों के पापों को सुनते हैं। फिर इंद्र के समान मानकर उनकी विनय करता हूँ, जिनको सुरा (मदिरा) नीकी और हितकारी मालूम देती है [इंद्र के लिए भी सुरानीक अर्थात् देवताओं की सेना हितकारी है] ॥ 5 ॥

जिनको कठोर वचनरूपी वज्र सदा प्यारा लगता है और जो हजार आँखों से दूसरों के दोषों को देखते हैं ॥ 6 ॥

दोहा

उदासीन अरि मीत हित सुनत जरहिं खल रीति।
जानि पानि जुग जोरि जन बिनती करइ सप्रीति ॥ 4 ॥

दुष्टों की यह रीति है कि वे उदासीन, शत्रु अथवा मित्र, किसी का भी हित सुनकर जलते हैं। यह जानकर दोनों हाथ जोड़कर यह जन प्रेमपूर्वक उनसे विनय करता है ॥ 4 ॥

चौपाई

मैं अपनी दिसि कीन्ह निहोरा। तिन्ह निज ओर न लाउब भोरा ॥
बायस पलिअहिं अति अनुरागा। होहिं निरामिष कबहुँ कि कागा ॥ 1 ॥
बंदउँ संत असज्जन चरना। दुखप्रद उभय बीच कछु बरना ॥

बिछुरत एक प्रान हरि लेहीं। मिलत एक दुख दारुन देहीं॥ 2॥
उपजहिं एक संग जग माहीं। जलज जोंक जिमि गुन बिलगाहीं॥
सुधा सुरा सम साधु असाधू। जनक एक जग जलधि अगाधू॥ 3॥
भल अनभल निज निज करतूती। लहत सुजस अपलोक बिभूती॥
सुधा सुधाकर सुरसरि साधू। गरल अनल कलिमल सरि ब्याधू॥ 4॥
गुन अवगुन जानत सब कोई। जो जेहि भाव नीक तेहि सोई॥ 5॥

मैंने अपनी ओर से विनती की है, परंतु वे अपनी ओर से कभी नहीं चूकेंगे। कौओं की बड़े प्रेम से पालिए, परंतु वे क्या कभी माँस के त्यागी हो सकते हैं?॥ 1॥

अब मैं संत और असंत दोनों की चरणों की वंदना करता हूँ; दोनों ही दुःख देने वाले हैं; परंतु उनमें कुछ अंतर कहा गया है। वह अंतर यह है कि एक (संत) तो बिछुड़ते समय प्राण हर लेते हैं और दूसरे (असंत) मिलते हैं तब दारुण दुःख देते हैं। (अर्थात् संतों का बिछुड़ना मरने के समान दुःखदायी होता है और असंतों का मिलना)॥ 2॥

दोनों (संत और असंत) जगत् में एक साथ पैदा होते हैं; पर [एक साथ पैदा होनेवाले] कमल और जोंक की तरह उनके गुण अलग-अलग होते हैं। (कमल दर्शन और स्पर्श से सुख देता है, किंतु जोंक शरीर का स्पर्श पाते ही रक्त चूसने लगती है।) साधु अमृत के समान (मृत्युरूपी संसार से उबारने वाला) और असाधु मदिरा के समान (मोह, प्रमाद और जड़ता उत्पन्न करने वाला) हैं, दोनों को उत्पन्न करने वाला जगत्रूपी अगाध समुद्र एक ही है। [शास्त्रों में समुद्र मंथन से ही अमृत और मदिरा दोनों की उत्पत्ति बताई गई है]॥ 3॥

भले और बुरे अपनी-अपनी करनी के अनुसार सुंदर यश और अपयश की संपत्ति पाते हैं। अमृत, चंद्रमा, गंगाजी और साधु एवं विष, अग्नि, कलियुग के पापों की नदी अर्थात् कर्मनाशा और हिंसा करनेवाला व्याध, इनके गुण-अवगुण सब कोई जानते हैं; किंतु जिसे जो भाता है, उसे वही अच्छा लगता है॥ 4-5॥

❖❖❖

दोहा

भलो भलाइहि पै लहइ लहइ निचाइहि नीचु।
सुधा सराहिअ अमरताँ गरल सराहिअ मीचु॥ 5॥

भला भलाई ही ग्रहण करता है और नीच नीचता को ही ग्रहण किए रहता

है। अमृत की सराहना अमर करने में होती है और विष की मारने में॥ 5॥

☙❖❖❖❧

चौपाई

खल अघ अगुन साधु गुन गाहा। उभय अपार उदधि अवगाहा॥
तेहि तें कछु गुन दोष बखाने। संग्रह त्याग न बिनु पहिचाने॥ 1॥
भलेउ पोच सब बिधि उपजाए। गनि गुन दोष बेद बिलगाए॥
कहहिं बेद इतिहास पुराना। बिधि प्रपंचु गुन अवगुन साना॥ 2॥
दुख सुख पाप पुन्य दिन राती। साधु असाधु सुजाति कुजाती॥
दानव देव ऊँच अरु नीचू। अमिअ सुजीवनु माहुरु मीचू॥ 3॥
माया ब्रह्म जीव जगदीसा। लच्छि अलच्छि रंक अवनीसा॥
कासी मग सुरसरि क्रमनासा। मरु मारव महिदेव गवासा॥ 4॥
सरग नरक अनुराग बिरागा। निगमागम गुन दोष बिभागा॥ 5॥

दुष्टों के पापों और अवगुणों की और साधुओं के गुणों की कथाएँ—दोनों ही अपार और अथाह समुद्र हैं। इसी से कुछ गुण और दोषों का वर्णन किया गया है, क्योंकि बिना पहचाने उनका ग्रहण या त्याग नहीं हो सकता॥ 1॥

भले, बुरे सभी ब्रह्मा के पैदा किए हुए हैं, पर गुण और दोषों को विचारकर वेदों ने उनको अलग-अलग कर दिया है। वेद, इतिहास और पुराण कहते हैं कि ब्रह्मा की यह सृष्टि गुण-अवगुणों से सनी हुई है॥ 2॥

दुःख-सुख, पाप-पुण्य, दिन-रात, साधु-असाधु, सुजाति-कुजाति, दानव-देवता, ऊँच-नीच, अमृत-विष, सुजीवन (सुंदर जीवन)-मृत्यु, माया-ब्रह्म, जीव-ईश्वर, संपत्ति-दरिद्रता, रंक-राजा, काशी-मगध, गंगा-कर्मनाशा, मारवाड़-मालवा, ब्राह्मण-कसाई, स्वर्ग-नरक, अनुराग-वैराग्य [ये सभी पदार्थ ब्रह्मा की सृष्टि में हैं।] वेद-शास्त्रों ने उनके गुण-दोषों का विभाग कर दिया है॥ 3-5॥

☙❖❖❖❧

दोहा

जड़ चेतन गुन दोषमय बिस्व कीन्ह करतार।
संत हंस गुन गहहिं पय परिहरि बारि बिकार॥ 6॥

विधाता ने इस जड़-चेतन विश्व को गुण-दोषमय रचा है; किंतु संतरूपी हंस दोषरूपी जल को छोड़कर गुणरूपी दूध को ही ग्रहण करते हैं॥ 6॥

☙❖❖❖❧

चौपाई

अस बिबेक जब देइ बिधाता। तब तजि दोष गुनहिं मनु राता॥
काल सुभाउ करम बरिआईं। भलेउ प्रकृति बस चुकइ भलाईं॥ 1॥
सो सुधारि हरिजन जिमि लेहीं। दलि दुख दोष बिमल जसु देहीं॥
खलउ करहिं भल पाइ सुसंगू मिटइ न मलिन सुभाउ अभंगू॥ 2॥
लखि सुबेष जग बंचक जेऊ। बेष प्रताप पूजिअहिं तेऊ॥
उघरहिं अंत न होईं निबाहू। कालनेमि जिमि रावन राहू॥ 3॥
किएहुँ कुबेषु साधु सनमानू। जिमि जग जामवंत हनुमानू॥
हानि कुसंग सुसंगति लाहू। लोकहुँ बेद बिदित सब काहू॥ 4॥
गगन चढ़इ रज पवन प्रसंगा। कीचहिं मिलइ नीच जल संगा॥
साधु असाधु सदन सुक सारीं। सुमिरहिं राम देहिं गनि गारीं॥ 5॥
धूम कुसंगति कारिख होई। लिखिअ पुरान मंजु मसि सोई॥
सोइ जल अनल अनिल संघाता। होइ जलद जग जीवन दाता॥ 6॥

विधाता जब इस प्रकार का (हंसका-सा) विवेक देते हैं, तब दोषों को छोड़कर मन गुणों में अनुरक्त होता है। काल-स्वभाव और कर्म की प्रबलता से भले लोग (साधु) भी माया के वश में होकर कभी-कभी भलाई से चूक जाते हैं॥ 1॥

भगवान् के भक्त जैसे उस चूक को सुधार लेते हैं और दुःख-दोषों को मिटाकर निर्मल यश देते हैं, वैसे ही दुष्ट भी कभी-कभी उत्तम संग पाकर भलाई करते हैं; परंतु उनका कभी भंग न होनेवाला मलिन स्वभाव नहीं मिटता॥ 2॥

जो [वेषधारी] ठग हैं, उन्हें भी अच्छा (साधु का-सा) वेष बनाए देखकर वेष के प्रताप से जगत् पूजता है; परंतु एक-न-एक दिन उनका भेद खुल ही जाता है; अंत तक उनका कपट नहीं निभता, जैसे कालनेमि, रावण और राहु का हाल हुआ॥ 3॥

बुरा वेष बना लेने पर भी साधु का सम्मान ही होता है, जैसे जाम्बवान् और हनुमान्जी का हुआ। बुरे संग से हानि और अच्छे संग से लाभ होता है, यह बात लोक और वेद में है और सभी लोग इसको जानते हैं॥ 4॥

पवन के संग से धूल आकाश पर चढ़ जाती है और वही नीच (नीचे की ओर बहने वाले) जलके संग से कीचड़ में मिल जाती है। साधु के घर के तोता-मैना राम-राम सुमिरते हैं और असाधु के घर के तोता-मैना गिन-गिनकर गालियाँ देते हैं॥ 5॥

कुसंग के कारण धुआँ कालिख कहलाता है, वही धुआँ [सुसंग से] सुंदर स्याही होकर पुराण लिखने के काम में आता है और वही धुआँ जल, अग्नि और पवन के संग से बादल होकर जगत् को जीवन देनेवाला बन जाता है ॥ 6 ॥

❖❖❖

दोहा

ग्रह भेषज जल पवन पट पाइ कुजोग सुजोग।
होहिं कुबस्तु सुबस्तु जग लखहिं सुलच्छन लोग॥ 7 (क)॥
सम प्रकास तम पाख दुहुँ नाम भेद बिधि कीन्ह।
ससि सोषक पोषक समुझि जग जस अपजस दीन्ह॥ 7 (ख)॥
जड़ चेतन जग जीव जत सकल राममय जानि।
बंदउँ सब के पद कमल सदा जोरि जुग पानि॥ 7 (ग)॥
देव दनुज नर नाग खग प्रेत पितर गंधर्ब।
बंदउँ किंनर रजनिचर कृपा करहु अब सर्ब॥ 7 (घ)॥

ग्रह, ओषधि, जल, वायु और वस्त्र—ये सब भी कुसंग और सुसंग पाकर संसार में बुरे और भले पदार्थ हो जाते हैं। चतुर एवं विचारशील पुरुष ही इस बात को जान पाते हैं॥ 7 (क) ॥

महीने के दोनों पखवाड़ों में उजियाला और अँधेरा समान ही रहता है, परंतु विधाता ने इनके नाम में भेद कर दिया है (एक का नाम शुक्ल और दूसरे का नाम कृष्ण रख दिया)। एक को चंद्रमा का बढ़ाने वाला और दूसरे का उसका घटाने वाला समझकर जगत् ने एक को सुयश और दूसरे को अपयश दे दिया॥ 7 (ख) ॥

जगत् में जितने जड़ और चेतन जीव हैं, सबको राममय जानकर मैं उन सबके चरण कमलों की सदा दोनों हाथ जोड़कर वंदना करता हूँ॥ 7 (ग) ॥

देवता, दैत्य, मनुष्य, नाग, पक्षी, प्रेत, पितर, गंधर्व, किन्नर और निशाचर सबको मैं प्रणाम करता हूँ। अब सब मुझ पर कृपा कीजिए॥ 7 (घ) ॥

(ख) श्रीरामनाम, श्रीरामगुण और श्रीरामचरितमानस की महिमा (बालकांड, दोहा–18-28)

भक्ति में परमात्मा के नाम–जप का बहुत महत्त्व है। तुलसीदासजी ने कहा—

राम नाम मनि दीप धरु जीह देहरी द्वार।
तुलसी भीतर बाहरेहुँ जो चाहसि उजियार॥

राम-नाम रूपी मणि-दीपक मुख रूपी द्वार की जीभ रूपी देहली पर रख दिया जाए तो अंदर-बाहर दोनों ओर उजाला हो जाता है।

इस अंश को पढ़ने-सुनने से श्रीराम के नाम से प्रेम और उनके गुणों को अपनाने का भाव पैदा होता है जो हर बालक और परिवार के श्रेष्ठ जीवन के लिए अत्यंत आवश्यक है। बचपन से ही इस अंश का पाठ पूरे जीवन को सही दिशा प्रदान करता है।

❖❖❖

दोहा

गिरा अरथ जल बीचि सम कहिअत भिन्न न भिन्न।
बंदउँ सीता राम पद जिन्हहि परम प्रिय खिन्न॥ 18॥

जो वाणी और उसके अर्थ तथा जल और जल की लहर के समान कहने में अलग-अलग हैं, परंतु वास्तव में अभिन्न (एक) हैं, उन श्री सीतारामजी के चरणों की मैं वंदना करता हूँ, जिन्हें दीन-दुखी बहुत ही प्रिय हैं॥ 18॥

❖❖❖

चौपाई

बंदउँ नाम राम रघुबर को। हेतु कृसानु भानु हिमकर को॥
बिधि हरि हरमय बेद प्रान सो। अगुन अनूपम गुन निधान सो॥ 1॥
महामंत्र जोइ जपत महेसू। कासीं मुकुति हेतु उपदेसू॥
महिमा जासु जान गनराऊ। प्रथम पूजिअत नाम प्रभाऊ॥ 2॥
जान आदिकबि नाम प्रतापू। भयउ सुद्ध करि उलटा जापू॥
सहस नाम सम सुनि सिव बानी। जपि जेईं पिय संग भवानी॥ 3॥
हरषे हेतु हेरि हर ही को। किय भूषन तिय भूषन ती को॥
नाम प्रभाउ जान सिव नीको। कालकूट फलु दीन्ह अमी को॥ 4॥

मैं श्रीरघुनाथ जी के नाम 'राम' की वंदना करता हूँ, जो कृशानु (अग्नि), भानु (सूर्य) और हिमकर (चंद्रमा) का हेतु अर्थात् 'र' 'आ' और 'म' रूप से बीज है। वह 'राम' नाम ब्रह्मा, विष्णु और शिवरूप है। वह वेदों का प्राण है; निर्गुण, उपमारहित और गुणों का भंडार है॥ 1॥

जो महामंत्र है, जिसे महेश्वर श्रीशिवजी जपते हैं और उनके द्वारा जिसका उपदेश काशी में मुक्ति का कारण है, तथा जिसकी महिमा को गणेशजी जानते हैं, जो इस 'राम' नाम के प्रभाव से ही सबसे पहले पूजे जाते हैं॥ 2॥

आदिकवि श्रीवाल्मीकिजी राम नाम के प्रताप को जानते हैं, जो उलटा नाम

('मरा','मरा') जपकर पवित्र हो गए। श्रीशिवजी के इस वचन को सुनकर कि एक राम-नाम सहस्र नाम के समान है, पार्वती जी सदा अपने पति (श्रीशिवजी) के साथ राम-नाम का जप करती रहती हैं॥ 3॥

नाम के प्रति पार्वतीजी के हृदय की ऐसी प्रीति देखकर श्रीशिवजी हर्षित हो गए और उन्होंने स्त्रियों में भूषणरूप (पतिव्रताओं में शिरोमणि) पार्वतीजी को अपना भूषण बना लिया (अर्थात् उन्हें अपने अंग में धारण करके अर्धांगिनी बना लिया)। नाम के प्रभाव को श्रीशिवजी भली-भाँति जानते हैं, जिस (प्रभाव)के कारण कालकूट जहर ने उनको अमृत का फल दिया॥ 4॥

❖❖❖

दोहा

बरषा रितु रघुपति भगति तुलसी सालि सुदास।
राम नाम बर बरन जुग सावन भादव मास॥ 19॥

श्रीरघुनाथजी की भक्ति वर्षा-ऋतु है, तुलसीदासजी कहते हैं कि उत्तम सेवक गण धान हैं और 'राम' नाम के दो सुंदर अक्षर सावन-भादों के महीने हैं॥ 19॥

❖❖❖

चौपाई

आखर मधुर मनोहर दोऊ। बरन बिलोचन जन जिय जोऊ॥
सुमिरत सुलभ सुखद सब काहू। लोक लाहु परलोक निबाहू॥ 1॥
कहत सुनत सुमिरत सुठि नीके। राम लखन सम प्रिय तुलसी के॥
बरनत बरन प्रीति बिलगाती। ब्रह्म जीव सम सहज सँघाती॥ 2॥
नर नारायन सरिस सुभ्राता। जग पालक बिसेषि जन त्राता॥
भगति सुतिय कल करन बिभूषन। जग हित हेतु बिमल बिधु पूषन॥ 3॥
स्वाद तोष सम सुगति सुधा के। कमठ सेष सम धर बसुधा के॥
जन मन मंजु कंज मधुकर से। जीह जसोमति हरि हलधर से॥ 4॥

दोनों अक्षर मधुर और मनोहर हैं, जो वर्णमालारूपी शरीर के नेत्र हैं, भक्तों के जीवन हैं तथा स्मरण करने में सबके लिए सुलभ और सुख देनेवाले हैं, और जो इस लोक में लाभ और परलोक में निर्वाह करते हैं (अर्थात् भगवान् के दिव्य धाम में दिव्य देह से सदा भगवत्सेवा में नियुक्त रखते हैं)॥ 1

ये कहने, सुनने और स्मरण करने में बहुत ही अच्छे (सुंदर और मधुर) हैं; तुलसीदास को तो श्रीराम-लक्ष्मण के समान प्यारे हैं। इनका ('र' और 'म' का) अलग-अलग वर्णन करने में प्रीति बिलगाती है (अर्थात् बीजमंत्र की दृष्टि से इनके

उच्चारण, अर्थ और फल में भिन्नता दीख पड़ती है) परंतु हैं ये जीव और ब्रह्म के समान स्वभाव से ही साथ रहनेवाले (सदा एकरूप और एकरस) ॥ 2 ॥

ये दोनों अक्षर नर-नारायण के समान सुंदर भाई हैं, ये जगत् का पालन और विशेष रूप से भक्तों की रक्षा करनेवाले हैं। ये भक्तिरूपिणी सुंदर स्त्री के कानों के सुंदर आभूषण (कर्णफूल) हैं, और जगत् के हित के लिए निर्मल चंद्रमा और सूर्य हैं ॥ 3 ॥

ये सुंदर गति (मोक्ष) रूपी अमृत के स्वाद और तृप्ति के समान हैं, कच्छप और शेष जी के समान पृथ्वी के धारण करनेवाले हैं, भक्तों के मनरूपी सुंदर कमल में विहार करनेवाले भौंरे के समान हैं और जीभरूपी यशोदाजी के लिए श्रीकृष्ण और बलरामजी के समान [आनंद देनेवाले] हैं ॥ 4 ॥

❖❖❖❖

दोहा

एकु छत्रु एकु मुकुटमनि सब बरननि पर जोउ।
तुलसी रघुबर नाम के बरन बिराजत दोउ ॥ 20 ॥

तुलसीदासजी कहते हैं—श्रीरघुनाथजी के नाम के दोनों अक्षर बड़ी शोभा देते हैं, जिनमें से एक (रकार) छत्ररूप (रेफ र्) से और दूसरा (मकार) मुकुटमणि (अनुस्वार ं) रूप से सब अक्षरों के ऊपर हैं ॥ 20 ॥

❖❖❖❖

चौपाई

समुझत सरिस नाम अरु नामी। प्रीति परसपर प्रभु अनुगामी ॥
नाम रूप दुइ ईस उपाधी। अकथ अनादि सुसामुझि साधी ॥ 1 ॥
को बड़ छोट कहत अपराधू। सुनि गुन भेदु समुझिहहिं साधू ॥
देखिअहिं रूप नाम आधीना। रूप ग्यान नहिं नाम बिहीना ॥ 2 ॥
रूप बिसेष नाम बिनु जानें। करतल गत न परहिं पहिचानें ॥
सुमिरिअ नाम रूप बिनु देखें। आवत हृदयँ सनेह बिसेषें ॥ 3 ॥
नाम रूप गति अकथ कहानी। समुझत सुखद न परति बखानी ॥
अगुन सगुन बिच नाम सुसाखी। उभय प्रबोधक चतुर दुभाषी ॥ 4 ॥

समझने में नाम और नामी दोनों एक-से हैं, किंतु दोनों में परस्पर स्वामी और सेवक के समान प्रीति है (अर्थात् नाम और नामी में पूर्ण एकता होने पर भी जैसे स्वामी के पीछे सेवक चलता है, उसी प्रकार नाम के पीछे नामी चलते हैं। प्रभु श्रीरामजी अपने 'राम' नाम का ही अनुगमन करते हैं, नाम लेते ही वहाँ आ जाते

हैं)। नाम और रूप दोनों ईश्वर की उपाधि हैं; ये (भगवान् के नाम और रूप) दोनों अनिर्वचनीय हैं, अनादि हैं और सुंदर (शुद्ध भक्तियुक्त) बुद्धि से ही इनका [दिव्य अविनाशी] स्वरूप जानने में आता है॥ 1॥

❖❖❖

दोहा

राम नाम मनिदीप धरु जीह देहरीं द्वार।
तुलसी भीतर बाहेरहुँ जौं चाहसि उजिआर॥ 21॥

तुलसीदासजी कहते हैं, यदि तू भीतर और बाहर दोनों ओर उजाला चाहता है तो मुखरूपी द्वार की जीभरूपी देहली पर रामनाम रूपी मणि-दीपक को रख॥ 21॥

❖❖❖

चौपाई

नाम जीहँ जपि जागहिं जोगी। बिरति बिरंचि प्रपंच बियोगी॥
ब्रह्मसुखहि अनुभवहिं अनूपा। अकथ अनामय नाम न रूपा॥ 1॥
जाना चहहिं गूढ़ गति जेऊ। नाम जीहँ जपि जानहिं तेऊ॥
साधक नाम जपहिं लय लाएँ। होहिं सिद्ध अनिमादिक पाएँ॥ 2॥
जपहिं नामु जन आरत भारी। मिटहिं कुसंकट होहिं सुखारी॥
राम भगत जग चारि प्रकारा। सुकृती चारिउ अनघ उदारा॥ 3॥
चहू चतुर कहुँ नाम अधारा। ग्यानी प्रभुहि बिसेषि पिआरा॥
चहुँ जुग चहुँ श्रुति नाम प्रभाऊ। कलि बिसेषि नहिं आन उपाऊ॥ 4॥

ब्रह्मा के बनाए हुए इस प्रपंच (दृश्य जगत्) से भली-भाँति छूटे हुए वैराग्यवान् मुक्त योगी पुरुष इस नाम को ही जीभ से जपते हुए [तत्त्व-ज्ञानरूपी दिन में] जागते हैं और नाम तथा रूप से रहित अनुपम, अनिर्वचनीय, अनामय ब्रह्मसुख का अनुभव करते हैं॥ 1॥

जो परमात्मा के गूढ़ रहस्य को (यथार्थ महिमा को) जानना चाहते हैं, वे (जिज्ञासु) भी नाम को जीभ से जपकर उसे जान लेते हैं। [लौकिक सिद्धियों के चाहने वाले अर्थार्थी] साधक लौ लगाकर नाम का जप करते हैं और अणिमादि [आठों] सिद्धियों को पाकर सिद्ध हो जाते हैं॥ 2॥

[संकट से घबराए हुए] आर्त भक्त नाम जप करते हैं तो उनके बड़े भारी बुरे-बुरे संकट मिट जाते हैं और वे सुखी हो जाते हैं। जगत् में चार प्रकार के (1-अर्थार्थी—धनादि की चाह से भजनेवाले, 2-आर्त—संकट की निवृत्ति के लिए भजनेवाले, 3-जिज्ञासु—भगवान् को जानने की इच्छा से भजनेवाले, 4-ज्ञानी—

भगवान् को तत्त्व से जानकर स्वाभाविक ही प्रेम से भजनेवाले)रामभक्त हैं और चारों ही पुण्यात्मा, पापरहित और उदार हैं ॥ 3 ॥

चारों ही चतुर भक्तों को नाम का ही आधार है; इनमें ज्ञानी भक्त प्रभु को विशेष रूप से प्रिय है। यों तो चारों युगों में और चारों ही वेदों में नाम का प्रभाव है, परंतु कलियुग में विशेष रूप से है। इसमें तो [नाम को छोड़कर] दूसरा कोई उपाय ही नहीं है ॥ 4 ॥

❖❖❖

दोहा

सकल कामना हीन जे राम भगति रस लीन।
नाम सुप्रेम पियूष ह्रद तिन्हहुँ किए मन मीन ॥ 22 ॥

जो सब प्रकार की (भोग और मोक्ष की भी) कामनाओं से रहित और श्रीराम भक्ति के रस में लीन हैं, उन्होंने भी नाम के सुंदर प्रेमरूपी अमृत के सरोवर में अपने मन को मछली बना रखा है (अर्थात् वे नामरूपी सुधा का निंरतर आस्वादन करते रहते हैं, क्षणभर भी उससे अलग होना नहीं चाहते) ॥ 22 ॥

❖❖❖

चौपाई

अगुन सगुन दुइ ब्रह्म सरूपा। अकथ अगाध अनादि अनूपा ॥
मोरें मत बड़ नामु दुहू तें। किए जेहिं जुग निज बस निज बूतें ॥ 1 ॥
प्रौढ़ि सुजन जनि जानहिं जन की। कहउँ प्रतीति प्रीति रुचि मन की ॥
एकु दारुगत देखिअ एकू। पावक सम जुग ब्रह्म बिबेकू ॥ 2 ॥
उभय अगम जुग सुगम नाम तें। कहेउँ नामु बड़ ब्रह्म राम तें ॥
ब्यापकु एकु ब्रह्म अबिनासी। सत चेतन घन आनँद रासी ॥ 3 ॥
अस प्रभु हृदयँ अछत अबिकारी। सकल जीव जग दीन दुखारी ॥
नाम निरूपन नाम जतन तें। सोउ प्रगटत जिमि मोल रतन तें ॥ 4 ॥

निर्गुण और सगुण—ब्रह्म के दो स्वरूप हैं। ये दोनों ही अकथनीय, अथाह, अनादि और अनुपम हैं। मेरी सम्मति में नाम इन दोनों से बड़ा है, जिसने अपने बल से दोनों को अपने वश में कर रखा है ॥ 1 ॥

सज्जनगण इस बात को मुझ दास की ढिठाई या केवल काव्योक्ति न समझें। मैं अपने मनके विश्वास, प्रेम और रुचि की बात कहता हूँ। [निर्गुण और सगुण] दोनों प्रकार के ब्रह्म का ज्ञान अग्नि के समान है। निर्गुण उस अप्रकट अग्नि के समान है जो काठ के अंदर है, परंतु दीखती नहीं; और सगुण उस प्रकट अग्नि के

समान है जो प्रत्यक्ष दीखती है। [तत्त्वतः दोनों एक ही हैं; केवल प्रकट-अप्रकट के भेद से भिन्न मालूम होती हैं। इसी प्रकार निर्गुण और सगुण तत्त्वतः एक ही हैं। इतना होने पर भी] दोनों ही जानने में बड़े कठिन हैं, परंतु नाम से दोनों सुगम हो जाते हैं। इसी से मैंने नाम को [निर्गुण] ब्रह्म से और [सगुण] राम से बड़ा कहा है, ब्रह्म व्यापक है, एक है, अविनाशी है; सत्ता, चैतन्य और आनंद की घनराशि है॥ 2-3॥

ऐसे विकार रहित प्रभु के हृदय में रहते भी जगत् के सब जीव दीन और दुखी हैं। नाम का निरूपण करके (नाम के यथार्थ स्वरूप, महिमा, रहस्य और प्रभाव को जानकर) नाम का जतन करने से (श्रद्धापूर्वक नाम जपरूपी साधन करने से) वही ब्रह्म ऐसे प्रकट हो जाता है जैसे रत्न के जानने से उसका मूल्य॥ 4॥

❧❖❖❖☙

दोहा

निरगुन तें एहि भाँति बड़ नाम प्रभाउ अपार॥
कहउँ नामु बड़ राम तें निज बिचार अनुसार॥ 23॥

इस प्रकार निर्गुण से नाम का प्रभाव अत्यंत बड़ा है। अब अपने विचार के अनुसार कहता हूँ कि नाम [सगुण] राम से भी बड़ा है॥ 23॥

❧❖❖❖☙

चौपाई

राम भगत हित नर तनु धारी। सहि संकट किए साधु सुखारी॥
नामु सप्रेम जपत अनयासा। भगत होहिं मुद मंगल बासा॥ 1॥
राम एक तापस तिय तारी। नाम कोटि खल कुमति सुधारी॥
रिषि हित राम सुकेतुसुता की। सहित सेन सुत कीन्हि बिबाकी॥ 2॥
सहित दोष दुख दास दुरासा। दलइ नामु जिमि रबि निसि नासा॥
भंजेउ राम आपु भव चापू। भव भय भंजन नाम प्रतापू॥ 3॥
दंडक बनु प्रभु कीन्ह सुहावन। जन मन अमित नाम किए पावन॥
निसिचर निकर दले रघुनंदन। नामु सकल कलि कलुष निकंदन॥ 4॥

श्रीरामचंद्रजी ने भक्तों के हित के लिए मनुष्य-शरीर धारण करके स्वयं कष्ट सहकर साधुओं को सुखी किया; परंतु भक्तगण प्रेम के साथ नाम का जप करते हुए सहज ही में आनंद और कल्याण के घर हो जाते हैं॥ 1॥

श्रीरामजी ने एक तपस्वी की स्त्री (अहल्या) को ही तारा, परंतु नाम ने करोड़ों दुष्टों की बिगड़ी बुद्धि को सुधार दिया। श्रीरामजी ने ऋषि विश्वामित्र के

हित के लिए एक सुकेतु यक्ष की कन्या ताड़का की सेना और पुत्र (सुबाहु) सहित समाप्ति की; परंतु नाम अपने भक्तों के दोष, दुःख और दुराशाओं का इस तरह नाश कर देता है जैसे सूर्य रात्रिका। श्रीरामजी ने स्वयं शिवजी के धनुष को तोड़ा, परंतु नाम का प्रताप ही संसार के सब भयों का नाश करने वाला है॥ 2-3॥

प्रभु श्रीरामजी ने [भयानक] दंडक वन को सुहावना बनाया परंतु नाम ने असंख्य मनुष्यों के मनों को पवित्र कर दिया। श्रीरघुनाथजी ने राक्षसों के समूह को मारा, परंतु नाम तो कलियुग के सारे पापों की जड़ उखाड़नेवाला है॥ 4॥

❖❖❖❖

दोहा

सबरी गीध सुसेवकनि सुगति दीन्हि रघुनाथ।
नाम उधारे अमित खल बेद बिदित गुन गाथ॥ 24॥

श्रीरघुनाथजी ने तो शबरी, जटायु आदि उत्तम सेवकों को ही मुक्ति दी; परंतु नाम ने अगनित दुष्टों का उद्धार किया। नाम के गुणों की कथा वेदों में प्रसिद्ध है॥ 24॥

❖❖❖❖

चौपाई

राम सुकंठ बिभीषन दोऊ। राखे सरन जान सबु कोऊ॥
नाम गरीब अनेक नेवाजे। लोक बेद बर बिरिद बिराजे॥ 1॥
राम भालु कपि कटकु बटोरा। सेतु हेतु श्रमु कीन्ह न थोरा॥
नामु लेत भवसिंधु सुखाहीं। करहु बिचारु सुजन मन माहीं॥ 2॥
राम सकुल रन रावनु मारा। सीय सहित निज पुर पगु धारा॥
राजा रामु अवध रजधानी। गावत गुन सुर मुनि बर बानी॥ 3॥
सेवक सुमिरत नामु सप्रीति। बिनु श्रम प्रबल मोह दलु जीती॥
फिरत सनेहँ मगन सुख अपनें। नाम प्रसाद सोच नहिं सपनें॥ 4॥

श्रीरामजी ने सुग्रीव और विभीषण दो को ही अपने शरण में रखा, यह सब कोई जानते हैं; परंतु नाम ने अनेक गरीबों पर कृपा की है। नाम का यह सुंदर विरद लोक और वेद में विशेष रूप से प्रकाशित है॥ 1॥

श्रीरामजी ने तो भालू और बंदरों की सेना बटोरी और समुद्र पर पुल बाँधने के लिए थोड़ा परिश्रम नहीं किया; परंतु नाम लेते ही संसार-समुद्र सूख जाता है। सज्जनगण! मन में विचार कीजिए [कि दोनों में कौन बड़ा है]॥ 2॥

श्रीरामचंद्रजी ने कुटुंब सहित रावण को युद्ध में मारा, तब सीतासहित उन्होंने

अपने नगर (अयोध्या) में प्रवेश किया। राम राजा हुए, अवध उनकी राजधानी हुई, देवता और मुनि सुंदर वाणी से जिनके गुण गाते हैं। परंतु सेवक (भक्त) प्रेमपूर्वक नाम के स्मरण मात्र से बिना परिश्रम मोहकी प्रबल सेना को जीतकर प्रेम में मग्न हुए अपने ही सुख में विचरते हैं, नाम के प्रसाद से उन्हें सपने में भी कोई चिंता नहीं सताती॥ 3-4॥

❖❖❖

दोहा

ब्रह्म राम तें नामु बड़ बर दायक बर दानि।
रामचरित सत कोटि महँ लिय महेस जियँ जानि॥ 25॥

इस प्रकार नाम [निर्गुण] ब्रह्म और [सगुण] राम दोनों से बड़ा है। यह वरदान देनेवालों को भी वर देनेवाला है। श्रीशिवजी ने अपने हृदय में यह जानकर ही सौ करोड़ रामचरित्र में से इस 'राम' नाम को [साररूप से चुनकर] ग्रहण किया है॥ 25॥

❖❖❖

चौपाई

नाम प्रसाद संभु अबिनासी। साजु अमंगल मंगल रासी॥
सुक सनकादि सिद्ध मुनि जोगी। नाम प्रसाद ब्रह्मसुख भोगी॥ 1॥
नारद जानेउ नाम प्रतापू। जग प्रिय हरि हरि हर प्रिय आपू॥
नामु जपत प्रभु कीन्ह प्रसादू। भगत सिरोमनि भे प्रहलादू॥ 2॥
ध्रुवँ सगलानि जपेउ हरि नाऊँ। पायउ अचल अनूपम ठाऊँ॥
सुमिरि पवनसुत पावन नामू। अपने बस करि राखे रामू॥ 3॥
अपतु अजामिलु गजु गनिकाऊ। भए मुकुत हरि नाम प्रभाऊ॥
कहौं कहाँ लगि नाम बड़ाई। रामु न सकहिं नाम गुन गाई॥ 4॥

नाम ही के प्रसाद से शिवजी अविनाशी हैं और अमंगल वेषवाले होने पर भी मंगल की राशि हैं। शुकदेवजी और सनकादि सिद्ध, मुनि, योगीगण नाम के ही प्रसाद से ब्रह्मानंद को भोगते हैं॥ 1॥

नारदजी ने नाम के प्रताप को जाना है। हरि सारे संसार को प्यारे हैं, [हरि को हर प्यारे हैं] और आप (श्रीनारदजी) हरि और हर दोनों को प्रिय हैं। नाम के जपने से प्रभु ने कृपा की, जिससे प्रह्लाद भक्त शिरोमणि हो गए॥ 2॥

ध्रुवजी ने ग्लानिसे (विमाता के वचनों से दुखी होकर सकाम भाव से) हरिनाम को जपा और उसके प्रताप से अचल अनुपम स्थान (ध्रुवलोक) प्राप्त

किया। हनुमान्‌जी ने पवित्र नाम का स्मरण करके श्रीरामजी को अपने वश में कर रखा है॥ 3॥

नीच अजामिल, गज और गणिका (वेश्या) भी श्रीहरि के नाम के प्रभाव से मुक्त हो गए। मैं नाम की बड़ाई कहाँ तक कहूँ, राम भी नाम के गुणों को नहीं गा सकते॥ 4॥

❖❖❖

दोहा

नामु राम को कलपतरु कलि कल्यान निवासु।
जो सुमिरत भयो भाँग तें तुलसी तुलसीदासु॥ 26॥

कलियुग में राम का कल्पतरु (मनचाहा पदार्थ देनेवाला) और कल्याण का निवास (मुक्तिका घर) है, जिसको स्मरण करने से भाँग-सा (निकृष्ट) तुलसीदास तुलसी के समान [पवित्र] हो गया॥ 26॥

❖❖❖

चौपाई

चहुँ जुग तीनि काल तिहुँ लोका। भए नाम जपि जीव बिसोका॥
बेद पुरान संत मत एहू। सकल सुकृत फल राम सनेहू॥ 1॥
ध्यानु प्रथम जुग मखबिधि दूजें। द्वापर परितोषत प्रभु पूजें॥
कलि केवल मल मूल मलीना। पाप पयोनिधि जन मन मीना॥ 2॥
नाम कामतरु काल कराला। सुमिरत समन सकल जग जाला॥
राम नाम कलि अभिमत दाता। हित परलोक लोक पितु माता॥ 3॥
नहिं कलि करम न भगति बिबेकू। राम नाम अवलंबन एकू॥
कालनेमि कलि कपट निधानू। नाम सुमति समरथ हनुमानू॥ 4॥

[केवल कलियुग की ही बात नहीं है,] चारों युगों में, तीनों कालों में और तीनों लोकों में नाम को जपकर जीव शोक रहित हुए हैं। वेद, पुराण और संतों का मत यही है कि समस्त पुण्यों का फल श्रीरामजी में [या राम नाम में] प्रेम होना है॥ 1॥

पहले (सत्य) युग में ध्यान से, दूसरे (त्रेता) युग में यज्ञ से और द्वापर में पूजन से भगवान् प्रसन्न होते हैं; परंतु कलियुग केवल पाप की जड़ और मलिन है, इसमें मनुष्यों का मन पाप रूपी समुद्र में मछली बना हुआ है (अर्थात् पाप से कभी अलग होना ही नहीं चाहता; इससे ध्यान, यज्ञ और पूजन नहीं बन सकते)॥ 2॥

ऐसे कराल (कलियुग के) काल में तो नाम ही कल्पवृक्ष है, जो स्मरण करते

ही संसार के सब जंजालों को नाश कर देने वाला है। कलियुग में यह राम नाम मनोवांछित फल देनेवाला है, परलोक का परम हितैषी और इस लोक का माता-पिता है (अर्थात् परलोक में भगवान् का परमधाम देता है और इस लोक में माता के समान सब प्रकार से पालन और रक्षण करता है) ॥ 3 ॥

कलियुग में न कर्म है, न भक्ति है और न ज्ञान ही है; राम नाम ही एक आधार है। कपट की खान कलियुग रूपी कालनेमि के [मारने के] लिए राम नाम ही बुद्धिमान् और समर्थ श्रीहनुमान् जी हैं ॥ 4 ॥

❖❖❖❖

दोहा

राम नाम नरकेसरी कनककसिपु कलिकाल।
जापक जन प्रहलाद जिमि पालिहि दलि सुरसाल ॥ 27 ॥

रामनाम श्रीनृसिंह भगवान् है, कलियुग हिरण्यकशिपु है और जप करनेवाले जन प्रह्लाद के समान हैं; यह रामनाम देवताओं के शत्रु (कलियुगरूपी दैत्य) को मारकर जप करनेवालों की रक्षा करेगा ॥ 27 ॥

❖❖❖❖

चौपाई

भायँ कुभायँ अनख आलसहूँ। नाम जपत मंगल दिसि दसहूँ ॥
सुमिरि सो नाम राम गुन गाथा। करउँ नाइ रघुनाथहि माथा ॥ 1 ॥
मोरि सुधारिहि सो सब भाँती। जासु कृपा नहिं कृपाँ अघाती ॥
राम सुस्वामि कुसेवकु मोसो। निज दिसि देखि दयानिधि पोसो ॥ 2 ॥
लोकहुँ बेद सुसाहिब रीती। बिनय सुनत पहिचानत प्रीती ॥
गनी गरीब ग्राम नर नागर। पंडित मूढ मलीन उजागर ॥ 3 ॥
सुकबि कुकबि निज मति अनुहारी। नृपहि सराहत सब नर नारी ॥
साधु सुजान सुसील नृपाला। ईस अंस भव परम कृपाला ॥ 4 ॥
सुनि सनमानहिं सबहि सुबानी। भनिति भगति नति गति पहिचानी ॥
यह प्राकृत महिपाल सुभाऊ। जान सिरोमनि कोसलराऊ ॥ 5 ॥
रीझत राम सनेह निसोतें। को जग मंद मलिनमति मोतें ॥ 6 ॥

अच्छे भाव (प्रेम) से, बुरे भाव (वैर) से, क्रोध से या आलस्य से, किसी तरह से भी नाम जपने से दसों दिशाओं में कल्याण होता है। उसी (परम कल्याणकारी) राम नाम का स्मरण करके और श्रीरघुनाथजी को मस्तक नवाकर मैं रामजी के गुणों का वर्णन करता हूँ ॥ 1 ॥

वे (श्रीरामजी) मेरी [बिगड़ी] सब तरह से सुधार लेंगे; जिनकी कृपा कृपा करने से नहीं अघाती। राम-से उत्तम स्वामी और मुझ-सरीखा बुरा सेवक! इतने पर भी उन दयानिधि ने अपनी ओर देखकर मेरा पालन किया है॥ 2॥

लोक और वेद में भी अच्छे स्वामी की यही रीति प्रसिद्ध है कि वह विनय सुनते ही प्रेम को पहचान लेता है। अमीर-गरीब, गँवार-नगरनिवासी, पंडित-मूर्ख, बदनाम-यशस्वी॥ 3॥

सुकवि-कुकवि, सभी नर-नारी अपनी-अपनी बुद्धि के अनुसार राजा की सराहना करते हैं और साधु, बुद्धिमान्, सुशील, ईश्वर के अंश से उत्पन्न कृपालु राजा— ॥ 4॥

सबकी सुनकर और उनकी वाणी, भक्ति, विनय और चालको पहचानकर सुंदर (मीठी) वाणी से सबका यथायोग्य सम्मान करते हैं। यह स्वभाव तो संसारी राजाओं का है, कोसलनाथ श्रीरामचंद्रजी तो चतुर शिरोमणि हैं॥ 5॥

श्रीरामजी तो विशुद्ध प्रेम से ही रीझते हैं, पर जगत् में मुझसे बढ़कर मूर्ख और मलिनबुद्धि और कौन होगा?॥ 6॥

❖❖❖

दोहा

सठ सेवक की प्रीति रुचि रखिहहिं राम कृपालु।
उपल किए जलजान जेहिं सचिव सुमति कपि भालु॥ 28 (क)॥
हौंहु कहावत सबु कहत राम सहत उपहास।
साहिब सीतानाथ सो सेवक तुलसीदास॥ 28 (ख)॥

तथापि कृपालु श्रीरामचंद्रजी मुझ दुष्ट सेवक की प्रीति और रुचि को अवश्य रखेंगे, जिन्होंने पत्थरों को जहाज और बंदर-भालुओं को बुद्धिमान् मंत्री बना लिया॥ 28 (क)॥

सब लोग मुझे श्रीरामजी का सेवक कहते हैं और मैं भी [बिना लज्जा-संकोच के] कहलाता हूँ (कहने वालों का विरोध नहीं करता); कृपालु श्रीरामजी इस निंदा को सहते हैं कि श्रीसीतानाथ जी-जैसे स्वामी का तुलसीदास-सा सेवक है॥ 28 (ख)॥

(ग) पार्वतीजी का जन्म (बालकांड, दोहा—64-71)

हिंदू परिवार में कन्या को देवी के रूप में देखा जाता है। उसे पार्वती, लक्ष्मी, सरस्वती और सीताजी का साक्षात् स्वरूप माना जाता है। कन्या ही परिवार और

संस्कार का आधार है। इसीलिए कन्या के जन्म लेने पर या उसका जन्म दिन मनाते समय पार्वतीजी के जन्म प्रसंग को गाकर हम भगवान् से प्रार्थना करते हैं कि हमारी पुत्री पार्वतीजी के समान ही प्रेमपूर्ण, निष्ठावान् और पारिवारिक जीवन-मूल्यों के प्रति समर्पित हो।

❖❖❖

दोहा

सती मरनु सुनि संभु गन लगे करन मख खीस।
जग्य बिधंस बिलोकि भृगु रच्छा कीन्हि मुनीस॥ 64॥

सती का मरण सुनकर शिवजी के गण यज्ञ विध्वंस करने लगे। यज्ञ विध्वंस होते देखकर मुनीश्वर भृगुजी ने उसकी रक्षा की॥ 64॥

❖❖❖

चौपाई

समाचार सब संकर पाए। बीरभद्रु करि कोप पठाए॥
जग्य बिधंस जाइ तिन्ह कीन्हा। सकल सुरन्ह बिधिवत फलु दीन्हा॥ 1॥
भै जगबिदित दच्छ गति सोई। जसि कछु संभु बिमुख कै होई॥
यह इतिहास सकल जग जानी। ताते मैं संछेप बखानी॥ 2॥
सतीं मरत हरि सन बरु मागा। जनम जनम सिव पद अनुरागा॥
तेहि कारन हिमगिरि गृह जाई। जनमीं पारबती तनु पाई॥ 3॥
जब तें उमा सैल गृह जाईं। सकल सिद्धि संपति तहँ छाईं॥
जहँ तहँ मुनिन्ह सुआश्रम कीन्हे। उचित बास हिम भूधर दीन्हे॥ 4॥

ये सब समाचार शिवजी को मिले, तब उन्होंने क्रोध करके वीरभद्र को भेजा। उन्होंने वहाँ जाकर यज्ञ विध्वंस कर डाला और सब देवताओं को यथोचित फल (दंड) दिया॥ 1॥

दक्ष की जगत्प्रसिद्ध वही गति हुई जो शिवद्रोही की हुआ करती है। यह इतिहास सारा संसार जानता है, इसलिए मैंने संक्षेप में वर्णन किया॥ 2॥

सती ने मरते समय भगवान् हरि से यह वर माँगा कि मेरा जन्म-जन्म में शिवजी के चरणों में अनुराग रहे। इसी कारण उन्होंने हिमाचल के घर जाकर पार्वती के शरीर से जन्म लिया॥ 3॥

जब से उमाजी हिमाचल के घर जन्मीं तब से वहाँ सारी सिद्धियाँ और संपत्तियाँ छा गईं। मुनियों ने जहाँ-तहाँ सुंदर आश्रम बना लिए और हिमाचल ने उनको उचित स्थान दिए॥ 4॥

❧❖❖❖☙

दोहा

सदा सुमन फल सहित सब द्रुम नव नाना जाति।
प्रगटीं सुंदर सैल पर मनि आकर बहु भाँति॥ 65॥

उस सुंदर पर्वत पर बहुत प्रकार से सब नए-नए वृक्ष सदा पुष्प-फलयुक्त हो गए और वहाँ बहुत तरह की मणियों की खानें प्रकट हो गईं॥ 65॥

❧❖❖❖☙

चौपाई

सरिता सब पुनीत जलु बहहीं। खग मृग मधुप सुखी सब रहहीं॥
सहज बयरु सब जीवन्ह त्यागा। गिरि पर सकल करहिं अनुरागा॥ 1॥
सोह सैल गिरिजा गृह आएँ। जिमि जनु रामभगति के पाएँ॥
नित नूतन मंगल गृह तासू। ब्रह्मादिक गावहिं जसु जासू॥ 2॥
नारद समाचार सब पाए। कौतुकहीं गिरि गेह सिधाए॥
सैलराज बड़ आदर कीन्हा। पद पखारि बर आसनु दीन्हा॥ 3॥
नारि सहित मुनि पद सिरु नावा। चरन सलिल सबु भवनु सिंचावा॥
निज सौभाग्य बहुत गिरि बरना। सुता बोलि मेली मुनि चरना॥ 4॥

सारी नदियों में पवित्र जल बहता है और पक्षी, पशु, भ्रमर सभी सुखी रहते हैं। सब जीवों ने अपना स्वाभाविक वैर छोड़ दिया और पर्वत पर सभी परस्पर प्रेम करते हैं॥ 1॥

पार्वतीजी के घर आ जाने से पर्वत ऐसा शोभायमान हो रहा है जैसा रामभक्ति को पाकर भक्त शोभायमान होता है। उस (पर्वतराज)के घर नित्य नए-नए मंगलोत्सव होते हैं, जिसका ब्रह्मादि यश गाते हैं॥ 2॥

जब नारदजीने ये सब समाचार सुने तो वे कौतुक ही से हिमाचल के घर पधारे। पर्वतराज ने उनका बड़ा आदर किया और चरण धोकर उनको उत्तम आसन दिया॥ 3॥

फिर अपनी स्त्री सहित मुनि के चरणों में सिर नवाया और उनके चरणोदक को सारे घर में छिड़काया। हिमाचल ने अपने सौभाग्य का बहुत बखान किया और पुत्री को बुलाकर मुनि के चरणों पर डाल दिया॥ 4॥

❧❖❖❖☙

दोहा

त्रिकालग्य सर्बग्य तुम्ह गति सर्बत्र तुम्हारि।
कहहु सुता के दोष गुन मुनिबर हृदयँ बिचारि॥ 66॥

[और कहा—] हे मुनिवर! आप त्रिकालज्ञ और सर्वज्ञ हैं, आपकी सर्वत्र पहुँच है। अतः आप हृदय में विचारकर कन्या के दोष-गुण कहिए॥ 66॥

ঔ❖❖❖ঌ

चौपाई

कह मुनि बिहसि गूढ़ मृदु बानी। सुता तुम्हारि सकल गुन खानी॥
सुंदर सहज सुसील सयानी। नाम उमा अंबिका भवानी॥ 1॥
सब लच्छन संपन्न कुमारी। होइहि संतत पियहि पिआरी॥
सदा अचल एहि कर अहिवाता। एहि तें जसु पैंहहिं पितु माता॥ 2॥
होइहि पूज्य सकल जग माहीं। एहि सेवत कछु दुर्लभ नाहीं॥
एहि कर नामु सुमिरि संसारा। त्रिय चढ़िहहिं पतिव्रत असिधारा॥ 3॥
सैल सुलच्छन सुता तुम्हारी। सुनहु जे अब अवगुन दुइ चारी॥
अगुन अमान मातु पितु हीना। उदासीन सब संसय छीना॥ 4॥

नारद मुनि ने हँसकर रहस्ययुक्त कोमल वाणी से कहा—तुम्हारी कन्या सब गुणों की खान है। यह स्वभाव से ही सुंदर, सुशील और समझदार है। उमा, अंबिका और भवानी इसके नाम हैं॥ 1॥

कन्या सब सुलक्षणों से संपन्न है, यह अपने पति को सदा प्यारी होगी। इसका सुहाग सदा अचल रहेगा और इससे इसके माता-पिता यश पावेंगे॥ 2॥

यह सारे जगत् में पूज्य होगी और इसकी सेवा करने से कुछ भी दुर्लभ न होगा। संसार में स्त्रियाँ इसका नाम स्मरण करके पतिव्रतरूपी तलवार की धार पर चढ़ जाएँगी॥ 3॥

हे पर्वतराज! तुम्हारी कन्या सुलच्छनी है। अब इसमें जो दो-चार अवगुण हैं, उन्हें भी सुन लो। गुणहीन, मानहीन, माता-पिता-विहीन, उदासीन, संशयहीन (लापरवाह)॥ 4॥

ঔ❖❖❖ঌ

दोहा

जोगी जटिल अकाम मन नगन अमंगल बेष।
अस स्वामी एहि कहँ मिलिहि परी हस्त असि रेख॥ 67॥

योगी, जटाधारी, निष्काम हृदय, नंगा और अमंगल वेषवाला, ऐसा पति इसको मिलेगा। इसके हाथ में ऐसी ही रेखा पड़ी है॥ 67॥

ॐ❖❖❖ॐ

चौपाई

सुनि मुनि गिरा सत्य जियँ जानी। दुख दंपतिहि उमा हरषानी॥
नारदहूँ यह भेदु न जाना। दसा एक समुझब बिलगाना॥ 1॥
सकल सखीं गिरिजा गिरि मैना। पुलक सरीर भरे जल नैना॥
होइ न मृषा देवरिषि भाषा। उमा सो बचनु हृदयँ धरि राखा॥ 2॥
उपजेउ सिव पद कमल सनेहू। मिलन कठिन मन भा संदेहू॥
जानि कुअवसरु प्रीति दुराई। सखी उछँग बैठी पुनि जाई॥ 3॥
झूठि न होइ देवरिषि बानी। सोचहिं दंपति सखीं सयानी॥
उर धरि धीर कहइ गिरिराऊ। कहहु नाथ का करिअ उपाऊ॥ 4॥

नारद मुनि की वाणी सुनकर और उसको हृदय में सत्य जानकर पति-पत्नी (हिमवान् और मैना) को दुःख हुआ और पार्वतीजी प्रसन्न हुईं। नारदजी ने भी इस रहस्य को नहीं जाना, क्योंकि सबकी बाहरी दशा एक-सी होने पर भी भीतरी समझ भिन्न-भिन्न थी॥ 1॥

सारी सखियाँ, पार्वती, पर्वतराज हिमवान् और मैना सभी के शरीर पुलकित थे और सभी के नेत्रों में जल भरा था। देवर्षि के वचन असत्य नहीं हो सकते, [यह विचारकर] पार्वती ने उन वचनों को हृदय में धारण कर लिया॥ 2॥

उन्हें शिवजी के चरण कमलों में स्नेह उत्पन्न हो आया, परंतु मन में यह संदेह हुआ कि उनका मिलना कठिन है। अवसर ठीक न जानकर उमाने अपने प्रेम को छिपा लिया और फिर वे सखी की गोद मे जाकर बैठ गईं॥ 3॥

देवर्षि की वाणी झूठी न होगी, यह विचारकर हिमवान्, मैना और सारी चतुर सखियाँ चिंता करने लगीं। फिर हृदय में धीरज धरकर पर्वतराज ने कहा—हे नाथ! कहिए, अब क्या उपाय किया जाए?॥ 4॥

ॐ❖❖❖ॐ

दोहा

कह मुनीस हिमवंत सुनु जो बिधि लिखा लिलार।
देव दनुज नर नाग मुनि कोउ न मेटनिहार॥ 68॥

मुनीश्वर ने कहा—हे हिमवान्! सुनो, विधाता ने ललाट पर जो कुछ लिख दिया है, उसको देवता, दानव, मनुष्य , नाग और मुनि कोई भी नहीं मिटा सकते॥ 68॥

चौपाई

तदपि एक मैं कहउँ उपाई। होइ करै जौं दैउ सहाई॥
जस बरु मैं बरनेउँ तुम्ह पाहीं। मिलिहि उमहि तस संसय नाहीं॥ 1॥
जे जे बर के दोष बखाने। ते सब सिव पहिं मैं अनुमाने॥
जौं बिबाहु संकर सन होई। दोषउ गुन सम कह सबु कोई॥ 2॥
जौं अहि सेज सयन हरि करहीं। बुध कछु तिन्ह कर दोषु न धरहीं॥
भानु कृसानु सर्ब रस खाहीं। तिन्ह कहँ मंद कहत कोउ नाहीं॥ 3॥
सुभ अरु असुभ सलिल सब बहई। सुरसरि कोउ अपुनीत न कहई॥
समरथ कहुँ नहिं दोषु गोसाईं। रबि पावक सुरसरि की नाईं॥ 4॥

तो भी एक उपाय मैं बताता हूँ। यदि दैव सहायता करें तो वह सिद्ध हो सकता है। उमा को वर तो निःसंदेह वैसा ही मिलेगा जैसा मैंने तुम्हारे सामने वर्णन किया है॥ 1॥

परंतु मैंने वर के जो-जो दोष बतलाए हैं, मेरे अनुमान से वे सभी शिवजी में हैं। यदि शिवजी के साथ विवाह हो जाए तो दोषों को भी सब लोग गुणों के समान ही कहेंगे॥ 2॥

जैसे विष्णु भगवान् शेषनाग की शय्या पर सोते हैं, तो भी पंडित लोग उनको कोई दोष नहीं लगाते। सूर्य और अग्निदेव अच्छे-बुरे सभी रसों का भक्षण करते हैं, परंतु उनको कोई बुरा नहीं कहता॥ 3॥

गंगाजी में शुभ और अशुभ सभी जल बहता है, पर कोई उन्हें अपवित्र नहीं कहता। सूर्य, अग्नि और गंगाजी की भाँति समर्थ को कुछ दोष नहीं लगता॥ 4॥

❖❖❖

दोहा

जौं अस हिसिषा करहिं नर जड़ बिबेक अभिमान।
परहिं कलप भरि नरक महुँ जीव कि ईस समान॥ 69॥

यदि मूर्ख मनुष्य ज्ञान के अभिमान से इस प्रकर होड़ करते हैं तो वे कल्पभर के लिए नरक में पड़ते हैं। भला, कहीं जीव भी ईश्वर के समान (सर्वथा स्वतंत्र) हो सकता है?॥ 69॥

❖❖❖

चौपाई

सुरसरि जलकृत बारुनि जाना। कबहुँ न संत करहिं तेहि पाना॥
सुरसरि मिलें सो पावन जैसें। ईस अनीसहि अंतरु तैसें॥ 1॥

संभु सहज समरथ भगवाना। एहि बिबाहँ सब बिधि कल्याना॥
दुराराध्य पै अहहिं महेसू। आसुतोष पुनि किएँ कलेसू॥ 2॥
जौं तपु करै कुमारि तुम्हारी। भाविउ मेटि सकहिं त्रिपुरारी॥
जद्यपि बर अनेक जग माहीं। एहि कहँ सिव तजि दूसर नाहीं॥ 3॥
बर दायक प्रनतारति भंजन। कृपासिंधु सेवक मन रंजन॥
इच्छित फल बिनु सिव अवराधें। लहिअ न कोटि जोग जप साधें॥ 4॥

गंगाजल से भी बनाई हुई मदिरा को जानकर संत लोग कभी उसका पान नहीं करते। पर वही गंगाजी में मिल जाने पर जैसे पवित्र हो जाती है, ईश्वर और जीव में भी वैसा ही भेद है॥ 1॥

शिवजी सहज ही समर्थ हैं, क्योंकि वे भगवान् हैं। इसलिए इस विवाह में सब प्रकार कल्याण है। परंतु महादेवजी की आराधना बड़ी कठिन है, फिर भी क्लेश (तप) करने से वे बहुत जल्द संतुष्ट हो जाते हैं॥ 2॥

यदि तुम्हारी कन्या तप करे, तो त्रिपुरारि महादेवजी होनहार को मिटा सकते हैं। यद्यपि संसार में वर अनेक हैं, पर इसके लिए शिवजी को छोड़कर दूसरा वर नहीं है॥ 3॥

शिवजी वर देनेवाले, शरणागतों के दुःखों का नाश करनेवाले, कृपा के समुद्र और सेवकों के मन को प्रसन्न करनेवाले हैं। शिवजी की आराधना किए बिना करोड़ों योग और जप करने पर भी वांछित फल नहीं मिलता॥ 4॥

❖❖❖

दोहा

अस कहि नारद सुमिरि हरि गिरिजहि दीन्हि असीस।
होइहि यह कल्यान अब संसय तजहु गिरीस॥ 70॥

ऐसा कहकर भगवान् का स्मरण करक नारदजी ने पार्वती को आशीर्वाद दिया। [और कहा कि—] हे पर्वतराज! तुम संदेह का त्याग कर दो, अब यह कल्याण ही होगा॥ 70॥

❖❖❖

चौपाई

कहि अस ब्रह्मभवन मुनि गयऊ। आगिल चरित सुनहु जस भयऊ॥
पतिहि एकांत पाइ कह मैना। नाथ न मैं समुझे मुनि बैना॥ 1॥
जौं घरु बरु कुलु होई अनूपा। करिअ बिबाहु सुता अनुरूपा॥
न त कन्या बरु रहउ कुआरी। कंत उमा मम प्रानपिआरी॥ 2॥

जौं न मिलिहि बरु गिरिजहि जोगू। गिरि जड़ सहज कहिहि सबु लोगू॥
सोइ बिचारि पति करेहु बिबाहू। जेहिं न बहोरि होइ उर दाहू॥ 3॥
अस कहि परी चरन धरि सीसा। बोले सहित सनेह गिरीसा॥
बरु पावक प्रगटै ससि माहीं। नारद बचनु अन्यथा नाहीं॥ 4॥

यों कहकर नारद मुनि ब्रह्मलोक को चले गए। अब आगे जो चरित्र हुआ उसे सुनो। पति को एकांत में पाकर मैना ने कहा—हे नाथ! मैंने मुनि के वचनों का अर्थ नहीं समझा॥ 1॥

जो हमारी कन्या के अनुकूल घर, वर और कुल उत्तम हो तो विवाह कीजिए। नहीं तो लड़की चाहे कुमारी ही रहे (मैं अयोग्य वर के साथ उसका विवाह नहीं करना चाहती); क्योंकि हे स्वामिन्! पार्वती मुझको प्राणों के समान प्यारी है॥ 2॥

यदि पार्वती के योग्य वर न मिला तो सब लोग कहेंगे कि पर्वत स्वभाव से ही जड़ (मूर्ख) होते हैं। हे स्वामी! इस बात को विचारकर ही विवाह कीजिएगा, जिसमें फिर पीछे हृदय में संताप न हो॥ 3॥

इस प्रकार कहकर मैना पति के चरणों पर मस्तक रखकर गिर पड़ीं। तब हिमवान् ने प्रेम से कहा—चाहे चंद्रमा में अग्नि प्रकट हो जाए, पर नारदजी के वचन झूठे नहीं हो सकते॥ 4॥

❖❖❖

दोहा

प्रिया सोचु परिहरहु सबु सुमिरहु श्रीभगवान।
पारबतिहि निरमयउ जेहिं सोइ करिहि कल्यान॥ 71॥

हे प्रिये! सब सोच छोड़कर श्रीभगवान् का स्मरण करो। जिन्होंने पार्वती को रचा है, वे ही कल्याण करेंगे॥ 71॥

(घ) भगवान् राम-जन्म-प्रसंग (बालकांड, दोहा—190-203)

भगवान् विष्णु के दस अवतारों में श्रीराम मर्यादा पुरुषोत्तम के रूप में जाने जाते हैं। अपने आचरण के माध्यम से श्रीराम ने उन सारे आदर्शों और मूल्यों की स्थापना की जो किसी भी व्यक्ति, परिवार और समाज के लिए वरेण्य हैं। इसीलिए किसी बालक के जन्म या जन्मदिन के उत्सव पर श्रीराम-जन्म के प्रसंग को गाकर जहाँ हम भगवान् राम के प्रति अपनी श्रद्धा और भक्ति समर्पित करते हैं, उनके धरती पर आगमन से आनंदित और प्रफुल्लित होते हैं, वहीं यह प्रार्थना भी करते हैं कि हमारा बच्चा श्रीराम जैसा बने और अपने सदाचरण से सबका कल्याण करे।

दोहा

जोग लगन ग्रह बार तिथि सकल भए अनुकूल।

चर अरु अचर हर्षजुत राम जनम सुखमूल॥ 190॥

योग, लग्न, ग्रह, वार और तिथि सभी अनुकूल हो गए। जड़ और चेतन सब हर्ष से भर गए। [क्योंकि] श्रीराम का जन्म सुख का मूल है॥ 290॥

❖❖❖

चौपाई

नौमी तिथि मधु मास पुनीता। सुकल पच्छ अभिजित हरि प्रीता॥

मध्य दिवस अति सीत न घामा। पावन काल लोक बिश्रामा॥ 1॥

सीतल मंद सुरभि बह बाऊ। हरषित सुर संतन मन चाऊ॥

बन कुसुमित गिरि गन मनिआरा। स्त्रवहिं सकल सरिताऽमृतधारा॥ 2॥

सो अवसर बिरंचि जब जाना। चले सकल सुर साजि बिमाना॥

गगन बिमल संकुल सुर जूथा। गावहिं गुन गंधर्ब बरूथा॥ 3॥

बरषहिं सुमन सुअंजुलि साजी। गहगहि गगन दुंदुभी बाजी॥

अस्तुति करहिं नाग मुनि देवा। बहुबिधि लावहिं निज निज सेवा॥ 4॥

पवित्र चैत्र का महीना था, नवमी तिथि थी। शुक्ल पक्ष और भगवान् का प्रिय अभिजित् मुहूर्त था। दोपहर का समय था। न बहुत सरदी थी, न धूप (गरमी) थी। वह पवित्र समय सब लोकों को शांति देनेवाला था॥ 1॥

शीतल, मंद और सुगंधित पवन बह रहा था। देवता हर्षित थे और संतों के मन में [बड़ा] चाव था। वन फूले हुए थे, पर्वतों के समूह मणियों से जगमगा रहे थे और सारी नदियाँ अमृत की धारा बहा रही थीं॥ 2॥

जब ब्रह्माजी ने वह (भगवान् के प्रकट होने का) अवसार जाना तब [उनके समेत] सारे देवता विमान सजा-सजाकर चले। निर्मल आकाश देवताओं के समूहों से भर गया। गंधर्वों के दल गुणों का गान करने लगे॥ 3॥

और सुंदर अंजलियों में सजा-सजाकर पुष्प बरसाने लगे। आकाश में घमाघम नगाड़े बजने लगे। नाग, मुनि और देवता स्तुति करने लगे और बहुत प्रकार से अपनी-अपनी सेवा (उपहार) भेंट करने लगे॥ 4॥

दोहा

सुर समूह बिनती करि पहुँचे निज निज धाम।
जगनिवास प्रभु प्रगटे अखिल लोक बिश्राम॥ 191॥

देवताओं के समूह विनती करके अपने-अपने लोक में जा पहुँचे। समस्त लोकों को शांति देनेवाले, जगदाधार प्रभु प्रकट हुए॥ 191॥

❖❖❖

छंद

भए प्रगट कृपाला दीनदयाला कौसल्या हितकारी।
हरषित महतारी मुनि मन हारी अद्भुत रूप बिचारी॥
लोचन अभिरामा तनु घनस्यामा निज आयुध भुज चारी।
भूषन बनमाला नयन बिसाला सोभासिंधु खरारी॥ 1॥
कह दुइ कर जोरी अस्तुति तोरी केहि बिधि करौं अनंता।
माया गुन ग्यानातीत अमाना बेद पुरान भनंता॥
करुना सुख सागर सब गुन आगर जेहि गावहिं श्रुति संता।
सो मम हित लागी जन अनुरागी भयउ प्रगट श्रीकंता॥ 2॥
ब्रह्मांड निकाया निर्मित माया रोम रोम प्रति बेद कहै।
मम उर सो बासी यह उपहासी सुनत धीर मति थिर न रहै॥
उपजा जब ग्याना प्रभु मुसुकाना चरित बहुत बिधि कीन्ह चहै।
कहि कथा सुहाई मातु बुझाई जेहि प्रकार सुत प्रेम लहै॥ 3॥
माता पुनि बोली सो मति डोली तजहु तात यह रूपा।
कीजै सिसुलीला अति प्रियसीला यह सुख परम अनूपा॥
सुनि बचन सुजाना रोदन ठाना होइ बालक सुरभूपा।
यह चरित जे गावहिं हरि पद पावहिं ते न परहिं भवकूपा॥ 4॥

दीनों पर दया करनेवाले, कौसल्याजी के हितकारी कृपालु प्रभु प्रकट हुए। मुनियों के मन को हरने वाले उनके अद्भुत रूप का विचार करके माता हर्ष से भर गईं। नेत्रों को आनंद देनेवाला मेघ के समान श्याम शरीर था; चारों भुजाओं में अपने (खास)आयुध [धारण किए हुए] थे; [दिव्य] आभूषण और वनमाला पहने थे; बड़े-बड़े नेत्र थे। इस प्रकार शोभा के समुद्र तथा खर राक्षस को मारने वाले भगवान् प्रकट हुए॥ 1॥

दोनों हाथ जोड़कर माता कहने लगीं—हे अनंत! मैं किस प्रकार तुम्हारी स्तुति करूँ। वेद और पुराण तुमको माया, गुण और ज्ञान से परे और परिमाण रहित

बतलाते हैं। श्रुतियाँ और संतजन दया और सुख का समुद्र, सब गुणों का धाम कहकर जिनका गान करते हैं, वही भक्तों पर प्रेम करनेवाले लक्ष्मीपति भगवान् मेरे कल्याण के लिए प्रकट हुए हैं॥ 2॥

वेद कहते हैं कि तुम्हारे प्रत्येक रोम में माया के रचे हुए अनेकों ब्रह्मांडों के समूह [भरे] हैं। वे तुम मेरे गर्भ में रहे—इस हँसी की बात के सुनने पर धीर (विवेकी) पुरुषों की बुद्धि भी स्थिर नहीं रहती (विचलित हो जाती है)। जब माता को ज्ञान उत्पन्न हुआ, तब प्रभु मुसकराए। वे बहुत प्रकार के चरित्र करना चाहते हैं। अत: उन्होंने [पूर्व जन्म की] सुंदर कथा कहकर माता को समझाया, जिससे उन्हें पुत्रका (वात्सल्य) प्रेम प्राप्त हो (भगवान् के प्रति पुत्रभाव हो जाए)॥ 3॥

माता की वह बुद्धि बदल गई, तब वह फिर बोली—हे तात! यह रूप छोड़कर अत्यंत प्रिय बाललीला करो, [मेरे लिए] यह सुख परम अनुपम होगा। [माता का] यह वचन सुनकर देवताओं के स्वामी सुजान भगवान् ने बालक [रूप] होकर रोना शुरू कर दिया। [तुलसीदास कहते हैं—] जो इस चरित्र का गान करते हैं, वे श्रीहरि का पद पाते हैं और [फिर] संसाररूपी कूप में नहीं गिरते॥ 4॥

❖❖❖

दोहा

बिप्र धेनु सुर संत हित लीन्ह मनुज अवतार।
निज इच्छा निर्मित तनु माया गुन गो पार॥ 192॥

ब्राह्मण, गौ, देवता और संतों के लिए भगवान् ने मनुष्य का अवतार लिया। वे [अज्ञानमयी, मलिना] माया और उसके गुण (सत्, रज, तम) और [बाहरी तथा भीतरी] इंद्रियों से परे हैं। उनका [दिव्य] शरीर अपनी इच्छा से ही बना है [किसी कर्मबंधन से परवश होकर त्रिगुणात्मक भौतिक पदार्थों के द्वारा नहीं]॥ 192॥

❖❖❖

चौपाई

सुनि सिसु रुदन परम प्रिय बानी। संभ्रम चलि आईं सब रानी॥
हरषित जहँ तहँ धाईं दासी। आनँद मगन सकल पुरबासी॥ 1॥
दसरथ पुत्रजन्म सुनि काना। मानहुँ ब्रह्मानंद समाना॥
परम प्रेम मन पुलक सरीरा। चाहत उठन करत मति धीरा॥ 2॥

जाकर नाम सुनत सुभ होई। मोरें गृह आवा प्रभु सोई॥
परमानंद पूरि मन राजा। कहा बोलाइ बजावहु बाजा॥ 3॥
गुर बसिष्ठ कहँ गयउ हँकारा। आए द्विजन सहित नृप द्वारा॥
अनुपम बालक देखेन्हि जाई। रूप रासि गुन कहि न सिराई॥ 4॥

बच्चें के रोने की बहुत ही प्यारी ध्वनि सुनकर सब रानियाँ उतावली होकर दौड़ी चली आईं। दासियाँ हर्षित होकर जहाँ-तहाँ दौड़ीं। सारे पुरवासी आनंद में मग्न हो गए॥ 1॥

राजा दशरथजी पुत्र का जन्म कानों से सुनकर मानो ब्रह्मानंद में समा गए। मन में अतिशय प्रेम है, शरीर पुलकित हो गया। [आनंद में अधीर हुई] बुद्धि को धीरज देकर [और प्रेम में शिथिल हुए शरीर को सँभालकर] वे उठना चाहते हैं॥ 2॥

जिनका नाम सुनने से ही कल्याण होता है, वही प्रभु मेरे घर आए हैं। [यह सोचकर] राजा का मन परम आनंद से पूर्ण हो गया। उन्होंने बाजे वालों को बुलाकर कहा कि बाजा बजाओ॥ 3॥

गुरु वसिष्ठजी के पास बुलावा गया। वे ब्राह्मणों को साथ लिए राजद्वार पर आए। उन्होंने जाकर अनुपम बालक को देखा, जो रूप की राशि है और जिसके गुण कहने से समाप्त नहीं होते॥ 4॥

❖❖❖

दोहा

नंदीमुख सराध करि जातकरम सब कीन्ह।
हाटक धेनु बसन मनि नृप बिप्रन्ह कहँ दीन्ह॥ 193॥

फिर राजा ने नांदीमुख श्राद्ध करके सब जातकर्म-संस्कार आदि किए और ब्राह्मणों को सोना, गौ, वस्त्र और मणियों का दान दिया॥ 193॥

❖❖❖

चौपाई

ध्वज पताक तोरन पुर छावा। कहि न जाइ जेहि भाँति बनावा॥
सुमनबृष्टि अकास तें होई। ब्रह्मानंद मगन सब लोई॥ 1॥
बृंद बृंद मिलि चलीं लोगाईं। सहज सिंगार किएँ उठि धाईं॥
कनक कलस मंगल भरि थारा। गावत पैठहिं भूप दुआरा॥ 2॥
करि आरति नेवछावरि करहीं। बार बार सिसु चरनन्हि परहीं॥
मागध सूत बंदिगन गायक। पावन गुन गावहिं रघुनायक॥ 3॥
सर्बस दान दीन्ह सब काहू। जेहिं पावा राखा नहिं ताहू॥
मृगमद चंदन कुंकुम कीचा। मची सकल बीथिन्ह बिच बीचा॥ 4॥

ध्वजा, पताका और तोरणों से नगर छा गया। जिस प्रकार से वह सजाया गया, उसका तो वर्णन ही नहीं हो सकता। आकाश से फूलों की वर्षा हो रही है, सब लोग ब्रह्मानंद में मग्न हैं॥ 1॥

स्त्रियाँ झुंड-की-झुंड मिलकर चलीं। स्वाभाविक श्रृंगार किए ही वे उठे दौड़ीं। सोने का कलश लेकर और थालों में मंगल द्रव्य भरकर गाती हुई राजद्वार में प्रवेश करती हैं॥2॥

वे आरती करके निछावर करती हैं और बार-बार बच्चे के चरणों पर गिरती हैं। मागध, सूत, वंदीजन और गवैये रघुकुल के स्वामी के पवित्र गुणों का गान करते हैं॥ 3॥

राजा ने सब किसी को भरपूर दार दिया। जिसने पाया उसने भी नहीं रखा (लुटा दिया)। [नगर की] सभी गलियों के बीच-बीच में कस्तूरी, चंदन और केसर की कीच मच गई॥ 4॥

ও❖❖❖৩

दोहा

गृह गृह बाज बधाव सुभ प्रगटे सुषमा कंद।
हरषवंत सब जहँ तहँ नगर नारि नर बृंद॥ 194॥

घर-घर मंगलमय बधावा बजने लगा, क्योंकि शोभा के मूल भगवान् प्रकट हुए हैं। नगर के स्त्री-पुरुषों के झुंड-के-झुंड जहाँ-तहाँ आनंदमग्न हो रहे हैं॥ 194॥

ও❖❖❖৩

चौपाई

कैकयसुता सुमित्रा दोऊ। सुंदर सुत जनमत भैं ओऊ॥
वह सुख संपति समय समाजा। कहि न सकइ सारद अहिराजा॥ 1॥
अवधपुरी सोहइ एहि भाँती। प्रभुहि मिलन आई जनु राती॥
देखि भानु जनु मन सकुचानी। तदपि बनी संध्या अनुमानी॥ 2॥
अगर धूप बहु जनु अँधिआरी। उड़इ अबीर मनहुँ अरुनारी॥
मंदिर मनि समूह जनु तारा। नृप गृह कलस सो इंदु उदारा॥ 3॥
भवन बेदधुनि अति मृदु बानी। जनु खग मुखर समयँ जनु सानी॥
कौतुक देखि पंतग भुलाना। एक मास तेइँ जात न जाना॥ 4॥

कैकेयी और सुमित्रा—इन दोनों ने भी सुंदर पुत्रों को जन्म दिया। उस सुख, संपत्ति, समय और समाज वर्णन सरस्वती और सर्पों के राजा शेषजी भी नहीं कर सकते॥ 1॥

अवधपुरी इस प्रकार सुशोभित हो रही है, मानो रात्रि प्रभु से मिलने आयी हो और सूर्य को देखकर मानो मन में सकुचा गई हो, परंतु फिर भी मन में विचारकर वह मानो संध्या बन [कर रह] गई हो॥ 2॥

अगर की धूप का बहुत सा धुआँ मानो [संध्या का] अँधकार है जो अबीर उड़ रहा है, वह उसकी ललाई है। महलों में जो मणियों के समूह हैं, वे मानो तारागण हैं। राजमहल का जो कलश है, वही मानो श्रेष्ठ चंद्रमा है॥ 3॥

राजभवन में जो अति कोमल वाणी से वेद ध्वनि हो रही है, वही मानो समय से (समयानुकूल)सनी हुई पक्षियों की चहचहाहट है। यह कौतुक देखकर सूर्य भी [अपनी चाल] भूल गए। एक महीना उन्होंने जाता हुआ न जाना (अर्थात् उन्हें एक महीना वहीं बीत गया)॥ 4॥

❦❖❖❖❦

दोहा

मास दिवस कर दिवस भा मरम न जानइ कोइ।
रथ समेत रबि थाकेउ निसा कवन बिधि होइ॥ 195॥

महीने भर का दिन हो गया। इस रहस्य को कोई नहीं जानता। सूर्य अपने रथ सहित वहीं रुक गए, फिर रात किस तरह होती॥ 195॥

❦❖❖❖❦

चौपाई

यह रहस्य काहूँ नहिं जाना। दिनमनि चले करत गुनगाना॥
देखि महोत्सव सुर मुनि नागा। चले भवन बरनत निज भागा॥ 1॥
औरउ एक कहउँ निज चोरी। सुनु गिरिजा अति दृढ़ मति तोरी॥
काकभुसुंडि संग हम दोऊ। मनुजरूप जानइ नहिं कोऊ॥ 2॥
परमानंद प्रेमसुख फूले। बीथिन्ह फिरहिं मगन मन भूले॥
यह सुभ चरित जान पै सोई। कृपा राम कै जापर होई॥ 3॥
तेहि अवसर जो जेहि बिधि आवा। दीन्ह भूप जो जेहि मन भावा॥
गज रथ तुरग हेम गो हीरा। दीन्हे नृप नानाबिधि चीरा॥ 4॥

यह रहस्य किसी ने नहीं जाना। सूर्यदेव [भगवान् श्रीरामजी का] गुणगान करते हुए चले। यह महोत्सव देखकर देवता, मुनि और नाग अपने भाग्य की सराहना करते हुए अपने-अपने घर चले॥ 1॥

हे पार्वती! तुम्हारी बुद्धि [श्रीरामजी के चरणों में] बहुत दृढ़ हैं, इसलिए मैं और भी अपनी एक चोरी (छिपाव) की बात कहता हूँ, सुनो। काकाभुशुंडि और मैं दोनों वहाँ

साथ-साथ थे, परंतु मनुष्य रूप में होने के कारण हमें कोई जान न सका॥ 2॥

परम आनंद और प्रेम के सुख में फूले हुए हम दोनों मगन मन से (मस्त हुए) गलियों में [तन-मन की सुधि] भूले हुए फिरते थे। परंतु यह शुभ चरित्र वही जान सकता है, जिस पर श्रीरामजी की कृपा हो॥ 3॥

उस अवसर पर जो जिस प्रकार आया और जिसके मन को जो अच्छा लगा, राजा ने उसे वही दिया। हाथी, रथ, घोड़े, सोना, गौएँ, हीरे और भाँति-भाँति के वस्त्र राजा ने दिए॥ 4॥

❖❖❖

दोहा

मन संतोषे सबन्हि के जहँ तहँ देहिं असीस।
सकल तनय चिर जीवहुँ तुलसिदास के ईस॥ 196॥

राजा ने सबके मन को संतुष्ट किया। [इसी से] सब लोग जहाँ-तहाँ आशीर्वाद दे रहे थे कि तुलसीदास के स्वामी सब पुत्र (चारों राजकुमार) चिरजीवी (दीर्घायु) हों॥ 196॥

❖❖❖

चौपाई

कछुक दिवस बीते एहि भाँती। जात न जानिअ दिन अरु राती॥
नामकरन कर अवसरु जानी। भूप बोलि पठए मुनि ग्यानी॥ 1॥
करि पूजा भूपति अस भाषा। धरिअ नाम जो मुनि गुनि राखा॥
इन्ह के नाम अनेक अनूपा। मैं नृप कहब स्वमति अनुरूपा॥ 2॥
जो आनंद सिंधु सुखरासी। सीकर तें त्रैलोक सुपासी॥
सो सुख धाम राम अस नामा। अखिल लोक दायक बिश्रामा॥ 3॥
बिस्व भरन पोषन कर जोई। ताकर नाम भरत अस होई॥
जाके सुमिरन तें रिपु नासा। नाम सत्रुहन बेद प्रकासा॥ 4॥

इस प्रकार कुछ दिन बीत गए। दिन और रात जाते हुए जान नहीं पड़ते। तब नामकरण-संस्कार का समय जानकर राजा ने ज्ञानी मुनि श्रीवसिष्ठजी को बुला भेजा॥ 1॥

मुनि की पूजा करके राजा ने कहा—हे मुनि! आपने मन में जो विचार रखे हों, वे नाम रखिए। [मुनि ने कहा—] हे राजन्! इनके अनेक अनुपम नाम हैं, फिर भी मैं अपनी बुद्धि के अनुसार कहूँगा॥ 2॥

ये जो आनंद के समुद्र और सुख की राशि हैं, जिस (आनंद सिंधु) के एक कण से तीनों लोक सुखी होते हैं, उन (आपके सबसे बड़े पुत्र) का नाम 'राम' है, जो सुख का भवन और संपूर्ण लोकों को शांति देनेवाला है॥ 3॥

जो संसार का भरण-पोषण करते हैं, उन (आपके दूसरे पुत्र) का नाम 'भरत' होगा। जिनके स्मरणमात्र से शत्रुका नाश होता है, उनका वेदों में प्रसिद्ध 'शत्रुघ्न' नाम है॥ 4॥

❖❖❖

दोहा

लच्छन धाम राम प्रिय सकल जगत आधार।
गुरु बसिष्ट तेहि राखा लछिमन नाम उदार॥ 197॥

जो शुभ लक्षणों के धाम, श्रीरामजी के प्यारे और सारे जगत् के आधार हैं, गुरु वसिष्ठजी ने उनका 'लक्ष्मण' ऐसा श्रेष्ठ नाम रखा॥ 197॥

❖❖❖

चौपाई

धरे नाम गुर हृदयँ बिचारी। बेद तत्व नृप तव सुत चारी॥
मुनि धन जन सरबस सिव प्राना। बाल केलि रस तेहिं सुख माना॥ 1॥
बारेहि ते निज हित पति जानी। लछिमन राम चरन रति मानी॥
भरत सत्रुहन दूनउ भाई। प्रभु सेवक जसि प्रीति बड़ाई॥ 2॥
स्याम गौर सुंदर दोउ जोरी। निरखहिं छबि जननीं तृन तोरी॥
चारिउ सील रूप गुन धामा। तदपि अधिक सुखसागर रामा॥ 3॥
हृदयँ अनुग्रह इंदु प्रकासा। सूचत किरन मनोहर हासा॥
कबहुँ उछंग कबहुँ बर पलना। मातु दुलारइ कहि प्रिय ललना॥ 4॥

गुरु जी ने हृदय में विचारकर ये नाम रखे [और कहा—] हे राजन्! तुम्हारे चारों पुत्र वेद के तत्त्व (साक्षात् परात्पर भगवान्) हैं। जो मुनियों के धन, भक्तों के सर्वस्व और शिवजी के प्राण हैं, उन्होंने [इस समय तुम लोगों के प्रेमवश] बाललीला के रस में सुख माना है॥ 1॥

बचपन से ही श्रीरामचंद्रजी को अपना परम हितैषी स्वामी जानकर लक्ष्मणजी ने उनके चरणों में प्रीति जोड़ ली। भरत और शत्रुघ्न दोनों भाइयों में स्वामी और सेवक की जिस प्रीति की प्रशंसा है वैसी प्रीति हो गई॥ 2॥

श्याम और गौर शरीर वाली दोनों सुंदर जोड़ियों की शोभा को देखकर

माताएँ तृण तोड़ती है [जिसमें दीठ न लग जाए]। यों तो चारों ही पुत्र शील, रूप और गुण के धाम हैं, तो भी सुख के समुद्र श्रीरामचंद्रजी सबसे अधिक हैं॥ 3॥

उनके हृदय में कृपारूपी चंद्रमा प्रकाशित है। उनकी मन को हरने वाली हँसी उस (कृपारूपी चंद्रमा) की किरणों को सूचित करती है। कभी गोद में [लेकर] और कभी उत्तम पालने में [लिटाकर] माता 'प्यारे ललना!' कहकर दुलार करती है॥ 4॥

❧❖❖❖☙

दोहा

ब्यापक ब्रह्म निरंजन निर्गुन बिगत बिनोद।
सो अज प्रेम भगति बस कौसल्या कें गोद॥ 198॥

जो सर्वव्यापक, निरंजन (मायारहित), निर्गुण, विनोदरहित और अजन्मा ब्रह्म हैं, वही प्रेम और भक्ति के वश कौसल्याजी की गोद में [खेल रहे] हैं॥ 198॥

❧❖❖❖☙

चौपाई

काम कोटि छबि स्याम सरीरा। नील कंज बारिद गंभीरा॥
अरुन चरन पंकज नख जोती। कमल दलन्हि बैठे जनु मोती॥ 1॥
रेख कुलिस ध्वज अंकुस सोहे। नूपुर धुनि सुनि मुनि मन मोहे॥
कटि किंकिनी उदर त्रय रेखा। नाभि गभीर जान जेहिं देखा॥ 2॥
भुज बिसाल भूषन जुत भूरी। हियँ हरि नख अति सोभा रूरी॥
उर मनिहार पदिक की सोभा। बिप्र चरन देखत मन लोभा॥ 3॥
कंबु कंठ अति चिबुक सुहाई। आनन अमित मदन छबि छाई॥
दुइ दुइ दसन अधर अरुनारे। नासा तिलक को बरनै पारे॥ 4॥
सुंदर श्रवन सुचारु कपोला। अति प्रिय मधुर तोतरे बोला॥
चिक्कन कच कुंचित गभुआरे। बहु प्रकार रचि मातु सँवारे॥ 5॥
पीत झगुलिआ तनु हिराई। जानु पानि बिचरनि मोहि भाई॥
रूप सकहिं नहिं कहि श्रुति सेषा। सो जानइ सपनेहुँ जेहिं देखा॥ 6॥

उनके नील कमल और गंभीर (जल से भरे हुए) मेघ के समान श्याम शरीर में करोड़ों कामदेवों की शोभा है। लाल-लाल चरण कमलों के नखों की [शुभ्र] ज्योति ऐसी मालूम होती है जैसे [लाल] कमल के पत्तों पर मोती स्थिर हो गए हों॥ 1॥

[चरण तलों में] वज्र, ध्वजा और अंकुश के चिह्न शोभित हैं। नूपुर (पैंजनी) की ध्वनि सुनकर मुनियों का भी मन मोहित हो जाता है। कमर में करधनी और पेट पर तीन रेखाएँ (त्रिवली) हैं। नाभिकी गंभीरता को तो वही जानते हैं, जिन्होंने उसे देखा है॥ 2॥

बहुत से आभूषणों से सुशोभित विशाल भुजाएँ हैं। हृदय पर बाघ के नख की बहुत ही निराली छटा है। छाती पर रत्नों से युक्त मणियों के हार की शोभा और ब्राह्मण (भृगु) के चरण-चिह्न को देखते ही मन लुभा जाता है॥ 3॥

कंठ शंख के समान (उतार-चढ़ाव वाला, तीन रेखाओं से सुशोभित) है और ठोड़ी बहुत ही सुंदर है। मुख पर असंख्य कामदेवों की छटा छा रही है। दो-दो सुंदर दँतुलियाँ हैं, लाल-लाल ओठ हैं। नासिका और तिलक [के सौंदर्य] का तो वर्णन ही कौन कर सकता है॥ 4॥

सुंदर कान और बहुत ही सुंदर गाल हैं। मधुर तोतले शब्द बहुत ही प्यारे लगते हैं। जन्म के समय से रखे हुए चिकने और घुँघराले बाल हैं, जिनको माता ने बहुत प्रकार से बनाकर सँवार दिया है॥ 5॥

शरीर पर पीली झँगुली पहनाई हुई है। उनका घुटनों और हाथों के बल चलना मुझे बहुत ही प्यारा लगता है। उनके रूप का वर्णन वेद और शेषजी भी नहीं कर सकते। उसे वही जानता है जिसने कभी स्वप्न में भी देखा हो॥ 6॥

❖❖❖

दोहा

सुख संदोह मोहपर ग्यान गिरा गोतीत।
दंपति परम प्रेम बस कर सिसुचरित पुनीत॥ 199॥

जो सुख के पुंज, मोह से परे तथा ज्ञान, वाणी और इंद्रियों से अतीत हैं, वे भगवान् दशरथ-कौसल्या के अत्यंत प्रेम के वश होकर पवित्र बाललीला करते हैं॥ 199॥

❖❖❖

चौपाई

एहि बिधि राम जगत पितु माता। कोसलपुर बासिन्ह सुखदाता॥
जिन्ह रघुनाथ चरन रति मानी। तिन्ह की यह गति प्रगट भवानी॥ 1॥
रघुपति बिमुख जतन कर कोरी। कवन सकइ भव बंधन छोरी॥
जीव चराचर बस कै राखे। सो माया प्रभु सों भय भाखे॥ 2॥
भृकुटि बिलास नचावइ ताही। अस प्रभु छाड़ि भजिअ कहु काही॥
मन क्रम बचन छाड़ि चतुराई। भजत कृपा करिहहिं रघुराई॥ 3॥

एहि बिधि सिसुबिनोद प्रभु कीन्हा। सकल नगरबासिन्ह सुख दीन्हा॥
लै उछंग कबहुँक हलरावै। कबहुँ पालनें घालि झुलावै॥ 4॥

इस प्रकार [संपूर्ण] जगत् के माता-पिता श्रीरामजी अवधपुर के निवासियों को सुख देते हैं। जिन्होंने श्रीरामचंद्रजी के चरणों में प्रीति जोड़ी है, हे भवानी! उनकी यह प्रत्यक्ष गति है [कि भगवान् उनके प्रेमवश बाललीला करके उन्हें आनंद दे रहे हैं]॥ 1॥

श्रीरघुनाथजी से विमुख रहकर मनुष्य चाहे करोड़ों उपाय करे, परंतु उसका संसारबंधन कौन छुड़ा सकता है। जिसने सब चराचर जीवों को अपने वश में कर रखा है, वह माया भी प्रभु से भय खाती है॥ 2॥

भगवान् उस माया को भौंह के इशारे पर नचाते हैं। ऐसे प्रभु को छोड़कर कहो, [और] किसका भजन किया जाए। मन, वजन और कर्म से चतुराई छोड़कर भजते ही श्रीरघुनाथजी कृपा करेंगे॥ 3॥

इस प्रकार से प्रभु श्रीरामचंद्र जी ने बालक्रीड़ा की और समस्त नगर निवासियों को सुख दिया। कौसल्या जी कभी उन्हें गोद में लेकर हिलाती-डुलाती और कभी पालने में लिटाकर झुलाती थीं॥ 4॥

❖❖❖❖

दोहा

प्रेम मगन कौसल्या निसि दिन जात न जान।
सुत सनेह बस माता बालचरित कर गान॥ 200॥

प्रेम में मग्न कौसल्या जी रात और दिन का बीतना नहीं जानती थीं। पुत्र के स्नेहवश माता उनके बालचरित्रों का गान किया करतीं॥ 200॥

❖❖❖❖

चौपाई

एक बार जननीं अन्हवाए। करि सिंगार पलनाँ पौढ़ाए॥
निज कुल इष्टदेव भगवाना। पूजा हेतु कीन्ह अस्नाना॥ 1॥
करि पूजा नैबेद्य चढ़ावा। आपु गई जहँ पाक बनावा॥
बहुरि मातु तहवाँ चलि आई। भोजन करत देख सुत जाई॥ 2॥
गै जननी सिसु पहिं भयभीता। देखा बाल तहाँ पुनि सूता॥
बहुरि आइ देखा सुत सोई। हृदयँ कंप मन धीर न होई॥ 3॥
इहाँ उहाँ दुइ बालक देखा। मतिभ्रम मोर कि आन बिसेषा॥
देखि राम जननी अकुलानी। प्रभु हँसि दीन्ह मधुर मुसुकानी॥ 4॥

एक बार माता ने श्रीरामचंद्रजी को स्नान कराया और शृंगार करके पालने पर पौढ़ा दिया। फिर अपने कुल के इष्टदेव भगवान् की पूजा के लिए स्नान किया॥ 1॥

पूजा करके नैवेद्य चढ़ाया और स्वयं वहाँ गई, जहाँ रसोई बनाई गई थी। फिर माता वहीं (पूजा के स्थान में) लौट आई, और वहाँ आने पर पुत्र को [इष्टदेव भगवान् के लिए चढ़ाए हुए नैवेद्यका] भोजन करते देखा॥ 2॥

माता भयभीत होकर (पालने में सोया था, यहाँ किसने लाकर बैठा दिया, इस बात से डरकर पुत्र के पास गई, तो वहाँ बालक को सोया हुआ देखा। फिर [पूजा स्थान में लौटकर] देखा कि वही पुत्र वहाँ [भोजन कर रहा] है। उनके हृदय में कंप होने लगा और मन को धीरज नहीं होता॥ 3॥

[वह सोचने लगी कि] यहाँ और वहाँ मैंने दो बालक देखे। यह मेरी बुद्धिका भ्रम है या और कोई विशेष कारण है? प्रभु श्रीरामचंद्र जी ने माता को घबड़ायी हुई देखकर मधुर मुसकान से हँस दिया॥ 4॥

❖❖❖

दोहा

देखरावा मातहि निज अद्‌भुत रूप अखंड।
रोम रोम प्रति लागे कोटि कोटि ब्रह्मंड॥ 201॥

फिर उन्होंने माता को अपना अखंड अद्‌भुत रूप दिखलाया, जिसके एक-एक रोम में करोड़ों ब्रह्मांड लगे हुए हैं॥ 201॥

❖❖❖

चौपाई

अगनित रबि ससि सिव चतुरानन। बहुगिरि सरित सिंधु महि कानन॥
काल कर्म गुन ग्यान सुभाऊ। सोउ देखा जो सुना न काऊ॥ 1॥
देखी माया सब बिधि गाढ़ी। अति सभीत जोरें कर ठाढ़ी॥
देखा जीव नचावइ जाही। देखी भगति जो छोरइ ताही॥ 2॥
तन पुलकित मुख बचन न आवा। नयन मूदि चरननि सिरु नावा॥
बिसमयवंत देखि महतारी। भए बहुरि सिसुरूप खरारी॥ 3॥
अस्तुति करि न जाइ भय माना। जगत पिता मैं सुत करि जाना॥
हरि जननी बहुबिधि समुझाई। यह जनि कतहुँ कहसि सुनु माई॥ 4॥

अगणित सूर्य, चंद्रमा, शिव, ब्रह्मा, बहुत से पर्वत, नदियाँ, समुद्र, पृथ्वी, वन, काल, कर्म, गुण, ज्ञान और स्वभाव देखे। और वे पदार्थ भी देखे जो कभी

सुने भी न थे॥ 1॥

सब प्रकार से बलवती माया को देखा कि वह [भगवान् के सामने] अत्यंत भयभीत हाथ जोड़े खड़ी है। जीव को देखा, जिसे वह माया नचाती है और [फिर] भक्ति को देखा, जो उस जीव को [माया से] छुड़ा देती॥ 2॥

[माता का] शरीर पुलकित हो गया, मुख से वचन नहीं निकलता। तब आँखें मूँदकर उसने श्रीरामचंद्रजी के चरणों में सिर नवाया। माता को आश्चर्यचकित देखकर खर के शत्रु श्रीरामजी फिर बालरूप हो गए॥ 3॥

[माता से] स्तुति भी नहीं की जाती। वह डर गई कि मैंने जगत्पिता परमात्मा को पुत्र करके जाना। श्रीहरि ने माता को बहुत प्रकार से समझाया [और कहा—] हे माता! सुनो, यह बात कहीं पर कहना नहीं॥ 4॥

❖❖❖

दोहा

बार बार कौसल्या बिनय करइ कर जोरि।
अब जनि कबहूँ ब्यापै प्रभु मोहि माया तोरि॥ 202॥

कौसल्याजी बार-बार हाथ जोड़कर विनय करती हैं कि हे प्रभो! मुझे आपकी माया अब कभी न व्यापे॥ 202॥

❖❖❖

चौपाई

बालचरित हरि बहुबिधि कीन्हा। अति अनंद दासन्ह कहँ दीन्हा॥
कछुक काल बीतें सब भाई। बड़े भए परिजन सुखदाई॥ 1॥
चूड़ाकरन कीन्ह गुरु जाई। बिप्रन्ह पुनि दछिना बहु पाई॥
परम मनोहर चरित अपारा। करत फिरत चारिउ सुकुमारा॥ 2॥
मन क्रम बचन अगोचर जोई। दसरथ अजिर बिचर प्रभु सोई॥
भोजन करत बोल जब राजा। नहिं आवत तजि बाल समाजा॥ 3॥
कौसल्या जब बोलन जाई। ठुमुकु ठुमुकु प्रभु चलहिं पराई॥
निगम नेति सिव अंत न पावा। ताहि धरै जननी हठि धावा॥ 4॥
धूसर धूरि भरे तनु आए। भूपति बिहसि गोद बैठाए॥ 5॥

भगवान् ने बहुत प्रकार से बाललीलाएँ कीं और अपने सेवकों को अत्यंत आनंद दिया। कुछ समय बीतने पर चारों भाई बड़े होकर कुटुंबियों को सुख देने वाले हुए॥ 1॥

तब गुरुजी ने जाकर चूड़ाकर्म-संस्कार किया। ब्राह्मणों ने फिर बहुत सी दक्षिणा पाई। चारों सुंदर राजकुमार बड़े ही मनोहर अपार चरित्र करते फिरते हैं॥ 2॥

जो मन, वचन और कर्म से अगोचर हैं, वही प्रभु दशरथजी के आँगन में विचर रहे हैं। भोजन करने के समय जब राजा बुलाते हैं, तब वे अपने बाल सखाओं के समाज को छोड़कर नहीं आते॥ 3॥

कौसल्याजी जब बुलााने जाती हैं, तब प्रभु ठुमुक-ठुमुक भाग चलते हैं। जिनका वेद 'नेति' (इतना ही नहीं) कहकर निरूपण करते हैं और शिवजी ने जिनका अंत नहीं पाया, माता उन्हें हठपूर्वक पकड़ने के लिए दौड़ती हैं॥ 4॥

वे शरीर में धूल लपेटे हुए आए और राजा ने हँसकर उन्हें गोद में बैठा लिया॥ 5॥

❖❖❖

दोहा

भोजन करत चपल चित इत उत अवसरु पाइ।
भाजि चले किलकत मुख दधि ओदन लपटाइ॥ 203॥

भोजन करते हैं, पर चित्त चंचल है। अवसर पाकर मुँह में दही-भात लपटाए किलकारी मारते हुए इधर-उधर भाग चले॥ 203॥

□

2

विद्यारंभ

मनुष्य बुद्धि लेकर पैदा होता है किंतु इस बुद्धि को कुशाग्र बनाने, उचित-अनुचित, धर्म-अधर्म का भेद समझने, लौकिक जीवन को ठीक प्रकार से जीने और आध्यात्मिक आनंद की प्राप्ति के लिए विद्या-प्राप्ति अत्यंत उपयोगी है। इसीलिए प्राचीन काल में बच्चे का उपनयन संस्कार होता था और उसे ज्ञान प्राप्त करने के लिए गुरुकुल भेजा जाता था।

आज इस प्रथा में थोड़ा अंतर आ गया है परंतु विद्या के महत्त्व में कोई कमी नहीं आई है।

बच्चे को विद्यालय भेजने से पहले माता-पिता भगवान् से प्रार्थना करने के लिए कि उनका बालक अच्छी तरह शिक्षा प्राप्त करे, जीवन में सफलता प्राप्त करे, रामायण का पाठ आयोजित करें तो अच्छा होगा। साथ ही जब बालक कक्षा में उत्तीर्ण हो, अच्छे अंक प्राप्त करे या अध्ययन के लिए विदेश जाए तो भी परमात्मा को धन्यवाद देने और उनकी कृपा प्राप्त करने के लिए रामायण का पाठ करना चाहिए।

ऐसे अवसरों पर निम्न प्रसंगों का पाठ करने से बालक के चरित्र पर अच्छा प्रभाव पड़ता है।

(क) गुरु, विप्र और संत वंदना (बालकांड, दोहा–1-7)

यह अंश 'जन्म एवं जन्मदिन' शीर्षक के अंतर्गत आ चुका है। इसके पाठ के लिए देखिए **पृ. 15**।

(ख) श्रीरामनाम, श्रीरामगुण और श्रीरामचरितमानस की महिमा (बालकांड, दोहा–18-28)

यह प्रसंग 'जन्म एवं जन्मदिन' शीर्षक के अंतर्गत आ चुका है। इस अंश के पाठ के लिए देखिए **पृ. 24**।

(ग) रामजी के विभिन्न संस्कार, गुण और गुरु विश्वामित्र के साथ प्रस्थान (बालकांड, दोहा–203-209)

परिवार में भाइयों, माता-पिता और अन्य संबंधियों के साथ कैसे जीवन जीना चाहिए इसकी शिक्षा इस प्रसंग के पाठ से मिलती है। श्रीराम और सभी भाई एक-दूसरे के साथ प्रेमपूर्वक खेलते हैं और मिल-जुलकर जीवन जीते हैं। बच्चों की बाल सुलभ लीलाएँ माता-पिता को प्रमुदित और आनंदित करती हैं। लेकिन इस आनंद के साथ ही माता-पिता अपने कर्तव्य का भी बड़े सुंदर ढंग से निर्वाह करते हैं। वे बालकों के तरह-तरह के संस्कार करते हैं ताकि बालक सुसंस्कृत और सदाचारी हों और उचित समय पर शिक्षा प्राप्त करने के लिए उन्हें गुरुकुल भी भेजते हैं—

गुरगृहँ गए पढ़न रघुराई। अलपकाल बिद्या सब आई॥

(बालकांड—203-4)

—श्रीरघुनाथजी (भाइयों सहित) गुरु के घर में विद्या पढ़ने गए और थोड़े ही समय में उनको सब विद्याएँ आ गईं।

यद्यपि रामजी राजा के पुत्र हैं और वह भी बड़ी पूजा-प्रार्थना के बाद पैदा होते हैं, फिर भी माता-पिता अपने कर्तव्य पालन में कहीं कोई कमी नहीं आने देते। वे अच्छे-से-अच्छे गुरु को बुलाकर वहीं राजमहल में सभी भाइयों को शिक्षा दिला सकते थे, किंतु वे उन्हें गुरुकुल भेजते हैं।

गुरु विश्वामित्र के साथ जाकर श्रीराम और लक्ष्मण न केवल गुरु-आदेश से ताड़का और सुबाहु का वध करते हैं बल्कि अस्त्र-शस्त्र का अत्यंत गंभीर ज्ञान भी प्राप्त करते हैं, जो आजीवन उनके लिए अत्यंत उपयोगी सिद्ध होता है।

विद्यार्थी जीवन आनंद और सुख प्राप्ति का समय न होकर त्याग और परिश्रम का जीवन है। इसी छात्र-जीवन की नींव पर पूरे जीवन की इमारत टिकी है। श्रेष्ठ शिक्षा की प्राप्ति के लिए छात्र को, माता-पिता, मित्रों और सगे-संबंधियों को भी कुछ समय के लिए छोड़ना पड़ सकता है।

अपने सहपाठियों के प्रति प्रेम और सद्भावना तथा अध्यापकों के प्रति आदर, सम्मान और कृतज्ञता की भावना जीवन को श्रेष्ठ और समुन्नत बनाती है।

Ꮗ❖❖❖Ꮿ

दोहा

भोजन करत चपल चित इत उत अवसरु पाइ।
भाजि चले किलकत मुख दधि ओदन लपटाइ॥ 203॥

भोजन करते हैं, पर चित्त चंचल है। अवसर पाकर मुँह में दही-भात लपटाए किलकारी मारते हुए इधर-उधर भाग चले॥ 203॥

Ꮗ❖❖❖Ꮿ

चौपाई

बालचरित अति सरल सुहाए। सारद सेष संभु श्रुति गाए॥
जिन्ह कर मन इन्ह सन नहिं राता। ते जन बंचित किए बिधाता॥ 1॥
भए कुमार जबहिं सब भ्राता। दीन्ह जनेऊ गुरु पितु माता॥
गुरगृहँ गए पढ़न रघुराई। अलप काल बिद्या सब आई॥ 2॥
जाकी सहज स्वास श्रुति चारी। सो हरि पढ़ यह कौतुक भारी॥
बिद्या बिनय निपुन गुन सीला। खेलहिं खेल सकल नृपलीला॥ 3॥
करतल बान धनुष अति सोहा। देखत रूप चराचर मोहा॥
जिन्ह बीथिन्ह बिहरहिं सब भाई। थकित होहिं सब लोग लुगाई॥ 4॥

श्रीरामचंद्रजी की बहुत ही सरल (भोली) और सुंदर (मनभावनी) बाललीलाओं का सरस्वती, शेषजी, शिवजी और वेदों ने गान किया है। जिनका मन इन लीलाओं में अनुरक्त नहीं हुआ, विधाता ने उन मनुष्यों को वंचित कर दिया (नितांत भाग्यहीन बनाया) ॥ 1॥

ज्यों ही सब भाई कुमारावस्था के हुए, त्यों ही गुरु, पिता और माता ने उनका यज्ञोपवीत संस्कार कर दिया। श्रीरघुनाथजी [भाइयों सहित] गुरु के घर में विद्या पढ़ने गए और थोड़े ही समय में उनको सब विद्याएँ आ गईं॥ 2॥

चारों वेद जिनके स्वाभाविक श्वास हैं, वे भगवान् पढें यह बड़ा कौतुक (अचरज) है। चारों भाई विद्या, विनय, गुण और शील में [बड़े] निपुण हैं और सब राजाओं की लीलाओं के ही खेल खेलते हैं।॥ 3॥

हाथों में बाण और धनुष बहुत ही शोभा देते हैं। रूप देखते ही चराचर (जड़-चेतन) मोहित हो जाते हैं। वे सब भाई जिन गलियों में खेलते [हुए निकलते]

हैं, उन गलियों के सभी स्त्री-पुरुष उनको देखकर स्नेह से शिथिल हो जाते हैं अथवा ठिठककर रह जाते हैं॥ 4॥

❦❖❖❖❦

दोहा

कोसलपुर बासी नर नारि बृद्ध अरु बाल।
प्रानहु ते प्रिय लागत सब कहुँ राम कृपाल॥ 204॥

कोसलपुर के रहने वाले स्त्री, पुरुष, बूढ़े और बालक सभी को कृपालु श्रीरामचंद्रजी प्राणों से भी बढ़कर प्रिय लगते हैं॥ 204॥

❦❖❖❖❦

चौपाई

बंधु सखा सँग लेहिं बोलाई। बन मृगया नित खेलहिं जाई॥
पावन मृग मारहिं जियँ जानी। दिन प्रति नृपहि देखावहिं आनी॥ 1॥
जे मृग राम बान के मारे। ते तनु तजि सुरलोक सिधारे॥
अनुज सखा सँग भोजन करहीं। मातु पिता अग्या अनुसरहीं॥ 2॥
जेहि बिधि सुखी होहिं पुर लोगा। करहिं कृपानिधि सोइ संजोगा॥
बेद पुरान सुनहिं मन लाई। आपु कहहिं अनुजन्ह समुझाई॥ 3॥
प्रातकाल उठि कै रघुनाथा। मातु पिता गुरु नावहिं माथा॥
आयसु मागि करहिं पुर काजा। देखि चरित हरषइ मन राजा॥ 4॥

श्रीरामचंद्रजी भाइयों और इष्ट-मित्रों को बुलाकर साथ ले लेते हैं और नित्य वन में जाकर शिकार खेलते हैं। मन में पवित्र समझकर मृगों को मारते हैं और प्रतिदिन लाकर राजा (दशरथजी) को दिखलाते हैं॥ 1॥

जो मृग श्रीरामजी के बाण से मारे जाते थे, वे शरीर छोड़कर देवलोक को चले जाते थे। श्रीरामचंद्रजी अपने छोटे भाइयों और सखाओं के साथ भोजन करते हैं और माता-पिता की आज्ञा का पालन करते हैं॥ 2॥

जिस प्रकार नगर के लोग सुखी हों, कृपानिधान श्रीरामचंद्रजी वही संयोग (लीला) करते हैं। वे मन लगाकर वेद-पुराण सुनते हैं और फिर स्वयं छोटे भाइयों को समझाकर कहते हैं॥ 3॥

श्रीरघुनाथजी प्रात:काल उठकर माता-पिता और गुरु को मस्तक नवाते हैं और आज्ञा लेकर नगर का काम करते हैं। अनके चरित्र देख-देखकर राजा मन में बड़े हर्षित होते हैं॥ 4॥

दोहा

व्यापक अकल अनीह अज निर्गुन नाम न रूप।
भगत हेतु नाना बिधि करत चरित्र अनूप॥ 205॥

जो व्यापक, अकल (निरवयव), इच्छारहित, अजन्मा और निर्गुण हैं; तथा जिनका न नाम है न रूप, वही भगवान् भक्तों के लिए नाना प्रकार से अनुपम (अलौकिक) चरित्र करते हैं॥ 205॥

❖❖❖❖

चौपाई

यह सब चरित कहा मैं गाई। आगिलि कथा सुनहु मन लाई॥
बिस्वामित्र महामुनि ग्यानी। बसहिं बिपिन सुभ आश्रम जानी॥ 1॥
जहँ जप जग्य जोग मुनि करहीं। अति मारीच सुबाहुहि डरहीं॥
देखत जग्य निसाचर धावहिं। करहिं उपद्रव मुनि दुख पावहिं॥ 2॥
गाधितनय मन चिंता ब्यापी। हरि बिनु मरहिं न निसिचर पापी॥
तब मुनिबर मन कीन्ह बिचारा। प्रभु अवतरेउ हरन महि भारा॥ 3॥
एहूँ मिस देखौं पद जाई। करि बिनती आनौं दोउ भाई॥
ग्यान बिराग सकल गुन अयना। सो प्रभु मैं देखब भरि नयना॥ 4॥

यह सब चरित्र मैंने गाकर (बखानकर) कहा। अब आगे की कथा मन लगाकर सुनो। ज्ञानी महामुनि विश्वामित्र जी वन में शुभ आश्रम (पवित्र स्थान) जानकर बसते थे,॥ 1॥

जहाँ वे मुनि जप, यज्ञ और योग करते थे, परंतु मारीच और सुबाहु से बहुत डरते थे। यज्ञ देखते ही राक्षस दौड़ पड़ते थे और उपद्रव मचाते थे, जिससे मुनि [बहुत] दुःख पाते थे॥ 2॥

गाधि के पुत्र विश्वामित्रजी के मन में चिंता छा गई कि ये पापी राक्षस भगवान् के [मारे] बिना न मरेंगे। तब श्रेष्ठ मुनि ने मन में विचार किया कि प्रभु ने पृथ्वी का भार हरने के लिए अवतार लिया है।॥ 3॥

इसी बहाने जाकर मैं उनके चरणों का दर्शन करूँ और विनती करके दोनों भाइयों को ले आऊँ। [अहा!] जो ज्ञान, वैराग्य और सब गुणों के धाम हैं, उन प्रभु को मैं नेत्र भरकर देखूँगा॥ 4॥

दोहा

बहुबिधि करत मनोरथ जात लागि नहिं बार।
करि मज्जन सरऊ जल गए भूप दरबार॥ 206॥

बहुत प्रकार से मनोरथ करते हुए जाने में देर नहीं लगी। सरयूजी के जल में स्नान करके वे राजा के दरवाजे पर पहुँचे॥ 203॥

❧❖❖❖☙

चौपाई

मुनि आगमन सुना जब राजा। मिलन गयउ लै बिप्र समाजा॥
करि दंडवत मुनिहि सनमानी। निज आसन बैठारेन्हि आनी॥ 1॥
चरन पखारि कीन्हि अति पूजा। मो सम आजु धन्य नहिं दूजा॥
बिबिध भाँति भोजन करवावा। मुनिबर हृदयँ हरष अति पावा॥ 2॥
पुनि चरननि मेले सुत चारी। राम देखि मुनि देह बिसारी॥
भए मगन देखत मुख सोभा। जनु चकोर पूरन ससि लोभा॥ 3॥
तब मन हरषि बचन कह राऊ। मुनि अस कृपा न कीन्हिहु काऊ॥
केहि कारन आगमन तुम्हारा। कहहु सो करत न लावउँ बारा॥ 4॥
असुर समूह सतावहिं मोही। मैं जाचन आयउँ नृप तोही॥
अनुज समेत देहु रघुनाथा। निसिचर बध मैं होब सनाथा॥ 5॥

राजा ने जब मुनि का आना सुना, तब वे ब्राह्मणों के समाज को साथ लेकर मिलने गए और दंडवत् करके मुनि का सम्मान करते हुए उन्हें लाकर अपने आसन पर बैठाया॥ 1॥

चरणों को धोकर बहुत पूजा की और कहा—मेरे समान धन्य आज दूसरा कोई नहीं है। फिर अनेक प्रकार के भोजन करवाए, जिससे श्रेष्ठ मुनि ने अपने हृदय में बहुत ही हर्ष प्राप्त किया॥ 2॥

फिर राजा ने चारों पुत्रों को मुनि के चरणों पर डाल दिया (उनसे प्रणाम कराया)। श्रीरामचंद्रजी को देखकर मुनि अपनी देह की सुधि भूल गए। वे श्रीरामजी के मुख की शोभा देखते ही ऐसे मग्न हो गए, मानो चकोर पूर्ण चंद्रमा को देखकर लुभा गया हो॥ 3॥

तब राजा ने मन में हर्षित होकर ये वचन कहे—हे मुनि! इस प्रकार कृपा तो आपने कभी नहीं की। आज किस कारण से आपका शुभागमन हुआ? कहिए, मैं उसे पूरा करने में देर नहीं लगाऊँगा॥ 4॥

[मुनि ने कहा—] हे राजन्! राक्षसों के समूह मुझे बहुत सताते हैं। इसीलिए

मैं तुमसे कुछ माँगने आया हूँ। छोटे भाई सहित श्रीरघुनाथजी को मुझे दो। राक्षसों के मारे जाने पर मैं सनाथ (सुरक्षित) हो जाऊँगा॥ 5॥

❖❖❖❖

दोहा

देहु भूप मन हरषित तजहु मोह अग्यान।
धर्म सुजस प्रभु तुम्ह कौं इन्ह कहँ अति कल्यान॥ 207॥

हे राजन्! प्रसन्न मन से इन को दो, मोह और अज्ञान को छोड़ दो। हे स्वामी! इससे तुम को धर्म और सुयश की प्राप्ति होगी और इनका परम कल्याण होगा॥ 207॥

❖❖❖❖

चौपाई

सुनि राजा अति अप्रिय बानी। हृदय कंप मुख दुति कुमुलानी॥
चौथेंपन पायउँ सुत चारी। बिप्र बचन नहिं कहेहु बिचारी॥ 1॥
मागहु भूमि धेनु धन कोसा। सर्बस देउँ आजु सहरोसा॥
देह प्रान तें प्रिय कछु नाहीं। सोउ मुनि देउँ निमिष एक माहीं॥ 2॥
सब सुत प्रिय मोहि प्रान कि नाईं। राम देत नहिं बनइ गोसाईं॥
कहँ निसिचर अति घोर कठोरा। कहँ सुंदर सुत परम किसोरा॥ 3॥
सुनि नृप गिरा प्रेम रस सानी। हृदयँ हरष माना मुनि ग्यानी॥
तब बसिष्ठ बहुबिधि समुझावा। नृप संदेह नास कहँ पावा॥ 4॥
अति आदर दोउ तनय बोलाए। हृदयँ लाइ बहु भाँति सिखाए॥
मेरे प्रान नाथ सुत दोऊ। तुम्ह मुनि पिता आन नहिं कोऊ॥ 5॥

इस अत्यंत अप्रिय वाणी को सुनकर राजा का हृदय काँप उठा और उनके मुख की कांति फीकी पड़ गई। [उन्होंने कहा—] हे ब्राह्मण! मैंने चौथेपन में चार पुत्र पाए हैं, आपने विचारकर बात नहीं कही॥ 1॥

हे मुनि! आप पृथ्वी, गौ, धन और खजाना माँग लीजिए, मैं आज बड़े हर्ष के साथ अपना सर्वस्व दे दूँगा। देह और प्राण से अधिक प्यारा कुछ भी नहीं होता, मैं उसे भी एक पल में दे दूँगा॥ 2॥

सभी पुत्र मुझे प्राणों के समान प्यारे हैं; उनमें भी हे प्रभो! राम को तो [किसी प्रकार भी] देते नहीं बनता। कहाँ अत्यंत डरावने और क्रूर राक्षस और कहाँ परम किशोर अवस्था के (बिलकुल सुकमार) मेरे सुंदर पुत्र॥ 3॥

प्रेम-रस में सनी हुई राजा की वाणी सुनकर ज्ञानी पुनि विश्वामित्रजी ने हृदय

में बड़ा हर्ष माना। तब वसिष्ठजी ने राजा को बहुत प्रकार से समझाया, जिससे राजा का संदेह नाश को प्राप्त हुआ॥ 4॥

राजा ने बड़े ही आदर से दोनों पुत्रों को बुलाया और हृदय से लगाकर बहुत प्रकार से उन्हें शिक्षा दी। [फिर कहा—] हे नाथ! ये दोनों पुत्र मेरे प्राण हैं। हे मुनि! [अब] आप ही इनके पिता हैं, दूसरा कोई नहीं॥ 5॥

❖❖❖

दोहा

सौंपे भूप रिषिहि सुत बहुबिधि देइ असीस।
जननी भवन गए प्रभु चले नाइ पद सीस॥ 208 (क)॥

राजा ने बहुत प्रकार से आशीर्वाद देकर पुत्रों को ऋषि के हवाले कर दिया। फिर प्रभु माता के महल में गए और उनके चरणों में सिर नवाकर चले॥ 208 (क) ॥

❖❖❖

सोरठा

पुरुषसिंह दोउ बीर हरषि चले मुनि भय हरन।
कृपासिंधु मतिधीर अखिल बिस्व कारन करन॥ 208(ख)॥

पुरुषों में सिंह रूप दोनों भाई (राम-लक्ष्मण) मुनिका भय हरने के लिए प्रसन्न होकर चले। वे कृपा के समुद्र, धीरबुद्धि और संपूर्ण विश्व के कारण के भी कारण हैं॥ 208 (ख) ॥

❖❖❖

चौपाई

अरुन नयन उर बाहु बिसाला। नील जलज तनु स्याम तमाला॥
कटि पट पीत कसें बर भाथा। रुचिर चाप सायक दुहुँ हाथा॥ 1॥
स्याम गौर सुंदर दोउ भाई। बिस्वामित्र महानिधि पाई॥
प्रभु ब्रह्मन्यदेव मैं जाना। मोहि निति पिता तजेउ भगवाना॥ 2॥
चले जात मुनि दीन्हि देखाई। सुनि ताड़का क्रोध करि धाई॥
एकहिं बान प्रान हरि लीन्हा। दीन जानि तेहि निज पद दीन्हा॥ 3॥
तब रिषि निज नाथहि जियँ चीन्ही। बिद्यानिधि कहुँ बिद्या दीन्ही॥
जाते लाग न छुधा पिपासा। अतुलित बल तनु तेज प्रकासा॥ 4॥

भगवान् के लाल नेत्र हैं, चौड़ी छाती और विशाल भुजाएँ हैं, नील कमल और तमाल के वृक्ष की तरह श्याम शरीर है, कमर में पीतांबर [पहने] और सुंदर तरकस कसे हुए हैं। दोनों हाथों में [क्रमशः] सुंदर धनुष और बाण हैं॥ 1॥

श्याम और गौर वर्ण के दोनों भाई परम सुंदर हैं। विश्वामित्रजी को महान् निधि प्राप्त हो गई। [वे सोचने लगे—] मैं जान गया कि प्रभु ब्रह्मण्यदेव (ब्राह्मणों के भक्त) हैं। मेरे लिए भगवान् ने अपने पिता को भी छोड़ दिया॥ 2॥

मार्ग में चले जात हुए मुनि ने ताड़का को दिखलाया। शब्द सुनते ही वह क्रोध करके दौड़ी। श्रीरामजी ने एक ही बाण से उसके प्राण हर लिए और दीन जानकर उसको निजपद (अपना दिव्य स्वरूप) दिया॥ 3॥

तब ऋषि विश्वामित्र ने प्रभु को मन में विद्या का भंडार समझते हुए भी [लीला को पूर्ण करने के लिए] ऐसी विद्या दी, जिससे भूख-प्यास न लगे और शरीर में अतुलित बल और तेज का प्रकाश हो॥ 4॥

❖❖❖❖

दोहा

आयुध सर्ब समर्पि कै प्रभु निज आश्रम आनि।
कंद मूल फल भोजन दीन्ह भगति हित जानि॥ 209॥

सब अस्त्र-शस्त्र समर्पण करके मुनि प्रभु श्रीरामजी को अपने आश्रम में ले आए; और उन्हें परम हितू जानकर भक्तिपूर्वक कंद, मूल और फल का भोजन कराया॥ 209॥

(घ) भरतजी का चित्रकूट आगमन, लक्ष्मणजी का क्रोध, श्रीरामजी का लक्ष्मण को समझाना एवं भरतजी की महिमा का बखान (अयोध्याकांड, दोहा—226-234)

विद्यार्थी-जीवन मानव-मूल्यों के शिक्षण का सबसे सुंदर और महत्त्वपूर्ण काल है। माता-पिता के आदेश का पालन, गुरु के प्रति निष्ठा, भाई, बहन और सारे परिवार के लिए गहन प्रेम, समर्पण, त्याग और दुःख को दूर करने की तत्परता आदि गुण यदि जीवन के प्रारंभिक काल में ही सीख लिए जाएँ तो बाद का पूरा जीवन सदाचरण और मर्यादा से परिपूर्ण हो जाता है।

श्रीराम भरत के लिए पिता की आज्ञा को सहर्ष बिना किसी प्रश्न के मान लेते हैं और माँ कैकेयी को यह कहकर आश्वस्त करते हैं—

मुनिगन मिलनु बिसेषि बन सबहि भाँति हित मोर।
तेहि महँ पितु आयसु बहुरि संमत जननी तोर॥
भरत प्रानप्रिय पावहिं राजू। बिधि सब बिधि मोहि सनमुख आजू॥

(अयोध्याकांड—41 एवं 41-1)

—वन में विशेष रूप से मुनियों का मिलाप होगा, जिसमें मेरा सभी प्रकार

से कल्याण है। उसमें भी, फिर पिता की आज्ञा और हे जननी! तुम्हारी सम्मति है और प्राणप्रिय भरत राज्य पावेंगे। इस सभी बातों को देखकर यह प्रतीत होता है कि आज विधाता सब प्रकार से मुझे सम्मुख (मेरे अनुकूल) हैं।

भरत अनायास ही मिले राजसिंहासन को त्यागकर, अपने ऊपर लगे लाँछन और कलंक को धो-पोंछकर अपने चरित्र की निर्मलता और धवलता का सबको दिग्दर्शन कराते हैं। अपने इस निर्णय से कि वे श्रीराम को वन से वापस लाकर उन्हें राजसिंहासन वापस देंगे, अयोध्या में सबके हृदय के संशय को निर्मूल करते हैं, निषाद के मन से सारे अविश्वास को समाप्त करते हैं और भरद्वाज मुनि के हृदय में श्रीराम के प्रति अपने प्रेम की निश्छलता को स्थापित करते हैं तभी भरद्वाजजी जैसे श्रेष्ठ ऋषि उनसे यह कहते हुए आनंदित होते हैं कि—

तुम्ह कहँ भरत कलंक यह हम सब कहँ उपदेसु।
राम भगति रस सिद्धि हित भा यह समउ गनेसु॥

(अयो. 208)

—हे भरत! तुम्हारे लिए (तुम्हारी समझ में) यह कलंक है, पर हम सबके लिए तो उपदेश है। श्रीरामभक्तिरूपी रस की सिद्धि के लिए यह समय गणेश (बड़ा शुभ) हुआ है।

वनवास मिला था श्रीराम को, लेकिन भाई को दु:ख में अकेला न छोड़ने और अहर्निश उसकी सेवा में तल्लीन रहने की प्रवल आकांक्षा और संस्कार के कारण लक्ष्मणजी सारा सुख छोड़कर श्रीराम के साथ वन जाने को तैयार हो जाते हैं।

वन में चतुरंगिणी सेना के साथ भरतजी के आगमन का समाचार पाकर लक्ष्मणजी क्रोधित होते हैं तो श्रीराम भरत के निष्कलंक और धवल चरित्र के प्रति अपना संपूर्ण विश्वास प्रकट करते हुए लक्ष्मण को शांत करते हैं—

भरतहि होइ न राजमदु बिधि हरिहर पद पाइ।
कबहुँ कि काँजी सीकरनि छीरसिंधु बिनसाइ॥

(अयो. 231)

—(अयोध्या के राज्य की तो बात ही क्या है) ब्रह्मा, विष्णु और महादेव का पद पाकर भी भरत को राज्य का मद नहीं हो सकता। क्या कभी काँजी की बूँदों से क्षीरसमुद्र नष्ट हो सकता (फट सकता) है?

आज छोटी-छोटी बात के लिए परिवार में कलह, क्लेश और वैमनस्य फैल जाता है, परिवार विघटित हो जाता है, भाई-भाई अलग हो जाते हैं। भ्रातृ-प्रेम का

यह प्रसंग पारिवारिक एकता का अद्वितीय उदाहरण है और हर बच्चे के लिए अनुकरणीय है।

❖❖❖

सोरठा

सुनत सुमंगल बैन मन प्रमोद तन पुलक भर।
सरद सरोरुह नैन तुलसी भरे सनेह जल॥ 226॥

तुलसीदासजी कहते हैं कि सुंदर मंगल वचन सुनते ही श्रीरामजी के मन में बड़ा आनंद हुआ। शरीर में पुलकावली छा गई, और शरद्-ऋतु के कमल के समान नेत्र प्रेमाश्रुओं से भर गए॥ 226॥

❖❖❖

चौपाई

बहुरि सोचबस भे सियरवनू। कारन कवन भरत आगवनू॥
एक आइ अस कहा बहोरी। सेन संग चतुरंग न थोरी॥ 1॥
सो सुनि रामहि भा अति सोचू। इत पितु बच इत बंधु सकोचू॥
भरत सुभाउ समुझि मन माहीं। प्रभु चित हित थिति पावत नाहीं॥ 2॥
समाधान तब भा यह जाने। भरतु कहे महुँ साधु सयाने॥
लखन लखेउ प्रभु हृदयँ खभारू। कहत समय सम नीति बिचारू॥ 3॥
बिनु पूछें कछु कहउँ गोसाईं। सेवकु समयँ न ढीठ ढिठाई॥
तुम्ह सर्बग्य सिरोमनि स्वामी। आपनि समुझि कहउँ अनुगामी॥ 4॥

सीतापति श्रीरामचंद्रजी पुनः सोच के वश हो गए कि भरत के आने का क्या कारण है? फिर एक ने आकर ऐसा कहा कि उनके साथ में बड़ी भारी चतुरंगिणी सेना भी है॥ 1॥

यह सुनकर श्रीरामचंद्रजी को अत्यंत सोच हुआ। इधर तो पिता के वचन और इधर भाई भरतजी का संकोच! भरतजी के स्वभाव को मन में समझकर तो प्रभु श्रीरामचंद्रजी चित्त को ठहराने के लिए कोई स्थान ही नहीं पाते॥ 2॥

तब यह जानकर समाधान हो गया कि भरत साधु और सयाने हैं तथा मेरे कहने में (आज्ञाकारी) हैं। लक्ष्मणजी ने देखा कि प्रभु श्रीरामजी के हृदय में चिंता है तो वे समय के अनुसार अपना नीतियुक्त विचार कहने लगे— ॥ 3॥

हे स्वामी! आपके बिना ही पूछे मैं कुछ कहता हूँ; सेवक समय पर ढिठाई करने से ढीठ नहीं समझा जाता (अर्थात् आप पूछें तब मैं कहूँ, ऐसा अवसर नहीं है; इसीलिए यह मेरा कहना ढिठाई नहीं होगा)। हे स्वामी! आप सर्वज्ञों में शिरोमणि हैं (सब जानते ही हैं)। मैं सेवक तो अपनी समझ की बात कहता हूँ॥ 4॥

दोहा

नाथ सुहृद सुठि सरल चित सील सनेह निधान।
सब पर प्रीति प्रतीति जियँ जानिअ आपु समान॥ 227॥

हे नाथ! आप परम सुहृद् (बिना ही कारण परम हित करनेवाले), सरलहृदय तथा शील और स्नेह के भंडार हैं, आपका सभी पर प्रेम और विश्वास है, और अपने हृदय में सबको अपने ही समान जानते हैं॥ 227॥

चौपाई

बिषई जीव पाइ प्रभुताई। मूढ़ मोह बस होहिं जनाई॥
भरतु नीति रत साधु सुजाना। प्रभु पद प्रेमु सकल जगु जाना॥ 1॥
तेऊ आजु राम पदु पाई। चले धरम मरजाद मेटाई॥
कुटिल कुबंधु कुअवसरु ताकी। जानि राम बनबास एकाकी॥ 2॥
करि कुमंत्रु मन साजि समाजू। आए करै अकंटक राजू॥
कोटि प्रकार कलपि कुटिलाई। आए दल बटोरि दोउ भाई॥ 3॥
जौं जियँ होति न कपट कुचाली। केहि सोहाति रथ बाजि गजाली॥
भरतहि दोसु देइ को जाएँ। जग बौराइ राज पदु पाएँ॥ 4॥

परंतु मूढ़ विषयाी जीव प्रभुता पाकर मोहवश अपने असली स्वरूप को प्रकट कर देते हैं। भरत नीतिपरायण, साधु और चतुर हैं तथा प्रभु (आप) के चरणों में उनका प्रेम है, इस बात को सारा जगत् जानता है॥ 1॥

वे भरत भी आज श्रीरामजी (आप) का पद (सिंहासन या अधिकार) पाकर धर्म की मर्यादा को मिटाकर चले हैं। कुटिल खोटे भाई कुसमय देखकर और यह जानकर कि रामजी (आप) वनवास में अकेले (असहाय) हैं,॥ 2॥

अपने मन में बुरा विचार करके, समाज जोड़कर राज्य को निष्कंटक करने के लिए यहाँ आए हैं। करोड़ों (अनेकों) प्रकार की कुटिलताएँ रचकर सेना बटोरकर दोनों भाई आए हैं॥ 3॥

यदि इनके हृदय में कपट और कुचाल न होती, तो रथ, घोड़े और हाथियों की कतार [ऐसे समय] किसे सुहाती? परंतु भरत को ही व्यर्थ कौन दोष दे? राजपद पा जाने पर सारा जगत् ही पागल (मतवाला) हो जाता है॥ 4॥

❧❖❖❖☙

दोहा

ससि गुर तिय गामी नघुषु चढ़ेउ भूमिसुर जान।
लोक बेद तें बिमुख भा अधम न बेन समान॥ 228॥

चंद्रमा गुरुपत्नीगामी हुआ, राजा नहुष ब्राह्मणों की पालकी पर चढ़ा। और राजा वेन के समान नीच तो कोई नहीं होगा, जो लोक और वेद दोनों से विमुख हो गया॥ 228॥

❧❖❖❖☙

चौपाई

सहसबाहु सुरनाथु त्रिसंकू। केहि न राजमद दीन्ह कलंकू॥
भरत कीन्ह यह उचित उपाऊ। रिपु रिन रंच न राखब काऊ॥ 1॥
एक कीन्हि नहिं भरत भलाई। निदरे रामु जानि असहाई॥
समुझि परिहि सोउ आजु बिसेषी। समर सरोष राम मुखु पेखी॥ 2॥
एतना कहत नीति रस भूला। रन रस बिटपु पुलक मिस फूला॥
प्रभु पद बंदि सीस रज राखी। बोले सत्य सहज बलु भाषी॥ 3॥
अनुचित नाथ न मानब मोरा। भरत हमहि उपचार न थोरा॥
कहँ लगि सहिअ रहिअ मनु मारें। नाथ साथ धनु हाथ हमारें॥ 4॥

सहस्रबाहु, देवराज इंद्र और त्रिशंकु आदि किसको राजमद ने कलंक नहीं दिया? भरत ने यह उपाय उचित ही किया है। क्योंकि शत्रु और ऋण को कभी जरा भी शेष नहीं रखना चाहिए॥ 1॥

हाँ, भरत ने एक बात अच्छी नहीं की, जो रामजी (आप) को असहाय जानकर उनका निरादर किया! पर आज संग्राम में श्रीरामजी (आप) का क्रोधपूर्ण मुख देखकर यह बात भी उनकी समझ में विशेषरूप से आ जाएगी (अर्थात् इस निरादर का फल भी वे अच्छी तरह पा जाएँगे)॥ 2॥

इतना कहते ही लक्ष्मणजी नीतिरस भूल गए और युद्ध रसरूपी वृक्ष पुलकावली के बहाने से फूल उठा (अर्थात् नीति की बात कहते-कहते उनके शरीर में वीर-रस छा गया)। वे प्रभु श्रीरामचंद्रजी के चरणों की वंदना करके, चरण-रज को सिर पर रखकर सच्चा और स्वाभाविक बल कहते हुए बोले॥ 3॥

हे नाथ! मेरा कहना अनुचित न मानिएगा। भरत ने हमें कम नहीं प्रचारा है (हमारे साथ कम छेड़छाड़ नहीं की है)। आखिर कहाँ तक सहा जाए और मन मारे रहा जाए, जब स्वामी हमारे साथ हैं और धनुष हमारे हाथ में हैं!॥ 4॥

ꕥ❖❖❖ꕥ

दोहा

छत्रि जाति रघुकुल जनमु राम अनुग जगु जान।
लातहुँ मारें चढ़ति सिर नीच को धूरि समान॥ 229॥

क्षत्रिय जाति, रघुकुल में जन्म और फिर मैं श्रीरामजी (आप) का अनुगामी (सेवक) हूँ, यह जगत् जानता है। [फिर भला कैसे सहा जाए?] धूल के समान नीच कौन है, परंतु वह भी लात मारने पर सिर ही चढ़ती है॥ 229॥

ꕥ❖❖❖ꕥ

चौपाई

उठि कर जोरि रजायसु मागा। मनहुँ बीर रस सोवत जागा॥
बाँधि जटा सिर कसि कटि भाथा। साजि सरासनु सायकु हाथा॥ 1॥
आजु राम सेवक जसु लेऊँ। भरतहि समर सिखावन देऊँ॥
राम निरादर कर फलु पाई। सोवहुँ समर सेज दोउ भाई॥ 2॥
आइ बना भल सकल समाजू। प्रगट करउँ रिस पाछिल आजू॥
जिमि करि निकर दलइ मृगराजू। लेइ लपेटि लवा जिमि बाजू॥ 3॥
तैसेहिं भरतहि सेन समेता। सानुज निदरि निपातउँ खेता॥
जौं सहाय कर संकरु आई। तौ मारउँ रन राम दोहाई॥ 4॥

यों कहकर लक्ष्मणजी ने उठकर, हाथ जोड़कर आज्ञा माँगी। मानो वीररस सोते से जाग उठा हो। सिर पर जटा बाँधकर कमर में तरकस कस लिया और धनुष को सजकर तथा बाण को हाथ में लेकर कहा—

आज मैं श्रीराम (आप) का सेवक होने को यश लूँ और भरत को संग्राम में शिक्षा दूँ। श्रीरामचंद्रजी (आप) के निरादर का फल पाकर दोनों भाई (भरत-शत्रुघ्न) रण-शय्या पर सोवें!॥ 2॥

अच्छा हुआ जो सारा समाज आकर एकत्र हो गया। आज मैं पिछला सब क्रोध प्रकट करूँगा। जैसे सिंह हाथियों के झुंड को कुचल डालता है और बाज जैसे लवे को लपेट में ले लेता है॥ 3॥

वैसे ही भरत को सेना समेत और छोटे भाई सहित तिरस्कार करके मैदान में पछाड़ूँगा। यदि शंकर जी आकर उनकी सहायता करें, तो भी, मुझे रामजी की सौगंध है, मैं उन्हें युद्ध में [अवश्य] मार डालूँगा (छोड़ूँगा नहीं)॥ 4॥

दोहा

अति सरोष माखे लखनु लखि सुनि सपथ प्रवान।
सभय लोक सब लोकपति चाहत भभरि भगान॥ 230॥

लक्ष्मणजी को अत्यंत क्रोध से तमतमाया हुआ देखकर और उनकी प्रामाणिक (सत्य) सौगंध सुनकर सब लोग भयभीत हो जाते हैं और लोकपाल घबड़ाकर भागना चाहते हैं॥ 230॥

चौपाई

जगु भय मगन गगन भइ बानी। लखन बाहुबलु बिपुल बखानी॥
तात प्रताप प्रभाउ तुम्हारा। को कहि सकइ को जाननिहारा॥ 1॥
अनुचित उचित काजु किछु होऊ। समुझि करिअ भल कह सबु कोऊ॥
सहसा करि पाछें पछिताहीं। कहहिं बेद बुध ते बुध नाहीं॥ 2॥
सुनि सुर बचन लखन सकुचाने। राम सीयँ सादर सनमाने॥
कही तात तुम्ह नीति सुहाई। सब तें कठिन राजमदु भाई॥ 3॥
जो अचवँत नृप मातहिं तेई। नाहिन साधुसभा जेहिं सेई॥
सुनहु लखन भल भरत सरीसा। बिधि प्रपंच महँ सुना न दीसा॥ 4॥

सारा जगत् भय में डूब गया। तब लक्ष्मणजी के अपार बाहुबल की प्रशंसा करती हुई आकाशवाणी हुई—हे तात! तुम्हारे प्रताप को प्रभाव को कौन कह सकता है और कौन जान सकता है?॥ 1॥

परंतु कोई भी काम हो, उसे अनुचित-उचित खूब समझ-बूझकर किया जाए तो सब कोई अच्छा कहते हैं। वेद और विद्वान् कहते हैं कि जो बिना विचारे जल्दी में किसी काम को करके पीछे पछताते हैं, वे बुद्धिमान् नहीं हैं॥ 2॥

देववाणी सुनकर लक्ष्मणजी सकुचा गए। श्रीरामचंद्रजी और सीताजी ने उनका आदर के साथ सम्मान किया [और कहा—] हे तात! तुमने बड़ी सुंदर नीति कही। हे भाई! राज्य का मद सबसे कठिन मद है॥ 3॥

जिन्होंने साधुओं की सभा का सेवन (सत्संग) नहीं किया, वे ही राजा राजमदरूपी मदिरा को आचमन करते ही (पीते ही) मतवाले हो जाते हैं। हे लक्ष्मण! सुनो, भरत-सरीखा उत्तम पुरुष ब्रह्मा की सृष्टि में न तो कहीं सुना गया है, न देखा ही गया है॥ 4॥

ꟹ❖❖❖ꟹ

दोहा

भरतहि होइ न राजमदु बिधि हरि हर पद पाइ।
कबहुँ कि काँजी सीकरनि छीरसिंधु बिनसाइ॥ 231॥

[अयोध्या के राज्य की तो बात ही क्या है] ब्रह्मा, विष्णु और महादेव का पद पाकर भी भरत को राज्य का मद नहीं होने का! क्या कभी काँजी की बूँदों से क्षीर समुद्र नष्ट हो सकता (फट सकता) है?

ꟹ❖❖❖ꟹ

चौपाई

तिमिरु तरुन तरनिहि मकु गिलई। गगनु मगन मकु मेघहिं मिलई॥
गोपद जल बूड़हिं घटजोनी। सहज छमा बरु छाड़ै छोनी॥ 1॥
मसक फूँक मकु मेरु उड़ाई। होइ न नृपमदु भरतहि भाई॥
लखन तुम्हार सपथ पितु आना। सुचि सुबंधु नहिं भरत समाना॥ 2॥
सगुनु खीरु अवगुन जलु ताता। मिलइ रचइ परपंचु बिधाता॥
भरतु हंस रबिबंस तड़ागा। जनमि कीन्ह गुन दोष बिभागा॥ 3॥
गहि गुन पय तजि अवगुन बारी। निज जस जगत कीन्हि उजिआरी॥
कहत भरत गुन सीलु सुभाऊ। पेम पयोधि मगन रघुराऊ॥ 4॥

अंधकार चाहे तरुण (मध्याह्न के) सूर्य को निगल जाए। आकाश चाहे बादलों में समाकर मिल जाए। गौके खुर-इतने जल में अगस्त्य जी डूब जाएँ और पृथ्वी चाहे अपनी स्वाभाविक क्षमा (सहनशीलता) को छोड़ दे॥ 1॥

मच्छर की फूँक से चाहे सुमेरु उड़ जाए। परंतु हे भाई! भरत को राजमद कभी नहीं हो सकता। हे लक्ष्मण! मैं तुम्हारी शपथ और पिताजी की सौगंध खाकर कहता हूँ, भरत के समान पवित्र और उत्तम भाई संसार में नहीं है॥ 2॥

हे तात! गुणरूपी दूध और अवगुणरूपी जल को मिलाकर विधाता इस दृश्य-प्रपंच (जगत्) को रचता है। परंतु भरत ने सूर्यवंशरूपी तालाब में हंसरूप जन्म लेकर गुण और दोष का विभाग कर दिया (दोनों को अलग-अलग कर दिया)॥ 3॥

गुणरूपी दूध को ग्रहणकर और अवगुणरूपी जल को त्यागकर भरत ने अपने यश से जगत् में उजियाला कर दिया है। भरतजी के गुण, शील और स्वभाव को कहते-कहते श्रीरघुनाथजी प्रेम समुद्र में मग्न हो गए॥ 4॥

दोहा

सुनि रघुबर बानी बिबुध देखि भरत पर हेतु।
सकल सराहत राम सो प्रभु को कृपानिकेतु॥ 232॥

श्रीरामचंद्रजी की वाणी सुनकर और भरतजी पर उनका प्रेम देखकर समस्त देवता उनकी सराहना करने लगे [और कहने लगे] कि श्रीरामचंद्रजी के समान कृपा के धाम प्रभु और कौन हैं?॥ 232॥

चौपाई

जौं न होत जग जनम भरत को। सकल धरम धुर धरनि धरत को॥
कबि कुल अगम भरत गुन गाथा। को जानइ तुम्ह बिनु रघुनाथा॥ 1॥
लखन राम सियँ सुनि सुर बानी। अति सुखु लहेउ न जाइ बखानी॥
इहाँ भरतु सब सहित सहाए। मंदाकिनीं पुनीत नहाए॥ 2॥
सरित समीप राखि सब लोगा। मागि मातु गुर सचिव नियोगा॥
चले भरतु जहँ सिय रघुराई। साथ निषादनाथु लघु भाई॥ 3॥
समुझि मातु करतब सकुचाहीं। करत कुतरक कोटि मन माहीं॥
रामु लखनु सिय सुनि मम नाऊँ। उठि जनि अनत जाहिं तजि ठाऊँ॥ 4॥

यदि जगत् में भरत को जन्म न होता, तो पृथ्वी पर संपूर्ण धर्मों की धुरी को कौन धारण करता? हे रघनाथजी! कविकुल के लिए अगम (उनकी कल्पना से अतीत) भरतजी के गुणों की कथा आपके सिवा और कौन जान सकता है?॥ 1॥

लक्ष्मणजी, श्रीरामचंद्रजी और सीताजी ने देवताओं की वाणी सुनकर अत्यंत सुख पाया, जो वर्णन नहीं किया जा सकता। यहाँ भरतजी ने सारे समाज के साथ पवित्र मंदाकिनी में स्नान किया॥ 2॥

फिर सबको नदी के समीप ठहराकर तथा माता, गुरु और मंत्री की आज्ञा माँगकर निषादाराज और शत्रुघ्न को साथ लेकर भरतजी वहाँ को चले जहाँ श्रीसीताजी और श्रीरघुनाथजी थे॥ 3॥

भरतजी अपनी माता कैकेयी की करनी को समझकर (याद करके) सकुचाते हैं और मन में करोड़ों (अनेकों) कुतर्क करते हैं [सोचते हैं—] श्रीराम, लक्ष्मण और सीताजी मेरा नाम सुनकर स्थान छोड़कर कहीं दूसरी जगह उठकर न चले जाएँ॥ 4॥

❦❖❖❖❦

दोहा

मातु मते महुँ मानि मोहि जो कछु करहिं सो थोर।
अघ अवगुन छमि आदरहिं समुझि आपनी ओर॥ 233॥

मुझे माता के मत में मानकर वे जो कुछ भी करें सो थोड़ा है, पर वे अपनी ओर समझकर (अपने विरद और संबंध को देखकर) मेरे पापों और अवगुणों को क्षमा करके मेरा आदर ही करेंगे॥ 233॥

❦❖❖❖❦

चौपाई

जौं परिहरहिं मलिन मनु जानी। जौं सनमानहिं सेवकु मानी॥
मोरें सरन रामहि की पनही। राम सुस्वामि दोसु सब जनही॥ 1॥
जग जस भाजन चातक मीना। नेम पेम निज निपुन नबीना॥
अस मन गुनत चले मग जाता। सकुच सनेहँ सिथिल सब गाता॥ 2॥
फेरति मनहुँ मातु कृत खोरी। चलत भगति बल धीरज धोरी॥
जब समुझत रघुनाथ सुभाऊ। तब पथ परत उताइल पाऊ॥ 3॥
भरत दसा तेहि अवसर कैसी। जल प्रबाहँ जल अलि गति जैसी॥
देखि भरत कर सोचु सनेहू। भा निषाद तेहि समयँ बिदेहू॥ 4॥

चाहे मलिन-मन जानकर मुझे त्याग दें, चाहे अपना सेवक मानकर मेरा सम्मान करें, (कुछ भी करें); मेरे तो श्रीरामचंद्रजी की जूतियाँ ही शरण हैं। श्रीरामचंद्रजी तो अच्छे स्वामी हैं, दोष तो सब दास का ही है॥ 1॥

जगत् में यश के पात्र तो चातक और मछली ही हैं, जो अपने नेम और प्रेम को सदा नया बनाए रखने में निपुण हैं। ऐसा मन में सोचते हुए भरतजी मार्ग में चले जाते हैं। उनके सब अंग संकोच और प्रेम से शिथिल हो रहे हैं॥ 2॥

माता की की हुई बुराई मानो उन्हें लौटाती है, पर धीरज की धुरी को धारण करने वाले भरतजी भक्ति के बल से चले जाते हैं। जब श्रीरघुनाथजी के स्वभाव को समझते (स्मरण करते) हैं तब मार्ग में उनके पैर जल्दी-जल्दी पड़ने लगते हैं॥ 3॥

उस समय भरत की दशा कैसी है? जैसी जल के प्रवाह में जल के भौंरे की गति होती है। भरतजी को सोच और प्रेम देखकर उस समय निषाद विदेह हो गया (देह की सुध-बुध भूल गया)॥ 4॥

दोहा

लगे होन मंगल सगुन सुनि गुनि कहत निषादु।
मिटिहि सोचु होइहि हरषु पुनि परिनाम बिषादु॥ 234॥

मंगल-शकुन होने लगे। उन्हें सुनकर और विचारकर निषाद कहने लगा—सोच मिटेगा, हर्ष होगा, पर फिर अंत में दुःख होगा॥ 234॥

(ङ) श्रीरामजी से हनुमान्‌जी का मिलन, श्रीराम और सुग्रीव की मित्रता, बालिवध की प्रतिज्ञा, श्रीराम का मित्र-लक्षण-वर्णन और सुग्रीव का वैराग्य (किष्किंधाकांड, दोहा 1-7)

छात्र जीवन में इस बात का भी ज्ञान आवश्यक है कि मित्रता का संबंध अत्यंत प्यारा, आवश्यक और गहरा होता है। लेकिन मित्रता को निभाना आसान नहीं होता। स्वार्थ पर आधारित मित्रता क्षणिक होती है जबकि सच्ची मित्रता जीवन भर अपना साथ निभाती है। श्रीराम हनुमान्‌जी के माध्यम से सुग्रीव से मिलते हैं और मित्रता के अटूट बंधन में बँध जाते हैं। वे सुग्रीव से मित्र के गुणों की बड़ी सुंदर चर्चा करते हुए मित्रधर्म का सार समझाते हैं।

अपने स्वामी के हित-संपादन के लिए जिस सेवा, तत्परता, कुशलता, दूरदर्शिता और धर्मपरायणता की आवश्यकता होती है, वह हनुमान्‌जी के चरित से सीखने को मिलती है। श्रीराम और हनुमान्-मिलन का यह प्रसंग अत्यंत मनोहर और प्रभावी है।

इस प्रसंग का पाठ जहाँ श्रीराम के गुणों का ज्ञान कराता है, वहीं हनुमान्‌जी के चरित की झाँकी प्रस्तुत करता है और मित्र को दिए गए वचन की रक्षा का पाठ भी पढ़ाता है।

दोहा

जग कारन तारन भव भंजन धरनी भार।
की तुम्ह अखिल भुवन पति लीन्ह मनुज अवतार॥ 1॥

अथवा आप जगत् के मूल कारण और संपूर्ण लोकों के स्वामी स्वयं भगवान् हैं, जिन्होंने लोगों को भवसागर से पार उतारने तथा पृथ्वी का भार नष्ट करने के लिए मनुष्य-रूप में अवतार लिया है?॥ 1॥

ଔ❖❖❖ଚ

चौपाई

कोसलेस दसरथ के जाए। हम पितु बचन मानि बन आए॥
नाम राम लछिमन दोउ भाई। संग नारि सुकुमारि सुहाई॥ 1॥
इहाँ हरी निसिचर बैदेही। बिप्र फिरहिं हम खोजत तेही॥
आपन चरित कहा हम गाई। कहहु बिप्र निज कथा बुझाई॥ 2॥
प्रभु पहिचानि परेउ गहि चरना। सो सुख उमा जाइ नहिं बरना॥
पुलकित तन मुख आव न बचना। देखत रुचिर बेष कै रचना॥ 3॥
पुनि धीरजु धरि अस्तुति कीन्ही। हरष हृदयँ निज नाथहि चीन्ही॥
मोर न्याउ मैं पूछा साईं। तुम्ह पूछहु कस नर की नाईं॥ 4॥
तव माया बस फिरउँ भुलाना। ता ते मैं नहिं प्रभु पहिचाना॥ 5॥

[श्रीरामचंद्रजी ने कहा—] हम कोसलराज दशरथजी के पुत्र हैं और पिता का वचन मानकर वन आए हैं। हमारे राम-लक्ष्मण नाम हैं, हम दोनों भाई हैं। हमारे साथ सुंदर सुकुमारी स्त्री थी॥ 1॥

यहाँ (वन में) राक्षस ने [मेरी पत्नी] जानकी को हर लिया। हे ब्राह्मण! हम उसे ही खोजते फिरते हैं। हमने तो अपना चरित्र कह सुनाया। अब हे ब्राह्मण! अपनी कथा समझाकर कहिए॥ 2॥

प्रभु को पहचानकर हनुमान्जी उनके चरणर पकड़कर पृथ्वी पर गिर पड़े (उन्होंने साष्टांग दंडवत्-प्रणाम किया)। [शिवजी कहते हैं—] हे पार्वती! वह सुख वर्णन नहीं किया जा सकता। शरीर पुलकित है, मुख से वचन नहीं निकलता। वे प्रभु के सुंदर वेष की रचना देख रहे है!॥ 3॥

फिर धीरज धरकर स्तुति की। अपने नाथ को पहचान लेने से हृदय में हर्ष हो रहा है। [फिर हनुमान्जी ने कहा—] हे स्वामी! मैंने जो पूछा वह मेरा पूछना तो न्याय था, [वर्षों के बाद आपको देखा, वही भी तपस्वी के वेष में और मेरी वानरी-बुद्धि, इससे मैं तो आपको पहचान न सका और अपनी परिस्थिति के अनुसार मैंने आपसे पूछा] परंतु आप मनुष्य की तरह कैसे पूछ रहे हैं?॥ 4॥

मैं तो आपकी माया के वश भूला फिरता हूँ; इसी से मैंने अपने स्वामी (आप) को नहीं पहचाना।

ꕥ❖❖❖ꕥ

दोहा

एकु मैं मंद मोह बस कुटिल हृदय अग्यान।
पुनि प्रभु मोहि बिसारेउ दीनबंधु भगवान॥ 2॥

एक तो मैं यों ही मंद हूँ, दूसरे मोह के वश में हूँ, तीसरे हृदय का कुटिल और अज्ञान हूँ, फिर हे दीनबंधु भगवान्! प्रभु (आप) ने भी मुझे भुला दिया!॥ 2॥

ꕥ❖❖❖ꕥ

चौपाई

जदपि नाथ बहु अवगुन मोरें। सेवक प्रभुहि परै जनि भोरें॥
नाथ जीव तव मायाँ मोहा। सो निस्तरइ तुम्हारेहिं छोहा॥ 1॥
ता पर मैं रघुबीर दोहाई। जानउँ नहिं कछु भजन उपाई॥
सेवक सुत पति मातु भरोसें। रहइ असोच बनइ प्रभु पोसें॥ 2॥
अस कहि परेउ चरन अकुलाई। निज तनु प्रगटि प्रीति उर छाई॥
तब रघुपति उठाइ उर लावा। निज लोचन जल सींचि जुड़ावा॥ 3॥
सुनु कपि जियँ मानसि जनि ऊना। तैं मम प्रिय लछिमन ते दूना॥
समदरसी मोहि कह सब कोऊ। सेवक प्रिय अनन्यगति सोऊ॥ 4॥

हे नाथ! यद्यपि मुझ में बहुत से अवगुण हैं, तथापि सेवक स्वामी की विस्मृति में न पड़े (आप उसे न भूल जाएँ)। हे नाथ! जीव आपकी माया से मोहित है। वह आप ही की कृपा से निस्तार पा सकता है।॥ 1॥

उस पर हे रघुवीर! मैं आपकी दुहाई (शपथ) करके कहता हूँ कि मैं भजन-साधन कुछ नहीं जानता। सेवक स्वामी के और पुत्र माता के भरोसे निश्चिंत रहता है। प्रभु को सेवक का पालन-पोषण करते ही बनता है (करना ही पड़ता है)॥ 2॥

ऐसा कहकर हनुमान्‌जी अकुलाकर प्रभु के चरणों पर गिर पड़े, उन्होंने अपना असली शरीर प्रकट कर दिया। उनके हृदय में प्रेम छा गया। तब श्रीरघुनाथजी ने उन्हें उठाकर हृदय से लगा लिया और अपने नेत्रों के जल से सींचकर शीतल किया॥ 3॥

[फिर कहा—] हे कपि! सुनो, मन में ग्लानि मत मानना (मन छोटा न करना)। तुम मुझे लक्ष्मण से भी दूने प्रिय हो। सब कोई मुझे समदर्शी कहते हैं (मेरे लिए न कोई प्रिय है न अप्रिय) पर मुझको सेवक प्रिय है, क्योंकि वह अनन्यगति होता है (मुझे छोड़कर उसको कोई दूसरा सहारा नहीं होता)॥ 4॥

❧❖❖❖☙

दोहा

सो अनन्य जाकें असि मति न टरइ हनुमंत।
मैं सेवक सचराचर रूप स्वामि भगवंत॥ 3॥

और हे हनुमान्! अनन्य वही है जिसकी ऐसी बुद्धि कभी नहीं टलती कि मैं सेवक हूँ और यह चराचर (जड़-चेतन) जगत् मेरे स्वामी भगवान् का रूप है॥ 3॥

❧❖❖❖☙

चौपाई

देखि पवनसुत पति अनुकूला। हृदयँ हरष बीती सब सूला॥
नाथ सैल पर कपिपति रहई। सो सुग्रीव दास तव अहई॥ 1॥
तेहि सन नाथ मयत्री कीजे। दीन जानि तेहि अभय करीजे॥
सो सीता कर खोज कराइहि। जहँ तहँ मरकट कोटि पठाइहि॥ 2॥
एहि बिधि सकल कथा समुझाई। लिए दुऔ जन पीठि चढ़ाई॥
जब सुग्रीवँ राम कहुँ देखा। अतिसय जन्म धन्य करि लेखा॥ 3॥
सादर मिलेउ नाइ पद माथा। भेंटेउ अनुज सहित रघुनाथा॥
कपि कर मन बिचार एहि रीती। करिहहिं बिधि मो सन ए प्रीती॥ 4॥

स्वामी को अनुकूल (प्रसन्न) देखकर पवन कुमार हनुमान्‌जी के हृदय में हर्ष छा गया और उनके सब दुःख जाते रहे। [उन्होंने कहा—] हे नाथ! इस पर्वत पर वानरराज सुग्रीव रहता है, वह आपका दास है॥ 1॥

हे नाथ! उससे मित्रता कीजिए और उसे दीन जानकर निर्भय कर दीजिए। वह सीताजी की खोज करावेगा और जहाँ-तहाँ करोड़ों वानरों को भेजेगा॥ 2॥

इस प्रकार सब बातें समझाकर हनुमान्‌जी ने (श्रीराम-लक्ष्मण) दोनों जनों को पीठ पर चढ़ा लिया। जब सुग्रीव ने श्रीरामचंद्रजी को देखा तो अपने जन्म को अत्यंत धन्य समझा॥ 3॥

सुग्रीव चरणों में मस्तक नवाकर आदरसहित मिले। श्रीरघुनाथजी भी छोटे भाई सहित उनसे गले लगकर मिले। सुग्रीव मन में इस प्रकार सोच रहे हैं कि हे विधाता! क्या ये मुझसे प्रीति करेंगे?॥ 4॥

❧❖❖❖☙

दोहा

तब हनुमंत उभय दिसि की सब कथा सुनाइ।
पावक साखी देइ करि जोरी प्रीति दृढ़ाइ॥ 4॥

तब हनुमान्‌जी ने दोनों ओर की सब कथा सुनाकर अग्नि को साक्षी देकर परस्पर दृढ़ करके प्रीति जोड़ दी (अर्थात् अग्नि को साक्षी देकर प्रतिज्ञापूर्वक उनकी मैत्री करवा दी)॥ 4॥

❧❖❖❖☙

चौपाई

कीन्हि प्रीति कछु बीच न राखा। लछिमन राम चरित सब भाषा॥
कह सुग्रीव नयन भरि बारी। मिलिहि नाथ मिथिलेसकुमारी॥ 1॥
मंत्रिन्ह सहित इहाँ एक बारा। बैठ रहेउँ मैं करत बिचारा॥
गगन पंथ देखी मैं जाता। परबस परी बहुत बिलपाता॥ 2॥
राम राम हा राम पुकारी। हमहि देखि दीन्हेउ पट डारी॥
मागा राम तुरत तेहिं दीन्हा। पट उर लाइ सोच अति कीन्हा॥ 3॥
कह सुग्रीव सुनहु रघुबीरा। तजहु सोच मन आनहु धीरा॥
सब प्रकार करिहउँ सेवकाई। जेहि बिधि मिलिहि जानकी आई॥ 4॥

दोनों ने [हृदय से] प्रीति की, कुछ भी अंतर नहीं रखा। तब लक्ष्मणजी ने श्रीरामचंद्रजी का सारा इतिहास कहा। सुग्रीव ने नेत्रों में जल भरकर कहा—हे नाथ! मिथिलेशकुमारी जानकीजी मिल जाएँगी॥ 1॥

मैं एक बार यहाँ मंत्रियों के साथ बैठा हुआ कुछ विचार कर रहा था। तब मैंने पराए (शत्रु) के वश में पड़ी बहुत विलाप करती हुई सीताजी को आकाश मार्ग से जाते देखा था॥ 2॥

हमें देखकर उन्होंने 'राम! राम! हा राम!' पुकारकर वस्त्र गिरा दिया था। श्रीरामजी ने उसे माँगा, तब सुग्रीव ने तुरंत ही दे दिया। वस्त्र को हृदय से लगाकर रामचंद्रजी ने बहुत ही सोच किया॥ 3॥

सुग्रीव ने कहा—हे रघुवीर! सुनिए, सोच छोड़ दीजिए और मन में धीरज लाइए। मैं सब प्रकार से आपकी सेवा करूँगा, जिस उपाय से जानकीजी आकर आपको मिलें॥ 4॥

❖❖❖

दोहा

सखा बचन सुनि हरषे कृपासिंधु बलसींव।
कारन कवन बसहु बन मोहि कहहु सुग्रीव॥ 5॥

कृपा के समुद्र और बल की सीमा श्रीरामजी सखा सुग्रीव के वचन सुनकर हर्षित हुए। [और बोले—] हे सुग्रीव! मुझे बताओ, तुम वन में किस कारण रहते हो?॥ 5॥

❖❖❖

चौपाई

नाथ बालि अरु मैं द्वौ भाई। प्रीति रही कछु बरनि न जाई॥
मय सुत मायावी तेहि नाऊँ। आवा सो प्रभु हमरें गाऊँ॥ 1॥
अर्ध राति पुर द्वार पुकारा। बाली रिपु बल सहइ न पारा॥
धावा बालि देखि सो भागा। मैं पुनि गयउँ बंधु सँग लागा॥ 2॥
गिरिबर गुहाँ पैठ सो जाई। तब बालीं मोहि कहा बुझाई॥
परिखेसु मोहि एक पखवारा। नहिं आवौं तब जानेसु मारा॥ 3॥
मास दिवस तहँ रहेउँ खरारी। निसरी रुधिर धार तहँ भारी॥
बालि हतेसि मोहि मारिहि आई। सिला देइ तहँ चलेउँ पराई॥ 4॥
मंत्रिन्ह पुर देखा बिनु साईं। दीन्हेउ मोहि राज बरिआईं॥
बाली ताहि मारि गृह आवा। देखि मोहि जियँ भेद बढ़ावा॥ 5॥
रिपु सम मोहि मारेसि अति भारी। हरि लीन्हेसि सर्बसु अरु नारी॥
ताकें भय रघुबीर कृपाला। सकल भुवन मैं फिरेउँ बिहाला॥ 6॥
इहाँ साप बस आवत नाहीं। तदपि सभीत रहउँ मन माहीं॥
सुनि सेवक दुख दीनदयाला। फरकि उठीं द्वै भुजा बिसाला॥ 7॥

[सुग्रीव ने कहा—] हे नाथ! बालि और मैं दो भाई हैं। हम दोनों में ऐसी प्रीति थी कि वर्णन नहीं की जा सकती। हे प्रभो! मय दानव का एक पुत्र था, उसका नाम मायावी था। एक बार वह हमारे गाँव में आया॥ 1॥

उसने आधी रात को नगर के फाटक पर आकर पुकारा (ललकारा)। बालि शत्रु के बल (ललकार) को सह नहीं सका। वह दौड़ा, उसे देखकर मायावी भागा। मैं भी भाई के संग लगा चला गया॥ 2॥

वह मायावी एक पर्वत की गुफा में जा घुसा। तब बालि ने मुझे समझाकर कहा—तुम एक पखवाड़े (पंद्रह दिन) तक मेरी बाट देखना। यदि मैं उतने दिनों में न आऊँ तो जान लेना कि मैं मारा गया॥ 3॥

हे खरारि! मैं वहाँ महीने भर तक रहा। वहाँ (उस गुफा में से) रक्त की बड़ी भारी धारा निकली। तब [मैंने समझा कि] उसने बालि को मार डाला, अब आकर मुझे मारेगा। इसीलिए मैं वहाँ (गुफा के द्वार पर) एक शिला लगाकर भाग आया॥ 4॥

मंत्रियों ने नगर को बिना स्वामी (राजा) के देखा, तो मुझ को जबरदस्ती राज्य दे दिया। बालि उसे मारकर घर आ गया। मुझे [राजसिंहासनन पर] देखकर उसने जी में भेद बढ़ाया (बहुत ही विरोध माना)। [उसने समझा कि यह राज्य के लोभ से ही गुफा के द्वार पर शिला दे आया था, जिससे मैं बाहर न निकल सकूँ; और यहाँ आकर राजा बन बैठा]॥ 5॥

उसने मुझे शत्रु के समान बहुत अधिक मारा और मेरा सर्वस्व तथा मेरी स्त्री को भी छीन लिया। हे कृपालु रघुवीर! मैं उसके भय से समस्त लोकों में बेहाल होकर फिरता रहा॥ 6॥

वह शाप के कारण यहाँ नहीं आता, तो भी मैं मन में भयभीत रहता हूँ। सेवक का दुःख सुनकर दीनों पर दया करने वाले श्रीरघुनाथजी की दोनों विशाल भुजाएँ फड़क उठीं॥ 7॥

❖❖❖

दोहा

सुनु सुग्रीव मारिहउँ बालिहि एकहिं बान।
ब्रह्म रुद्र सरनागत गएँ न उबरिहिं प्रान॥ 6॥

[उन्होंने कहा—] हे सुग्रीव! सुनों, मैं एक ही बाण से बालि को मार डालूँगा। ब्रह्मा और रुद्र की शरण में जाने पर भी उसके प्राण न बचेंगे॥ 6॥

❖❖❖

चौपाई

जे न मित्र दुख होहिं दुखारी। तिन्हहि बिलोकत पातक भारी॥
निज दुख गिरि सम रज करि जाना। मित्रक दुख रज मेरु समाना॥ 1॥
जिन्ह कें असि मति सहज न आई। ते सठ कत हठि करत मिताई॥
कुपथ निवारि सुपंथ चलावा। गुन प्रगटै अवगुनन्हि दुरावा॥ 2॥
देत लेत मन संक न धरई। बल अनुमान सदा हित करई॥
बिपति काल कर सतगुन नेहा। श्रुति कह संत मित्र गुन एहा॥ 3॥
आगें कह मृदु बचन बनाई। पाछें अनहित मन कुटिलाई॥
जाकर चित अहि गति सम भाई। अस कुमित्र परिहरेहिं भलाई॥ 4॥

सेवक सठ नृप कृपन कुनारी। कपटी मित्र सूल सम चारी॥
सखा सोच त्यागहु बल मोरें। सब बिधि घटब काज मैं तोरें॥ 5॥
कह सुग्रीव सुनहु रघुबीरा। बालि महाबल अति रनधीरा॥
दुंदुभि अस्थि ताल देखराए। बिनु प्रयास रघुनाथ ढहाए॥ 6॥
देखि अमित बल बाढ़ी प्रीती। बालि बधब इन्ह भइ परतीती॥
बार बार नावइ पद सीसा। प्रभुहि जानि मन हरष कपीसा॥ 7॥
उपजा ग्यान बचन तब बोला। नाथ कृपाँ मन भयउ अलोला॥
सुख संपति परिवार बड़ाई। सब परिहरि करिहउँ सेवकाई॥ 8॥
ए सब रामभगति के बाधक। कहहिं संत तव पद अवराधक॥
सत्रु मित्र सुख दुख जग माहीं। माया कृत परमारथ नाहीं॥ 9॥
बालि परम हित जासु प्रसादा। मिलेहु राम तुम्ह समन बिषादा॥
सपनें जेहि सन होइ लराई। जागें समुझत मन सकुचाई॥ 10॥
अब प्रभु कृपा करहु एहि भाँती। सब तजि भजनु करौं दिन राती॥
सुनि बिराग संजुत कपि बानी। बोले बिहँसि रामु धनुपानी॥ 11॥
जो कछु कहेहु सत्य सब सोई। सखा बचन मम मृषा न होई॥
नट मरकट इव सबहि नचावत। रामु खगेस बेद अस गावत॥ 12॥
लै सुग्रीव संग रघुनाथा। चले चाप सायक गहि हाथा॥
तब रघुपति सुग्रीव पठावा। गर्जेसि जाइ निकट बल पावा॥ 13॥
सुनत बालि क्रोधातुर धावा। गहि कर चरन नारि समुझावा॥
सुनु पति जिन्हहि मिलेउ सुग्रीवा। ते द्वौ बंधु तेज बल सींवा॥ 14॥
कोसलेस सुत लछिमन रामा। कालहु जीति सकहिं संग्रामा॥ 15॥

जो लोग मित्र के दुःख से दुःखी नहीं होते, उन्हें देखने से ही बड़ा पाप लगता है। अपने पर्वत के समान दुःख को धूल के समान और मित्र के धूल के समान दुःख को सुमेरु (बड़े भारी पर्वत) के समान जाने।॥ 1॥

जिन्हें स्वभाव से ही ऐसी बुद्धि प्राप्त नहीं है, वे मूर्ख हठ करके क्यों किसी से मित्रता करते हैं? मित्र का धर्म है कि वह मित्र को बुरे मार्ग से रोककर अच्छे मार्ग पर चलावे। उसके गुण प्रकट करे और अवगुणों को छिपावे॥ 2॥

देने-लेने में मन में शंका न रखे। अपने बल के अनुसार सदा हित ही करती रहे। विपत्ति के समय में तो सदा सौगुना स्नेह करे। वेद कहते हैं कि संत (श्रेष्ठ) मित्र के गुण (लक्षण) ये हैं॥ 3॥

जो सामने तो बना-बनाकर कोमल वचन कहता है और पीठ-पीछे बुराई

करता है तथा मन में कुटिलता रखता है—हे भाई! [इस तरह] जिसका मन साँप की चाल के समान टेढ़ा है, ऐसे कुमित्र को तो त्यागने में ही भलाई है॥ 4॥

मूर्ख सेवक, कंजूस राजा, कुलटा स्त्री और कपटी मित्र—ये चारों शूल के समान [पीड़ा देने वाले] हैं। हे सखा! मेरे बल पर अब तुम चिंता छोड़ दो। मैं सब प्रकार से तुम्हारे काम आऊँगा (तुम्हारी सहायता करूँगा)॥ 5॥

सुग्रीव ने कहा—हे रघुवीर! सुनिए, बालि महान् बलवान् और अत्यंत रणधीर है। फिर सुग्रीव ने श्रीरामजी को दुंदुभि राक्षस की हड्डियाँ और ताल के वृक्ष दिखलाए। श्रीरघुनाथजी ने उन्हें बिना ही परिश्रम के (आसानी से) ढहा दिया॥ 6॥

श्रीरामजी का अपरिमित बल देखकर सुग्रीव की प्रीति बढ़ गई और उन्हें विश्वास हो गया कि ये बालि का वध अवश्य करेंगे। वे बार-बार चरणों में सिर नवाने लगे। प्रभु को पहचान कर सुग्रीव मन में हर्षित हो रहे थे॥ 7॥

जब ज्ञान उत्पन्न हुआ तब वे ये वचन बोले कि हे नाथ! आपकी कृपा से अब मेरा मन स्थिर हो गया। सुख, संपत्ति, परिवार और बड़ाई (बड़प्पन) सबको त्यागकर मैं आपकी सेवा ही करूँगा॥ 8॥

क्योंकि आपके चरणों की आराधना करने वाले संत कहते हैं कि ये सब (सुख-संपत्ति आदि) रामभक्ति के विरोधी हैं। जगत् में जितने भी शत्रु-मित्र और सुख-दुःख [आदि द्वंद्व] हैं, सब-के-सब मायारचित हैं, परमार्थतः (वास्तव में) नहीं हैं॥ 9॥

हे श्रीरामजी! बालि तो मेरा परम हितकारी है, जिसकी कृपा से शोक का नाश करने वाले आप मुझे मिले; और जिसके साथ अब स्वप्न में भी लड़ाई हो तो जागने पर उसे समझकर मन में संकोच होगा [कि स्वप्न में भी मैं उससे क्यों लड़ा]॥ 10॥

हे प्रभो! अब तो इस प्रकार कृपा कीजिए कि सब छोड़कर दिन-रात मैं आपका भजन ही करूँ। सुग्रीव की वैराग्ययुक्त वाणी सुनकर (उसके क्षणिक वैराग्य को देखकर) हाथ में धनुष धारण करने वाले श्रीरामजी मुसकराकर बोले—॥ 11॥

तुमने जो कुछ कहा है, वह सभी सत्य हैं; परंतु हे सखा! मेरा वचन मिथ्या नहीं होता (अर्थात् बालि मारा जाएगा और तुम्हें राज्य मिलेगा)। [काकभुशुंडिजी कहते हैं कि—] हे पक्षियों के राजा गरुड़! नट (मदारी) के बंदर की तरह श्रीरामजी सबको नचाते हैं, वेद ऐसा कहते हैं॥ 12॥

तदनंतर सुग्रीव को साथ लेकर और हाथों में धनुष-बाण धारण करके श्रीरघुनाथजी चले। तब श्रीरघुनाथजी ने सुग्रीव को बालि के पास भेजा। वह श्रीरामजी

का बल पाकर बालि के निकट जाकर गरजा॥ 13॥

बालि सुनते ही क्रोध में भरकर वेग से दौड़ा। उसकी स्त्री तारा ने चरण पकड़कर उसे समझाया कि हे नाथ! सुनिए, सुग्रीव जिनसे मिले हैं वे दोनों भाई तेज और बल की सीमा हैं॥ 14॥

वे कोसलाधीश दशरथजी के पुत्र राम और लक्ष्मण संग्राम में काल को भी जीत सकते हैं॥ 15॥

❖❖❖

दोहा

कह बाली सुनु भीरु प्रिय समदरसी रघुनाथ।
जौं कदाचि मोहि मारहिं तौ पुनि होउँ सनाथ॥ 7॥

बालि ने कहा—हे भीरु! (डरपोक) प्रिये! सुनो, श्रीरघुनाथजी समदर्शी हैं। जो कदाचित् वे मुझे मारेंगे ही तो मैं सनाथ हो जाऊँगा (परमपद पा जाऊँगा)॥ 7॥

(च) हनुमान्‌जी का लंका को प्रस्थान, सुरसा से भेंट, छाया पकड़नेवाली राक्षसी का वध, लंकिनी-वध, लंका में प्रवेश, हनुमान्-विभीषण-संवाद–(सुंदरकांड, दोहा 1-5)

पूरा सुंदरकांड प्रतिदिन पठनीय है किंतु उसका यह अंश विशेष रूप से महत्त्वपूर्ण है। अपने स्वामी के कार्य को पूरा करने की उत्कट अभिलाषा के कारण बड़े-से-बड़े आकर्षण और आवश्यकता की भी अवहेलना कर देना हनुमान्‌जी के चरित की सबसे बड़ी शिक्षा है। वे मैनाक पर्वत से स्वयं कहते हैं—

राम काजु कीन्हें बिनु मोहि कहाँ बिश्राम॥

—श्रीरामचंद्रजी का काम किए बिना मुझे विश्राम कहाँ?

लक्ष्य जितना उच्च और दुष्कर होता है उसकी उपलब्धि का मार्ग उतना ही कंटकाकीर्ण और श्रमसाध्य होता है। सरल मार्ग से गगनचुंबी अभियान संभव नहीं है। सुरसा, छाया पकड़नेवाली राक्षसी और लंकिनी के रूप में हनुमान्‌जी को अनेक चुनौतियों का सामना करना पड़ता है। शरीर पर नियंत्रण रखना, बुद्धि और धैर्य के साथ संकट का सामना करना और अपने अभियान में सदा सतर्क और सजग रहना हनुमान्‌जी के चरित्र की अनुपम विशेषताएँ हैं।

किसी श्रेष्ठ और महत्त्वपूर्ण कार्य के संपादन के लिए छोटा भी बनना पड़े तो संकोच न करना हनुमान्‌जी की एक अन्य विशेषता है। वे हनुमान् जो महाकाय

और अद्‌भुत पराक्रमी हैं, लंका में प्रवेश करते समय मसक के समान अत्यंत छोटा रूप धारण कर लेते हैं ताकि रावण के सैनिक उन्हें देख न सकें और वे अपना कार्य आसानी से पूरा कर सकें। अहंकार-शून्यता, विनम्रता और परमात्मा के प्रति कृतज्ञता ये वे गुण हैं जिनकी हर व्यक्ति को हर समय आवश्यकता होती है और इस अंश में हनुमान्‌जी के इन्हीं गुणों का गान है।

परमात्मा के भक्तवत्सल और दीन-हितकारी स्वरूप का वर्णन, हनुमान्—विभीषण-संवाद में मिलता है जिसे पढ़ने-सुनने से जीवन में परमात्मा की कृपा पर अखंड विश्वास पैदा होता है।

❖❖❖❖

दोहा

हनूमान तेहि परसा कर पुनि कीन्ह प्रनाम।
राम काजु कीन्हें बिनु मोहि कहाँ बिश्राम॥ 1॥

हनुमान्‌जी ने उसे हाथ से छू दिया, फिर प्रणाम करके कहा—भाई! श्रीरामचंद्रजी का काम किए बिना मुझे विश्राम कहाँ?॥ 1॥

❖❖❖❖

चौपाई

जात पवनसुत देवन्ह देखा। जानैं कहुँ बल बुद्धि बिसेषा॥
सुरसा नाम अहिन्ह के माता। पठइन्हि आइ कही तेहिं बाता॥ 1॥
आजु सुरन्ह मोहि दीन्ह अहारा। सुनत बचन कह पवनकुमारा॥
राम काजु करि फिरि मैं आवौं। सीता कइ सुधि प्रभुहि सुनावौं॥ 2॥
तब तव बदन पैठिहउँ आई। सत्य कहउँ मोहि जान दे माई॥
कवनेहुँ जतन देइ नहिं जाना। ग्रससि न मोहि कहेउ हनुमाना॥ 3॥
जोजन भरि तेहिं बदनु पसारा। कपि तनु कीन्ह दुगुन बिस्तारा॥
सोरह जोजन मुख तेहिं ठयऊ। तुरत पवनसुत बत्तिस भयऊ॥ 4॥
जस जस सुरसा बदनु बढ़ावा। तासु दून कपि रूप देखावा॥
सत जोजन तेहिं आनन कीन्हा। अति लघु रूप पवनसुत लीन्हा॥ 5॥
बदन पइठि पुनि बाहेर आवा। मागा बिदा ताहि सिरु नावा॥
मोहि सुरन्ह जेहि लागि पठावा। बुधि बल मरमु तोर मैं पावा॥ 6॥

देवताओं ने पवनपुत्र हनुमान्‌जी को जाते हुए देखा। उनकी विशेष बल-बुद्धि को जानने के लिए (परीक्षार्थ) उन्होंने सुरसा नामक सर्पों की माता को भेजा, उसने आकर हनुमान्‌जी से यह बात कही—॥ 1॥

आज देवताओं ने मुझे भोजन दिया है। यह वचन सुनकर पवनकुमार हनुमान्‌जी ने कहा—श्रीरामजी को कार्य करके मैं लौट आऊँ और सीताजी की खबर प्रभु को सुनाा दूँ, ॥ 2 ॥

तब मैं आकर तुम्हारे मुँह में घुस जाऊँगा [तुम मुझे खा लेना]। हे माता! मैं सत्य कहता हूँ, अभी मुझे जाने दे। जब किसी भी उपाय से उसने जाने नहीं दिया, तब हनुमान्‌जी ने कहा—तो फिर मुझे खा न ले॥ 3 ॥

उसने योजनभर (चार कोस में) मुँह फैलाया। तब हनुमान्‌जी ने अपने शरीर को उससे दूना बढ़ा लिया। उसने सोलह योजन का मुख किया। हनुमान्‌जी तुरंत ही बत्तीस योजन के हो गए॥ 4 ॥

जैसे-जैसे सुरसा मुख का विस्तार बढ़ाती थी, हनुमान्‌जी उसका दूना रूप दिखलाते थे। उसने सौ योजन (चार सौ कोसका) मुख किया। तब हनुमान्‌जी ने बहुत ही छोटा रूप धारण कर लिया॥ 5 ॥

और वे उसके मुख में घुसकर [तुरंत] फिर बाहर निकल आए और उसे सिर नवाकर विदा माँगने लगे। [उसने कहा—] मैंने तुम्हारे बुद्धि-बल का भेद पा लिया, जिसके लिए देवताओं ने मुझे भेजा था॥ 6 ॥

❖❖❖

दोहा

राम काजु सबु करिहहु तुम्ह बल बुद्धि निधान।
आसिष देइ गई सो हरषि चलेउ हनुमान॥ 2 ॥

तुम श्रीरामजीचंद्रजी का सब कार्य करोगे, क्योंकि तुम बल-बुद्धि के भंडार हो। यह आशीर्वाद देकर वह चली गई, तब हनुमान्‌जी हर्षित होकर चले॥ 2 ॥

❖❖❖

चौपाई

निसिचरि एक सिंधु महुँ रहई। करि माया नभु के खग गहई॥
जीव जंतु जे गगन उड़ाहीं। जल बिलोकि तिन्ह कै परिछाहीं॥ 1 ॥
गहइ छाहँ सक सो न उड़ाई। एहि बिधि सदा गगनचर खाई॥
सोइ छल हनूमान कहँ कीन्हा। तासु कपटु कपि तुरतहिं चीन्हा॥ 2 ॥
ताहि मारि मारुतसुत बीरा। बारिधि पार गयउ मतिधीरा॥
तहाँ जाइ देखी बन सोभा। गुंजत चंचरीक मधु लोभा॥ 3 ॥
नाना तरु फल फूल सुहाए। खग मृग बृंद देखि मन भाए॥
सैल बिसाल देखि एक आगें। ता पर धाइ चढ़ेउ भय त्यागें॥ 4 ॥

उमा न कछु कपि कै अधिकाई। प्रभु प्रताप जो कालहि खाई॥
गिरि पर चढ़ि लंका तेहिं देखी। कहि न जाइ अति दुर्ग बिसेषी॥ 5॥
अति उतंग जलनिधि चहु पासा। कनक कोट कर परम प्रकासा॥ 6॥

समुद्र में एक राक्षसी रहती थी। वह माया करके आकाश में उड़ते हुए पक्षियों को पकड़ लेती थी। आकाश में जो जीव-जंतु उड़ा करते थे, वह जल में उनकी परछाई देखकर॥ 1॥

उस परछाईं को पकड़ लेती थी, जिससे वे उड़ नहीं सकते थे [और जल में गिर पड़ते थे] इस प्रकार वह सदा आकाश में उड़नेवाले जीवों को खाया करती थी। उसने वही छल हनुमान्जी से भी किया। हनुमान्जी ने तुरंत ही उसका कपट पहचान लिया॥ 2॥

पवनपुत्र धीरबुद्धि वीर श्रीहनुमान्जी उसको मारकर समुद्र के पार गए। वहाँ जाकर उन्होंने वन की शोभा देखी। मधु (पुष्परस) के लोभ से भौंरे गुंजार कर रहे थे॥ 3॥

अनेकों प्रकार के वृक्ष फल-फूल से शोभित हैं। पक्षी और पशुओं के समूह को देखकर वे मन में [बहुत ही] प्रसन्न हुए। सामने एक विशाल पर्वत देखकर हनुमान्जी भय त्यागकर उस पर दौड़कर जा चढ़े॥ 4॥

[शिवजी कहते हैं —] हे उमा! इसमें वानर हनुमान्जी की कुछ बड़ाई नहीं है। यह प्रभु का प्रताप है, जो काल को भी खा जाता है। पर्वत पर चढ़कर उन्होंने लंका देखी। बहुत ही बड़ा किला है, कुछ कहा नहीं जाता॥ 5॥

वह अत्यंत ऊँचा है, उसके चारों ओर समुद्र है। सोने के परकोटे (चहारदीवारी) का परम प्रकाश हो रहा है॥ 6॥

❖❖❖

छंद

कनक कोट बिचित्र मनि कृत सुंदरायतना घना।
चउहट्ट हट्ट सुबट्ट बीथीं चारु पुर बहु बिधि बना॥
गज बाजि खच्चर निकर पदचर रथ बरूथन्हि को गनै।
बहुरूप निसिचर जूथ अतिबल सेन बरनत नहिं बनै॥ 1॥
बन बाग उपबन बाटिका सर कूप बापीं सोहहीं।
नर नाग सुर गंधर्ब कन्या रूप मुनि मन मोहहीं॥
कहुँ माल देह बिसाल सैल समान अतिबल गर्जहीं।
नाना अखारेन्ह भिरहिं बहु बिधि एक एकन्ह तर्जहीं॥ 2॥

करि जतन भट कोटिन्ह बिकट तन नगर चहुँ दिसि रच्छहीं।
कहुँ महिष मानुष धेनु खर अज खल निसाचर भच्छहीं॥
एहि लागि तुलसीदास इन्ह की कथा कछु एक है कही।
रघुबीर सर तीरथ सरीरन्हि त्यागि गति पैहहिं सही॥ 3॥

विचित्र मणियों से जड़ा हुआ सोने का परकोटा है, उसके अंदर बहुत से सुंदर-सुंदर घर हैं। चौराहे, बाजार, सुंदर मार्ग और गलियाँ हैं; सुंदर नगर बहुत प्रकार से सजा हुआ है। हाथी, घोड़े, खच्चरों के समूह तथा पैदल और रथों के समूहों को कौन गिन सकता है! अनेक रूपों के राक्षसों के दल हैं, उनकी अत्यंत बलवती सेना वर्णन करते नहीं बनती॥ 1॥

वन, बाग, उपवन (बगीचे), फुलवाड़ी, तालाब, कुएँ और बावलियाँ सुशोभित हैं। मनुष्य, नाग, देवताओं और गंधर्वों की कन्याएँ अपने सौंदर्य से मुनियों के भी मनों को मोहे लेती हैं। कहीं पर्वत के समान विशाल शरीरवाले बड़े ही बलवान् मल्ल (पहलवान) गरज रहे हैं। वे अनेकों अखाड़ों में बहुत प्रकार से भिड़ते और एक दूसरे को ललकारते हैं॥ 2॥

भयंकर शरीरवाले करोड़ों योद्धा यत्न करके (बड़ी सावधानी से) नगर की चारों दिशाओं में (सब ओर से) रखवाली करते हैं। कहीं दुष्ट राक्षस भैंसों, मनुष्यों, गायों, गदहों और बकरों को खा रहे हैं। तुलसीदास ने इनकी कथा इसीलिए कुछ थोड़ी-सी कही है कि ये निश्चय ही श्रीरामचंद्रजी के बाणरूपी तीर्थ में शरीर को त्यागकर परमगति पावेंगे॥ 3॥

❖❖❖

दोहा

पुर रखवारे देखि बहु कपि मन कीन्ह बिचार।
अति लघु रूप धरौं निसि नगर करौं पइसार॥ 3॥

नगर के बहुसंख्यक रखवालों को देखकर हनुमान्‌जी ने मन में विचार किया कि अत्यंत छोटा रूप धरूँ और रात के समय नगर मे प्रवेश करूँ॥ 3॥

❖❖❖

चौपाई

मसक समान रूप कपि धरी। लंकहि चलेउ सुमिरि नरहरी॥
नाम लंकिनी एक निसिचरी। सो कह चलेसि मोहि निंदरी॥ 1॥
जानेहि नहीं मरमु सठ मोरा। मोर अहार जहाँ लगि चोरा॥
मुठिका एक महा कपि हनी। रुधिर बमत धरनीं ढनमनी॥ 2॥

पुनि संभारि उठी सो लंका। जोरि पानि कर बिनय ससंका॥
जब रावनहि ब्रह्म बर दीन्हा। चलत बिरंचि कहा मोहि चीन्हा॥ 3॥
बिकल होसि तैं कपि कें मारे। तब जानेसु निसिचर संघारे॥
तात मोर अति पुन्य बहूता। देखेउँ नयन राम कर दूता॥ 4॥

हनुमान्‌जी मच्छड़ के समान (छोटा-सा) रूप धारण कर नररूप से लीला करने वाले भगवान् श्रीरामचद्रंजी का स्मरण करके लंका को चले। [लंका के द्वार पर] लंकिनी नाम की एक राक्षसी रहती थी। वह बोली—मेरा निरादर करके (बिना मुझसे पूछे) कहाँ चला जा रहा है?॥ 1॥

हे मूर्ख! तूने मेरा भेद नहीं जाना? जहाँ तक (जितने) चोर हैं, वे सब मेरे आहार हैं। महाकपि हनुमान्‌जी ने उसे एक घूँसा मारा, जिससे वह खून की उलटी करती हुई पृथ्वी पर लुढ़क पड़ी॥ 2॥

वह लंकिनी फिर अपने को सँभालकर उठी और डर के मारे हाथ जोड़कर विनती करने लगी। [वह बोली—] रावण को जब ब्रह्माजी ने वर दिया था, तब चलते समय उन्होंने मुझे राक्षसों के विनाश की यह पहचान बता दी थी कि—॥ 3॥

जब तू बंदर के मारने से व्याकुल हो जाए, तब तू राक्षसों का संहार हुआ जान लेना। हे तात! मेरे बड़े पुण्य हैं, जो मैं श्रीरामचंद्रजी के दूत (आप) को नेत्रों से देख पाई॥ 4॥

❖❖❖

दोहा

तात स्वर्ग अपबर्ग सुख धरिअ तुला एक अंग।
तूल न ताहि सकल मिलि जो सुख लव सतसंग॥ 4॥

हे तात! स्वर्ग और मोक्ष के सब सुखों को तराजू के एक पलड़े में रखा जाए, तो भी वे सब मिलकर [दूसरे पलड़े पर रखे हुए] उस सुख के बराबर नहीं हो सकते, जो लव (क्षण) मात्र के सत्संग से होता है॥ 4॥

❖❖❖

चौपाई

प्रबिसि नगर कीजे सब काजा। हृदयँ राखि कोसलपुर राजा॥
गरल सुधा रिपु करहिं मिताई। गोपद सिंधु अनल सितलाई॥ 1॥
गरुड़ सुमेरु रेनु सम ताही। राम कृपा करि चितवा जाही॥
अति लघु रूप धरेउ हनुमाना। पैठा नगर सुमिरि भगवाना॥ 2॥

मंदिर मंदिर प्रति करि सोधा। देखे जहँ तहँ अगनित जोधा॥
गयउ दसानन मंदिर माहीं। अति बिचित्र कहि जात सो नाहीं॥ 3॥
सयन किएँ देखा कपि तेही। मंदिर महुँ न दीखि बैदेही॥
भवन एक पुनि दीख सुहावा। हरि मंदिर तहँ भिन्न बनावा॥ 4॥

अयोध्यापुरी के राजा श्रीरघुनाथजी को हृदय में रखे हुए नगर में प्रवेश करके सब काम कीजिए। उसके लिए विष अमृत हो जाता है, शत्रु मित्रता करने लगते हैं, समुद्र गाय के खुर के बराबर हो जाता है, अग्नि में शीतलता आ जाती है॥ 1॥

और हे गरुड़जी! सुमेरु पर्वत उसके लिए रज के समान हो जाता है, जिसे श्रीरामचंद्रजी ने एक बार कृपा करके देख लिया। तब हनुमान्‌जी ने बहुत ही छोटा रूप धारण किया और भगवान् को स्मरण करके नगर मे प्रवेश किया॥ 2॥

उन्होंने एक-एक (प्रत्येक) महल की खोज की। जहाँ-तहाँ असंख्य योद्धा देखे। फिर वे रावण के महल में गए। वह अत्यंत विचित्र था, जिसका वर्णन नहीं हो सकता॥ 3॥

हनुमान्‌जी ने उस (रावण) को शयन किए देखा; परंतु महल में जानकीजी नहीं दिखाई दीं। फिर एक सुंदर महल दिखाई दिया। वहाँ (उसमें) भगवान् का एक अलग मंदिर बना हुआ था॥ 4॥

❖❖❖

दोहा

रामायुध अंकित गृह सोभा बरनि न जाइ।
नव तुलसिका बृंद तहँ देखि हरष कपिराइ॥ 5॥

वह महल श्रीरामजी के आयुध (धनुष-बाण) के चिह्नों से अंकित था, उसकी शोभा वर्णन नहीं की जा सकती। वहाँ नवीन-नवीन तुलसी के वृक्ष-समूहों को देखकर कपिराज श्रीहनुमान्‌जी हर्षित हुए॥ 5॥

(छ) हनुमान्‌जी का अपने आपको श्रीराम के कार्य हेतु नागपाश में बँधवाना, हनुमान्-रावण-संवाद–(दोहा 19-22)

यह प्रसंग हमें याद दिलाता है कि किसी विशेष और बड़े कार्य के लिए छोटा होना पड़े, संकट झेलना पड़े, दुःख उठाना पड़े तो उसके लिए तैयार रहना चाहिए। आरम्भ में यह दुःख कष्टकारी हो सकता है परंतु अंततः इसका परिणाम सुख, हर्ष, यश और मनोरथ-सिद्धि होता है। हनुमान्‌जी को रावण के स्वरूप, साम्राज्य और सैन्य बल का परिचय प्राप्त करना था अतः इस बड़े कार्य की सिद्धि के लिए वे नागपाश में बँधना स्वीकार कर लेते हैं।

ঔ❖❖❖ঌ

दोहा

ब्रह्म अस्त्र तेहिं साँधा कपि मन कीन्ह बिचार।
जौं न ब्रह्मसर मानउँ महिमा मिटइ अपार॥ 19॥

अंत में उसने ब्रह्मास्त्र का संधान (प्रयोग) किया, तब हनुमान्‌जी ने मन में विचार किया कि यदि ब्रह्मास्त्र नहीं मानता हूँ तो उसकी अपार महिमा मिट जाएगी॥ 19॥

ঔ❖❖❖ঌ

चौपाई

ब्रह्मबान कपि कहुँ तेहिं मारा। परतिहुँ बार कटकु संघारा॥
तेहिं देखा कपि मुरुछित भयऊ। नागपास बाँधेसि लै गयऊ॥ 1॥
जासु नाम जपि सुनहु भवानी। भव बंधन काटहिं नर ग्यानी॥
तासु दूत कि बंध तरु आवा। प्रभु कारज लगि कपिहिं बँधावा॥ 2॥
कपि बंधन सुनि निसिचर धाए। कौतुक लागि सभाँ सब आए॥
दसमुख सभा दीखि कपि जाई। कहि न जाइ कछु अति प्रभुताई॥ 3॥
कर जोरें सुर दिसिप बिनीता। भृकुटि बिलोकत सकल सभीता॥
देखि प्रताप न कपि मन संका। जिमि अहिगन महुँ गरुड़ असंका॥ 4॥

उसने हनुमान्‌जी को ब्रह्म बाण मारा, [जिसके लगते ही वे वृक्ष से नीचे गिर पड़े] परंतु गिरते समयय भी उन्होंने बहुत सी सेना मार डाली। जब उसने देखा कि हनुमान्‌जी मूर्छित हो गए हैं, तब वह उनको नाग पाश से बाँधकर ले गया॥ 1॥

[शिवजी कहते हैं—] हे भवानी! सुनो, जिनका नाम जपकर ज्ञानी (विवेकी) मनुष्य संसार (जन्म-मरण) के बंधन को काट डालते हैं, उनका दूत कहीं बंधन में आ सकता है? किंतु प्रभु के कार्य के लिए हनुमान्‌जी ने स्वयं अपने को बँधा लिया॥ 2॥

बंदर का बाँधा जाना सुनकर राक्षस दौड़े और कौतुक के लिए (तमाशा देखने के लिए) सब सभा में आए। हनुमान्‌जी ने जाकर रावण की सभा देखी। उसकी अत्यंत प्रभुता (ऐश्वर्य) कुछ कही नहीं जाती।

देवता और दिक्पाल हाथ जोड़े बड़ी नम्रता के साथ भयभीत हुए सब रावण की भौं ताक रहे हैं। (उसका रुख देख रहे हैं।) उसका ऐसा प्रताप देखकर भी हनुमान्‌जी के मन में जरा भी डर नहीं हुआ। वे ऐसे निःशंक खड़े रहे, जैसे सर्पों के समूह में गरुड़ निःशंक (निर्भय) रहते हैं॥ 4॥

❧❖❖❖☙

दोहा

कपिहि बिलोकि दसानन बिहसा कहि दुर्बाद।
सुत बध सुरति कीन्हि पुनि उपजा हृदयँ बिषाद॥ 20॥

हनुमान्‌जी को देखकर रावण दुर्वचन कहता हुआ खूब हँसा। फिर पुत्र-वध का स्मरण किया तो उसके हृदय में विषाद उत्पन्न हो गया॥ 20॥

❧❖❖❖☙

चौपाई

कह लंकेस कवन तैं कीसा। केहि कें बल घालेहि बन खीसा॥
की धौं श्रवन सुनेहि नहिं मोही। देखउँ अति असंक सठ तोही॥ 1॥
मारे निसिचर केहिं अपराधा। कहु सठ तोहि न प्रान कइ बाधा॥
सुनु रावन ब्रह्मांड निकाया। पाइ जासु बल बिरचति माया॥ 2॥
जाकें बल बिरंचि हरि ईसा। पालत सृजत हरत दससीसा॥
जा बल सीस धरत सहसानन। अंडकोस समेत गिरि कानन॥ 3॥
धरइ जो बिबिध देह सुरत्राता। तुम्ह से सठन्ह सिखावनु दाता॥
हर कोदंड कठिन जेहिं भंजा। तेहि समेत नृप दल मद गंजा॥ 4॥
खर दूषन त्रिसिरा अरु बाली। बधे सकल अतुलित बलसाली॥ 5॥

लंकापति रावण ने कहा—रे वानर! तू कौन है? किसके बल पर तूने वन को उजाड़कर नष्ट कर डाला? क्या तूने कभी मुझे (मेरा नाम और यश) कानों से नहीं सुना? रे शठ! मैं तुझे अत्यंत निःशंक देख रहा हूँ॥ 1॥

तूने किसा अपराध से राक्षसों को मारा? रे मूर्ख! बता, क्या तुझे प्राण जाने का भय नहीं है? [हनुमान्‌जी ने कहा—] हे रावण! सुन; जिनका बल पाकर माया संपूर्ण ब्रह्मांडों के समूहों की रचना करती है;॥ 2॥

जिनके बल से हे दशशीश! ब्रह्मा, विष्णु, महेश (क्रमशः) सृष्टि का सृजन, पालन और संहार करते हैं; जिनके बल से सहस्रमुख (फणों) वाले शेषजी पर्वत और वनसहित समस्त ब्रह्मांड को सिर पर धारण करते हैं;॥ 3॥

जो देवताओं की रक्षा के लिए नाना प्रकार की देह धारण करते हैं और जो तुम्हारे-जैसे मूर्खों को शिक्षा देनेवाले हैं; जिन्होंने शिवजी के कठोर धनुष को तोड़ डाला और उसी के साथ राजाओं के समूह का गर्व चूर्ण कर दिया॥ 4॥

जिन्होंने खर, दूषण, त्रिशिरा और बालि को मार डाला, जो सब-के-सब अतुलनीय बलवान् थे;॥ 5॥

❧❖❖❖☙

दोहा

जाके बल लवलेस तें जितेहु चराचर झारि।
तासु दूत मैं जा करि हरि आनेहु प्रिय नारि॥ 21॥

जिनके लेशमात्र बल से तुमने समस्त चराचर जगत् को जीत लिया और जिनकी प्रिय पत्नी को तुम [चोरी से] हर लाए हो, मैं उन्हीं का दूत हूँ॥ 21॥

❧❖❖❖☙

चौपाई

जानउँ मैं तुम्हारि प्रभुताई। सहसबाहु सन परी लराई॥
समर बालि सन करि जसु पावा। सुनि कपि बचन बिहसि बिहरावा॥ 1॥
खायउँ फल प्रभु लागी भूँखा। कपि सुभाव तें तोरेउँ रूखा॥
सब कें देह परम प्रिय स्वामी। मारहिं मोहि कुमारग गामी॥ 2॥
जिन्ह मोहि मारा ते मैं मारे। तेहि पर बाँधेउँ तनयँ तुम्हारे॥
मोहि न कछु बाँधे कइ लाजा। कीन्ह चहउँ निज प्रभु कर काजा॥ 3॥
बिनती करउँ जोरि कर रावन। सुनहु मान तजि मोर सिखावन॥
देखहु तुम्ह निज कुलहि बिचारी। भ्रम तजि भजहु भगत भय हारी॥ 4॥
जाकें डर अति काल डेराई। जो सुर असुर चराचर खाई॥
तासों बयरु कबहुँ नहिं कीजै। मोरे कहें जानकी दीजै॥ 5॥

मैं तुम्हारी प्रभुता को खूब जानता हूँ, सहस्त्रबाहु से तुम्हारी लड़ाई हुई थी और बालि से युद्ध करके तुमने यश प्राप्त किया था। हनुमान्‌जी के [मार्मिक] वचन सुनकर रावण ने हँसकर बात टाल दी॥ 1॥

हे [राक्षसों के] स्वामी! मुझे भूख लगी थी, (इसलिए) मैंने फल खाए और वानर-स्वभाव के कारण वृक्ष तोड़े। हे (निशाचरों के) मालिक! देह सबको परम प्रिय है। कुमार्ग पर चलने वाले (दुष्ट) राक्षस जब मुझे मारने लगे॥ 2॥

तब जिन्होंने मुझे मारा, उनको मैंने भी मारा। उस पर तुम्हारे पुत्र ने मुझ को बाँध लिया। [किंतु] मुझे अपने बाँधे जाने की कुछ भी लज्जा नहीं है। मैं तो अपने प्रभु का कार्य किया चाहता हूँ॥ 3॥

हे रावण! मैं हाथ जोड़कर तुमसे विनती करता हूँ, तुम अभियान छोड़कर मेरी सीख सुनो। तुम अपने पवित्र कुल का विचार करके देखो और भ्रम को छोड़कर भक्त भयहारी भगवान् को भजो॥ 4॥

जो देवता, राक्षस और समस्त चराचर को खा जाता है, वह काल भी जिनके डर से अत्यंत डरता है, उनसे कदापि वैर न करो और मेरे कहने से जानकीजी को दे दो॥ 5॥

॥❖❖❖॥

दोहा

प्रनतपाल रघुनायक करुना सिंधु खरारि।
गएँ सरन प्रभु राखिहैं तव अपराध बिसारि॥ 22॥

खर के शत्रु श्रीरघुनाथजी शरणागतों के रक्षक और दया के समुद्र हैं। शरण जाने पर प्रभु तुम्हारा अपराध भुलाकर तुम्हें अपनी शरण में रख लेंगे॥ 22॥

(ज) युद्ध में विभीषण की चिंता और श्रीराम का विजय-रथ वर्णन (लंकाकांड, दोहा–79-80)

जीवन में सफलता प्राप्त करने के लिए प्राय: हम बाहरी साधनों की आवश्यकता पर बहुत बल देते हैं। विद्यार्थी सोचते हैं कि बहुत अच्छा बस्ता हो, कीमती पुस्तकें हों, बहुत सुंदर कलम हो तभी वे कक्षा में उत्तीर्ण हो सकते हैं या अच्छे अंक प्राप्त कर सकते हैं। परंतु सफलता का रहस्य कड़ी मेहनत, आत्मविश्वास और सद्‌गुणों के संवर्धन में है।

जीवन रूपी युद्ध में विजय प्राप्त करने के लिए जीवन-मूल्यों का होना परम आवश्यक है। बाहरी शत्रु से तो अस्त्र-शस्त्र से लड़ा जा सकता है परंतु अपने भीतर के शत्रु को पराजित करने के लिए आंतरिक गुणों का होना परम आवश्यक है। इन गुणों को बचपन से ही अपनाने का प्रशिक्षण आजीवन विजयी बनाता है। युद्ध में जब विभीषण सैन्य-बल और अस्त्र-शस्त्र से सुसज्जित रावण को विजयी और इन सबसे हीन श्रीराम को पराजित होते देखकर चिंतित होते हैं तो श्रीराम उनके मनोबल को बढ़ाने और अपनी विजय का विश्वास दिलाने के लिए विजय-रथ का वर्णन करते हैं।

इस छोटे से प्रसंग में जीवन के महत्त्वपूर्ण मूल्यों को बहुत ही प्रभावी ढंग से अभिव्यक्त किया गया है। श्रीराम कहते हैं—जिससे विजय प्राप्त की जाती है, वह रथ दूसरा ही है। शौर्य, धैर्य, सत्य, शील, बल, विवेक, दम, परोपकार, क्षमा, दया, ईश्वर का भजन, संतोष, दान, निर्मल और अचल मन, शम, यम, नियम और गुरु का पूजन आदि गुण ही विजय-प्राप्ति के वास्तविक साधन हैं।

जीवन में किसी भी कष्ट, आपदा, संघर्ष, द्वंद्व और अन्याय की स्थिति आने

पर इस प्रसंग का पाठ किया जा सकता है। इसे पढ़ने और इसमें निहित तत्त्व का चिंतन-मनन करने से दुःख से लड़ने की आंतरिक शक्ति प्राप्त होती है। यह विश्वास दृढ़ होता है कि जब अकिंचन और वनवासी राम सर्वसमर्थ और सम्राट् रावण का मुकाबला आत्मविश्वास और आंतरिक गुणों के बल पर कर सकते हैं तो हम भी हर चुनौती का डटकर सामना कर सकते हैं।

❧❖❖❖☙

दोहा

दुहु दिसि जय जयकार करि निज निज जोरी जानि।
भिरे बीर इत रामहि उत रावनहि बखानि॥ 79॥

दोनों ओर के योद्धा जय-जयकार करके अपनी-अपनी जोड़ी जान (चुन) कर इधर श्रीरघुनाथजी का और इधर रावण का बखान करके परस्पर भिड़ गए॥ 79॥

❧❖❖❖☙

चौपाई

रावनु रथी बिरथ रघुबीरा। देखि बिभीषनु भयउ अधीरा॥
अधिक प्रीति मन भा संदेहा। बंदि चरन कह सहित सनेहा॥ 1॥
नाथ न रथ नहिं तन पद त्राना। केहि बिधि जितब बीर बलवाना॥
सुनहु सखा कह कृपानिधाना। जेहिं जय होइ सो स्यंदन आना॥ 2॥
सौरज धीरज तेहि रथ चाका। सत्य सील दृढ़ ध्वजा पताका॥
बल बिबेक दम परहित घोरे। छमा कृपा समता रजु जोरे॥ 3॥
ईस भजनु सारथी सुजाना। बिरति चर्म संतोष कृपाना॥
दान परसु बुधि सक्ति प्रचंडा। बर बिग्यान कठिन कोदंडा॥ 4॥
अमल अचल मन त्रोन समाना। सम जम नियम सिलीमुख नाना॥
कवच अभेद बिप्र गुर पूजा। एहि सम बिजय उपाय न दूजा॥ 5॥
सखा धर्ममय अस रथ जाकें। जीतन कहँ न कतहुँ रिपु ताकें॥ 6॥

रावण को रथ पर और श्रीरघुवीर को बिना रथ के देखकर विभीषण अधीर हो गए। प्रेम अधिक होने से उनके मन में संदेह हो गया [कि वे बिना रथ के रावण को कैसे जीत सकेंगे]। श्रीरामजी के चरणों की वंदना करके वे स्नेहपूर्वक कहने लगे॥ 1॥

हे नाथ! आपक न रथ है, न तनकी रक्ष करनेवाला कवच है और न जूते ही हैं। वह बलवान् वीर रावण किस प्रकार जीता जाएगा? कृपानिधान श्रीरामजी

ने कहा—हे सखे! सुनो, जिससे जय होती है, वह रथ दूसरा ही है॥ 2॥

शौर्य और धैर्य उस रथ के पहिए हैं। सत्य और शील (सदाचार) उसकी मजबूत ध्वजा और पताका हैं। बल, विवेक, दम (इंद्रियों का वश में होना) और परोपकार—ये चार उसक घोड़े हैं, जो क्षमा, दया और समतारूपी डोरी से रथ में जोड़े हुए हैं॥ 3॥

ईश्वर का भजन ही [उस रथ को चलानेवाला] चतुर सारथि है। वैराग्य ढाल है और संतोष तलवार है। दान फरसा है, बुद्धि प्रचंड शक्ति है, श्रेष्ठ विज्ञान कठिन धनुष हैं॥ 4॥

निर्मल (पापरहित) और अचल (स्थिर) मन तरकस के समान है। शम (मन को वश में होना), [अहिंसादि] यम और [शौचादि] नियम—ये बहुत से बाण हैं। ब्राह्मणों और गुरु का पूजन अभेद्य कवच है। इसके समान विजय का दूसरा उपाय नहीं है॥ 5॥

हे सखे! ऐसा धर्ममय रथ जिसके हो उसके लिए जीतने को कहीं शत्रु ही नहीं है॥ 6॥

❖❖❖

दोहा

महा अजय संसार रिपु जीति सकइ सो बीर।
जाकें अस रथ होइ दृढ़ सुनहु सखा मतिधीर॥ 80 (क)॥
सुनि प्रभु बचन बिभीषन हरषि गहे पद कंज।
एहि मिस मोहि उपदेसेहु राम कृपा सुख पुंज॥ 80 (ख)॥
उत पचार दसकंधर इत अंगद हनुमान।
लरत निसाचर भालु कपि करि निज निज प्रभु आन॥ 80 (ग)॥

हे धीर बुद्धिवाले सखा! सुनो, जिसके पास ऐसा दृढ़ रथ हो, वह वीर संसार (जन्म-मृत्यु) रूपी महान् दुर्जय शत्रु को भी जीत सकता है [रावण की बात ही क्या है]॥ 80 (क)॥

प्रभु के वचन सनकर विभीषणजी ने हर्षित होकर उनके चरणकमल पकड़ लिए [और कहा—] हे कृपा और सुख के समूह श्रीरामजी! आपने इसी बहाने मुझे [महान्] उपदेश दिया॥ 80 (ख)॥

उधर से रावण ललकार रहा है और इधर से अंगद और हनुमान्। राक्षस और रीछ-वानर अपने-अपने स्वामी की दुहाई देकर लड़ रहे हैं॥ 80 (ग)॥

(झ) हनुमान्‌जी द्वारा भरतजी का प्रश्न और श्रीरामजी का उपदेश, श्रीरामजी का प्रजा का उपदेश (उत्तरकांड, दोहा– 35-47)

भगवान् श्री कृष्ण ने जैसे महाभारत के युद्ध–स्थल में अपने परम सखा अर्जुन को गीता रूपी अमृत का पान कराया था, वैसे ही भगवान् राम ने रामचरितमानस के इस प्रसंग में अपनी समूची प्रजा के कल्याण के लिए अपने श्रीमुख से ज्ञान के सार को प्रस्तुत किया।

राजा बनने के बाद श्रीराम केवल राज्य–कार्य ही नहीं देखते बल्कि वे प्रजा को नैतिक मूल्यों की शिक्षा देते हुए यह बताते हैं कि मनुष्य जीवन अमूल्य है अतः इसका सब प्रकार से अभ्युदय करना हमारा धर्म है। श्रीराम कहते हैं—

नर तनु भव बारिधि कहुँ बेरो। सन्मुख मरुत अनुग्रह मेरो।
करनधार सदगुर दृढ़ नावा। दुर्लभ साज सुलभ करि पावा॥

(उत्तरकांड—43-7,8)

—यह मनुष्य का शरीर भवसागर से पार उतारने के लिए जहाज है, मेरी कृपा ही अनुकूल वायु है। सद्‌गुरु इस मजबूत जहाज के कर्णधार हैं। इस प्रकार दुर्लभ साधन सुलभ होकर (भगवत्कृपा से सहज ही) उसे प्राप्त हो गए हैं।

इस अंश में श्रीराम संत और असंत के लक्षणों की विशद व्याख्या करते हैं जिनका परायण करके हम इन दोनों के अंतर को आसानी से समझ सकते हैं। संत की संगति करके और असंत की संगति छोड़कर हम अपने जीवन का कल्याण कर सकते हैं।

वैसे तो जीवन भर लेकिन विशेष रूप से बचपन में संगति का बड़ा गहरा प्रभाव पड़ता है। विद्यार्थी एक बार यदि बुरी संगति में पड़ जाए तो उसका पतन सुनिश्चित हो जाता है। अतः इस अंश के पाठ से जीवन को सही दिशा प्राप्त हो सकती है।

धर्म जैसे गूढ़ विषय को बहुत ही सरल और सुबोध ढंग से श्रीराम ने इस अंश में समझाया है। धर्म और अधर्म क्या हैं—

पर हित सरिस धर्म नहिं भाई। पर पीड़ा सम नहिं अधमाई॥

—हे भाई! दूसरों की भलाई के समान कोई धर्म नहीं है और दूसरों को दुःख पहुँचाने के समान कोई नीचता (पाप) नहीं है।

इस अंश का पाठ किसी भी शुभ अवसर पर किया जा सकता है। जीवन में

जब भी सुख, समृद्धि, आरोग्य और यश की प्राप्ति हो तब परमात्मा को उसकी कृपा के लिए धन्यवाद देना और उनके द्वारा बताए गए जीवन के इस सार-तत्त्व को याद करना परम मंगलमय होता है। दुःख-आपदा या किसी सगे-संबंधी की मृत्यु के अवसर पर भी इस अंश का पाठ हमें हमारे जीवन के लक्ष्य का स्मरण कराता है और हिम्मत प्रदान करता है।

❖❖❖❖

दोहा

बार बार अस्तुति करि प्रेम सहित सिरु नाइ।
ब्रह्म भवन सनकादि गे अति अभीष्ट बर पाइ॥ 35॥

प्रेम सहित बार-बार स्तुति करके और सिर नवाकर तथा अपना अत्यंत मनचाहा वर पाकर सनकादि मुनि ब्रह्मलोक को गए॥ 35॥

❖❖❖❖

चौपाई

सनकादिक बिधि लोक सिधाए। भ्रातन्ह राम चरन सिरु नाए॥
पूछत प्रभुहि सकल सकुचाहीं। चितवहिं सब मारुतसुत पाहीं॥ 1॥
सुनी चहहिं प्रभु मुख कै बानी। जो सुनि होइ सकल भ्रम हानी॥
अंतरजामी प्रभु सभ जाना। बूझत कहहु काह हनुमाना॥ 2॥
जोरि पानि कह तब हनुमंता। सुनहु दीनदयाल भगवंता॥
नाथ भरत कछु पूँछन चहहीं। प्रस्न करत मन सकुचत अहहीं॥ 3॥
तुम्ह जानहु कपि मोर सुभाऊ। भरतहि मोहि कछु अंतर काऊ॥
सुनि प्रभु बचन भरत गहे चरना। सुनहु नाथ प्रनतारति हरना॥ 4॥

सनकादि मुनि ब्रह्मलोक को चले गए। तब भाइयों ने श्रीरामजी के चरणों में सिर नवाया। सब भाई प्रभु से पूछते सकुचाते हैं। [इसलिए] सब हनुमान्‌जी की ओर देख रहे हैं॥ 1॥

वे प्रभु के श्रीमुख की वाणी सुनना चाहते हैं, जिसे सुनकर सारे भ्रमों का नाश हो जाता है। अंतर्यामी प्रभु सब जान गए और पूछने लगे—कहो हनुमान्! क्या बात है?॥ 2॥

तब हनुमान्‌जी हाथ जोड़कर बोले—हे दीनदयालु भगवान्! सुनिए। हे नाथ! भरतजी कुछ पूछना चाहते हैं, पर प्रश्न करते मन में सकुचा रहे हैं॥ 3॥

[भगवान् ने कहा—] हनुमान्! तुम तो मेरा स्वभाव जानते ही हो। भरत के और मेरे बीच में कभी भी कोई अंतर (भेद) है? प्रभु के वचन सुनकर भरतजी ने

उनके चरण पकड़ लिए [और कहा—] हे नाथ! हे शरणागत के दुःखों को हरनेवाले! सुनिए॥ 4॥

❦❖❖❖❦

दोहा

नाथ न मोहि संदेह कछु सपनेहुँ सोक न मोह।
केवल कृपा तुम्हारिहि कृपानंद संदोह॥ 36॥

हे नाथ! न तो मुझे कुछ संदेह है और न स्वप्न में भी शोक और मोह है। हे कृपा और आनंद के समूह! यह केवल आपकी ही कृपा का फल है॥ 36॥

❦❖❖❖❦

चौपाई

करउँ कृपानिधि एक ढिठाई। मैं सेवक तुम्ह जन सुखदाई॥
संतन्ह कै महिमा रघुराई। बहु बिधि बेद पुरानन्ह गाई॥ 1॥
श्रीमुख तुम्ह पुनि कीन्हि बड़ाई। तिन्ह पर प्रभुहि प्रीति अधिकाई॥
सुना चहउँ प्रभु तिन्ह कर लच्छन। कृपासिंधु गुन ग्यान बिचच्छन॥ 2॥
संत असंत भेद बिलगाई। प्रनतपाल मोहि कहहु बुझाई॥
संतन्ह के लच्छन सुनु भ्राता। अगनित श्रुति पुरान बिख्याता॥ 3॥
संत असंतन्हि कै असि करनी। जिमि कुठार चंदन आचरनी॥
काटइ परसु मलय सुनु भाई। निज गुन देइ सुगंध बसाई॥ 4॥

तथापि हे कृपानिधान! मैं आपसे एक धृष्टता करता हूँ। मैं सेवक हूँ और आप सेवक को सुख देनेवाले हैं [इससे मेरी धृष्टता को क्षमा कीजिए और मेरे प्रश्न का उत्तर देकर सुख दीजिए]। हे रघुनाथजी! वेद-पुराणों ने संतों की महिमा बहुत प्रकार से गाई है॥ 1॥

आपने भी अपने श्रीमुख से उनकी बड़ाई की है और उन पर प्रभु (आप) का प्रेम भी बहुत है। हे प्रभो! मैं उनके लक्षण सुनना चाहता हूँ। आप कृपा के समुद्र हैं और गुण तथा ज्ञान में अत्यंत निपुण हैं॥ 2॥

हे शरणागत का पालन करनेवाले! संत और असंत के भेद अलग-अलग करके मुझ को समझाकर कहिए। [श्रीरामजी ने कहा—] हे भाई! संतों के लक्षण (गुण) असंख्य हैं, जो वेद और पुराणों में प्रसिद्ध हैं॥ 3॥

संत और असंतों की करनी ऐसी है जैसे कुल्हाड़ी और चंदन का आचरण होता है। हे भाई! सुनो, कुल्हाड़ी चंदन को काटती है [क्योंकि उसका स्वभाव या काम ही वृक्षों को काटना है]; किंतु चंदन [अपने स्वभाववश] अपना गुण देकर

उसे (काटनेवाली कुल्हाड़ी को) सुगंध से सुवासित कर देता है॥ 4॥

cs❖❖❖ₒ

दोहा

ताते सुर सीसन्ह चढ़त जग बल्लभ श्रीखंड।
अनल दाहि पीटत घनहिं परसु बदन यह दंड॥ 37॥

इसी गुण के कारण चंदन देवताओं के सिरों पर चढ़ता है और जगत् का प्रिय हो रहा है और कुल्हाड़ी के मुख को यह दंड मिलता है कि उसको आग में जलाकर फिर घन से पीटते हैं॥ 37॥

cs❖❖❖ₒ

चौपाई

बिषय अलंपट सील गुनाकर। पर दुख दुख सुख सुख देखे पर॥
सम अभूतरिपु बिमद बिरागी। लोभामरष हरष भय त्यागी॥ 1॥
कोमलचित दीनन्ह पर दाया। मन बच क्रम मम भगति अमाया॥
सबहि मानप्रद आपु अमानी। भरत प्रान सम मम ते प्रानी॥ 2॥
बिगत काम मम नाम परायन। सांति बिरति बिनती मुदितायन॥
सीतलता सरलता मयत्री। द्विज पद प्रीति धर्म जनयत्री॥ 3॥
ए सब लच्छन बसहिं जासु उर। जानेहु तात संत संतत फुर॥
सम दम नियम नीति नहिं डोलहिं। परुष बचन कबहूँ नहिं बोलहिं॥ 4॥

संत विषयों में लंपट (लिप्त) नहीं होते, शील और सद्‌गुणों की खान होते हैं। उन्हें पराया दुःख देखकर दुःख और सुख देखकर सुख होता है। वे [सब में, सर्वत्र, सब समय] समता रखते हैं, उनके मन कोई उनका शत्रु नहीं है, वे मद से रहित और वैराग्यवान् होते हैं तथा लोभ, क्रोध, हर्ष और भय का त्याग किए हुए रहते हैं॥ 1॥

उनका चित्त बड़ा कोमल होता है। वे दीनों पर दया करते हैं तथा मन, वचन और कर्म से मेरी निष्कपट (विशुद्ध) भक्ति करते हैं। सबको सम्मान देते हैं, पर स्वयं मानरहित होते हैं। हे भरत! वे प्राणी (संतजन) मेरे प्राणों के समान हैं॥ 2॥

उनको कोई कामना नहीं होती। वे मेरे नाम के परायण होते हैं। शांति, वैराग्य, विनय और प्रसन्नता के घर होते हैं। उनमें शीतलता, सरलता, सबके प्रति मित्रभाव और ब्राह्मण के चरणों में प्रीति होती है, जो धर्मों को उत्पन्न करनेवाली है॥ 3॥

हे तात! ये सब लक्षण जिसके हृदय में बसते हों, उसको सदा सच्चा संत

जानना। जो शम (मन के निग्रह), दम (इंद्रियों के निग्रह), नियम और नीति से कभी विचलित नहीं होते और मुख से कभी कठोर वचन नहीं बोलते; ॥ 4 ॥

ঙ❖❖❖ঙ

दोहा

निंदा अस्तुति उभय सम ममता मम पद कंज।
ते सज्जन मम प्रानप्रिय गुन मंदिर सुख पुंज॥ 38॥

जिन्हें निंदा और स्तुति (बड़ाई) दोनों समान हैं और मेरे चरणकमलों में जिनकी ममता है, वे गुणों के धाम और सुख की राशि संतजन मुझे प्राणों के समान प्रिय हैं ॥ 38 ॥

ঙ❖❖❖ঙ

चौपाई

सुनहु असंतन्ह केर सुभाऊ। भूलेहुँ संगति करिअ न काऊ॥
तिन्ह कर संग सदा दुखदाई। जिमि कपिलहि घालइ हरहाई॥ 1॥
खलन्ह हृदयँ अति ताप बिसेषी। जरहिं सदा पर संपति देखी॥
जहँ कहुँ निंदा सुनहिं पराई। हरषहिं मनहुँ परी निधि पाई॥ 2॥
काम क्रोध मद लोभ परायन। निर्दय कपटी कुटिल मलायन॥
बयरु अकारन सब काहू सों। जो कर हित अनहित ताहू सों॥ 3॥
झूठइ लेना झूठइ देना। झूठइ भोजन झूठ चबेना॥
बोलहिं मधुर बचन जिमि मोरा। खाइ महा अहि हृदय कठोरा॥ 4॥

अब असंतों (दुष्टों) का स्वभाव सुनो; कभी भूलकर भी उनकी संगति नहीं करनी चाहिए। उनका संग सदा दुःख देनेवाला होता है। जैसे हरहाई (बुरी जाति की) गाय कपिला (सीधी और दुधार) गाय को अपने संग से नष्ट कर डालती है॥ 1॥

दुष्टों के हृदय में बहुत अधिक संताप रहता है। वे पराई संपत्ति (सुख) देखकर सदा जलते रहते हैं। वे जहाँ कहीं दूसरे की निंदा सुन पाते हैं, वहाँ ऐसे हर्षित होते हैं मानो रास्ते में बड़ी निधि (खजाना) पा ली हो॥ 2॥

वे काम, क्रोध, मद और लोभ के परायण तथा निर्दयी, कपटी, कुटिल और पापों के घर होते हैं। वे बिना ही कारण सब किसी से वैर किया करते हैं। जो भलाई करता है उसके साथ भी बुराई करते हैं॥ 3॥

उनका झूठा ही लेना और झूठा ही देना होता है। झूठा ही भोजन होता है और झूठा ही चबेना होता है (अर्थात् वे लेने-देने के व्यवहार में झूठ का आश्रय लेकर

दूसरों का हक मार लेते हैं अथवा झूठी डींग हाँका करते हैं कि हमने लाखों रुपए ले लिए, करोड़ों का दान कर दिया। इसी प्रकार खाते हैं चने की रोटी और कहते हैं आज खूब माल खाकर आए। अथवा चबेना चबाकर रह जाते हैं और कहते हैं हमें बढ़िया भोजन से वैराग्य है, इत्यादि। मतलब यह कि वे सभी बातों में झूठ ही बोला करते हैं।) जैसे मोर [बहुत मीठा बोलता है, परंतु उस] का हृदय ऐसा कठोर होता है कि वह महान् विषैले साँपों को भी खा जाता है। वैसे ही वे भी ऊपर से मीठे वचन बोलते हैं [परंतु हृदय के बड़े ही निर्दयी होते हैं] ॥ 4 ॥

❖❖❖

दोहा

पर द्रोही पर दार रत पर धन पर अपबाद।
ते नर पाँवर पापमय देह धरें मनुजाद ॥ 39 ॥

वे दूसरों से द्रोह करते हैं और परायी स्त्री, पराए धन तथा परायी निंदा में आसक्त रहते हैं। वे पामर और पापमय मनुष्य नर-शरीर धारण किए हुए राक्षस ही हैं ॥ 39 ॥

❖❖❖

चौपाई

लोभइ ओढ़न लोभइ डासन। सिस्नोदर पर जमपुर त्रास न ॥
काहू की जौं सुनहिं बड़ाई। स्वास लेहिं जनु जूड़ी आई ॥ 1 ॥
जब काहू कै देखहिं बिपती। सुखी भए मानहुँ जग नृपती ॥
स्वारथ रत परिवार बिरोधी। लंपट काम लोभ अति क्रोधी ॥ 2 ॥
मातु पिता गुर बिप्र न मानहिं। आपु गए अरु घालहिं आनहिं ॥
करहिं मोह बस द्रोह परावा। संत संग हरि कथा न भावा ॥ 3 ॥
अवगुन सिंधु मंदमति कामी। बेद बिदूषक परधन स्वामी ॥
बिप्र द्रोह पर द्रोह बिसेषा। दंभ कपट जियँ धरें सुबेषा ॥ 4 ॥

लोभ ही उनका ओढ़ना और लोभ ही बिछौना होता है (अर्थात् लोभ ही से वे सदा घिरे हुए रहते हैं)। वे पशुओं के समान आहार और मैथुन के ही परायण होते हैं, उन्हें यमपुर का भय नहीं लगता। यदि किसी की बड़ाई सुन पाते हैं, तो वे ऐसी [दुःखभरी] साँस लेते हैं मानो उन्हें जूड़ी आ गई हो ॥ 1 ॥

और जब किसी की विपत्ति देखते हैं, तब ऐसे सुखी होते हैं मानो जगत्‌भर के राजा हो गए हों। वे स्वार्थपरायण, परिवार वालों के विरोधी, काम और लोभ के कारण लंपट और अत्यंत क्रोधी होते हैं ॥ 2 ॥

वे माता, पिता, गुरु और ब्राह्मण किसी को नहीं मानते। आप तो नष्ट हुए ही रहते हैं, [साथ ही अपने संग से] दूसरों को भी नष्ट करते हैं। मोहवश दूसरों से द्रोह करते हैं। उन्हें न संतों का संग अच्छा लगता है, न भगवान् की कथा ही सुहाती है॥ 3॥

वे अवगुणों के समुद्र, मंदबुद्धि, कामी (रागयुक्त), वेदों के निंदक और जबरदस्ती पराए धन के स्वामी (लूटनेवाले) होते हैं। वे दूसरों से द्रोह तो करते ही हैं; परंतु ब्राह्मण-द्रोह विशेषता से करते हैं। उनके हृदय में दंभ और कपट भरा रहता है, परंतु वे [ऊपर से] सुंदर वेष धारण किए रहते हैं॥ 4॥

❖❖❖

दोहा

ऐसे अधम मनुज खल कृतजुग त्रेताँ नाहिं।
द्वापर कछुक बृंद बहु होइहहिं कलिजुग माहिं॥ 40॥

ऐसे नीच और दुष्ट मनुष्य सत्ययुग और त्रेता में नहीं होते। द्वापर में थोड़े-से होंगे और कलियुग में तो इनके झुंड-के-झुंड होंगे॥ 40॥

❖❖❖

चौपाई

पर हित सरिस धर्म नहिं भाई। पर पीड़ा सम नहिं अधमाई॥
निर्नय सकल पुरान बेद कर। कहेउँ तात जानहिं कोबिद नर॥ 1॥
नर सरीर धरि जे पर पीरा। करहिं ते सहहिं महा भव भीरा॥
करहिं मोह बस नर अघ नाना। स्वारथ रत परलोक नसाना॥ 2॥
कालरूप तिन्ह कहँ मैं भ्राता। सुभ अरु असुभ कर्म फल दाता॥
अस बिचारि जे परम सयाने। भजहिं मोहि संसृत दुख जाने॥ 3॥
त्यागहिं कर्म सुभासुभ दायक। भजहिं मोहि सुर नर मुनि नायक॥
संत असंतन्ह के गुन भाषे। ते न परहिं भव जिन्ह लखि राखे॥ 4॥

हे भाई! दूसरों की भलाई के समान कोई धर्म नहीं है और दूसरों को दुःख पहुँचाने के समान कोई नीचता (पाप) नहीं है। हे तात! समस्त पुराणों और वेदों का यह निर्णय (निश्चित सिद्धांत) मैंने तुमसे कहा है, इस बात को पंडित लोग जानते हैं॥ 1॥

मनुष्य का शरीर धारण करके जो लोग दूसरों को दुःख पहुँचाते हैं, उनको जन्म-मृत्यु के महान् संकट सहने पड़ते हैं। मनुष्य मोहवश स्वार्थपरायण होकर अनेकों पाप करते हैं, इसी से उनका परलोक नष्ट हुआ रहता है॥ 2॥

हे भाई! मैं उनके लिए कालरूप (भयंकर) हूँ और उनके अच्छे और बुरे कर्मों का [यथायोग्य] फल देनेवाला हूँ! ऐसा विचारकर जो लोग परम चतुर हैं वे संसार [के प्रवाह] का दु:खरूप जानकर मुझे ही भजते हैं॥ 3॥

इसी से वे शुभ और अशुभ फल देनेवाले कर्मों को त्याग कर देवता, मनुष्य और मुनियों के नायक मुझको भजते हैं। [इस प्रकार] मैंने संतों और असंतों के गुण कहे। जिन लोगों ने इन गुणों को समझ रखा है, वे जन्म-मरण के चक्कर में नहीं पड़ते॥ 4॥

❖❖❖

दोहा

सुनहु तात माया कृत गुन अरु दोष अनेक।
गुन यह उभय न देखिअहिं देखिअ सो अबिबेक॥ 41॥

हे तात! सुनो, माया से रचे हुए ही अनेक (सब) गुण और दोष हैं (इनकी कोई वास्तविक सत्ता नहीं है)। गुण (विवेक) इसी में है कि दोनों ही न देखे जाएँ, इन्हें देखना ही अविवेक है॥ 41॥

❖❖❖

चौपाई

श्रीमुख बचन सुनत सब भाई। हरषे प्रेम न हृदयँ समाई॥
करहिं बिनय अति बारहिं बारा। हनूमान हियँ हरष अपारा॥ 1॥
पुनि रघुपति निज मंदिर गए। एहि बिधि चरित करत नित नए॥
बार बार नारद मुनि आवहिं। चरित पुनीत राम के गावहिं॥ 2॥
नित नव चरित देखि मुनि जाहीं। ब्रह्मलोक सब कथा कहाहीं॥
सुनि बिरंचि अतिसय सुख मानहिं। पुनि पुनि तात करहु गुन गानहिं॥ 3॥
सनकादिक नारदहि सराहहिं। जद्यपि ब्रह्म निरत मुनि आहहिं॥
सुनि गुन गान समाधि बिसारी। सादर सुनहिं परम अधिकारी॥ 4॥

भगवान् के श्रीमुख से ये वचन सुनकर सब भाई हर्षित हो गए। प्रेम उनके हृदयों में समाता नहीं। वे बार-बार बड़ी विनती करते हैं। विशेषकर हनुमान्‌जी के हृदय में अपार हर्ष है॥ 1॥

तदनंतर श्रीरामचंद्रजी अपने महल को गए। इस प्रकार वे नित्य नई लीला करते हैं। नारद मुनि अयोध्या में बार-बार आते हैं और आकर श्रीरामजी के पवित्र चरित्र गाते हैं॥ 2॥

मुनि यहाँ से नित्य नए-नए चरित्र देखकर जाते हैं और ब्रह्मलोक में जाकर सब कथा कहते हैं। ब्रह्माजी सुनकर अत्यंत सुख मानते हैं [और कहते हैं—] हे

तात! बार-बार श्रीरामजी के गुणों का गान करो॥ 3॥

सनकादि मुनि नारदजी की सराहना करते हैं। यद्यपि वे (सनकादि) मुनि ब्रह्मनिष्ठ हैं, परंतु श्रीरामजी का गुणगान सुनकर वे भी अपनी ब्रह्मसमाधि को भूल जाते हैं और आदरपूर्वक उसे सुनते हैं। वे [रामकथा सुनने के] श्रेष्ठ अधिकारी हैं॥ 4॥

❖❖❖

दोहा

जीवनमुक्त ब्रह्मपर चरित सुनहिं तजि ध्यान।
जे हरि कथाँ न करहिं रति तिन्ह के हिय पाषान॥ 42॥

सनकादि मुनि-जैसे जीवन्मुक्त और ब्रह्मनिष्ठ पुरुष भी ध्यान (ब्रह्म-समाधि) छोड़कर श्रीरामजी के चरित्र सुनते हैं। यह जानकर भी जो श्रीहरि की कथा से प्रेम नहीं करते, उनके हृदय [सचमुच ही] पत्थर [के समान] हैं॥ 42॥

❖❖❖

चौपाई

एक बार रघुनाथ बोलाए। गुर द्विज पुरबासी सब आए॥
बैठे गुर मुनि अरु द्विज सज्जन। बोले बचन भगत भव भंजन॥ 1॥
सुनहु सकल पुरजन मम बानी। कहउँ न कछु ममता उर आनी॥
नहिं अनीति नहिं कछु प्रभुताई। सुनहु करहु जो तुम्हहि सोहाई॥ 2॥
सोइ सेवक प्रियतम मम सोई। मम अनुसासन मानै जोई॥
जौं अनीति कछु भाषौं भाई। तौ मोहि बरजहु भय बिसराई॥ 3॥
बड़ें भाग मानुष तनु पावा। सुर दुर्लभ सब ग्रंथन्हि गावा॥
साधन धाम मोच्छ कर द्वारा। पाइ न जेहिं परलोक सँवारा॥ 4॥

एक बार श्रीरघुनाथजी के बुलाए हुए गुरु वसिष्ठजी, ब्राह्मण और अन्य सब नगरनिवासी सभा में आए। जब गुरु, मुनि, ब्राह्मण तथा अन्य सब सज्जन यथायोग्य बैठ गए, तब भक्तों के जन्म-मरण को मिटानेवाले श्रीरामजी वचन बोले— ॥ 1॥

हे समस्त नगरनिवासियो! मेरी बात सुनिए। यह बात मैं हृदय में कुछ ममता लाकर नहीं कहता हूँ। न अनीतिक बात कहता हूँ और न इसमें कुछ प्रभुता ही है। इसलिए [संकोच और भय छोड़कर, ध्यान देकर] मेरी बातों को सुन लो और [फिर] यदि तुम्हें अच्छी लगे, तो उसके अनुसार करो!॥ 2॥

वही मेरा सेवक है और वही प्रियतम है, जो मेरी आज्ञा माने। हे भाई! यदि मैं कुछ अनीतिक बात कहूँ तो भय भुलाकर (बेखटके) मुझे रोक देना॥ 3॥

बड़े भाग्य से यह मनुष्य शरीर मिला है। सब ग्रंथों ने यही कहा है कि यह शरीर देवताओं को भी दुर्लभ है (कठिनता से मिलता है)। यह साधन का धाम और

मोक्ष का दरवाजा है। इसे पाकर भी जिसने परलोक न बना लिया, ॥ 4 ॥

❧❖❖❖☙

दोहा

सो परत्र दुख पावइ सिर धुनि धुनि पछिताइ।
कालहि कर्महि ईस्वरहि मिथ्या दोष लगाइ॥ 43 ॥

वह परलोक में दुःख पाता है, सिर पीट-पीटकर पछताता है तथा [अपना दोष न समझकर] काल पर, कर्म पर और ईश्वर पर मिथ्या दोष लगाता है ॥ 43 ॥

❧❖❖❖☙

चौपाई

एहि तन कर फल बिषय न भाई। स्वर्गउ स्वल्प अंत दुखदाई॥
नर तनु पाइ बिषयँ मन देहीं। पलटि सुधा ते सठ बिष लेहीं॥ 1 ॥
ताहि कबहुँ भल कहइ न कोई। गुंजा ग्रहइ परस मनि खोई॥
आकर चारि लच्छ चौरासी। जोनि भ्रमत यह जिव अबिनासी॥ 2 ॥
फिरत सदा माया कर प्रेरा। काल कर्म सुभाव गुन घेरा॥
कबहुँक करि करुना नर देही। देत ईस बिनु हेतु सनेही॥ 3 ॥
नर तनु भव बारिधि कहुँ बेरो। सन्मुख मरुत अनुग्रह मेरो॥
करनधार सदगुर दृढ़ नावा। दुर्लभ साज सुलभ करि पावा॥ 4 ॥

हे भाई! इस शरीर के प्राप्त होने का फल विषयभोग नहीं है। [इस जगत् के भोगों की तो बात ही क्या] स्वर्ग का भोग भी बहुत थोड़ा है और अंत में दुःख देनेवाला है। अत: जो लोग मनुष्य शरीर पाकर विषयों में मन लगा देते हैं, वे मूर्ख अमृत को बदलकर विष ले लेते हैं ॥ 1 ॥

जो पारस मणि को खोकर बदले में घुँघची ले लेता है, उसको कभी कोई भला (बुद्धिमान्) नहीं कहता। यह अविनाशी जीव [अंडज, स्वदेज, जरायुज और उद्भिज्ज] चार खानों और चौरासी लाख योनियों में चक्कर लगाता रहता है ॥ 2 ॥

माया की प्रेरणा से काल, कर्म, स्वभाव और गुण से घिरा हुआ (इनके वश में हुआ) यह सदा भटकता रहता है। बिना ही कारण स्नेह करनेवाले ईश्वर कभी विरले ही दया करके इसे मनुष्य का शरीर देते हैं ॥ 3 ॥

यह मनुष्य का शरीर भवसागर [से तारने] के लिए बेड़ा (जहाज) है। मेरी कृपा ही अनुकूल वायु है। सद्गुरु इस मजबूत जहाज के कर्णधार (खेनेवाले) हैं। इस प्रकार दुर्लभ (कठिनता से मिलनेवाले) साधन सुलभ होकर (भगवत्कृपा से सहज ही) उसे प्राप्त हो गए हैं, ॥ 4 ॥

ஜ❖❖❖ஜ

दोहा

जो न तरै भव सागर नर समाज अस पाइ।
सो कृत निंदक मंदमति आत्माहन गति जाइ॥ 44॥

जो मनुष्य ऐसे साधन पाकर भी भवसागर से तरे, वह कृतघ्न और मंद-बुद्धि है और आत्महत्या करनेवाले की गति को प्राप्त होता है ॥ 44 ॥

ஜ❖❖❖ஜ

चौपाई

जौं परलोक इहाँ सुख चहहू। सुनि मम बचन हृदयँ दृढ़ गहहू॥
सुलभ सुखद मारग यह भाई। भगति मोरि पुरान श्रुति गाई॥ 1॥
ग्यान अगम प्रत्यूह अनेका। साधन कठिन न मन कहुँ टेका॥
करत कष्ट बहु पावइ कोऊ। भक्ति हीन मोहि प्रिय नहिं सोऊ॥ 2॥
भक्ति सुतंत्र सकल सुख खानी। बिनु सतसंग न पावहिं प्रानी॥
पुन्य पुंज बिनु मिलहिं न संता। सतसंगति संसृति कर अंता॥ 3॥
पुन्य एक जग महुँ नहिं दूजा। मन क्रम बचन बिप्र पद पूजा॥
सानुकूल तेहि पर मुनि देवा। जो तजि कपटु करइ द्विज सेवा॥ 4॥

यदि परलोक मे और यहाँ दोनों जगह सुख चाहते हो, तो मेरे वचन सुनकर उन्हें हृदय में दृढ़ता से पकड़ रखो। हे भाई! यह मेरी भक्ति को मार्ग सुलभ और सुखदायक है, पुराणों और वेदों ने इसे गाया है ॥ 1 ॥

ज्ञान अगम (दुर्गम) है, [और] उसकी प्राप्ति में अनेकों विघ्न हैं। उसका साधन कठिन है और उसमें मन के लिए कोई आधार नहीं है। बहुत कष्ट करने पर कोई उसे पा भी लेता है, तो वह भी भक्ति रहित होने से मुझ को प्रिय नहीं होता ॥ 2 ॥

भक्ति स्वतंत्र है और सब सुखों की खान है। परंतु सत्संग (संतों के संग) के बिना प्राणी इसे नहीं पा सकते। और पुण्य समूह के बिना संत नहीं मिलते। सत्संगति ही संसृति (जन्म-मरण के चक्र) का अंत करती है ॥ 3 ॥

जगत् में पुण्य एक ही है, [उसके समान] दूसरा नहीं। वह है—मन, कर्म और वचन से ब्राह्मणों के चरणों की पूजा करना। जो कपट का त्याग करके ब्राह्मणों की सेवा करता है, उस पर मुनि और देवता प्रसन्न रहते हैं ॥ 4 ॥

ஜ❖❖❖ஜ

दोहा

औरउ एक गुपुत मत सबहि कहउँ कर जोरि।
संकर भजन बिना नर भगति न पावइ मोरि॥ 45॥

और भी एक गुप्त मत है, मैं उसे सबसे हाथ जोड़कर कहता हूँ कि शंकरजी के भजन बिना मनुष्य मेरी भक्ति नहीं पाता॥ 45 ॥

❖❖❖

चौपाई

कहहु भगति पथ कवन प्रयासा। जोग न मख जप तप उपवासा॥
सरल सुभाव न मन कुटिलाई। जथा लाभ संतोष सदाई॥ 1 ॥
मोर दास कहाइ नर आसा। करइ तौ कहहु कहा बिस्वासा॥
बहुत कहउँ का कथा बढ़ाई। एहि आचरन बस्य मैं भाई॥ 2 ॥
बैर न बिग्रह आस न त्रासा। सुखमय ताहि सदा सब आसा॥
अनारंभ अनिकेत अमानी। अनघ अरोष दच्छ बिग्यानी॥ 3 ॥
प्रीति सदा सज्जन संसर्गा। तृन सम बिषय स्वर्ग अपबर्गा॥
भगति पच्छ हठ नहिं सठताई। दुष्ट तर्क सब दूरि बहाई॥ 4 ॥

कहो तो, भक्ति मार्ग में कौन सा परिश्रम है? इसमें न योग की आवश्यकता है, न यज्ञ, जप, तप और उपवास की! [यहाँ इतना ही आवश्यक है कि] सरल स्वभाव हो, मन में कुटिलता न हो और जो कुछ मिले उसी में सदा संतोष रखे॥ 1 ॥

मेरा दास कहलाकर यदि कोई मनुष्यों की आशा करता है, तो तुम्हीं कहो, उसका क्या विश्वास है? (अर्थात् उसकी मुझ पर आस्था बहुत ही निर्बल है।) बहुत बात बढ़ाकर क्या कहूँ? हे भाइयो! मैं तो इसी आचरण के वश में हूँ॥ 2 ॥

न किसी से वैर करे, न लड़ाई-झगड़ा करे, न आशा रखे, न भय ही करे। उसके लिए सभी दिशाएँ सदा सुखमयी हैं। जो कोई भी आरंभ (फल की इच्छा से कर्म) नहीं करता, जिसका कोई अपना घर नहीं है (जिसकी घर में ममता नहीं है), जो मानहीन, पापहीन और क्रोधहीन है, जो [भक्ति करने में] निपुण और विज्ञानवान् है॥ 3 ॥

संतजनों के संसर्ग (सत्संग) से जिसे सदा प्रेम है, जिसके मन में सब विषय यहाँ तक कि स्वर्ग और मुक्ति तक [भक्ति के सामने] तृण के समान हैं, जो भक्ति के पक्ष में हठ करता है, पर [दूसरे के मत को खंडन करने की] मूर्खता नहीं करता तथा जिसने सब कुतर्कों को दूर बहा दिया है,॥ 4 ॥

❖❖❖

दोहा

मम गुन ग्राम नाम रत गत ममता मद मोह।
ता कर सुख सोइ जानइ परानंद संदोह॥ 46 ॥

जो मेरे गुण समूहों के और मेरे नाम के परायण है, एवं ममता, मद और मोह से रहित है, उसका सुख वही जानता है, जो [परमात्मारूप] परमानंद राशि को प्राप्त है॥ 46 ॥

चौपाई

सुनत सुधासम बचन राम के। गहे सबनि पद कृपाधाम के॥
जननि जनक गुर बंधु हमारे। कृपा निधान प्रान ते प्यारे॥ 1॥
तनु धनु धाम राम हितकारी। सब बिधि तुम्ह प्रनतारति हारी॥
असि सिख तुम्ह बिनु देइ न कोऊ। मातु पिता स्वारथ रत ओऊ॥ 2॥
हेतु रहित जग जुग उपकारी। तुम्ह तुम्हार सेवक असुरारी॥
स्वारथ मीत सकल जग माहीं। सपनेहुँ प्रभु परमारथ नाहीं॥ 3॥
सब के बचन प्रेम रस साने। सुनि रघुनाथ हृदयँ हरषाने॥
निज निज गृह गए आयसु पाई। बरनत प्रभु बतकही सुहाई॥ 4॥

श्रीरामचंद्रजी के अमृत के समान वचन सुनकर सब ने कृपा धाम के चरण पकड़ लिए [और कहा—] हे कृपानिधान! आप हमारे माता, पिता, गुरु, भाई सब कुछ हैं और प्राणों से भी अधिक प्रिय हैं॥ 1॥

और हे शरणागत के दुःख हरनेवाले रामजी! आप ही हमारे शरीर, धन, घर-द्वार और सभी प्रकार से हित करने वाले हैं। ऐसी शिक्षा आपके अतिरिक्त कोई नहीं दे सकता। माता-पिता [हितैषी हैं और शिक्षा भी देते हैं] परंतु वे भी स्वार्थ परायण हैं [इसलिए ऐसी परम हितकारी शिक्षा नहीं देते]॥ 2॥

हे असुरों के शत्रु! जगत् में बिना हेतु के (निःस्वार्थ) उपकार करनेवाले तो दो ही हैं—एक आप, दूसरे आपके सेवक। जगत् में [शेष] सभी स्वार्थ के मित्र हैं। हे प्रभो! उनमें स्वप्न में भी परमार्थ का भाव नहीं है॥ 3॥

सबके प्रेम रस में सने हुए वचन सुनकर श्रीरघुनाथजी हृदय में हर्षित हुए। फिर आज्ञा पाकर सब प्रभु की सुंदर बातचीत का वर्णन करते हुए अपने-अपने घर गए॥4॥

दोहा

उमा अवधबासी नर नारि कृतारथ रूप।
ब्रह्म सच्चिदानंद घन रघुनायक जहँ भूप॥ 47॥

[शिवजी कहते हैं—] हे उमा! अयोध्या में रहनेवाले पुरुष और स्त्री सभी कृतार्थस्वरूप हैं; जहाँ स्वयं सच्चिदानंदघन ब्रह्म श्रीरघुनाथजी राजा हैं॥ 47॥

□

3

विवाह और विवाह की वर्षगाँठ

भारतीय धर्म-संस्कृति में विवाह एक ऐसा पवित्र और महत्त्वपूर्ण संस्कार है जिसे संपन्न करने के बाद ही किसी को गृहस्थाश्रम में प्रवेश करने की अनुमति मिलती है। यह दो व्यक्तियों-पुरुष और स्त्री का ही नहीं बल्कि दो परिवारों का भी मिलन होता है। जीवन के चार पुरुषार्थों धर्म, अर्थ, काम और मोक्ष की प्राप्ति के लिए विवाह अत्यंत आवश्यक माना जाता है। पति-पत्नी मिलकर सुखमय पारिवारिक जीवन की रचना करते हैं। ऋषि-ऋण, पितृ-ऋण और देव-ऋण को चुकाने और पंचमहायज्ञों के निष्पादन का काम भी विवाह के बाद ही संभव हो पाता है। विवाह मानव-जीवन में प्रेम, विश्वास, त्याग, आत्मीयता, श्रद्धा, स्नेह और समरसता का आधार है।

विवाह ऐसे आनंद और उत्सव का समय होता है कि कई दिन पहले से ही तरह-तरह की गतिविधियों, कार्यक्रमों और रस्मों का आयोजन आरंभ हो जाता है। लेकिन इन सबका आरंभ किसी न किसी धार्मिक अनुष्ठान से ही होता है। रामचरितमानस का पाठ करके भगवान् से सभी कार्यों के निर्विघ्न संपन्न होने और वर-वधू के मंगलमय जीवन की प्रार्थना की जाती है।

विवाह या विवाह की वर्षगाँठ के अवसर पर निम्नलिखित प्रसंगों का पाठ करना उपयुक्त होगा—

(क) शिव-पार्वती-विवाह (बालकांड, दोहा—90-103)

भगवान् शिव और देवी पार्वतीजी का विवाह अत्यंत पावन और मंगलमय घटना है। उनका विवाह प्रेम, त्याग, तपस्या, श्रद्धा और विश्वास का सबसे सुंदर

उदाहरण है। पार्वतीजी के प्रेम की परीक्षा लेने जब भगवान् शिव सप्तर्षियों को भेजते हैं और सप्तर्षि शिव जी के अवगुणों को गिनाते हुए उन्हें भगवान् विष्णु को पति रूप में चुनने का परामर्श देते हैं तो पार्वतीजी उत्तर देती हैं—

महादेव अवगुन भवन विष्णु सकल गुन धाम।
जेहि कर मन रम जाहि सन तेहि तेही सन काम॥

(बालकांड—80)

—माना कि महादेव जी अवगुणों के भवन हैं और विष्णु समस्त सद्‌गुणों के धाम हैं, पर जिसका मन जिसमें रम गया, उसको तो उसी से काम है।

अपने प्रिय और प्रेम के प्रति अटूट निष्ठा पार्वतीजी से सीखने को मिलती है। इसीलिए गोस्वामी तुलसीदास ने रामचरितमानस में भगवान् शिव और पार्वतीजी की वंदना करते हुए दोनों को श्रद्धा और विश्वास के रूप में देखा। संस्कृत के महाकवि कालिदास ने 'रघुवंश' के आरंभ में उन्हें शब्द और अर्थ की तरह अभिन्न माना—

वागर्थाविव संपृक्तौ वागर्थप्रतिपत्तये।
जगतः पितरौ वंदे पार्वतीपरमेश्वरौ॥

(रघुवंश 1-1)

—जैसे वाणी और अर्थ अलग होते हुए भी एक ही कहलाते हैं, वैसे ही पार्वतीजी और शिवजी भी कहने को दो रूप हैं, परंतु वस्तुतः हैं वे एक ही। अतः वाणी और अर्थ को ठीक से समझने और उनका उचित उपयोग करने के लिए मैं संसार के माता-पिता पार्वतीजी और शिवजी को प्रणाम करता हूँ, जो शब्द और अर्थ के समान एकरूप हैं।

उनके इसी परस्पर प्रेम को अर्धनारीश्वर रूप में चित्रित करने का प्रयास किया गया है। उनका विवाह संसार के कल्याण के लिए हुआ था। अतः विवाह या विवाह की वर्षगाँठ के अवसर पर शिवपार्वतीजी के विवाह के प्रसंग को गाकर हम जहाँ श्रद्धा और भक्ति के साथ उनका स्मरण करते हैं वहीं इस बात की प्रार्थना भी करते हैं कि हमारा वैवाहिक जीवन भी शिव पार्वतीजी की ही तरह प्रेम, विश्वास और श्रद्धा से परिपूर्ण हो। सीताजी ने भी श्रेष्ठ पति पाने के लिए माँ पार्वती की पूजा प्रार्थना की थी।

❖❖❖

दोहा

हियँ हरषे मुनि बचन सुनि देखि प्रीति बिस्वास।
चले भवानिहि नाइ सिर गए हिमाचल पास॥ 90॥

पार्वती के वचन सुनकर और उनका प्रेम तथा विश्वास देखकर मुनि हृदय में बड़े प्रसन्न हुए। वे भवानी को सिर नवाकर चल दिए और हिमाचल के पास पहुँचे॥ 90॥

ଓ❖❖❖ଓ

चौपाई

सबु प्रसंगु गिरिपतिहि सुनावा। मदन दहन सुनि अति दुखु पावा॥
बहुरि कहेउ रति कर बरदाना। सुनि हिमवंत बहुत सुखु माना॥ 1॥
हृदयँ बिचारि संभु प्रभुताई। सादर मुनिबर लिए बोलाई॥
सुदिनु सुनखतु सुघरी सोचाई। बेगि बेदबिधि लगन धराई॥ 2॥
पत्री सप्तरिषिन्ह सोइ दीन्ही। गहि पद बिनय हिमाचल कीन्ही॥
जाइ बिधिहि तिन्ह दीन्हि सो पाती। बाचत प्रीति न हृदयँ समाती॥ 3॥
लगन बाचि अज सबहि सुनाई। हरषे मुनि सब सुर समुदाई॥
सुमन बृष्टि नभ बाजन बाजे। मंगल कलस दसहुँ दिसि साजे॥ 4॥

उन्होंने पर्वतराज हिमाचल को सब हाल सुनाया। कामदेव का भस्म होना सुनकर हिमाचल बहुत दुःखी हुए। फिर मुनियों ने रति के वरदान की बात कही, उसे सुनकर हिमवान् ने बहुत सुख माना॥ 1॥

शिवजी ने प्रभाव को मन में विचारकर हिमाचल ने श्रेष्ठ मुनियों को आदरपूर्वक बुला लिया और उनसे शुभ दिन, शुभ नक्षत्र और शुभ घड़ी शोधवाकर वेद की विधि के अनुसार शीघ्र ही लग्न निश्चय कराकर लिखवा लिया॥ 2॥

फिर हिमाचल ने वह लग्नपत्रिका सप्तर्षियों को दे दी और चरण पकड़कर उनकी विनती की। उन्होंने जाकर वह लग्नपत्रिका ब्रह्माजी को दी। उसको पढ़ते समय उनके हृदय में प्रेम समाता न था॥ 3॥

ब्रह्माजी ने लग्न पढ़कर सबको सुनाया, उसे सुनकर सब मुनि और देवताओं का सारा समाज हर्षित हो गया। आकाश से फूलों की वर्षा होने लगी, बाजे बजने लगे और दसों दिशाओं में मंगल-कलश सजा दिए गए॥ 4॥

ଓ❖❖❖ଓ

दोहा

लगे सँवारन सकल सुर बाहन बिबिध बिमान।
होहिं सगुन मंगल सुभद करहिं अपछरा गान॥ 91॥

सब देवता अपने भाँति-भाँति के वाहन और विमान सजाने लगे, कल्याणप्रद

मंगल शकुन होने लगे और अप्सराएँ गाने लगीं॥ 91॥

ও❖❖❖৩

चौपाई

सिवहि संभु गन करहिं सिंगारा। जटा मुकुट अहि मौरु सँवारा॥
कुंडल कंकन पहिरे ब्याला। तन बिभूति पट केहरि छाला॥ 1॥
ससि ललाट सुंदर सिर गंगा। नयन तीनि उपबीत भुजंगा॥
गरल कंठ उर नर सिर माला। असिव बेष सिव धाम कृपाला॥ 2॥
कर त्रिसूल अरु डमरु बिराजा। चले बसहँ चढ़ि बाजहिं बाजा॥
देखि सिवहि सुरत्रिय मुसुकाहीं। बर लायक दुलहिनि जग नाहीं॥ 3॥
बिष्नु बिरंचि आदि सुरब्राता। चढ़ि चढ़ि बाहन चले बराता॥
सुर समाज सब भाँति अनूपा। नहिं बरात दूलह अनुरूपा॥ 4॥

शिवजी के गण शिवजी का शृंगार करने लगे। जटाओं का मुकुट बनाकर उस पर साँपों का मौर सजाया गया। शिवजी ने साँपों के ही कुंडल और कंकण पहने, शरीर पर विभूति रमाई और वस्त्र की जगह बाघंबर लपेट लिया॥ 1॥

शिवजी के सुंदर मस्तक पर चंद्रमा, सिर पर गंगाजी, तीन नेत्र, साँपों का जनेऊ, गले में विष और छाती पर नरमुंडों की माला थी। इस प्रकार उनका वेष अशुभ होने पर भी वे कल्याण के धाम और कृपालु हैं॥ 2॥

एक हाथ में त्रिशूल और दूसरे में डमरू सुशोभित है। शिवजी बैल पर चढ़कर चले। बाजे बज रहे हैं। शिवजी को देखकर देवांगनाएँ मुसकरा रही हैं [और कहती हैं कि] इस वर के योग्य दुलहिन संसार में नहीं मिलेगी॥ 3॥

विष्णु और ब्रह्मा आदि देवताओं के समूह अपने-अपने वाहनों (सवारियों) पर चढ़कर बरात में चले। देवताओं का समाज सब प्रकार से अनुपम (परम सुंदर) था, पर दूल्हे के योग्य बरात न थी॥ 4॥

ও❖❖❖৩

दोहा

बिष्नु कहा अस बिहसि तब बोलि सकल दिसिराज।
बिलग बिलग होइ चलहु सब निज निज सहित समाज॥ 92॥

तब विष्णु भगवान् ने सब दिक्पालों को बुलाकर हँसकर ऐसा कहा—सब लोग अपने-अपने दलसमेत अलग-अलग होकर चलो॥ 92॥

ও❖❖❖৩

चौपाई

बर अनुहारि बरात न भाई। हँसी करैहहु पर पुर जाई॥
बिष्नु बचन सुनि सुर मुसुकाने। निज निज सेन सहित बिलगाने॥ 1॥

मनहीं मन महेसु मुसुकाहीं। हरि के बिंग्य बचन नहिं जाहीं॥
अति प्रिय बचन सुनत प्रिय केरे। भृंगिहि प्रेरि सकल गन टेरे॥ 2॥
सिव अनुसासन सुनि सब आए। प्रभु पद जलज सीस तिन्ह नाए॥
नाना बाहन नाना बेषा। बिहसे सिव समाज निज देखा॥ 3॥
कोउ मुखहीन बिपुल मुख काहू। बिनु पद कर कोउ बहु पद बाहू॥
बिपुल नयन कोउ नयन बिहीना। रिष्टपुष्ट कोउ अति तनखीना॥ 4॥

हे भाई! हम लोगों की यह बरात वर के योग्य नहीं है। क्या पराए नगर में जाकर हँसी कराओगे? विष्णु भगवान् की बात सुनकर देवता मुसकराए और वे अपनी-अपनी सेनारहित अलग हो गए॥ 1॥

महादेवजी [यह देखकर] मन-ही-मन मुसकराते हैं कि विष्णु भगवान् के व्यंग्य-वचन (दिल्लगी) नहीं छूटते! अपने प्यारे (विष्णु भगवान्) के इन अति प्रिय वचनों को सुनकर शिवजी ने भी भृंगी को भेजकर अपने सब गणों को बुलवा लिया॥ 2॥

शिवजी की आज्ञा सुनते ही सब चले आए और उन्होंने स्वामी के चरण कमलों में सिर नवाया। तरह-तरह की सवारियों और तरह-तरह के वेषवाले अपने समाज को देखकर शिवजी हँसे॥ 3॥

कोई बिना मुख का है, किसी के बहुत से मुख हैं, कोई बिना हाथ-पैर का है तो किसी के कई हाथ-पैर हैं। किसी के बहुत आँखें हैं तो किसी के एक भी आँख नहीं है। कोई बहुत मोटा-ताजा है तो कोई बहुत ही दुबला-पतला है॥ 4॥

❖❖❖

छंद

तन खीन कोउ अति पीन पावन कोउ अपावन गति धरें।
भूषन कराल कपाल कर सब सद्य सोनित तन भरें॥
खर स्वान सुअर सृकाल मुख गन बेष अगनित को गनै।
बहु जिनस प्रेत पिसाच जोगि जमात बरनत नहिं बनै॥

कोई बहुत दुबला, कोई बहुत मोटा, कोई पवित्र और कोई अपवित्र वेष धारण किए हुए है। भयंकर गहने पहने हाथ में कपाल लिए हैं और सब-के-सब शरीर में ताजा खून लपेटे हुए हैं। गधे, कुत्ते, सूअर और सियार के-से उनके मुख हैं। गणों के अनगिनत वेषों को कौन गिने? बहुत प्रकार के प्रेत, पिशाच और योगिनियों की जमातें हैं। उनका वर्णन करते नहीं बनता।

सोरठा

नाचहिं गावहिं गीत परम तरंगी भूत सब।
देखत अति बिपरीत बोलहिं बचन बिचित्र बिधि॥ 93॥

भूत-प्रेत नाचते और गाते हैं, वे सब बड़े मौजी हैं। देखने में बहुत ही बेढंगे जान पड़ते हैं और बड़े ही विचित्र ढंग से बोलते हैं॥ 93॥

❖❖❖

चौपाई

जस दूलहु तसि बनी बराता। कौतुक बिबिध होहिं मग जाता॥
इहाँ हिमाचल रचेउ बिताना। अति बिचित्र नहिं जाइ बखाना॥ 1॥
सैल सकल जहँ लगि जग माहीं। लघु बिसाल नहिं बरनि सिराहीं॥
बन सागर सब नदीं तलावा। हिमगिरि सब कहुँ नेवत पठावा॥ 2॥
कामरूप सुंदर तन धारी। सहित समाज सहित बर नारी॥
गए सकल तुहिनाचल गेहा। गावहिं मंगल सहित सनेहा॥ 3॥
प्रथमहिं गिरि बहु गृह सँवराए। जथाजोगु तहँ तहँ सब छाए॥
पुर सोभा अवलोकि सुहाई। लागइ लघु बिरंचि निपुनाई॥ 4॥

जैसा दूल्हा है, अब वैसी ही बरात बन गई है। मार्ग में चलते हुए भाँति-भाँति के कौतुक (तमाशे) होते जाते हैं। इधर हिमाचल ने ऐसा विचित्र मंडप बनाया कि जिसका वर्णन नहीं हो सकता॥ 1॥

जगत् में जितने छोटे-बड़े पर्वत थे, जिनका वर्णन करके पार नहीं मिलता तथा जितने वन, समुद्र, नदियाँ और तालाब थे, हिमाचल ने सबको नेवता भेजा॥ 2॥

वे सब अपने इच्छानुसार रूप धारण करनेवाले सुंदर शरीर धारणकर सुंदरी स्त्रियों और समाजों के साथ हिमाचल के घर गए। सभी स्नेह सहित मंगलगीत गाते हैं॥ 3॥

हिमाचल ने पहले ही से बहुत से घर सजवा रखे थे। यथायोग्य उन-उन स्थानों में सब लोग उतर गए। नगर की सुंदर शोभार देखकर ब्रह्मा की रचना-चातुरी भी तुच्छ लगती थी॥ 4॥

❖❖❖

छंद

लघु लाग बिधि की निपुनता अवलोकि पुर सोभा सही।
बन बाग कूप तड़ाग सरिता सुभग सब सक को कही॥

मंगल बिपुल तोरन पताका केतु गृह गृह सोहहीं।
बनिता पुरुष सुंदर चतुर छबि देखि मुनि मन मोहहीं॥

नगर की शोभा देखकर ब्रह्मा की निपुणता सचमुच तुच्छ लगती है। वन, बाग, कुएँ, तालाब, नदियाँ सभी सुंदर हैं; उनका वर्णन कौन कर सकता है? घर-घर बहुत से मंगलसूचक तोरण और ध्वजा-पताकाएँ सुशोभित हो रही हैं। वहाँ के सुंदर और चतुर स्त्री-पुरुषों की छबि देखकर मुनियों के भी मन मोहित हो जाते हैं।

❖❖❖

दोहा

जगदंबा जहँ अवतरी सो पुरु बरनि कि जाइ।
रिद्धि सिद्धि संपत्ति सुख नित नूतन अधिकाइ॥ 94॥

जिस नगर में स्वयं जगदंबा ने अवतार लिया, क्या उसका वर्णन हो सकता है? वहाँ ऋद्धि, सिद्धि, संपत्ति और सुख नित-नए बढ़ते जाते हैं॥ 94॥

❖❖❖

चौपाई

नगर निकट बरात सुनि आई। पुर खरभरु सोभा अधिकाई॥
करि बनाव सजि बाहन नाना। चले लेन सादर अगवाना॥ 1॥
हियँ हरषे सुर सेन निहारी। हरिहि देखि अति भए सुखारी॥
सिव समाज जब देखन लागे। बिडरि चले बाहन सब भागे॥ 2॥
धरि धीरजु तहँ रहे सयाने। बालक सब लै जीव पराने॥
गएँ भवन पूछहिं पितु माता। कहहिं बचन भय कंपित गाता॥ 3॥
कहिअ काह कहि जाइ न बाता। जम कर धार किधौं बरिआता॥
बरु बौराह बसहँ असवारा। ब्याल कपाल बिभूषन छारा॥ 4॥

बरात को नगर के निकट आई सुनकर नगर में चहल-पहल मच गई, जिससे उसकी शोभा बढ़ गई। अगवानी करनेवाले लोग बनाव-शृंगार करके तथा नाना प्रकार की सवारियों को सजाकर आदरसहित बरात को लेने चले॥ 1॥

देवताओं के समाज को देखकर सब मन में प्रसन्न हुए और विष्णुभगवान् को देखकर तो बहुत ही सुखी हुए। किंतु जब शिवजी के दल को देखने लगे तब तो उनके सब वाहन (सवारियों के हाथी, घोड़े, रथ के बैल आदि) डरकर भाग चले॥ 2॥

कुछ बड़ी उम्र के समझदार लोग धीरज धरकर वहाँ डटे रहे। लड़के तो सब

अपने प्राण लेकर भागे। घर पहुँचने पर जब माता-पिता पूछते हैं, तब वे भय से काँपते हुए शरीर से ऐसा वचन कहते हैं— ॥ 3 ॥

क्या कहें, कोई बात कही नहीं जाती। यह बरात है या यमराज की सेना? दूल्हा पागल है और बैल पर सवार है। साँप, कपाल और राख ही उसके गहने हैं ॥ 4 ॥

❖❖❖❖

छंद

तन छार ब्याल कपाल भूषन नगन जटिल भयंकरा।
सँग भूत प्रेत पिसाच जोगिनि बिकट मुख रजनीचरा॥
जो जिअत रहिहि बरात देखत पुन्य बड़ तेहि कर सही।
देखिहि सो उमा बिबाहु घर घर बात असि लरिकन्ह कही॥

दूल्हे के शरीर पर राख लगी है, साँप और कपाल के गहने हैं; वह नंगा, जटाधारी और भयंकर है। उसके साथ भयानक मुखवाले भूत, प्रेत, पिशाच, योगिनियाँ और राक्षस हैं। जो बरात देखकर जीता बचेगा, सचमुच उसके बड़े ही पुण्य हैं और वही पार्वती का विवाह देखेगा। लड़कों ने घर-घर यही बात कही।

❖❖❖❖

दोहा

समुझि महेस समाज सब जननि जनक मुसुकाहिं।
बाल बुझाए बिबिध बिधि निडर होहु डरु नाहिं॥ 95॥

महेश्वर (शिवजी) का समाज समझकर सब लड़कों के माता-पिता मुसकराते हैं। उन्होंने बहुत तरह से लड़कों को समझाया कि निडर हो जाओ, डर की कोई बात नहीं है ॥ 95 ॥

❖❖❖❖

चौपाई

लै अगवान बरातहि आए। दिए सबहि जनवास सुहाए॥
मैनाँ सुभ आरती सँवारी। संग सुमंगल गावहिं नारी॥ 1॥
कंचन थार सोह बर पानी। परिछन चली हरहि हरषानी॥
बिकट बेष रुद्रहि जब देखा। अबलन्ह उर भय भयउ बिसेषा॥ 2॥
भागि भवन पैठीं अति त्रासा। गए महेसु जहाँ जनवासा॥
मैना हृदयँ भयउ दुखु भारी। लीन्ही बोलि गिरीसकुमारी॥ 3॥
अधिक सनेहँ गोद बैठारी। स्याम सरोज नयन भरे बारी॥
जेहिं बिधि तुम्हहि रूपु अस दीन्हा। तेहिं जड़ बरु बाउर कस कीन्हा॥ 4॥

अगवान लोग बरात को लिवा लाए, उन्होंने सबको सुंदर जनवासे ठहरने को दिए। मैना (पार्वतीजी की माता) ने शुभ आरती सजाई और उनके साथ की स्त्रियाँ उत्तम मंगलगीत गाने लगीं॥ 1॥

सुंदर हाथों में सोने का थाल शोभित है, इस प्रकार मैना हर्ष के साथ शिवजी का परछन करने चलीं। जब महादेवजी को भयानक वेष में देखा तब तो स्त्रियों के मन में बड़ा भारी भय उत्पन्न हो गया॥ 2॥

बहुत ही डर के मारे भागकर वे घर में घुस गईं और शिवजी, जहाँ जनवासा था, वहाँ चले गए। मैना के हृदय में बड़ा दुःख हुआ। उन्होंने पार्वतीजी को अपने पास बुला लिया॥ 3॥

और अत्यंत स्नेह से गोद में बैठाकर अपने नील कमल के समान नेत्रों में आँसू भरकर कहा—जिस विधाता ने तुमको ऐसा सुंदर रूप दिया, उस मूर्ख ने तुम्हारे दूल्हे को बावला कैसे बनाया?॥ 4॥

❖❖❖

छंद

कस कीन्ह बरु बौराह बिधि जेहिं तुम्हहि सुंदरता दई।
जो फलु चहिअ सुरतरुहिं सो बरबस बबूरहिं लागई॥
तुम्ह सहित गिरि तें गिरौं पावक जरौं जलनिधि महुँ परौं।
घरु जाउ अपजसु होउ जग जीवत बिबाहु न हौं करौं॥

जिस विधाता ने तुमको सुंदरता दी, उसने तुम्हारे लिए वर बावला कैसे बनाया? जो फल कल्पवृक्ष में लगना चाहिए, वह जबरदस्ती बबूल में लग रहा है। मैं तुम्हें लेकर पहाड़ से गिर पड़ूँगी, आग में जल जाऊँगी या समुद्र में कूद पड़ूँगी। चाहे घर उजड़ जाए और संसार भर में अपकीर्ति फैल जाए, पर जीते जी मैं इस बावले वर से तुम्हारा विवाह न करूँगी।

❖❖❖

दोहा

भईं बिकल अबला सकल दुखित देखि गिरिनारि।
करि बिलापु रोदति बदति सुता सनेहु सँभारि॥ 96॥

हिमाचल की स्त्री (मैना) को दुःखी देखकर सारी स्त्रियाँ व्याकुल हो गईं। मैना अपनी कन्या के स्नेह को याद करके विलाप करती, रोती और कहती थीं— ॥ 96॥

चौपाई

नारद कर मैं काह बिगारा। भवनु मोर जिन्ह बसत उजारा॥
अस उपदेसु उमहि जिन्ह दीन्हा। बौरे बरहि लागि तपु कीन्हा॥ 1॥
साचेहुँ उन्ह कें मोह न माया। उदासीन धनु धामु न जाया॥
पर घर घालक लाज न भीरा। बाँझ कि जान प्रसव कै पीरा॥ 2॥
जननिहि बिकल बिलोकि भवानी। बोली जुत बिबेक मृदु बानी॥
अस बिचारि सोचहि मति माता। सो न टरइ जो रचइ बिधाता॥ 3॥
करम लिखा जौं बाउर नाहू। तौ कत दोसु लगाइअ काहू॥
तुम्ह सन मिटहिं कि बिधि के अंका। मातु ब्यर्थ जनि लेहु कलंका॥ 4॥

मैंने नारद का क्या बिगाड़ा था, जिन्होंने मेरा बसता हुआ घर उजाड़ दिया और जिन्होंने पार्वती को ऐसा उपदेश दिया कि जिससे उसने बावले वर के लिए तप किया॥ 1॥

सचमुच उनके न किसी का मोह है, न माया; न उनके धन है, न घर है और न स्त्री ही है; वे सबसे उदासीन हैं। इसी से वे दूसरे का घर उजाड़नेवाले हैं। उन्हें न किसी की लाज है, न डर है। भला, बाँझ स्त्री प्रसव की पीड़ा को क्या जाने॥ 2॥

माता को विकल देखकर पार्वती जी विवेकयुक्त कोमल वाणी बोलीं—हे माता! जो विधाता रच देते हैं, वह टलता नहीं; ऐसा विचारकर तुम सोच मत करो!॥ 3॥

जो मेरे भाग्य में बावला ही पति लिखा है तो किसी को क्यों दोष लगाया जाए? हे माता! क्या विधाता के अंक तुमसे मिट सकते हैं? वृथा कलंक का टीका मत लो॥ 4॥

❖❖❖❖

छंद

जनि लेहु मातु कलंकु करुना परिहरहु अवसर नहीं।
दुखु सुखु जो लिखा लिलार हमरें जाब जहँ पाउब तहीं॥
सुनि उमा बचन बिनीत कोमल सकल अबला सोचहीं।
बहु भाँति बिधिहि लगाइ दूषन नयन बारि बिमोचहीं॥

हे माता! कलंक मत लो, रोना छोड़ो, यह अवसर विषाद करने का नहीं है। मेरे भाग्य में जो दुःख-सुख लिखा है, उसे मैं जहाँ जाऊँगी, वहीं पाऊँगी! पार्वतीजी के ऐसे विनयभरे कोमल वचन सुनकर सारी स्त्रियाँ सोच करने लगीं और भाँति-

भाँति से विधाता को दोष देकर आँखों से आँसू बहाने लगीं।

ଔ❖❖❖ଔ

दोहा

तेहि अवसर नारद सहित अरु रिषि सप्त समेत।
समाचार सुनि तुहिनगिरि गवने तुरत निकेत॥ 97॥

इस समाचार को सुनते ही हिमाचल उसी समय नारदजी और सप्तर्षियों को साथ लेकर अपने घर गए॥ 97॥

ଔ❖❖❖ଔ

चौपाई

तब नारद सबही समुझावा। पूरुब कथाप्रसंगु सुनावा॥
मयना सत्य सुनहु मम बानी। जगदंबा तव सुता भवानी॥ 1॥
अजा अनादि सक्ति अबिनासिनि। सदा संभु अरधंग निवासिनि॥
जग संभव पालन लय कारिनि। निज इच्छा लीला बपु धारिनि॥ 2॥
जनमीं प्रथम दच्छ गृह जाई। नामु सती सुंदर तनु पाई॥
तहँहुँ सती संकरहि बिबाहीं। कथा प्रसिद्ध सकल जग माहीं॥ 3॥
एक बार आवत सिव संगा। देखेउ रघुकुल कमल पतंगा॥
भयउ मोहु सिव कहा न कीन्हा। भ्रम बस बेषु सीय कर लीन्हा॥ 4॥

तब नारदजी ने पूर्वजन्म की कथा सुनाकर सबको समझाया [और कहा] कि हे मैना! तुम मेरी सच्ची बात सुनो, तुम्हारी यह लड़की साक्षात् जगज्जननी भवानी है॥ 1॥

ये अजन्मा, अनादि और अविनाशिनी शक्ति हैं। सदा शिवजी के अर्द्धांग में रहती हैं। ये जगत् की उत्पत्ति, पालन और संहार करनेवाली हैं; और अपनी इच्छा से ही लीला-शरीर धारण करती हैं॥ 2॥

पहले ये दक्ष के घर जाकर जन्मी थीं, तब इनका सती नाम था, बहुत सुंदर शरीर पाया था। वहाँ भी सती शंकरजी से ब्याही गई थीं। यह कथा सारे जगत् में प्रसिद्ध है॥ 3॥

एक बार इन्होंने शिवजी के साथ आते हुए [राह में] रघुकुलरूपी कमल के सूर्य श्रीरामचंद्रजी को देखा, तब इन्हें मोह हो गया और इन्होंने शिवजी का कहना न मानकर भ्रमवश सीताजी का वेष धारण कर लिया॥ 4॥

छंद

सिय बेषु सतीं जो कीन्ह तेहिं अपराध संकर परिहरीं।
हर बिरहँ जाइ बहोरि पितु के जग्य जोगानल जरीं॥
अब जनमि तुम्हरे भवन निज पति लागि दारुन तपु किया।
अस जानि संसय तजहु गिरिजा सर्बदा संकर प्रिया॥

सतीजी ने जो सीता का वेष धारण किया, उसी अपराध के कारण शंकरजी ने उनको त्याग दिया। फिर शिवजी के वियोग में ये अपने पिता के यज्ञ में जाकर वहीं योगाग्नि से भस्म हो गईं। अब इन्होंने तुम्हारे घर जन्म लेकर अपने पति के लिए कठिन तप किया है ऐसा जानकर संदेह छोड़ दो, पार्वतीजी तो सदा ही शिवजी की प्रिया (अर्द्धांगिनी) हैं।

❖❖❖

दोहा

सुनि नारद के बचन तब सब कर मिटा बिषाद।
छन महुँ ब्यापेउ सकल पुर घर घर यह संबाद॥ 98॥

तब नारद के वचन सुनकर सबका विषाद मिट गया और क्षणभर में यह समाचार सारे नगर में घर-घर फैल गया॥ 98॥

❖❖❖

चौपाई

तब मयना हिमवंतु अनंदे। पुनि पुनि पारबती पद बंदे॥
नारि पुरुष सिसु जुबा सयाने। नगर लोग सब अति हरषाने॥ 1॥
लगे होन पुर मंगलगाना। सजे सबहिं हाटक घट नाना॥
भाँति अनेक भई जेवनारा। सूपसास्त्र जस कछु ब्यवहारा॥ 2॥
सो जेवनार कि जाइ बखानी। बसहिं भवन जेहिं मातु भवानी॥
सादर बोले सकल बराती। बिष्नु बिरंचि देव सब जाती॥ 3॥
बिबिध पाँति बैठी जेवनारा। लागे परुसन निपुन सुआरा॥
नारि बृंद सुर जेवँत जानी। लगीं देन गारीं मृदु बानी॥ 4॥

तब मैना और हिमवान् आनंद में मग्न हो गए और उन्होंने बार-बार पार्वती के चरणों की वंदना की। स्त्री, पुरुष, बालक, युवा और वृद्ध नगर के सभी लोग बहुत प्रसन्न हुए॥ 1॥

नगर में मंगलगीत गाए जाने लगे और सबने भाँति-भाँति के सुवर्ण के कलश सजाए। पाक-शास्त्र में जैसी रीति है, उसके अनुसार अनेक भाँति की ज्योनार हुई (रसोई बनी)॥ 2॥

जिस घर में स्वयं माता भवानी रहती हों, वहाँ की ज्योनार (भोजन-सामग्री) का वर्णन कैसे किया जा सकता है? हिमाचल ने आदरपूर्वक सब बरातियों को— विष्णु, ब्रह्मा और सब जाति के देवताओं को बुलवाया॥ 3॥

भोजन [करने वालों] की बहुत सी पंगतें बैठीं। चतुर रसोइए परोसने लगे। स्त्रियों की मंडलियाँ देवताओं को भोजन करते जानकर कोमल वाणी से गालियाँ देने लगीं॥ 4॥

❧❖❖❖☙

छंद

गारीं मधुर स्वर देहिं सुंदरि बिंग्य बचन सुनावहीं।
भोजनु करहिं सुर अति बिलंबु बिनोदु सुनि सचु पावहीं॥
जेवँत जो बढ़यो अनंदु सो मुख कोटिहूँ न परै कह्यो।
अचवाँइ दीन्हे पान गवने बास जहँ जाको रह्यो॥

सब सुंदरी स्त्रियाँ मीठे स्वर में गालियाँ देने लगीं और व्यंग्यभरे वचन सुनाने लगीं। देवगण विनोद सुनकर बहुत सुख अनुभव करते हैं, इसलिए भोजन करने में बड़ी देर लगा रहे हैं। भोजन के समय जो आनंद बढ़ा, वह करोड़ों मुँह से भी नहीं जा सकता। [भोजन कर चुकने पर] सबके हाथ-मुँह धुलवाकर पान दिए गए। फिर सब लोग, जो जहाँ ठहरे थे, वहाँ चले गए।

❧❖❖❖☙

दोहा

बहुरि मुनिन्ह हिमवंत कहुँ लगन सुनाई आइ।
समय बिलोकि बिबाह कर पठए देव बोलाइ॥ 99॥

फिर मुनियों ने लौटकर हिमवान् को लगन (लग्नपत्रिका) सुनाई और विवाह का समय देखकर देवताओं को बुला भेजा॥ 99॥

❧❖❖❖☙

चौपाई

बोलि सकल सुर सादर लीन्हे। सबहि जथोचित आसन दीन्हे॥
बेदी बेद बिधान सँवारी। सुभग सुमंगल गावहिं नारी॥ 1॥
सिंघासनु अति दिब्य सुहावा। जाइ न बरनि बिरंचि बनावा॥
बैठे सिव बिप्रन्ह सिरु नाई। हृदयँ सुमिरि निज प्रभु रघुराई॥ 2॥
बहुरि मुनीसन्ह उमा बोलाईं। करि सिंगारु सखीं लै आईं॥
देखत रूपु सकल सुर मोहे। बरनै छबि अस जग कबि को है॥ 3॥

जगदंबिका जानि भव भामा। सुरन्ह मनहिं मन कीन्ह प्रनामा॥
सुंदरता मरजाद भवानी। जाइ न कोटिहुँ बदन बखानी॥ 4॥

सब देवताओं को आदरसहित बुलवा लिया और सबको यथायोग्य आसन दिए। वेद की रीति से वेदी सजाई गई और स्त्रियाँ सुंदर श्रेष्ठ मंगल गीत गाने लगीं॥ 1॥

वेदिका पर एक अत्यंत सुंदर दिव्य सिंहासन था, जिस [की सुंदरता] का वर्णन नहीं किया जा सकता; क्योंकि वह स्वयं ब्रह्माजी का बनाया हुआ था। ब्राह्मणों को सिर नवाकर और हृदय में अपने स्वामी श्रीरघुनाथजी का स्मरण करके शिवजी उस सिंहासन पर बैठ गए॥ 2॥

फिर मुनीश्वर ने पार्वतीजी को बुलाया। सखियाँ शृंगार करके उन्हें ले आईं। पार्वतीजी के रूप को देखते ही सब देवता मोहित हो गए। संसार में ऐसा कवि कौन है जो उस सुंदरता का वर्णन कर सके!॥ 3॥

पार्वतीजी को जगदंबा और शिवजी की पत्नी समझकर देवताओं ने मन-ही-मन प्रणाम किया। भवानीजी सुंदरता की सीमा हैं। करोड़ों मुखों से भी उनकी शोभा नहीं कही जा सकती॥ 4॥

❖❖❖

छंद

कोटिहुँ बदन नहिं बनै बरनत जग जननि सोभा महा।
सकुचहिं कहत श्रुति सेष सारद मंदमति तुलसी कहा॥
छबिखानि मातु भवानि गवनीं मध्य मंडप सिव जहाँ।
अवलोकि सकहिं न सकुच पति पद कमल मनु मधुकरु तहाँ॥

जगज्जननी पार्वतीजी की महान् शोभा का वर्णन करोड़ों मुखों से भी करते नहीं बनता। वेद, शेषजी और सरस्वतीजी तक उसे कहते हुए सकुचा जाते हैं, तब मंदबुद्धि तुलसी किस गिनती में है। सुंदरता और शोभा की खान माता भवानी मंडप के बीच में, जहाँ शिवजी थे, वहाँ गईं। वे संकोच के मारे पति (शिवजी) के चरणकमलों को देख नहीं सकतीं, परंतु उनका मनरूपी भौंरा तो वहीं [रस-पान कर रहा] था।

❖❖❖

दोहा

मुनि अनुसासन गनपतिहि पूजेउ संभु भवानि।
कोउ सुनि संसय करै जनि सुर अनादि जियँ जानि॥ 100॥

मुनियों की आज्ञा से शिवजी और पार्वतीजी ने गणेशजी का पूजन किया। मन में देवताओं को अनादि समझकर कोई इस बात को सुनकर शंका न करे [कि गणेशजी तो शिव-पार्वती की संतान हैं, अभी विवाह से पूर्व ही वे कहाँ से आ गए] ॥ 100 ॥

❖❖❖

चौपाई

जसि बिबाह कै बिधि श्रुति गाई। महामुनिन्ह सो सब करवाई॥
गहि गिरीस कुस कन्या पानी। भवहि समरपीं जानि भवानी॥ 1॥
पानिग्रहन जब कीन्ह महेसा। हियँ हरषे तब सकल सुरेसा॥
बेदमंत्र मुनिबर उच्चरहीं। जय जय जय संकर सुर करहीं॥ 2॥
बाजहिं बाजन बिबिध बिधाना। सुमन बृष्टि नभ भै बिधि नाना॥
हर गिरिजा कर भयउ बिबाहू। सकल भुवन भरि रहा उछाहू॥ 3॥
दासीं दास तुरग रथ नागा। धेनु बसन मनि बस्तु बिभागा॥
अन्न कनकभाजन भरि जाना। दाइज दीन्ह न जाइ बखाना॥ 4॥

वेदों में विवाह की जैसी रीति कही गई है, महामुनियों ने वह सभी रीति करवाई। पर्वतराज हिमाचल ने हाथ में कुश लेकर तथा कन्या का हाथ पकड़कर उन्हें भवानी (शिवपत्नी) जानकर शिवजी को समर्पण किया॥ 1॥

जब महेश्वर (शिवजी) ने पार्वती का पाणिग्रहण किया, तब [इंद्रादि] सब देवता हृदय में बड़े ही हर्षित हुए। श्रेष्ठ मुनिगण वेदमंत्रों का उच्चारण करने लगे और देवगण शिवजी का जय-जयकार करने लगे॥ 2॥

अनेकों प्रकार के बाजे बजने लगे। आकाश से नाना प्रकार के फूलों की वर्षा हुई। शिव-पार्वती का विवाह हो गया। सारे ब्रह्मांड में आनंद भर गया॥ 3॥

दासी, दास, रथ, घोड़े, हाथी, गायें, वस्त्र और मणि आदि अनेक प्रकार की चीजें, अन्न तथा सोने के बर्तन गाड़ियों में लदवाकर दहेज में दिए, जिनका वर्णन नहीं हो सकता॥ 4॥

❖❖❖

छंद

दाइज दियो बहु भाँति पुनि कर जोरि हिमभूधर कह्यो।
का देउँ पूरनकाम संकर चरन पंकज गहि रह्यो॥
सिवँ कृपासागर ससुर कर संतोषु सब भाँतिहिं कियो।
पुनि गहे पद पाथोज मयनाँ प्रेम परिपूरन हियो॥

बहुत प्रकार का दहेज देकर, फिर हाथ जोड़कर हिमाचल ने कहा—हे शंकर! आप पूर्णकाम हैं, मैं आपको क्या दे सकता हूँ? [इतना कहकर] वे शिवजी के चरणकमल पकड़कर रह गए। तब कृपा के सागर शिवजी ने अपने ससुर का सभी प्रकार से समाधान किया। फिर प्रेम से परिपूर्ण हृदय मैनाजी ने शिवजी के चरणकमल पकड़े [और कहा—]

ఆ❖❖❖ఇ

दोहा

नाथ उमा मम प्रान सम गृहकिंकरी करेहु।
छमेहु सकल अपराध अब होइ प्रसन्न बरु देहु॥ 101॥

हे नाथ! यह उमा मुझे मेरे प्राणों के समान [प्यारी] है। आप इसे अपने घर की टहलनी बनाइएगा और इसके सब अपराधों को क्षमा करते रहिएगा। अब प्रसन्न होकर मुझे यही वर दीजिए॥ 101॥

ఆ❖❖❖ఇ

चौपाई

बहु बिधि संभु सासु समुझाई। गवनी भवन चरन सिरु नाई॥
जननी उमा बोलि तब लीन्ही। लै उछंग सुंदर सिख दीन्ही॥ 1॥
करेहु सदा संकर पद पूजा। नारिधरमु पति देउ न दूजा॥
बचन कहत भरे लोचन बारी। बहुरि लाइ उर लीन्हि कुमारी॥ 2॥
कत बिधि सृजीं नारि जग माहीं। पराधीन सपनेहुँ सुखु नाहीं॥
भै अति प्रेम बिकल महतारी। धीरजु कीन्ह कुसमय बिचारी॥ 3॥
पुनि पुनि मिलति परति गहि चरना। परम प्रेमु कछु जाइ न बरना॥
सब नारिन्ह मिलि भेटि भवानी। जाइ जननि उर पुनि लपटानी॥ 4॥

शिवजी ने बहुत तरह से अपनी सास को समझाया। तब वे शिवजी के चरणों में सिर नवाकर घर गईं। फिर माता ने पार्वती को बुला लिया और गोद में बैठाकर यह सुंदर सीख दी— ॥ 1॥

हे पार्वती! तू सदा शिवजी के चरणों की पूजा करना, नारियों का यही धर्म है। उनके लिए पति ही देवता है और कोई देवता नहीं है। इस प्रकार की बातें कहते-कहते उनकी आँखों में आँसू भर आए और उन्होंने कन्या को छाती से चिपटा लिया॥ 2॥

[फिर बोलीं कि] विधाता ने जगत् में स्त्री जाति को क्यों पैदा किया? पराधीन को सपने में भी सुख नहीं मिलता। यों कहती हुई माता प्रेम में अत्यंत

विकल हो गई, परंतु कुसमय जानकर (दु:ख करने का अवसर न जानकर) उन्होंने धीरज धरा॥ 3॥

मैना बार-बार मिलती हैं और [पार्वती के] चरणों को पकड़कर गिर पड़ती हैं। बड़ा ही प्रेम है, कुछ वर्णन नहीं किया जाता। भवानी सब स्त्रियों से मिल-भेंटकर फिर अपनी माता के हृदय से जा लिपटीं॥ 4॥

❖❖❖

छंद

जननिहि बहुरि मिलि चली उचित असीस सब काहूँ दईं।
फिरि फिरि बिलोकति मातु तन तब सखीं लै सिव पहिं गईं॥
जाचक सकल संतोषि संकरु उमा सहित भवन चले।
सब अमर हरषे सुमन बरषि निसान नभ बाजे भले॥

पार्वतीजी माता से फिर मिलकर चलीं, सब किसी ने उन्हें योग्य आशीर्वाद दिए। पार्वतीजी फिर-फिरकर माता की ओर देखती जाती थीं। तब सखियाँ उन्हें शिवजी के पास ले गईं। महादेवजी सब याचकों को संतुष्ट कर पार्वती के साथ घर (कैलास) को चले। सब देवता प्रसन्न होकर फूलों की वर्षा करने लगे और आकाश में सुंदर नगाड़े बजने लगे।

❖❖❖

दोहा

चले संग हिमवंतु तब पहुँचावन अति हेतु।
बिबिध भाँति परितोषु करि बिदा कीन्ह बृषकेतु॥ 102॥

तब हिमवान् अत्यंत प्रेम से शिवजी को पहुँचाने के लिए साथ चले। वृषकेतु (शिवजी) ने बहुत तरह से उन्हें संतोष कराकर विदा किया॥ 102॥

❖❖❖

चौपाई

तुरत भवन आए गिरिराई। सकल सैल सर लिए बोलाई॥
आदर दान बिनय बहुमाना। सब कर बिदा कीन्ह हिमवाना॥ 1॥
जबहिं संभु कैलासहिं आए। सुर सब निज निज लोक सिधाए॥
जगत मातु पितु संभु भवानी। तेहिं सिंगारु न कहउँ बखानी॥ 2॥
करहिं बिबिध बिधि भोग बिलासा। गनन्ह समेत बसहिं कैलासा॥
हर गिरिजा बिहार नित नयऊ। एहि बिधि बिपुल काल चलि गयऊ॥ 3॥
तब जनमेउ षटबदन कुमारा। तारकु असुरु समर जेहिं मारा॥
आगम निगम प्रसिद्ध पुराना। षन्मुख जन्मु सकल जग जाना॥ 4॥

पर्वतराज हिमाचल तुरंत घर आए और उन्होंने सब पर्वतों और सरोवरों को बुलाया। हिमवान् ने आदर, दान, विनय और बहुत सम्मानपूर्वक सबकी विदाई की॥ 1॥

जब शिवजी कैलास पर्वत पर पहुँचे, तब सब देवता अपने-अपने लोकों को चले गए। [तुलसीदासजी कहते हैं कि] पार्वतीजी और शिवजी जगत् के माता-पिता हैं; इसलिए मैं उनके शृंगार का वर्णन नहीं करता॥ 2॥

शिव-पार्वती विविध प्रकार के भोग-विलास करते हुए अपने गणों सहित कैलास पर रहने लगे। वे नित्य नए विहार करते थे। इस प्रकार बहुत समय बीत गया॥ 3॥

तब छह मुखवाले पुत्र (स्वामि कार्तिक) का जन्म हुआ, जिन्होंने [बड़े होने पर] युद्ध में तारकासुर को मारा। वेद, शास्त्र और पुराणों में स्वामिकार्तिक के जन्म की कथा प्रसिद्ध है और सारा जगत् उसे जानता है॥ 4॥

❧❖❖❖☙

छंद

जगु जान षन्मुख जन्मु कर्मु प्रतापु पुरुषारथु महा।
तेहि हेतु मैं बृषकेतु सुत कर चरित संछेपहिं कहा॥
यह उमा संभु बिबाहु जे नर नारि कहहिं जे गावहीं।
कल्यान काज बिबाह मंगल सर्बदा सुखु पावहीं॥

षडानन (स्वामिकार्तिक) के जन्म, कर्म, प्रताप और महान् पुरुषार्थ को सारा जगत् जानता है। इसलिए मैंने वृषकेतु (शिवजी) के पुत्र का चरित्र संक्षेप से ही कहा है। शिव-पार्वती के विवाह की इस कथा को जो स्त्री-पुरुष कहेंगे और गाएँगे, वे कल्याण के कार्यों और विवाहादि मंगलों में सदा सुख पावेंगे।

❧❖❖❖☙

दोहा

चरित सिंधु गिरिजा रमन बेद न पावहिं पारु।
बरनै तुलसीदासु किमि अति मतिमंद गवाँरु॥ 103॥

गिरिजापति महादेवजी का चरित्र समुद्र के समान (अपार) है, उसका पार वेद भी नहीं पाते। तब अत्यंत मंदबुद्धि और गँवार तुलसीदास उसका वर्णन कैसे कर सकता है!॥ 103॥

(ख) श्रीराम-सीता-विवाह (बालकांड, दोहा—254-265)

रामचरितमानस में तुलसीदास ने अत्यंत आनंद, उमंग, उल्लास और विस्तार के साथ शिव-पार्वतीजी और श्रीराम-सीताजी के विवाह का वर्णन किया है। हमारी संस्कृति में हर वर को राम और हर वधू को सीता के रूप में देखा जाता है। लोकगीत तो सीताराम के विवाह से भरे पड़े हैं। इनका विवाह हर एक वर-वधू को आदर्श वैवाहिक जीवन का पाठ पढ़ाता है। रामचरितमानस के इस प्रसंग को पढ़कर जीवन कल्याण और आनंद से परिपूर्ण हो जाता है।

❖❖❖

दोहा

उदित उदयगिरि मंच पर रघुबर बालपतंग।
बिकसे संत सरोज सब हरषे लोचन भृंग॥ 254॥

मंचरूपी उदयाचल पर रघुनाथजीरूपी बालसूर्य के उदय होते ही सब संतरूपी कमल खिल उठे और नेत्ररूपी भौंरे हर्षित हो गए॥ 254॥

❖❖❖

चौपाई

नृपन्ह केरि आसा निसि नासी। बचन नखत अवली न प्रकासी॥
मानी महिप कुमुद सकुचाने। कपटी भूप उलूक लुकाने॥ 1॥
भए बिसोक कोक मुनि देवा। बरिसहिं सुमन जनावहिं सेवा॥
गुर पद बंदि सहित अनुरागा। राम मुनिन्ह सन आयसु मागा॥ 2॥
सहजहिं चले सकल जग स्वामी। मत्त मंजु बर कुंजर गामी॥
चलत राम सब पुर नर नारी। पुलक पूरि तन भए सुखारी॥ 3॥
बंदि पितर सुर सुकृत सँभारे। जौं कछु पुन्य प्रभाउ हमारे॥
तौ सिवधनु मृनाल की नाईं। तोरहुँ रामु गनेस गोसाईं॥ 4॥

❖❖❖

राजाओं की आशारूपी रात्रि नष्ट हो गई। उनके वचनरूपी तारों के समूह का चमकना बंद हो गया (वे मौन हो गए)। अभिमानी राजारूपी कुमुद संकुचित हो गए और कपटी राजारूपी उल्लू छिप गए॥ 1॥

मुनि और देवतारूपी चकवे शोकरहित हो गए। वे फूल बरसाकर अपनी सेवा प्रकट कर रहे हैं। प्रेमसहित गुरु के चरणों की वंदना करके श्री रामचंद्रजी ने मुनियों से आज्ञा माँगी॥ 2॥

समस्त जगत् के स्वामी श्रीरामजी सुंदर मतवाले श्रेष्ठ हाथी की-सी चाल से

स्वाभाविक ही चले। श्रीरामचंद्रजी के चलते ही नगर भर के सब स्त्री-पुरुष सुखी हो गए और उनके शरीर रोमांच से भर गए॥ 3॥

उन्होंने पितर और देवताओं की वंदना करके अपने पुण्यों का स्मरण किया। यदि हमारे पुण्यों का कुछ भी प्रभाव हो, तो हे गणेश गोसाईं! रामचंद्रजी शिवजी के धनुष को कमल की डंडी की भाँति तोड़ डालें॥ 4॥

❧❖❖❖☙

दोहा

रामहि प्रेम समेत लखि सखिन्ह समीप बोलाइ।
सीता मातु सनेह बस बचन कहइ बिलखाइ॥ 255॥

श्रीरामचंद्रजी को [वात्सल्य] प्रेम के साथ देखकर और सखियों को समीप बुलाकर सीताजी की माता स्नेहवश विलखकर (विलाप करती हुई सी) ये वचन बोलीं— ॥ 255॥

❧❖❖❖☙

चौपाई

सखि सब कौतुकु देखनिहारे। जेउ कहावत हितू हमारे॥
कोउ न बुझाइ कहइ गुर पाहीं। ए बालक असि हठ भलि नाहीं॥ 1॥
रावन बान छुआ नहिं चापा। हारे सकल भूप करि दापा॥
सो धनु राजकुअँर कर देहीं। बाल मराल कि मंदर लेहीं॥ 2॥
भूप सयानप सकल सिरानी। सखि बिधि गति कछु जाति न जानी॥
बोली चतुर सखी मृदु बानी। तेजवंत लघु गनिअ न रानी॥ 3॥
कहँ कुंभज कहँ सिंधु अपारा। सोषेउ सुजसु सकल संसारा॥
रबि मंडल देखत लघु लागा। उदयँ तासु तिभुवन तम भागा॥ 4॥

हे सखी! ये जो हमारे हितू कहलाते हैं, वे भी सब तमाशा देखनेवाले हैं। कोई भी [इनके] गुरु विश्वामित्रजी को समझाकर नहीं कहता कि ये (रामजी) बालक हैं, इनके लिए ऐसा हठ अच्छा नहीं। [जो धनुष रावण और बाण-जैसे जगद्विजयी वीरों के हिलाए न हिल सका, उसे तोड़ने के लिए मुनि विश्वामित्रजी का रामजी को आज्ञा देना और रामजी का उसे तोड़ने के लिए चल देना, रानी को हठ जान पड़ा, इसलिए वे कहने लगीं कि गुरु विश्वामित्रजी को कोई समझाता भी नहीं।] ॥ 1॥

रावण और बाणासुर ने जिस धनुष को छुआ तक नहीं और सब राजा घमंड करके हार गए, वही धनुष इस सुकुमार राजकुमार के हाथ में दे रहे हैं। हंस के

बच्चे भी कहीं मंदराचल पहाड़ उठा सकते हैं?॥ 2॥

[और तो कोई समझाकर कहे या नहीं, राजा तो बड़े समझदार और ज्ञानी हैं, उन्हें तो गुरु को समझाने की चेष्टा करनी चाहिए थी, परंतु मालूम होता है] राजा का भी सारा सयानापन समाप्त हो गया। हे सखी! विधाता की गति कुछ जानने में नहीं आती [यों कहकर रानी चुप हो रहीं]। तब एक चतुर (रामजी के महत्त्व को जाननेवाली) सखी कोमल वाणी से बोली—हे रानी! तेजवान् को [देखने में छोटा होने पर भी] छोटा नहीं गिनना चाहिए॥ 3॥

कहाँ घड़े से उत्पन्न होनेवाले [छोटे से] मुनि अगस्त्य और कहाँ अपार समुद्र? किंतु उन्होंने उसे सोख लिया, जिसका सुयश सारे संसार में छाया हुआ है। सूर्यमंडल देखने में छोटा लगता है, पर उसके उदय होते ही तीनों लोकों का अंधकार भाग जाता है॥ 4॥

❖❖❖

दोहा

मंत्र परम लघु जासु बस बिधि हरि हर सुर सर्ब।
महामत्त गजराज कहुँ बस कर अंकुस खर्ब॥ 256॥

जिसके वश में ब्रह्मा, विष्णु, शिव और सभी देवता हैं, वह मंत्र अत्यंत छोटा होता है। महान् मतवाले गजराज को छोटा सा अंकुश वश में कर लेता है॥ 256॥

❖❖❖

चौपाई

काम कुसुम धनु सायक लीन्हे। सकल भुवन अपनें बस कीन्हे॥
देबि तजिअ संसउ अस जानी। भंजब धनुषु राम सुनु रानी॥ 1॥
सखी बचन सुनि भै परतीती। मिटा बिषादु बढ़ी अति प्रीती॥
तब रामहि बिलोकि बैदेही। सभय हृदयँ बिनवति जेही तेही॥ 2॥
मनहीं मन मनाव अकुलानी। होहु प्रसन्न महेस भवानी॥
करहु सफल आपनि सेवकाई। करि हितु हरहु चाप गरुआई॥ 3॥
गननायक बरदायक देवा। आजु लगें कीन्हिउँ तुअ सेवा॥
बार बार बिनती सुनि मोरी। करहु चाप गुरुता अति थोरी॥ 4॥

कामदेव ने फूलों का ही धनुष-बाण लेकर समस्त लोकों को अपने वश में कर रखा है। हे देवी! ऐसा जानकर संदेह त्याग दीजिए। हे रानी! सुनिए, रामचंद्रजी धनुष को अवश्य ही तोड़ेंगे॥ 1॥

सखी के वचन सुनकर रानी को [श्रीरामजी के सामर्थ्य के संबंध में] विश्वास

हो गया। उनकी उदासी मिट गई और श्रीरामजी के प्रति उनका प्रेम अत्यंत बढ़ गया। उस समय श्रीरामचंद्रजी को देखकर सीताजी भयभीत हृदय से जिस-तिस [देवता] से विनती कर रही हैं॥ 2॥

वे व्याकुल होकर मन-ही-मन मना रही हैं—हे महेश-भवानी! मुझ पर प्रसन्न होइए, मैंने आपकी जो सेवा की है, उसे सुफल कीजिए और मुझ पर स्नेह करके धनुष के भारीपन को हर लीजिए॥ 3॥

हे गणों के नायक, वर देनेवाले देवता गणेशजी! मैंने आज ही के लिए तुम्हारी सेवा की थी। बार-बार मेरी विनती सुनकर धनुष का भारीपन बहुत ही कम कर दीजिए॥ 4॥

❖❖❖

दोहा

देखि देखि रघुबीर तन सुर मनाव धरि धीर।
भरे बिलोचन प्रेम जल पुलकावली सरीर॥ 257॥

श्रीरघुनाथजी की ओर देख-देखकर सीताजी धीरज धरकर देवताओं को मना रही हैं। उनके नेत्रों में प्रेम के आँसू भरे हैं और शरीर में रोमांच हो रहा है॥ 257॥

❖❖❖

चौपाई

नीकें निरखि नयन भरि सोभा। पितु पनु सुमिरि बहुरि मनु छोभा॥
अहह तात दारुनि हठ ठानी। समुझत नहिं कछु लाभु न हानी॥ 1॥
सचिव सभय सिख देइ न कोई। बुध समाज बड़ अनुचित होई॥
कहँ धनु किलिसहु चाहि कठोरा। कहँ स्यामल मृदुगात किसोरा॥ 2॥
बिधि केहि भाँति धरौं उर धीरा। सिरस सुमन कन बेधिअ हीरा॥
सकल सभा कै मति भै भोरी। अब मोहि संभुचाप गति तोरी॥ 3॥
निज जड़ता लोगन्ह पर डारी। होहि हरुअ रघुपतिहि निहारी॥
अति परिताप सिय मन माहीं। लव निमेष जुग सय सम जाहीं॥ 4॥

अच्छी तरह नेत्र भरकर श्रीरामजी की शोभा देखकर, फिर पिता के प्रण का स्मरण करके सीताजी का मन क्षुब्ध हो उठा। [वे मन-ही-मन कहने लगीं—] अहो! पिताजी ने बड़ा ही कठिन हठ ठाना है, वे लाभ-हानि कुछ भी नहीं समझ रहे हैं॥ 1॥

मंत्री डर रहे हैं; इसलिए कोई उन्हें सीख भी नहीं देता, पंडितों की सभा में

यह बड़ा अनुचित हो रहा है। कहाँ तो वज्र से भी बढ़कर कठोर धनुष और कहाँ ये कोमल शरीर किशोर श्यामसुंदर!॥ 2॥

हे विधाता! मैं हृदय में किस तरह धीरज धरूँ, सिरस के फूल के कण से कहीं हीरा छेदा जाता है। सारी सभा की बुद्धि भोली (बावली) हो गई है, अत: हे शिवजी के धनुष! अब तो मुझे तुम्हारा ही आसरा है॥ 3॥

तुम अपनी जड़ता लोगों पर डालकर, श्रीरघुनाथजी [के सुकुमार शरीर] को देखकर [उतने ही] हलके हो जाओ। इस प्रकार सीताजी के मन में बड़ा ही संताप हो रहा है। निमेष का एक लव (अंश) भी सौ युगों के समान बीत रहा है॥ 4॥

❖❖❖

दोहा

प्रभुहि चितइ पुनि चितव महि राजत लोचन लोल।
खेलत मनसिज मीन जुग जनु बिधु मंडल डोल॥ 258॥

प्रभु श्रीरामचंद्रजी को देखकर फिर पृथ्वी की ओर देखती हुई सीताजी के चंचल नेत्र इस प्रकार शोभित हो रहे हैं, मानो चंद्रमंडलरूपी डोल में कामदेव की दो मछलियाँ खेल रही हों॥ 258॥

❖❖❖

चौपाई

गिरा अलिनि मुख पंकज रोकी। प्रगट न लाज निसा अवलोकी॥
लोचन जलु रह लोचन कोना। जैसें परम कृपन कर सोना॥ 1॥
सकुची ब्याकुलता बड़ि जानी। धरि धीरजु प्रतीति उर आनी॥
तन मन बचन मोर पनु साचा। रघुपति पद सरोज चितु राचा॥ 2॥
तौ भगवानु सकल उर बासी। करिहि मोहि रघुबर कै दासी॥
जेहि कें जेहि पर सत्य सनेहू। सो तेहि मिलइ न कछु संदेहू॥ 3॥
प्रभु तन चितइ प्रेम तन ठाना। कृपानिधान राम सबु जाना॥
सियहि बिलोकि तकेउ धनु कैसें। चितव गरुरु लघु ब्यालहि जैसें॥ 4॥

सीताजी की वाणीरूपी भ्रमरी को उनके मुखरूपी कमल ने रोक रखा है। लाजरूपी रात्रि को देखकर वह प्रकट नहीं हो रही है। नेत्रों का जल, नेत्रों के कोने (कोए) में ही रह जाता है। जैसे बड़े भारी कंजूस का सोना कोने में ही गड़ा रह जाता है॥ 1॥

अपनी बढ़ी हुई व्याकुलता जानकर सीताजी सकुचा गईं और धीरज धरकर हृदय में विश्वास ले आईं कि यदि तन, मन और वचन से मेरा प्रण सच्चा है और

श्रीरघुनाथजी के चरणकमलों में मेरा चित्त वास्तव में अनुरक्त है ॥ 2 ॥

तो सबके हृदय में निवास करनेवाले भगवान् मुझे रघुश्रेष्ठ श्रीरामचंद्रजी की दासी अवश्य बनाएँगे। जिसका जिस पर सच्चा स्नेह होता है, वह उसे मिलता ही है, इसमें कुछ भी संदेह नहीं है ॥ 3 ॥

प्रभु की ओर देखकर सीताजी ने शरीर के द्वारा प्रेम ठान लिया (अर्थात् यह निश्चय कर लिया कि यह शरीर इन्हीं का होकर रहेगा या रहेगा ही नहीं)। कृपानिधान श्रीरामजी सब जान गए। उन्होंने सीताजी को देखकर धनुष की ओर कैसे ताका, जैसे गरुड़जी छोटे से साँप की ओर देखते हैं ॥ 4 ॥

❖❖❖

दोहा

लखन लखेउ रघुबंसमनि ताकेउ हर कोदंडु।
पुलकि गात बोले बचन चरन चापि ब्रह्मांडु ॥ 259 ॥

इधर जब लक्ष्मणजी ने देखा कि रघुकुलमणि श्रीरामचंद्रजी ने शिवजी के धनुष की ओर ताका है, तो वे शरीर से पुलकित हो, ब्रह्मांड को चरणों से दबाकर निम्नलिखित वचन बोले— ॥ 259 ॥

❖❖❖

चौपाई

दिसिकुंजरहु कमठ अहि कोला। धरहु धरनि धरि धीर न डोला ॥
रामु चहहिं संकर धनु तोरा। होहु सजग सुनि आयसु मोरा ॥ 1 ॥
चाप समीप रामु जब आए। नर नारिन्ह सुर सुकृत मनाए ॥
सब कर संसउ अरु अग्यानू। मंद महीपन्ह कर अभिमानू ॥ 2 ॥
भृगुपति केरि गरब गरुआई। सुर मुनिबरन्ह केरि कदराई ॥
सिय कर सोचु जनक पछितावा। रानिन्ह कर दारुन दुख दावा ॥ 3 ॥
संभुचाप बड़ बोहितु पाई। चढ़े जाइ सब संगु बनाई ॥
राम बाहुबल सिंधु अपारू। चहत पारु नहिं कोउ कड़हारू ॥ 4 ॥

हे दिग्गजो! हे कच्छप! हे शेष! हे वाराह! धीरज धरकर पृथ्वी को थामे रहो, जिससे यह हिलने न पावे। श्रीरामचंद्रजी शिवजी के धनुष को तोड़ना चाहते हैं। मेरी आज्ञा सुनकर सब सावधान हो जाओ ॥ 1 ॥

श्रीरामचंद्रजी जब धनुष के समीप आए, तब सब स्त्री-पुरुषों ने देवताओं और पुण्यों को मनाया। सबका संदेह और अज्ञान, नीच राजाओं का अभिमान, ॥ 2 ॥

परशुरामजी के गर्व की गुरुता, देवता और श्रेष्ठ मुनियों की कातरता (भय),

सीताजी का सोच, जनक का पश्चात्ताप और रानियों के दारुण दुःख का दावानल, ॥ 3 ॥

ये सब शिवजी के धनुषरूपी बड़े जहाज़ को पाकर, समाज बनाकर उस पर जा चढ़े। ये श्रीरामचंद्रजी की भुजाओं के बलरूपी अपार समुद्र के पार जाना चाहते हैं, परंतु कोई केवट नहीं है॥ 4 ॥

❖❖❖

दोहा

राम बिलोके लोग सब चित्र लिखे से देखि।
चितई सीय कृपायतन जानी बिकल बिसेषि॥ 260॥

श्रीरामजी ने सब लोगों की ओर देखा और उन्हें चित्र में लिखे हुए से देखकर फिर कृपाधाम श्रीरामजी ने सीताजी की ओर देखा और उन्हें विशेष व्याकुल जाना॥ 260॥

❖❖❖

चौपाई

देखी बिपुल बिकल बैदेही। निमिष बिहात कलपसम तेही॥
तृषित बारि बिनु जो तनु त्यागा। मुएँ करइ का सुधा तड़ागा॥ 1॥
का बरषा सब कृषी सुखानें। समय चुकें पुनि का पछितानें॥
अस जियँ जानि जानकी देखी। प्रभु पुलके लखि प्रीति बिसेषी॥ 2॥
गुरहि प्रनामु मनहिं मन कीन्हा। अति लाघवँ उठाइ धनु लीन्हा॥
दमकेउ दामिनि जिमि जब लयऊ। पुनि नभ धनु मंडल सम भयऊ॥ 3॥
लेत चढ़ावत खैंचत गाढ़ें। काहुँ न लखा देख सबु ठाढ़ें॥
तेहि छन राम मध्य धनु तोरा। भरे भुवन धुनि घोर कठोरा॥ 4॥

उन्होंने जानकीजी को बहुत ही विकल देखा। उनका एक-एक क्षण कल्प के समान बीत रहा था। यदि प्यासा आदमी पानी के बिना शरीर छोड़ दे, तो उसके मर जाने पर अमृत का तालाब भी क्या करेगा?॥ 1॥

सारी खेती के सूख जाने पर वर्षा किस काम की? समय बीत जाने पर फिर पछताने से क्या लाभ? जी में ऐसा समझकर श्रीरामजी ने जानकीजी की ओर देखा और उनका विशेष प्रेम लखकर वे पुलकित हो गए॥ 2॥

मन-ही-मन उन्होंने गुरु को प्रणाम किया और बड़ी फुरती से धनुष को उठा लिया। जब उसे [हाथ में] लिया, तब वह धनुष बिजली की तरह चमका और फिर आकाश में मंडल जैसा (मंडलाकार) हो गया॥ 3॥

लेते, चढ़ाते और जोर से खींचते हुए किसी ने नहीं लखा (अर्थात् ये तीनों काम इतनी फुरती से हुए कि धनुष को कब उठाया, कब चढ़ाया और कब खींचा, इसका किसी को पता नहीं लगा); सबने श्रीरामजी को [धनुष खींचे] खड़े देखा। उसी क्षण श्रीरामजी ने धनुष को बीच से तोड़ डाला। भयंकर कठोर ध्वनि से [सब] लोक भर गए॥ 4॥

❖❖❖

छंद

भरे भुवन घोर कठोर रव रबि बाजि तजि मारगु चले।
चिक्करहिं दिग्गज डोल महि अहि कोल कूरुम कलमले॥
सुर असुर मुनि कर कान दीन्हें सकल बिकल बिचारहीं।
कोदंड खंडेउ राम तुलसी जयति बचन उचारहीं॥

घोर, कठोर शब्द से [सब] लोक भर गए, सूर्य के घोड़े मार्ग छोड़कर चलने लगे। दिग्गज चिंघाड़ने लगे, धरती डोलने लगी, शेष, वाराह और कच्छप कलमला उठे। देवता, राक्षस और मुनि कानों पर हाथ रखकर सब व्याकुल होकर विचारने लगे। तुलसीदासजी कहते हैं; [जब सबको निश्चय हो गया कि] श्रीरामजी ने धनुष को तोड़ डाला, तब सब 'श्रीरामचंद्रजी की जय' बोलने लगे।

❖❖❖

सोरठा

संकर चापु जहाजु सागरु रघुबर बाहुबलु।
बूड़ सो सकल समाजु चढ़ा जो प्रथमहिं मोह बस॥ 261॥

शिवजी का धनुष जहाज है और श्रीरामचंद्रजी की भुजाओं का बल समुद्र है। [धनुष टूटने से] वह सारा समाज डूब गया, जो मोहवश पहले इस जहाज पर चढ़ा था [जिसका वर्णन ऊपर आया है]॥ 261॥

❖❖❖

चौपाई

प्रभु दोउ चापखंड महि डारे। देखि लोग सब भए सुखारे॥
कौसिकरूप पयोनिधि पावन। प्रेम बारि अवगाहु सुहावन॥ 1॥
रामरूप राकेसु निहारी। बढ़त बीचि पुलकावलि भारी॥
बाजे नभ गहगहे निसाना। देवबधू नाचहिं करि गाना॥ 2॥
ब्रह्मादिक सुर सिद्ध मुनीसा। प्रभुहि प्रसंसहिं देहिं असीसा॥
बरिसहिं सुमन रंग बहुमाला। गावहिं किंनर गीत रसाला॥ 3॥

रही भुवन भरि जय जय बानी। धनुषभंग धुनि जात न जानी॥
मुदित कहहिं जहँ तहँ नर नारी। भंजेउ राम संभुधनु भारी॥ 4॥

प्रभु ने धनुष के दोनों टुकड़े पृथ्वी पर डाल दिए। यह देखकर सब लोग सुखी हुए। विश्वामित्ररूपी पवित्र समुद्र में, जिसमें प्रेमरूपी सुंदर अथाह जल भरा है,॥ 1॥

रामरूपी पूर्णचंद्र को देखकर पुलकावलीरूपी भारी लहरें बढ़ने लगीं। आकाश में बड़े जोर से नगाड़े बजने लगे और देवांगनाएँ गान करके नाचने लगीं॥ 2॥

ब्रह्मा आदि देवता, सिद्ध और मुनीश्वर लोग प्रभु की प्रशंसा कर रहे हैं और आशीर्वाद दे रहे हैं। वे रंग-बिरंगे फूल और मालाएँ बरसा रहे हैं। किन्नरलोग रसीले गीत गा रहे हैं॥ 3॥

सारे ब्रह्मांड में जय-जयकार की ध्वनि छा गई, जिसमें धनुष टूटने की ध्वनि जान ही नहीं पड़ती। जहाँ-तहाँ स्त्री-पुरुष प्रसन्न होकर कह रहे हैं कि श्रीरामचंद्रजी ने शिवजी के भारी धनुष को तोड़ डाला॥ 4॥

❖❖❖

दोहा

बंदी मागध सूतगन बिरुद बदहिं मतिधीर।
करहिं निछावरि लोग सब हय गय धन मनि चीर॥ 262॥

धीर बुद्धिवाले, भाट, मागध और सूतलोग विरुदावली (कीर्ति) का बखान कर रहे हैं। सब लोग घोड़े, हाथी, धन, मणि और वस्त्र निछावर कर रहे हैं॥ 262॥

❖❖❖

चौपाई

झाँझि मृदंग संख सहनाई। भेरि ढोल दुंदुभी सुहाई॥
बाजहिं बहु बाजने सुहाए। जहँ तहँ जुबतिन्ह मंगल गाए॥ 1॥
सखिन्ह सहित हरषी अति रानी। सूखत धान परा जनु पानी॥
जनक लहेउ सुखु सोचु बिहाई। पैरत थकें थाह जनु पाई॥ 2॥
श्रीहत भए भूप धनु टूटे। जैसें दिवस दीप छबि छूटे॥
सीय सुखहि बरनिअ केहि भाँती। जनु चातकी पाइ जलु स्वाती॥ 3॥
रामहि लखनु बिलोकत कैसें। ससिहि चकोर किसोरकु जैसें॥
सतानंद तब आयसु दीन्हा। सीताँ गमनु राम पहिं कीन्हा॥ 4॥

झाँझ, मृदंग, शंख, शहनाई, भेरी, ढोल और सुहावने नगाड़े आदि बहुत प्रकार के सुंदर बाजे बज रहे हैं। जहाँ-तहाँ युवतियाँ मंगलगीत गा रही हैं॥ 1॥

सखियों सहित रानी अत्यंत हर्षित हुईं। मानो सूखते हुए धान पर पानी पड़ गया हो। जनकजी ने सोच त्यागकर सुख प्राप्त किया। मानो तैरते-तैरते थके हुए पुरुष ने थाह पा ली हो॥ 2॥

धनुष टूट जाने पर राजा लोग ऐसे श्रीहीन (निस्तेज) हो गए, जैसे दिन में दीपक की शोभा जाती रहती है। सीताजी का सुख किस प्रकार वर्णन किया जाए; जैसे चातकी स्वाती का जल पा गई हो॥ 3॥

श्रीरामजी को लक्ष्मणजी किस प्रकार देख रहे हैं, जैसे चंद्रमा को चकोर का बच्चा देख रहा हो। तब शतानंदजी ने आज्ञा दी और सीताजी ने श्रीरामजी के पास गमन किया॥ 4॥

❖❖❖

दोहा

संग सखीं सुंदर चतुर गावहिं मंगलचार।
गवनी बाल मराल गति सुषमा अंग अपार॥ 263॥

साथ में सुंदर सखियाँ मंगलाचार के गीत गा रही हैं; सीताजी बालहंसिनी की चाल से चलीं। उनके अंगों में अपार शोभा है॥ 263॥

❖❖❖

चौपाई

सखिन्ह मध्य सिय सोहति कैसें। छबिगन मध्य महाछबि जैसें॥
कर सरोज जयमाल सुहाई। बिस्व बिजय सोभा जेहिं छाई॥ 1॥
तन सकोचु मन परम उछाहू। गूढ़ प्रेमु लखि परइ न काहू॥
जाइ समीप राम छबि देखी। रहि जनु कुअँरि चित्र अवरेखी॥ 2॥
चतुर सखीं लखि कहा बुझाई। पहिरावहु जयमाल सुहाई॥
सुनत जुगल कर माल उठाई। प्रेम बिबस पहिराइ न जाई॥ 3॥
सोहत जनु जुग जलज सनाला। ससिहि सभीत देत जयमाला॥
गावहिं छबि अवलोकि सहेली। सियँ जयमाल राम उर मेली॥ 4॥

सखियों के बीच में सीताजी कैसी शोभित हो रही हैं; जैसे बहुत सी छबियों के बीच में महाछबि हो। करकमल में सुंदर जयमाला है, जिसमें विश्वविजय की शोभा छाई हुई है॥ 1॥

सीताजी के शरीर में संकोच है, पर मन में परम उत्साह है। उनका यह गुप्त प्रेम किसी को जान नहीं पड़ रहा है। समीप जाकर, श्रीरामजी की शोभा देखकर राजकुमारी सीताजी चित्र में लिखी सी रह गईं॥ 2॥

चतुर सखी ने यह दशा देखकर समझाकर कहा—सुहावनी जयमाला पहनाओ। यह सुनकर सीताजी ने दोनों हाथों से माला उठाई, पर प्रेम के विवश होने से पहनाई नहीं जाती॥ 3॥

[उस समय उनके हाथ ऐसे सुशोभित हो रहे हैं] मानो डंडियों सहित दो कमल चंद्रमा को डरते हुए जयमाला दे रहे हों। इस छबि को देखकर सखियाँ गाने लगीं। तब सीताजी ने श्रीरामजी के गले में जयमाला पहना दी॥ 4॥

❖❖❖

सोरठा

रघुबर उर जयमाल देखि देव बरिसहिं सुमन।
सकुचे सकल भुआल जनु बिलोकि रबि कुमुदगन॥ 264॥

श्रीरघुनाथजी के हृदय पर जयमाला देखकर देवता फूल बरसाने लगे। समस्त राजागण इस प्रकार सकुचा गए, मानो सूर्य को देखकर कुमुदों का समूह सिकुड़ गया हो॥ 264॥

❖❖❖

चौपाई

पुर अरु ब्योम बाजने बाजे। खल भए मलिन साधु सब राजे॥
सुर किंनर नर नाग मुनीसा। जय जय जय कहि देहिं असीसा॥ 1॥
नाचहिं गावहिं बिबुध बधूटीं। बार बार कुसुमांजलि छूटीं॥
जहँ तहँ बिप्र बेदधुनि करहीं। बंदी बिरिदावलि उच्चरहीं॥ 2॥
महि पाताल नाक जसु ब्यापा। राम बरी सिय भंजेउ चापा॥
करहिं आरती पुर नर नारी। देहिं निछावरि बित्त बिसारी॥ 3॥
सोहति सीय राम कै जोरी। छबि सिंगारु मनहुँ एक ठोरी॥
सखीं कहहिं प्रभुपद गहु सीता। करति न चरन परस अति भीता॥ 4॥

नगर और आकाश में बाजे बजने लगे। दुष्ट लोग उदास हो गए और सज्जन लोग सब प्रसन्न हो गए। देवता, किन्नर, मनुष्य, नाग और मुनीश्वर जय-जयकार करके आशीर्वाद दे रहे हैं॥ 1॥

देवताओं की स्त्रियाँ नाचती-गाती हैं। बार-बार हाथों से पुष्पों की अंजलियाँ छूट रही हैं। जहाँ-तहाँ ब्राह्मण वेदध्वनि कर रहे हैं और भाटलोग विरुदावली (कुलकीर्ति) बखान रहे हैं॥ 2॥

पृथ्वी, पाताल और स्वर्ग तीनों लोकों में यश फैल गया कि श्रीरामचंद्रजी ने धनुष तोड़ दिया और सीताजी को वरण कर लिया। नगर के नर-नारी आरती कर

रहे हैं और पूँजी (हैसियत) को भुलाकर (सामर्थ्य से बहुत अधिक) निछावर कर रहे हैं॥ 3॥

श्रीसीता-रामजी की जोड़ी ऐसी सुशोभित हो रही है, मानो सुंदरता और शृंगार रस एकत्र हो गए हों। सखियाँ कह रही हैं—सीते! स्वामी के चरण छुओ; किंतु सीताजी अत्यंत भयभीत हुईं उनके चरण नहीं छूतीं॥ 4॥

❖❖❖❖

दोहा

गौतम तिय गति सुरति करि नहिं परसति पग पानि।
मन बिहसे रघुबंसमनि प्रीति अलौकिक जानि॥ 265॥

गौतमजी की स्त्री अहल्या की गति का स्मरण करके सीताजी श्रीरामजी के चरणों को हाथों से स्पर्श नहीं कर रही हैं। सीताजी की अलौकिक प्रीति जानकर रघुकुलमणि श्रीरामचंद्रजी मन में हँसे॥ 265॥

(ग) श्रीराम-सीता-संवाद (अयोध्याकांड, दोहा–60-69)

किसी भी संबंध की परीक्षा कष्ट के समय होती है। कष्ट ही वह कसौटी है जिससे किसी रिश्ते की गहनता और दृढ़ता की पहचान होती है। वैवाहिक जीवन में पग-पग पर ऐसी स्थितियाँ आती हैं जो पति-पत्नी के परस्पर सद्‌भाव और समर्पण की परीक्षा लेती हैं। रामजी का वनवास की आज्ञा को शिरोधार्य करना और वन के लिए तुरंत प्रस्थान करना एक ऐसी ही कठिन परीक्षा की घड़ी थी।

इसमें सीताजी ने जिस धैर्य, प्रेम, बुद्धिमत्ता, सद्‌भावना, कर्तव्यपरायणता और अविचल निष्ठा से सारा सुख छोड़कर पति के साथ जाने का संकल्प लिया उसने उनके वैवाहिक जीवन को अत्यंत सुदृढ़ और अनुकरणीय बना दिया।

अयोध्याकांड का 60 से 76 दोहों के बीच का प्रसंग सुख-दुःख में पति-पत्नी को किस प्रकार एक-दूसरे का साथ देना चाहिए इसकी बहुत सुंदर शिक्षा देता है। सुख में जीवनसाथी को अधिक से अधिक सुख मिले और दुःख में उसका सारा कष्ट स्वयं सह लिया जाए, यही वैवाहिक जीवन का मूल मंत्र है। इसीलिए रामजी यह सोचकर कि सीताजी को वन में अनेक कष्ट सहने पड़ेंगे, उन्हें वन जाने से रोकते हैं और सीताजी यह सोचकर कि पति को कष्ट में अकेले नहीं छोड़ना चाहिए, उनके साथ जाने की जिद करती हैं।

श्रीरामजी की इस बात का कि तुम कोमलांगिनी हो, जंगल में जीवन व्यतीत

नहीं कर सकतीं, सीताजी प्रेमपूर्वक उलाहने के रूप में उत्तर देती हैं—

मैं सुकुमारि नाथ बन जोगू।
तुम्हहि उचित तप मो कहुँ भोगू॥

(अयो. कांड—66-8)

—मैं सुकुमारी हूँ और नाथ वन के योग्य हैं? आपको तो तपस्या उचित है और मुझको विषय भोग?

और श्रीराम को सीताजी को साथ चलने की अनुमति देनी पड़ती है। इस प्रसंग को पढ़ना, हृदयंगम करना हर पति-पत्नी के लिए प्रेरणादायी और एक-दूसरे के सुख-दुःख में सदा साथ निभाने का वचन स्मरण कराने वाला है।

❖❖❖

दोहा

कहि प्रिय बचन बिबेकमय कीन्हि मातु परितोष।
लगे प्रबोधन जानकिहि प्रगटि बिपिन गुन दोष॥ 60॥

विवेकमय प्रिय वचन कहकर माता को संतुष्ट किया। फिर वन के गुण-दोष प्रकट करके वे जानकीजी को समझाने लगे॥ 60॥

❖❖❖

चौपाई

मातु समीप कहत सकुचाहीं। बोले समउ समुझि मन माहीं॥
राजकुमारि सिखावनु सुनहू। आन भाँति जियँ जनि कछु गुनहू॥ 1॥
आपन मोर नीक जौं चहहू। बचनु हमार मानि गृह रहहू॥
आयसु मोर सासु सेवकाई। सब बिधि भामिनि भवन भलाई॥ 2॥
एहि ते अधिक धरमु नहिं दूजा। सादर सासु ससुर पद पूजा॥
जब जब मातु करिहि सुधि मोरी। होइहि प्रेम बिकल मति भोरी॥ 3॥
तब तब तुम्ह कहि कथा पुरानी। सुंदरि समुझाएहु मृदु बानी॥
कहउँ सुभायँ सपथ सत मोही। सुमुखि मातु हित राखउँ तोही॥ 4॥

माता के सामने सीताजी से कुछ कहने में सकुचाते हैं। पर मन में यह समझकर कि यह समय ऐसा ही है, वे बोले—हे राजकुमारी! मेरी सिखावन सुनो। मन में कुछ दूसरी तरह न समझ लेना॥ 1॥

जो अपना और मेरा भला चाहती हो, तो मेरा वचन मानकर घर रहो। हे

भामिनी! मेरी आज्ञा का पालन होगा, सास की सेवा बन पड़ेगी। घर रहने में सभी प्रकार से भलाई है॥ 2॥

आदरपूर्वक सास-ससुर के चरणों की पूजा (सेवा) करने से बढ़कर दूसरा कोई धर्म नहीं है। जब-जब माता मुझे याद करेंगी और प्रेम से व्याकुल होने के कारण उनकी बुद्धि भोली हो जाएगी (वे अपने-आपको भूल जाएँगी),॥ 3॥,

हे सुंदरी! तब-तब तुम कोमल वाणी से पुरानी कथाएँ कह-कहकर इन्हें समझाना। हे सुमुखि! मुझे सैकड़ो सौगंध हैं, मैं यह स्वभाव से ही कहता हूँ कि मैं तुम्हें केवल माता के लिए ही घर पर रखता हूँ॥ 4॥

❖❖❖

दोहा

गुर श्रुति संमत धरम फलु पाइअ बिनहिं कलेस।
हठ बस सब संकट सहे गालव नहुष नरेस॥ 61॥

[मेरी आज्ञा मानकर घर पर रहने से] गुरु और वेद के द्वारा सम्मत धर्म [के आचरण] का फल तुम्हें बिना ही क्लेश के मिल जाता है। किंतु हठ के वश होकर गालव मुनि और राजा नहुष आदि सबने संकट ही सहे॥ 61॥

❖❖❖

चौपाई

मैं पुनि करि प्रवान पितु बानी। बेगि फिरब सुनु सुमुखि सयानी॥
दिवस जात नहिं लागिहि बारा। सुंदरि सिखवनु सुनहु हमारा॥ 1॥
जौं हठ करहु प्रेम बस बामा। तौ तुम्ह दुखु पाउब परिनामा॥
काननु कठिन भयंकरु भारी। घोर घामु हिम बारि बयारी॥ 2॥
कुस कंटक मग काँकर नाना। चलब पयादेहिं बिनु पदत्राना॥
चरन कमल मृदु मंजु तुम्हारे। मारग अगम भूमिधर भारे॥ 3॥
कंदर खोह नदीं नद नारे। अगम अगाध न जाहिं निहारे॥
भालु बाघ बृक केहरि नागा। करहिं नाद सुनि धीरजु भागा॥ 4॥

हे सुमुखि! हे सयानी! सुनो, मैं भी पिता के वचन को सत्य करके शीघ्र ही लौटूँगा। दिन जाते देर नहीं लगेगी। हे सुंदरी! हमारी यह सीख सुनो!॥ 1॥

हे वामा! यदि प्रेमवश हठ करोगी, तो तुम परिणाम में दुःख पाओगी। वन बड़ा कठिन (क्लेशदायक) और भयानक है। वहाँ की धूप, जाड़ा, वर्षा और हवा

सभी बड़े भयानक हैं॥ 2॥

रास्ते में कुश, काँटे और बहुत से कंकड़ हैं। उन पर बिना जूते के पैदल ही चलना होगा। तुम्हारे चरण-कमल कोमल और सुंदर हैं और रास्ते में बड़े-बड़े दुगर्म पर्वत हैं॥ 3॥

पर्वतों की गुफाएँ, खोह (दर्रे), नदियाँ, नद और नाले ऐसे अगम्य और गहरे हैं कि उनकी ओर देखा तक नहीं जाता। रीछ, बाघ, भेड़िए, सिंह और हाथी ऐसे [भयानक] शग्द करते हैं कि उन्हें सुनकर धीरज भाग जाता है॥ 4॥

❖❖❖

दोहा

भूमि सयन बलकल बसन असनु कंद फल मूल।
ते कि सदा सब दिन मिलहिं सबुइ समय अनुकूल॥ 62॥

जमीन पर सोना, पेड़ों की छाल के वस्त्र पहनना और कंद, मूल, फल का भोजन करना होगा और वे भी क्या सदा सब दिन मिलेंगे? सब कुछ अपने-अपने समय के अनुकूल ही मिल सकेगा॥ 62॥

❖❖❖

चौपाई

नर अहार रजनीचर चरहीं। कपट बेष बिधि कोटिक करहीं।
लागइ अति पहार कर पानी। बिपिन बिपति नहिं जाइ बखानी॥ 1॥
ब्याल कराल बिहग बन घोरा। निसिचर निकर नारि नर चोरा॥
डरपहिं धीर गहन सुधि आएँ। मृगलोचनि तुम्ह भीरु सुभाएँ॥ 2॥
हंसगवनि तुम्ह नहिं बन जोगू। सुनि अपजसु मोहि देइहि लोगू॥
मानस सलिल सुधाँ प्रतिपाली। जिअइ कि लवन पयोधि मराली॥ 3॥
नव रसाल बन बिहरनसीला। सोह कि कोकिल बिपिन करीला॥
रहहु भवन अस हृदयँ बिचारी। चंदबदनि दुखु कानन भारी॥ 4॥

मनुष्यों को खानेवाले निशाचर (राक्षस) फिरते रहते हैं। वे करोड़ों प्रकार के कपट-रूप धारण कर लेते हैं। पहाड़ का पानी बहुत ही लगता है। वन की विपत्ति बखानी नहीं जा सकती॥ 1॥

वन में भीषण सर्प, भयानक पक्षी और स्त्री-पुरुषों को चुरानेवाले राक्षसों के झुंड-के-झुंड रहते हैं। वन की [भयंकरता] याद आने मात्र से धीर पुरुष भी डर जाते हैं। फिर हे मृगलोचनि! तुम तो स्वभाव से ही डरपोक हो!॥ 2॥

हे हंसगमनी! तुम वन के योग्य नहीं हो। तुम्हारे वन जाने की बात सुनकर लोग मुझे अपयश देंगे (बुरा कहेंगे)। मानसरोवर के अमृत के समान जल से पाली हुई हंसिनी कहीं खारे समुद्र में जी सकती है?॥ 3॥

नवीन आम के वन में विहार करनेवाली कोयल क्या करील के जंगल में शोभा पाती है? हे चंद्रमुखी! हृदय में ऐसा विचारकर तुम घर ही पर रहो। वन में बड़ा कष्ट है॥ 4॥

❖❖❖❖

दोहा

सहज सुहृद गुर स्वामि सिख जो न करइ सिर मानि।
सो पछिताइ अघाइ उर अवसि होइ हित हानि॥ 63॥

स्वाभाविक ही हित चाहनेवाले गुरु और स्वामी की सीख को जो सिर चढ़ाकर नहीं मानता, वह हृदय में भरपेट पछताता है और उसके हित की हानि अवश्य होती है॥ 63॥

❖❖❖❖

चौपाई

सुनि मृदु बचन मनोहर पिय के। लोचन ललित भरे जल सिय के॥
सीतल सिख दाहक भइ कैसें। चकइहि सरद चंद निसि जैसें॥ 1॥
उतरु न आव बिकल बैदेही। तजन चहत सुचि स्वामि सनेही॥
बरबस रोकि बिलोचन बारी। धरि धीरजु उर अवनिकुमारी॥ 2॥
लागि सासु पग कह कर जोरी। छमबि देबि बड़ि अबिनय मोरी॥
दीन्हि प्रानपति मोहि सिख सोई। जेहि बिधि मोर परम हित होई॥ 3॥
मैं पुनि समुझि दीखि मन माहीं। पिय बियोग सम दुखु जग नाहीं॥ 4॥

प्रियतम के कोमल तथा मनोहर वचन सुनकर सीताजी के सुंदर नेत्र जल से भर गए। श्रीरामजी की यह शीतल सीख उनको कैसी जलानेवाली हुई, जैसे चकवी को शरद् ऋतु की चाँदनी रात होती है॥ 1॥

जानकीजी से कुछ उत्तर देते नहीं बनता, वे यह सोचकर व्याकुल हो उठीं कि मेरे पवित्र और प्रेमी स्वामी मुझे छोड़ जाना चाहते हैं। नेत्रों के जल (आसुँओं) को जबरदस्ती रोककर वे पृथ्वी की कन्या सीताजी हृदय में धीरज धरकर,॥ 2॥

सास के पैर लगकर, हाथ जोड़कर कहने लगीं—हे देवि! मेरी इस बड़ी भारी ढिठाई को क्षमा कीजिए। मुझे प्राणपति ने वही शिक्षा दी है जिससे मेरा परम हित हो॥ 3॥

परंतु मैंने मन में समझकर देख लिया कि पति के वियोग के समान जगत् में कोई दु:ख नही है ॥ 4 ॥

दोहा

प्राननाथ करुनायतन सुंदर सुखद सुजान।
तुम्ह बिनु रघुकुल कुमुद बिधु सुरपुर नरक समान ॥ 64 ॥

हे प्राणनाथ! हे दया के धाम! हे सुंदर! हे सुखों के देनेवाले! हे सुजान! हे रघुकुलरूपी कुमुद के खिलानेवाले चंद्रमा! आपके बिना स्वर्ग भी मेरे लिए नरक के समान हैं ॥ 64 ॥

चौपाई

मातु पिता भगिनी प्रिय भाई। प्रिय परिवारु सुहृद समुदाई ॥
सासु ससुर गुर सजन सहाई। सुत सुंदर सुसील सुखदाई ॥ 1 ॥
जहँ लगि नाथ नेह अरु नाते। पिय बिनु तियहि तरनिहु ते ताते ॥
तनु धनु धामु धरनि पुर राजू। पति बिहीन सबु सोक समाजू ॥ 2 ॥
भोग रोगसम भूषन भारू। जम जातना सरिस संसारू ॥
प्राननाथ तुम्ह बिनु जग माहीं। मो कहुँ सुखद कतहुँ कछु नाहीं ॥ 3 ॥
जिय बिनु देह नदी बिनु बारी। तैसिअ नाथ पुरुष बिनु नारी ॥
नाथ सकल सुख साथ तुम्हारें। सरद बिमल बिधु बदनु निहारें ॥ 4 ॥

माता, पिता, बहन, प्यारा भाई, प्यारा परिवार, मित्रों का समुदाय, सास, ससुर, गुरु, स्वजन (बंधु-बांधव), सहायक और सुंदर, सुशील और सुख देनेवाला पुत्र— ॥ 1 ॥

हे नाथ! जहाँ तक स्नेह और नाते हैं, पति के बिना स्त्री को सभी सूर्य से भी बढ़कर तपाने वाले हैं। शरीर, धन, घर, पृथ्वी, नगर और राज्य, पति के बिना स्त्री के लिए यह सब शोक का समाज है ॥ 2 ॥

भोग रोग के समान हैं, गहने भाररूप हैं और संसार यम-यातना (नरक की पीड़ा) के समान है। हे प्राणनाथ! आपके बिना जगत् में मुझे कहीं कुछ भी सुखदायी नहीं है ॥ 3 ॥

जैसे बिना जीव के देह और बिना जल के नदी, वैसे ही हे नाथ! बिना पुरुष के स्त्री है। हे नाथ! आपके साथ रहकर आपका शरद्-[पूर्णिमा] के निर्मल चंद्रमा के समान मुख देखने से मुझे समस्त सुख प्राप्त होंगे ॥ 4 ॥

दोहा

खग मृग परिजन नगरु बनु बलकल बिमल दुकूल।
नाथ साथ सुरसदन सम परनसाल सुख मूल॥ 65॥

हे नाथ! आपके साथ पक्षी और पशु ही मेरे कुटुंबी होंगे, वन ही नगर और वृक्षों की छाल ही निर्मल वस्त्र होंगे और पर्णकुटी (पत्तों की बनी झोपड़ी) ही स्वर्ण के समान सुखों की मूल होगी॥ 65॥

ঞ❖❖❖ঞ

चौपाई

बनदेबीं बनदेव उदारा। करिहहिं सासु ससुर सम सारा॥
कुस किसलय साथरी सुहाई। प्रभु सँग मंजु मनोज तुराई॥ 1॥
कंद मूल फल अमिअ अहारू। अवध सौध सत सरिस पहारू॥
छिनु छिनु प्रभु पद कमल बिलोकी। रहिहउँ मुदित दिवस जिमि कोकी॥ 2॥
बन दुख नाथ कहे बहुतेरे। भय बिषाद परिताप घनेरे॥
प्रभु बियोग लवलेस समाना॥ सब मिलि होहिं न कृपानिधाना॥ 3॥
अस जियँ जानि सुजान सिरोमनि। लेइअ संग मोहि छाड़िअ जनि॥
बिनती बहुत करौं का स्वामी। करुनामय उर अंतरजामी॥ 4॥

उदार हृदय के वनदेवी और वनदेवता ही सास-ससुर के समान मेरी सार-सँभार करेंगे, और कुशा और पत्तों की सुंदर साथरी (बिछौना) ही प्रभु के साथ कामदेव की मनोहर तोशक के समान होगी॥ 1॥

कंद, मूल और फल ही अमृत के समान आहार होंगे और [वन के] पहाड़ ही अयोध्या के सैकड़ों राजमहलों के समान होंगे। क्षण-क्षण में प्रभु के चरणकमलों को देख-देखकर मैं ऐसी आनंदित रहूँगी जैसी दिन में चकवी रहती है॥ 2॥

हे नाथ! आपने वन के बहुत से दुःख और बहुत से भय, विषाद और संताप कहे। परंतु हे कृपानिधान! वे सब मिलकर भी प्रभु (आप) के वियोग [से होनेवाले दुःख] के लवलेश के समान भी नहीं हो सकते॥ 3॥

ऐसा जी में जानकर, हे सुजानशिरोमणि! आप मुझे साथ ले लीजिए, यहाँ न छोड़िए। हे स्वामी! मैं अधिक क्या विनती करूँ? आप करुणामय हैं और सबके हृदय के अंदर की जाननेवाले हैं॥ 4॥

दोहा

राखिअ अवध जो अवधि लगि रहत न जनिअहिं प्रान।
दीनबंधु सुंदर सुखद सील सनेह निधान॥ 66॥

हे दीनबंधु! हे सुंदर! हे सुख देनेवाले! हे शील और प्रेम के भंडार! यदि अवधि (चौदह वर्ष) तक मुझे अयोध्या में रखते हैं तो जान लीजिए कि मेरे प्राण नहीं रहेंगे॥ 66॥

चौपाई

मोहि मग चलत न होइहि हारी। छिनु छिनु चरन सरोज निहारी॥
सबहि भाँति पिय सेवा करिहौं। मारग जनित सकल श्रम हरिहौं॥ 1॥
पाय पखारि बैठि तरु छाहीं। करिहउँ बाउ मुदित मन माहीं॥
श्रम कन सहित स्याम तनु देखें। कहँ दुख समउ प्रानपति पेखें॥ 2॥
सम महि तृन तरुपल्लव डासी। पाय पलोटिहि सब निसि दासी॥
बार बार मृदु मूरति जोही। लागिहि तात बयारि न मोही॥ 3॥
को प्रभु सँग मोहि चितवनिहारा। सिंघबधुहि जिमि ससक सिआरा॥
मैं सुकुमारि नाथ बन जोगू। तुम्हहि उचित तब मो कहुँ भोगू॥ 4॥

क्षण-क्षण में आपके चरणकमलों को देखते रहने से मुझे मार्ग चलने में थकावट न होगी। हे प्रियतम! मैं सभी प्रकार से आपकी सेवा करूँगी और मार्ग में चलने से होने वाली सारी थकावट को दूर कर दूँगी॥ 1॥

आपके पैर धोकर, पेड़ों की छाया में बैठकर, मन में प्रसन्न होकर हवा करूँगी (पंखा झलूँगी)। पसीने की बूँदों सहित श्याम शरीर को देखकर—प्राणपति के दर्शन करते हुए दुःख के लिए मुझे अवकाश ही कहाँ रहेगा॥ 2॥

समतल भूमि पर घास और पेड़ों के पत्ते बिछाकर यह दासी रातभर आपके चरण दबावेगी। बार-बार आपकी कोमल मूर्ति को देखकर मुझको गरम हवा भी न लगेगी॥ 3॥

प्रभु के साथ [रहते] मेरी ओर [आँख उठाकर] देखनेवाला कौन है (अर्थात् कोई नहीं देख सकता)! जैसे सिंह की स्त्री (सिंहनी) को खरगोश और सियार नहीं देख सकते। मैं सुकुमारी हूँ और नाथ वन के योग्य हैं? आपको तो तपस्या उचित है और मुझको विषय-भोग?॥ 4॥

दोहा

ऐसेउ बचन कठोर सुनि जौं न हृदउ बिलगान।
तौ प्रभु बिषम बियोग दुख सहिहहिं पावँर प्रान॥ 67॥

ऐसे कठोर वचन सुनकर भी जब मेरा हृदय न फटा तो, हे प्रभु! [मालूम होता है] ये पामर प्राण आपके वियोग का भीषण दुःख सहेंगे॥ 67॥

❖❖❖❖

चौपाई

अस कहि सीय बिकल भइ भारी। बचन बियोगु न सकी सँभारी॥
देखि दसा रघुपति जियँ जाना। हठि राखें नहिं राखिहि प्राना॥ 1॥
कहेउ कृपाल भानुकुलनाथा। परिहरि सोचु चलहु बन साथा॥
नहिं बिषाद कर अवसरु आजू। बेगि करहु बन गवन समाजू॥ 2॥
कहि प्रिय बचन प्रिया समुझाई। लगे मातु पद आसिष पाई॥
बेगि प्रजा दुख मेटब आई। जननी निठुर बिसरि जनि जाई॥ 3॥
फिरिहि दसा बिधि बहुरि कि मोरी। देखिहउँ नयन मनोहर जोरी॥
सुदिन सुघरी तात कब होइहि। जननी जिअत बदन बिधु जोइहि॥ 4॥

ऐसा कहकर सीताजी बहुत ही व्याकुल हो गईं। वे वचन के वियोग को भी न सँभाल सकीं। (अर्थात् शरीर से वियोग की बात तो अलग रही, वचन से भी वियोग की बात सुनकर वे अत्यंत विकल हो गईं)। उनकी यह दशा देखकर श्रीरघुनाथजी ने अपने जी में जान लिया कि हठपूर्वक इन्हें यहाँ रखने से ये प्राणों को न रखेंगी॥ 1॥

तब कृपालु, सूर्यकुल के स्वामी श्रीरामचंद्रजी ने कहा कि सोच छोड़कर मेरे साथ वन को चलो। आज विषाद करने का अवसर नहीं है। तुरंत वन गमन की तैयारी करो॥ 2॥

श्रीरामचंद्रजी ने प्रिय वचन कहकर प्रियतमा सीताजी को समझाया। फिर माता के पैरों लगकर आशीर्वाद प्राप्त किया। [माता ने कहा—] बेटा! जल्दी लौटकर प्रजा के दुःख को मिटाना और यह निठुर माता तुम्हें भूल न जाए!॥ 3॥

हे विधाता! क्या मेरी दशा भी फिर पलटेगी? क्या अपने नेत्रों से मैं इस मनोहर जोड़ी को फिर देख पाऊँगी? हे पुत्र! वह सुंदर दिन और शुभ घड़ी कब होगी जब तुम्हारी जननी जीते जी तुम्हारा चाँद-सा मुखड़ा फिर देखेगी!॥ 4॥

दोहा

बहुरि बच्छ कहि लालु कहि रघुपति रघुबर तात।
कबहिं बोलाइ लगाइ हियँ हरषि निरखिहउँ गात॥ 68॥

हे तात! 'वत्स' कहकर, 'लाल' कहकर, 'रघुपति' कहकर, 'रघुवर' कहकर, मैं फिर कब तुम्हें बुलाकर हृदय लगाऊँगी और हर्षित होकर तुम्हारे अंगों को देखूँगी!॥ 68॥

❖❖❖

चौपाई

लखि सनेह कातरि महतारी। बचनु न आव बिकल भइ भारी॥
राम प्रबोधु कीन्ह बिधि नाना। समउ सनेहु न जाइ बखाना॥ 1॥
तब जानकी सासु पग लागी। सुनिअ माय मैं परम अभागी॥
सेवा समय दैअँ बनु दीन्हा। मोर मनोरथु सफल न कीन्हा॥ 2॥
तजब छोभु जनि छाड़िअ छोहू। करमु कठिन कछु दोसु न मोहू॥
सुनि सिय बचन सासु अकुलानी। दसा कवनि बिधि कहौं बखानी॥ 3॥
बारहिं बार लाइ उर लीन्ही। धरि धीरजु सिख आसिष दीन्ही॥
अचल होउ अहिवातु तुम्हारा। जब लगि गंग जमुन जल धारा॥ 4॥

यह देखकर कि माता स्नेह के मारे अधीर हो गई हैं और इतनी अधिक व्याकुल हैं कि मुँह से वचन नहीं निकलता, श्रीरामचंद्रजी ने अनेक प्रकार से उन्हें समझाया। वह समय और स्नेह वर्णन नहीं किया जा सकता॥ 1॥

तब जानकीजी सास के पाँव लगीं और बोलीं—हे माता! सुनिए, मैं बड़ी ही अभागिनी हूँ। आपकी सेवा करने के समय दैव ने मुझे वनवास दे दिया। मेरा मनोरथ सफल न किया॥ 2॥

आप क्षोभ का त्याग कर दें, परंतु कृपा न छोड़िएगा। कर्म की गति कठिन है, मुझे भी कुछ दोष नहीं है। सीताजी के वचन सुनकर सास व्याकुल हो गईं। उनकी दशा का मैं किस प्रकार बखानकर कहूँ!॥ 3॥

उन्होंनें सीताजी को बार-बार हृदय से लगाया और धीरज धरकर शिक्षा दी और आशीर्वाद दिया कि जब तक गंगाजी और यमुनाजी में जल की धारा बहे, तब तक तुम्हारा सुहाग अचल रहे॥ 4॥

दोहा

सीतहि सासु असीस सिख दीन्हि अनेक प्रकार।

चली नाइ पद पदुम सिरु अति हित बारहिं बार॥ 69॥

सीताजी को सास ने अनेकों प्रकार से आशीर्वाद और शिक्षाएँ दीं और वे (सीताजी) बड़े ही प्रेम से बार-बार चरणकमलों में सिर नवाकर चलीं॥ 69॥

(घ) अनसूयाजी द्वारा सीताजी को पतिव्रत धर्म की शिक्षा (अरण्यकांड, दोहा—4-6)

पति-पत्नी को कैसे प्रेम और निष्ठा के साथ परस्पर समर्पित होना चाहिए, इसकी शिक्षा अनसूयाजी सीताजी को देती हैं। यह शिक्षा हर पति-पत्नी के लिए अत्यंत लाभदायक और महत्त्वपूर्ण है। विवाह या विवाह की वर्षगाँठ मनाते समय इस प्रसंग का पाठ और इसमें निहित मूल्यों का स्मरण दांपत्य जीवन को और अधिक प्रेमपूर्ण और चिरस्थायी बनाता है।

❖❖❖

दोहा

बिनती करि मुनि नाइ सिरु कह कर जोरि बहोरि।

चरन सरोरुह नाथ जनि कबहुँ तजै मति मोरि॥ 4॥

मुनि ने [इस प्रकार] विनती करके और फिर सिर नवाकर, हाथ जोड़कर कहा—हे नाथ! मेरी बुद्धि आपके चरण कमलों को कभी न छोड़े॥ 4॥

❖❖❖

चौपाई

अनुसुइया के पद गहि सीता। मिली बहोरि सुसील बिनीता॥

रिषिपतिनी मन सुख अधिकाई। आसिष देइ निकट बैठाई॥ 1॥

दिब्य बसन भूषन पहिराए। जे नित नूतन अमल सुहाए॥

कह रिषिबधू सरस मृदु बानी। नारिधर्म कछु ब्याज बखानी॥ 2॥

मातु पिता भ्राता हितकारी। मितप्रद सब सुनु राजकुमारी॥

अमित दानि भर्ता बयदेही। अधम सो नारि जो सेव न तेही॥ 3॥

धीरज धर्म मित्र अरु नारी। आपद काल परिखिअहिं चारी॥

बृद्ध रोगबस जड़ धनहीना। अंध बधिर क्रोधी अति दीना॥ 4॥

ऐसेहु पति कर किएँ अपमाना। नारि पाव जमपुर दुख नाना॥

एकइ धर्म एक ब्रत नेमा। कायँ बचन मन पति पद प्रेमा॥ 5॥

जग पतिब्रता चारि बिधि अहहीं। बेद पुरान संत सब कहहीं॥
उत्तम के अस बस मन माहीं। सपनेहुँ आन पुरुष जग नाहीं॥ 6॥
मध्यम परपति देखइ कैसें। भ्राता पिता पुत्र निज जैसें॥
धर्म बिचारि समुझि कुल रहई। सो निकिष्ट त्रिय श्रुति अस कहई॥ 7॥
बिनु अवसर भय तें रह जोई। जानेहु अधम नारि जग सोई॥
पति बंचक परपति रति करई। रौरव नरक कल्प सत परई॥ 8॥
छन सुख लागि जनम सत कोटी। दुख न समुझ तेहि सम को खोटी॥
बिनु श्रम नारि परम गति लहई। पतिब्रत धर्म छाड़ि छल गहई॥ 9॥
पति प्रतिकूल जनम जहँ जाई। बिधवा होइ पाइ तरुनाई॥ 10॥

फिर परम शीलवती और विनम्र श्री सीताजी [अत्रिजी की पत्नी] अनसूयाजी के चरण पकड़कर उनसे मिलीं। ऋषिपत्नी के मन में बड़ा सुख हुआ। उन्होंने आशिष देकर सीताजी को पास बैठा लिया॥ 1॥

और उन्हें ऐसे दिव्य वस्त्र और आभूषण पहनाए, जो नित्य-नए निर्मल और सुहावने बने रहते हैं। फिर ऋषिपत्नी उनके बहाने मधुर और कोमल वाणी से स्त्रियों के कुछ धर्म बखनकर कहने लगीं॥ 2॥

हे राजकुमारी! सुनिए, माता, पिता, भाई सभी हित करनेवाले हैं, परंतु ये सब एक सीमा तक ही [सुख] देनेवाले हैं। परंतु हे जानकी! पति तो [मोक्षरूप] असीम [सुख] देनेवाला है। वह स्त्री अधम है, जो ऐसे पति की सेवा नहीं करती॥ 3॥

धैर्य, धर्म, मित्र और स्त्री—इन चारों की विपत्ति के समय ही परीक्षा होती है। वृद्ध, रोगी, मूर्ख, निर्धन, अंधा, बहरा, क्रोधी और अत्यंत ही दीन॥ 4॥

ऐसे भी पति का अपमान करने से स्त्री यमपुर में भाँति-भाँति के दुःख पाती है। शरीर, वचन और मन से पति के चरणों में प्रेम करना स्त्री के लिए, बस, यह एक ही धर्म है, एक ही व्रत है और एक ही नियम है॥ 5॥

जगत् में चार प्रकार की पतिव्रताएँ हैं। वेद, पुराण और संत सब ऐसो कहते हैं कि उत्तम श्रेणी की पतिव्रता के मन में ऐसा भाव बसा रहता है कि जगत् में [मेरे पति को छोड़कर] दूसरा पुरुष स्वप्न में भी नहीं है॥ 6॥

मध्यम श्रेणी की पतिव्रता पराए पति को कैसे देखती है, जैसे वह अपना सगा भाई, पिता या पुत्र हो (अर्थात् समान अवस्थावाले को वह भाई के रूप में देखती है, बड़े को पिता के रूप में और छोटे को पुत्र के रूप में देखती है।) जो धर्म को विचारकर और अपने कुल की मर्यादा समझकर बची रहती है, वह निकृष्ट (निम्न

श्रेणी की) स्त्री है, ऐसा वेद कहते हैं॥ 7॥

और जो स्त्री मौका न मिलने से या भयवश पतिव्रता बनी रहती है, जगत् में उसे अधम स्त्री जानना। पति को धोखा देनेवाली जो स्त्री पराए पति से रति करती है, वह तो सौ कल्पतक रौरव नरक में पड़ी रहती है॥ 8॥

क्षण भर के सुख के लिए जो सौ करोड़ (असंख्य) जन्मों के दुःख को नहीं समझती, उसके समान दुष्टा कौन होगी। जो स्त्री छल छोड़कर पातिव्रत धर्म को ग्रहण करती है, वह बिना ही परिश्रम परम गति को प्राप्त करती है॥ 9॥

किंतु जो पति के प्रतिकूल चलती है, वह जहाँ भी जाकर जन्म लेती है, वहीं जवानी पाकर (भरी जवानी में) विधवा हो जाती है॥ 10॥

❖❖❖

सोरठा

सहज अपावनि नारि पति सेवत सुभ गति लहइ।
जसु गावत श्रुति चारि अजहुँ तुलसिका हरिहि प्रिय॥ 5 (क)॥
सुनु सीता तव नाम सुमिरि नारि पतिब्रत करहिं।
तोहि प्रानप्रिय राम कहिउँ कथा संसार हित॥ 5 (ख)॥

स्त्री जन्म से ही अपवित्र है, किंतु पति की सेवा करके वह अनायास ही शुभ गति प्राप्त कर लेती है। [पातिव्रत धर्म के कारण ही] आज भी 'तुलसीजी' भगवान् को प्रिय हैं और चारों वेद उनका यश गाते हैं॥ 5(क)॥

हे सीता! सुनो, तुम्हारा तो नाम ही ले-लेकर स्त्रियाँ पातिव्रत धर्म का पालन करेंगी। तुम्हें तो श्रीरामजी प्राणों के समान प्रिय हैं, यह (पातिव्रत धर्म की) कथा तो मैंने संसार के हित के लिए कही है॥ 5(ख)॥

❖❖❖

चौपाई

सुनि जानकीं परम सुखु पावा। सादर तासु चरन सिरु नावा॥
तब मुनि सन कह कृपानिधाना। आयसु होइ जाउँ बन आना॥ 1॥
संतत मो पर कृपा करेहू। सेवक जानि तजेहु जनि नेहू॥
धर्म धुरंधर प्रभु कै बानी। सुनि सप्रेम बोले मुनि ग्यानी॥ 2॥
जासु कृपा अज सिव सनकादी। चहत सकल परमारथ बादी॥
ते तुम्ह राम अकाम पिआरे। दीन बंधु मृदु बचन उचारे॥ 3॥
अब जानी मैं श्री चतुराई। भजी तुम्हहि सब देव बिहाई॥
जेहि समान अतिसय नहिं कोई। ता कर सील कस न अस होई॥ 4॥

केहि बिधि कहौं जाहु अब स्वामी। कहहु नाथ तुम्ह अंतरजामी॥
अस कहि प्रभु बिलोकि मुनि धीरा। लोचन जल बह पुलक सरीरा॥ 5॥

जानकीजी ने सुनकर परम सुख पाया और आदरपूर्वक उनके चरणों में सिर नवाया। तब कृपा की खान श्रीरामजी ने मुनि से कहा—आज्ञा हो तो अब दूसरे वन में जाऊँ॥ 1॥

मुझ पर निरंतर कृपा करते रहिएगा और अपना सेवक जानकर स्नेह न छोड़िएगा। धर्मधुरंधर प्रभु श्रीरामजी के वचन सुनकर ज्ञानी मुनि प्रेमपूर्वक बोले॥ 2॥

ब्रह्मा, शिव और सनकादि सभी परमार्थवादी (तत्त्ववेत्ता) जिनकी कृपा चाहते हैं, हे राजाजी! आप वही निष्काम पुरुषों के भी प्रिय और दीनों के बंधु भगवान् हैं, जो इस प्रकार कोमल वचन बोल रहे हैं॥ 3॥

अब मैंने लक्ष्मीजी की चतुराई समझी, जिन्होंने सब देवताओं को छोड़कर आप ही को भजा। जिसके समान [सब बातों में] अत्यंत बड़ा और कोई नहीं है, उसका शील भला, ऐसा क्यों न होगा?॥ 4॥

मैं किस प्रकार कहूँ कि हे स्वामी! आप अब जाइए? हे नाथ! आप अंतर्यामी हैं, आप ही कहिए। ऐसा कहकर धीर मुनि प्रभु को देखने लगे। मुनि के नेत्रों से [प्रेमाश्रुओं का] जल वह रहा है और शरीर पुलकित है॥ 5॥

❖❖❖

छंद

तन पुलक निर्भर प्रेम पूरन नयन मुख पंकज दिए।
मन ग्यान गुन गोतीत प्रभु मैं दीख जप तप का किए॥
जप जोग धर्म समूह तें नर भगति अनुपम पावई।
रघुबीर चरित पुनीत निसि दिन दास तुलसी गावई॥

मुनि अत्यंत प्रेम से पूर्ण हैं; उनका शरीर पुलकित है और नेत्रों को श्रीरामजी के मुखकमल में लगाए हुए हैं। [मन में विचार रहे हैं कि] मैंने ऐसे कौन से जप-तप किए थे, जिसके कारण मन, ज्ञान, गुण और इंद्रियों से परे प्रभु के दर्शन पाए। जप, योग और धर्म-समूह से मनुष्य अनुपम भक्ति को पाता है। श्रीरघुवीर के पवित्र चरित्र को तुलसीदास रात-दिन गाता है।

दोहा

कलिमल समन दमन मन राम सुजस सुखमूल।
सादर सुनहिं जे तिन्ह पर राम रहहिं अनुकूल ॥ 6 (क) ॥

श्रीरामचंद्रजी का सुंदर यश कलियुग के पापों का नाश करनेवाला, मन को दमन करनेवाला और सुख का मूल है। जो लोग इसे आदरपूर्वक सुनते हैं, उनपर श्रीरामजी प्रसन्न रहते हैं ॥ 6(क) ॥

ଓ❖❖❖ର

सोरठा

कठिन काल मल कोस धर्म न ग्यान न जोग जप।
परिहरि सकल भरोस रामहि भजहिं ते चतुर नर ॥ 6 (ख) ॥

यह कठिन कलिकाल पापों का खजाना है; इसमें न धर्म है, न ज्ञान है और न योग तथा जप ही है। इसमें तो जो लोग सब भरोसों को छोड़कर श्रीरामजी को ही भजते हैं, वे ही चतुर हैं ॥ 6(ख) ॥

(ङ) श्रीराम-सीताजी का पारिवारिक जीवन (उत्तरकांड, दोहा—23-26)

विवाह अनेक मधुर पारिवारिक संबंधों की रचना करता है। जिस परिवार में वधू जाती है, वहाँ उसे पति के अतिरिक्त सास, ससुर, देवर, ननद, जेठ आदि अनेक संबंध मिलते हैं। इन सबमें परस्पर प्रेम और ऐक्य भाव हो तो पारिवारिक जीवन सुख और आनंद का धाम बन जाता है।

श्रीराम के राज्याभिषेक के बाद पूरा परिवार इसी तरह का जीवन जीता है। सीताजी सदा श्रीरामजी के अनुकूल रहती हैं। रामजी सदा सबका ध्यान रखते हैं। सब भाई रामजी की सेवा करते हैं और रामजी भी भाइयों से गहरा प्रेम करते हैं। इस प्रसंग को गाकर हम भगवान् से प्रार्थना करते हैं कि हम भी इसी प्रकार अपने परिवार में सुखपूर्वक जीवन व्यतीत करें।

ଓ❖❖❖ର

दोहा

बिधु महि पूर मयूखन्हि रबि तप जेतनेहि काज।
मागें बारिद देहिं जल रामचंद्र कें राज ॥ 23 ॥

श्रीरामचंद्रजी के राज्य में चंद्रमा अपनी [अमृतमयी] किरणों से पृथ्वी को

पूर्ण कर देते हैं। सूर्य उतना ही तपते हैं जितने की आवश्यकता होती हे और मेघ माँगने से [जब जहाँ जितना चाहिए उतना ही] जल देते हैं॥ 23॥

ও❖❖❖৩

चौपाई

कोटिन्ह बाजिमेध प्रभु कीन्हे। दान अनेक द्विजन्ह कहँ दीन्हे॥
श्रुति पथ पालक धर्म धुरंधर। गुनातीत अरु भोग पुरंदर॥ 1॥
पति अनुकूल सदा रह सीता। सोभा खानि सुसील बिनीता॥
जानति कृपासिंधु प्रभुताई। सेवति चरन कमल मन लाई॥ 2॥
जद्यपि गृहँ सेवक सेवकिनी। बिपुल सदा सेवा बिधि गुनी॥
निज कर गृह परिचरजा करई। रामचंद्र आयसु अनुसरई॥ 3॥
जेहि बिधि कृपासिंधु सुख मानइ। सोइ कर श्री सेवा बिधि जानइ॥
कौसल्यादि सासु गृह माहीं। सेवइ सबन्हि मान मद नाहीं॥ 4॥
उमा रमा ब्रह्मादि बंदिता। जगदंबा संततमनिंदिता॥ 5॥

प्रभु श्रीरामजी ने करोड़ों अश्वमेध यज्ञ किए और ब्राह्मणों को अनेकों दान दिए। श्रीरामचंद्रजी वेदमार्ग के पालनेवाले, धर्म की धुरी को धारण करनेवाले, [प्रकृतिजन्य सत्त्व, रज और तम] तीनों गुणों से अतीत और भोगों (ऐश्वर्य) में इंद्र के समान हैं॥ 1॥

शोभा की खान, सुशील और विनम्र सीताजी सदा पति के अनुकूल रहती हैं। वे कृपासागर श्रीरामजी की प्रभुता (महिमा) को जानती हैं और मन लगाकर उनके चरण कमलों की सेवा करती हैं॥ 2॥

यद्यपि घर में बहुत से (अपार) दास और दासियाँ हैं और वे सभी सेवा की विधि में कुशल हैं, तथापि [स्वामी की सेवा का महत्त्व जाननेवाली] श्रीसीताजी घर की सब सेवा अपने ही हाथों से करती हैं और श्रीरामचंद्रजी की आज्ञा का अनुसरण करती हैं॥ 3॥

कृपासागर श्रीरामचंद्रजी जिस प्रकार से सुख मानते हैं, श्रीजी वही करती हैं; क्योंकि वे सेवा की विधि को जाननेवाली हैं। घर में कौसल्या आदि सभी सासुओं की सीताजी सेवा करती हैं, उन्हें किसी बात का अभिमान और मद नहीं है॥ 4॥

[शिवजी कहते हैं—] हे उमा! जगज्जननी रमा (सीताजी) ब्रह्मा आदि देवताओं से वंदित और सदा आनिंदित (सर्वगुणसंपन्न) हैं॥ 5॥

दोहा

जासु कृपा कटाच्छु सुर चाहत चितव न सोइ।
राम पदारबिंद रति करति सुभावहि खोइ॥ 24॥

देवता जिनका कृपाकटाक्ष चाहते हैं, परंतु वे उनकी ओर देखतीं भी नहीं, वे ही लक्ष्मीजी (जानकीजी) अपने [महामहिम] स्वाभाव को छोड़कर श्रीरामचंद्रजी के चरणारविंद में प्रीति करती है।

❖❖❖

चौपाई

सेवहिं सानकूल सब भाई। राम चरन रति अति अधिकाई॥
प्रभु मुख कमल बिलोकत रहहीं। कबहुँ कृपाल हमहि कछु कहहीं॥ 1॥
राम करहिं भ्रातन्ह पर प्रीती। नाना भाँति सिखावहिं नीती॥
हरषित रहहिं नगर के लोगा। करहिं सकल सुर दुर्लभ भोगा॥ 2॥
अहनिसि बिधिहि मनावत रहहीं। श्रीरघुबीर चरन रति चहहीं॥
दुइ सुत सुंदर सीताँ जाए। लव कुस बेद पुरानन्ह गाए॥ 3॥
दोउ बिजई बिनई गुन मंदिर। हरि प्रतिबिंब मनहुँ अति सुंदर॥
दुइ दुइ सुत सब भ्रातन्ह केरे। भए रूप गुन सील घनेरे॥ 4॥

सब भाई अनुकूल रहकर उनकी सेवा करते हैं। श्रीरामजी के चरणों में उनकी अत्यंत अधिक प्रीति है। वे सदा प्रभु का मुखारविंद ही देखते रहते हैं कि कृपालु श्रीरामजी कभी हमें कुछ सेवा करने को कहें॥ 1॥

श्रीरामचंद्रजी भाइयों पर प्रेम करते हैं और उन्हें नाना प्रकार की नीतियाँ सिखलाते हैं। नगर के लोग हर्षित रहते हैं और सब प्रकार के देवदुर्लभ (देवताओं को भी कठिनता से प्राप्त होने योग्य) भोग भोगते हैं॥ 2॥

वे दिन-रात ब्रह्माजी को मनाते रहते हैं और [उनसे] श्रीरघुवीर के चरणों में प्रीति चाहते हैं। सीताजी के लव और कुश—ये दो पुत्र उत्पन्न हुए, जिनका वेद-पुराणों ने वर्णन किया है॥ 3॥

वे दोनों ही विजयी (विख्यात योद्धा), नम्र और गुणों के धाम हैं और अत्यंत सुंदर हैं, मानों श्रीहरि के प्रतिबिंब ही हों। दो-दो पुत्र सभी भाइयों के हुए, जो बड़े ही सुंदर, गुणवान् और सुशील थे॥ 4॥

दोहा

ग्यान गिरा गोतीत अज माया मन गुन पार।
सोइ सच्चिदानंद घन कर नर चरित उदार॥ 25॥

जो [बौद्धिक] ज्ञान, वाणी और इंद्रियों से परे और अजन्मा हैं तथा माया, मन और गुणों के परे हैं, वही सच्चिदानंदघन भगवान् श्रेष्ठ नर-लीला करते हैं॥ 25॥

ଓଃ❖❖❖ଃ୦

चौपाई

प्रातकाल सरऊ करि मज्जन। बैठहिं सभाँ संग द्विज सज्जन॥
बेद पुरान बसिष्ट बखानहिं। सुनहिं राम जद्यपि सब जानहिं॥ 1॥
अनुजन्ह संजुत भोजन करहीं। देखि सकल जननीं सुख भरहीं॥
भरत सत्रुहन दोनउ भाई। सहित पवनसुत उपबन जाई॥ 2॥
बूझहिं बैठि राम गुन गाहा। कह हनुमान सुमति अवगाहा॥
सुनत बिमल गन अति सुख पावहिं। बहुरि बहुरि करि बिनय कहावहिं॥ 3॥
सब कें गृह गृह होहिं पुराना। रामचरित पावन बिधि नाना॥
नर अरु नारि राम गुन गानहिं। करहिं दिवस निसि जात न जानहिं॥ 4॥

प्रात:काल सरयूजी में स्नान करके ब्राह्मणों और सज्जनों के साथ सभा में बैठते हैं। वसिष्ठजी वेद और पुराणों की कथाएँ वर्णन करते हैं और रामजी सुनते हैं, यद्यपि वे सब जानते हैं॥ 1॥

वे भाइयों को साथ लेकर भोजन करते हैं। उन्हें देखकर सभी माताएँ आनंद से भर जाती हैं। भरतजी और शत्रुघ्नजी दोनों भाई हनुमान्‌जी सहित उपवनों में जाकर॥ 2॥

वहाँ बैठकर श्रीरामजी के गुणों की कथाएँ पूछते हैं और हनुमान्‌जी अपनी सुंदर बुद्धि से उन गुणों में गोता लगाकर उनका वर्णन करते हैं। श्रीरामचंद्रजी के निर्मल गुणों को सुनकर दोनों भाई अत्यंत सुख पाते हैं और विनय करके बार-बार कहलवाते हैं॥ 3॥

सबके यहाँ घर-घर में पुराणों और अनेक प्रकार के पवित्र रामचरित्रों की कथा होती है। पुरुष और स्त्री सभी श्रीरामचंद्रजी का गुणगान करते हैं और इस आनंद में दिन-रात का बीतना भी नहीं जान पाते॥ 4॥

दोहा

अवधपुरी बासिन्ह कर सुख संपदा समाज।
सहस सेष नहिं कहि सकहिं जहँ नृप राम बिराज॥ 26॥

जहाँ भगवान् श्रीरामचंद्रजी स्वयं राजा होकर विराजमान हैं, उस अवधपुरी के निवासियों के सुख-सम्पत्ति के समुदाय का वर्णन हजारों शेषजी भी नहीं कर सकते॥ 26॥

□

4

गृह-प्रवेश

मनुष्य-जीवन में जैसे विवाह का महत्त्व है, उसी प्रकार गृह-प्रवेश का भी है। विवाह के बाद उसे जीवन साथी मिलता है और गृह-प्रवेश के समय रहने के लिए एक नया घर। अपने नए घर में प्रवेश करना हर व्यक्ति का सपना होता है। घर में प्रवेश करते समय यही कामना होती है कि वह समस्त परिवार के लिए अत्यंत शुभ और मंगलदायक हो। गृह प्रवेश के अवसर पर पूजा-प्रार्थना का आयोजन करके भगवान् से आशीर्वाद प्राप्त किया जाता है। इस अवसर पर रामचरितमानस के निम्न प्रसंग पठनीय हैं—

(क) श्रीराम-वाल्मीकि-संवाद, चित्रकूट में पर्णकुटी बनाकर श्री सीता-राम और लक्ष्मणजी का निवास (अयोध्याकांड, दोहा–124-133)

वन में निवास करने के लिए श्रीराम को किसी उपयुक्त स्थान की तलाश थी। वे महर्षि वाल्मीकि के आश्रम जाते हैं और उनसे उस स्थान के विषय में पूछते हैं जहाँ वे कुटी बनाकर कुछ समय के लिए निवास कर सकें। महर्षि वाल्मीकि उन्हें चित्रकूट पर्वत पर निवास करने का परामर्श देते हैं क्योंकि वहाँ सुहावना पर्वत है, सुंदर वन है, पशु-पक्षियों का विहार-स्थल है, पवित्र नदी है और अत्रि आदि अनेक श्रेष्ठ मुनियों का निवास है।

देवताओं ने कोल भीलों के वेष में आकर चित्रकूट पर्वत पर पत्तों और घास के सुंदर घर बना दिए। वहीं श्रीरामजी सीताजी और लक्ष्मणजी के साथ सुखपूर्वक निवास करने लगे। इस प्रसंग का सहारा लेकर महर्षि वाल्मीकि सभी भक्तों को बताना

चाहते हैं कि भगवान् का निवास वहीं होता है जहाँ जीवन नैतिक मूल्यों से पूर्ण हो, मन पवित्र और आचरण शुभ हो। गृह प्रवेश के समय इस प्रसंग का पाठ करने और इसमें निहित संदेश का पालन करने से घर सुख-शांति सदन बन सकता है।

❧❖❖❖☙

दोहा

सुचि सुंदर आश्रमु निरखि हरषे राजिवनेन।
सुनि रघुबर आगमनु मुनि आगें आयउ लेन॥ 124॥

पवित्र और सुंदर आश्रम को देखकर कमलनयन श्रीरामचंद्रजी हर्षित हुए। रघुश्रेष्ठ श्रीरामजी का आगमन सुनकर मुनि वाल्मीकिजी उन्हें लेने के लिए आगे आए॥ 124॥

❧❖❖❖☙

चौपाई

मुनि कहुँ राम दंडवत कीन्हा। आसिरबादु बिप्रबर दीन्हा॥
देखि राम छबि नयन जुड़ाने। करि सनमानु आश्रमहिं आने॥ 1॥
मुनिबर अतिथि प्रानप्रिय पाए। कंद मूल फल मधुर मगाए॥
सिय सौमित्रि राम फल खाए। तब मुनि आश्रम दिए सुहाए॥ 2॥
बालमीकि मन आनँदु भारी। मंगल मूरति नयन निहारी॥
तब कर कमल जोरि रघुराई। बोले बचन श्रवन सुखदाई॥ 3॥
तुम्ह त्रिकाल दरसी मुनिनाथा। बिस्व बदर जिमि तुम्हरें हाथा॥
अस कहि प्रभु सब कथा बखानी। जेहि जेहि भाँति दीन्ह बनु रानी॥ 4॥

श्रीरामचंद्रजी ने मुनि को दंडवत् किया। विप्रश्रेष्ठ मुनि ने उन्हें आशीर्वाद दिया। श्रीरामचंद्रजी की छवि देखकर मुनि के नेत्र शीतल हो गए। सम्मानपूर्वक मुनि उन्हें आश्रम में ले आए॥ 1॥

श्रेष्ठ मुनि वाल्मीकिजी ने प्राणप्रिय अतिथियों को पाकर उनके लिए मधुर कंद, मूल और फल मँगवाए। श्रीसीताजी, लक्ष्मणजी और रामचंद्रजी ने फलों को खाया। तब मुनि ने उनको [विश्राम करने के लिए] सुंदर स्थान बतला दिए॥ 2॥

[मुनि श्रीरामजी के पास बैठे हैं और उनकी] मंगल-मूर्ति को नेत्रों से देखकर वाल्मीकिजी के मन में बड़ा भारी आनंद हो रहा है। तब श्रीरघुनाथजी कमलसदृश हाथों को जोड़कर, कानों को सुख देनेवाले मधुर वचन बोले— ॥ 3॥

हे मुनिनाथ! आप त्रिकालदर्शी हैं। संपूर्ण विश्व आपके लिए हथेली पर रखे हुए बेर के समान है। प्रभु श्रीरामचंद्रजी ने ऐसा कहकर फिर जिस-जिस प्रकार से

रानी कैकेयी ने वनवास दिया, वह सब कथा विस्तार से सुनाई॥ 4॥

❖❖❖

दोहा

तात बचन पुनि मातु हित भाइ भरत अस राउ।
मो कहुँ दरस तुम्हार प्रभु सबु मम पुन्य प्रभाउ॥ 125॥

[और कहा—] हे प्रभो! पिता की आज्ञा [का पालन], माता का हित और भरत-जैसे [स्नेही एवं धर्मात्मा] भाई का राजा होना और फिर मुझे आपके दर्शन होना, यह सब मेरे पुण्यों का प्रभाव है॥ 125॥

❖❖❖

चौपाई

देखि पाय मुनिराय तुम्हारे। भए सुकृत सब सुफल हमारे॥
अब जहँ राउर आयसु होई। मुनि उदबेगु न पावै कोई॥ 1॥
मुनि तापस जिन्ह तें दुखु लहहीं। ते नरेस बिनु पावक दहहीं॥
मंगल मूल बिप्र परितोषू। दहइ कोटि कुल भूसुर रोषू॥ 2॥
अस जियँ जानि कहिअ सोइ ठाऊँ। सिय सौमित्रि सहित जहँ जाऊँ॥
तहँ रचि रुचिर परन तृन साला। बासु करौं कछु काल कृपाला॥ 3॥
सहज सरल सुनि रघुबर बानी। साधु साधु बोले मुनि ग्यानी॥
कस न कहहु अस रघुकुलकेतू। तुम्ह पालक संतत श्रुति सेतू॥ 4॥

हे मुनिराज! आपके चरणों का दर्शन करने से आज हमारे सब पुण्य सफल हो गए (हमें सारे पुण्यों का फल मिल गया)। अब जहाँ आपकी आज्ञा हो और जहाँ कोई भी मुनि उद्वेग को प्राप्त न हो— ॥ 1॥

क्योंकि जिनसे मुनि और तपस्वी दुःख पाते हैं, वे राजा बिना अग्नि के ही (अपने दुष्ट कर्मों से ही) जलकर भस्म हो जाते हैं। ब्राह्मणों का संतोष सब मंगलों की जड़ है और भूदेव ब्राह्मणों का क्रोध करोड़ों कुलों को भस्म कर देता है॥ 2॥

ऐसा हृदय में समझकर—वह स्थान बतलाइए जहाँ मैं लक्ष्मण और सीतासहित जाऊँ। और वहाँ सुंदर पत्तों और घास की कुटी बनाकर, हे दयालु! कुछ समय निवास करूँ॥ 3॥

श्रीरामजी की सहज ही सरल वाणी सुनकर ज्ञानी मुनि वाल्मीकि बोले— धन्य! धन्य! हे रघुकुल के ध्वजास्वरूप! आप ऐसा क्यों न कहेंगे? आप सदैव वेद की मर्यादा का पालन (रक्षण) करते हैं॥ 4॥

छंद

श्रुति सेतु पालक राम तुम्ह जगदीस माया जानकी।
जो सृजति जगु पालति हरति रुख पाइ कृपानिधान की॥
जो सहससीसु अहीसु महिधरु लखनु सचराचर धनी।
सुर काज धरि नरराज तनु चले दलन खल निसिचर अनी॥

हे राम! आप वेद की मर्यादा के रक्षक जगदीश्वर हैं और जानकीजी [आपकी स्वरूपभूता] माया हैं, जो कृपा के भंडार आपकी रुख पाकर जगत् का सृजन, पालन और संहार करती हैं। जो हजार मस्तकवाले सर्पों के स्वामी और पृथ्वी को अपने सिर पर धारण करने वाले हैं, वही चराचर के स्वामी शेषजी लक्ष्मण हैं। देवताओं के कार्य के लिए आप राजा का शरीर धारण करके दुष्ट राक्षसों की सेना का नाश करने के लिए चले हैं।

❖❖❖

सोरठा

राम सरूप तुम्हार बचन अगोचर बुद्धिपर।
अबिगत अकथ अपार नेति नेति नित निगम कह॥ 126॥

हे राम! आपका स्वरूप वाणी के अगोचर, बुद्धि से परे, अव्यक्त, अकथनीय और अपार है। वेद निरंतर उसका 'नेति-नेति' कहकर वर्णन करते हैं॥ 126॥

❖❖❖

चौपाई

जगु पेखन तुम्ह देखनिहारे। बिधि हरि संभु नचावनिहारे॥
तेउ न जानहिं मरमु तुम्हारा। औरु तुम्हहि को जाननिहारा॥ 1॥
सोइ जानइ जेहि देहु जनाई। जानत तुम्हहि तुम्हइ होइ जाई॥
तुम्हरिहि कृपाँ तुम्हहि रघुनंदन। जानहिं भगत भगत उर चंदन॥ 2॥
चिदानंदमय देह तुम्हारी। बिगत बिकार जान अधिकारी॥
नर तनु धरेहु संत सुर काजा। कहहु करहु जस प्राकृत राजा॥ 3॥
राम देखि सुनि चरित तुम्हारे। जड़ मोहहिं बुध होहिं सुखारे॥
तुम्ह जो कहहु करहु सबु साँचा। जस काछिअ तस चाहिअ नाचा॥ 4॥

हे राम! जगत् दृश्य है, आप उसके देखनेवाले हैं। आप ब्रह्मा, विष्णु और शंकर को भी नचानेवाले हैं। जब वे भी आपके मर्म को नहीं जानते, तब और कौन आपको जाननेवाला है?॥ 1॥

वही आपको जानता है जिसे आप जना देते हैं और जानते ही वह आपका

ही स्वरूप बन जाता है। हे रघुनंदन! हे भक्तों के हृदय के शीतल करनेवाले चंदन! आपकी ही कृपा से भक्त आपको जान पाते हैं॥ 2॥

आपकी देह चिदानंदमय है (यह प्रकृतिजन्य पंच महाभूतों की बनी हुई कर्मबंधनयुक्त, त्रिदेह विशिष्ट मायिक नहीं है) और [उत्पत्ति-नाश, वृद्धि-क्षय आदि] सब विकारों से रहित है; इस रहस्य को अधिकारी पुरुष ही जानते हैं। आपने देवता और संतों के कार्य के लिए [दिव्य] नर-शरीर धारण किया है और प्राकृत (प्रकृति के तत्त्वों से निर्मित देहवाले, साधारण) राजाओं की तरह से कहते और करते हैं॥ 3॥

हे राम! आपके चरित्रों को देख और सुनकर मूर्ख लोग तो मोह को प्राप्त होते हैं और ज्ञानीजन सुखी होते हैं। आप जो कुछ कहते, करते हैं, वह सब सत्य (उचित) ही है; क्योंकि जैसा स्वाँग भरे वैसा ही नाचना भी तो चाहिए (इस समय आप मनुष्यरूप में हैं, अत: मनुष्योचित व्यवहार करना ठीक ही है)॥ 4॥

❖❖❖

दोहा

पूँछेहु मोहि कि रहौं कहँ मैं पूँछत सकुचाउँ।
जहँ न होहु तहँ देहु कहि तुम्हहि देखावौं ठाउँ॥ 127॥

आप ने मुझ से पूछा कि मैं कहाँ रहूँ? परंतु मैं यह पूछते सकुचाता हूँ कि जहाँ आप न हों, वह स्थान बता दीजिए। तब मैं आपके रहने के लिए स्थान दिखाऊँ॥ 127॥

❖❖❖

चौपाई

सुनि मुनि बचन प्रेम रस साने। सकुचि राम मन महुँ मुसुकाने॥
बालमीकि हँसि कहहिं बहोरी। बानी मधुर अमिअ रस बोरी॥ 1॥
सुनहु राम अब कहउँ निकेता। जहाँ बसहु सिय लखन समेता॥
जिन्ह के श्रवन समुद्र समाना। कथा तुम्हारि सुभग सरि नाना॥ 2॥
भरहिं निरंतर होहिं न पूरे। तिन्ह के हिय तुम्ह कहुँ गृह रूरे॥
लोचन चातक जिन्ह करि राखे। रहहिं दरस जलधर अभिलाषे॥ 3॥
निदरहिं सरित सिंधु सर भारी। रूप बिंदु जल होहिं सुखारी॥
तिन्ह कें हृदय सदन सुखदायक। बसहु बंधु सिय सह रघुनायक॥ 4॥

मुनि के प्रेम रस से सने हुए वचन सुनकर श्रीरामचंद्रजी [रहस्य खुल जाने के डर से] सकुचाकर मन में मुसकराए। वाल्मीकिजी हँसकर फिर अमृत-रस में

डुबाई हुई मीठी वाणी बोले— ॥ 1 ॥

हे रामजी! सुनिए, अब मैं वे स्थान बताता हूँ जहाँ आप सीताजी और लक्ष्मणजी समेत निवास करिए। जिनके कान समुद्र की भाँति आपकी सुंदर कथारूपी अनेकों सुंदर नदियों से— ॥ 2 ॥

निरंतर भरते रहते हैं, परंतु कभी पूरे (तृप्त) नहीं होते, उनके हृदय आपके लिए सुंदर घर हैं और जिन्होंने अपने नेत्रों को चातक बना रखा है, जो आपके दर्शनरूपी मेघ के लिए सदा लालायित रहत हैं; ॥ 3 ॥

तथा जो भारी-भारी नदियों, समुद्रों और झीलों का निरादर करते हैं और आपके सौंदर्य [रूपी मेघ] के एक बूँद जल से सुखी हो जाते हैं (अर्थात् आपके दिव्य सच्चिदानंदमय स्वरूप के किसी एक अंग की जरा-सी भी झाँकी के सामने स्थूल, सूक्ष्म और कारण तीनों जगत् के, अर्थात् पृथ्वी, स्वर्ग और ब्रह्मलोक तक के सौंदर्य का तिरस्कार करते हैं), हे रघुनाथजी! उन लोगों के हृदयरूपी सुखदायी भवनों में आप भाई लक्ष्मणजी और सीताजी सहित निवास कीजिए॥ 4 ॥

ॐ❖❖❖ॐ

दोहा

जसु तुम्हार मानस बिमल हंसिनि जीहा जासु।
मुकताहल गुन गन चुनइ राम बसहु हियँ तासु॥ 128 ॥

आपके यशरूपी निर्मल मानसरोवर में जिसकी जीभ हंसिनी बनी हुई आपके गुणसमूहरूपी मोतियों को चुगती रहती है, हे रामजी! आप उसके हृदय में बसिए॥ 128 ॥

ॐ❖❖❖ॐ

चौपाई

प्रभु प्रसाद सुचि सुभग सुबासा। सादर जासु लहइ नित नासा॥
तुम्हहि निबेदित भोजन करहीं। प्रभु प्रसाद पट भूषन धरहीं॥ 1 ॥
सीस नवहिं सुर गुरु द्विज देखी। प्रीति सहित करि बिनय बिसेषी॥
कर नित करहिं राम पद पूजा। राम भरोस हृदयँ नहिं दूजा॥ 2 ॥
चरन राम तीरथ चलि जाहीं। राम बसहु तिन्ह के मन माहीं॥
मंत्रराजु नित जपहिं तुम्हारा। पूजहिं तुम्हहि सहित परिवारा॥ 3 ॥
तरपन होम करहिं बिधि नाना। बिप्र जेवाँइ देहिं बहु दाना॥
तुम्ह तें अधिक गुरहि जियँ जानी। सकल भायँ सेवहिं सनमानी॥ 4 ॥

जिसकी नासिका प्रभु (आप) के पवित्र और सुगंधित [पुष्पादि] सुंदर प्रसाद

को नित्य आदर के साथ ग्रहण करती (सूँघती) है, और जो आपको अर्पण करके भोजन करते हैं और आपके प्रसाद रूप ही वस्त्राभूषण धारण करते हैं;॥ 1॥

जिनके मस्तक देवता, गुरु और ब्राह्मणों को देखकर बड़ी नम्रता के साथ प्रेमसहित झुक जाते हैं; जिनके हाथ नित्य श्रीरामचंद्रजी (आप) के चरणों की पूजा करते हैं, और जिनके हृदय में श्रीरामचंद्रजी (आप) का ही भरोसा है, दूसरा नहीं;॥ 2॥

तथा जिनके चरण श्रीरामचंद्रजी (आप) के तीर्थों में चलकर जाते हैं; हे रामजी! आप उनके मन में निवास कीजिए। जो नित्य आपके [राम नाम रूप] मंत्रराज को जपते हैं और परिवार (परिकर) सहित आपकी पूजा करते हैं॥ 3॥

जो अनेकों प्रकार से तर्पण और हवन करते हैं, तथा ब्राह्मणों को भोजन कराकर बहुत दान देते हैं; तथा जो गुरु को हृदय में आपसे भी अधिक (बड़ा) जानकर सर्वभाव से सम्मान करके उनकी सेवा करते हैं;॥ 4॥

❖❖❖

दोहा

सबु करि मागहिं एक फलु राम चरन रति होउ।
तिन्ह कें मन मंदिर बसहु सिय रघुनंदन दोउ॥ 129॥

और ये सब कर्म करके सबका एकमात्र यही फल माँगते हैं कि श्रीरामचंद्रजी के चरणों में हमारी प्रीति हो; उन लोगों के मनरूपी मंदिरों में सीताजी और रघुकुल को आनंदित करनेवाले आप दोनों बसिए॥ 129॥

❖❖❖

चौपाई

काम कोह मद मान न मोहा। लोभ न छोभ न राग न द्रोहा॥
जिन्ह कें कपट दंभ नहिं माया। तिन्ह कें हृदय बसहु रघुराया॥ 1॥
सब के प्रिय सब के हितकारी। दुख सुख सरिस प्रसंसा गारी॥
कहहिं सत्य प्रिय बचन बिचारी। जागत सोवत सरन तुम्हारी॥ 2॥
तुम्हहि छाड़ि गति दूसरि नाहीं। राम बसहु तिन्ह के मन माहीं।।
जननी सम जानहिं परनारी। धनु पराव बिष तें बिष भारी॥ 3॥
जे हरषहिं पर संपति देखी। दुखित होहिं पर बिपति बिसेषी॥
जिन्हहि राम तुम्ह प्रानपिआरे। तिन्ह के मन सुभ सदन तुम्हारे॥ 4॥

जिनके न तो काम, क्रोध, मद, अभियान और मोह है; न लोभ है, न क्षोभ है; न राग है, न द्वेष है; और न कपट, दंभ और माया ही है—हे रघुराज! आप

उनके हृदय में निवास कीजिए॥ 1॥

जो सबके प्रिय और सबका हित करनेवाले हैं; जिन्हें दु:ख और सुख तथा प्रशंसा (बड़ाई) और गाली (निंदा) समान हैं, जो विचारकर सत्य और प्रिय वचन बोलते हैं तथा जो जागते-सोते आपकी ही शरण हैं,॥ 2॥

और आपको छोड़कर जिनके दूसरी कोई गति (आश्रय) नहीं है, हे रामजी! आप उनके मन में बसिए। जो पराई स्त्री को जन्म देनेवाली माता के समान जानते हैं और पराया धन जिन्हें विष से भी भारी विष है;॥ 3॥

जो दूसरे की संपत्ति देखकर हर्षित होते हैं और दूसरे की विपत्ति देखकर विशेष रूप से दुखी होते हैं, और हे रामजी! जिन्हें आप प्राणों के समान प्यारे हैं, उनके मन आपके रहने योग्य शुभ भवन हैं॥ 4॥

❖❖❖

दोहा

स्वामि सखा पितु मातु गुर जिन्ह के सब तुम्ह तात।
मन मंदिर तिन्ह कें बसहु सीय सहित दोउ भ्रात॥ 130॥

हे तात! जिनके स्वामी, सखा, पिता, माता और गुरु सब कुछ आप ही हैं, उनके मनरूपी मंदिर में सीतासहित आप दोनों भाई निवास कीजिए॥ 130॥

❖❖❖

चौपाई

अवगुन तजि सब के गुन गहहीं। बिप्र धेनु हित संकट सहहीं॥
नीति निपुन जिन्ह कइ जग लीका। घर तुम्हार तिन्ह कर मनु नीका॥ 1॥
गुन तुम्हार समुझइ निज दोसा। जेहि सब भाँति तुम्हार भरोसा॥
राम भगत प्रिय लागहिं जेही। तेहि उर बसहु सहित बैदेही॥ 2॥
जाति पाँति धनु धरमु बड़ाई। प्रिय परिवार सदन सुखदाई॥
सब तजि तुम्हहि रहइ उर लाई। तेहि के हृदयँ रहहु रघुराई॥ 3॥
सरगु नरकु अपबरगु समाना। जहँ तहँ देख धरें धनु बाना॥
करम बचन मन राउर चेरा। राम करहु तेहि कें उर डेरा॥ 4॥

जो अवगुणों को छोड़कर सबके गुणों को ग्रहण करते हैं, ब्राह्मण और गौ के लिए संकट सहते हैं, नीति-निपुणता में जिनकी जगत् में मर्यादा है, उनका सुंदर मन आपका घर है॥ 1॥

जो गुणों को आपका और दोषों को अपना समझता है, जिसे सब प्रकार से आपका ही भरोसा है, और रामभक्त जिसे प्यारे लगते हैं, उसके हृदय में आप

सीतासहित निवास कीजिए॥ 2॥

जाति, पाँति, धन, धर्म, बड़ाई, प्यारा परिवार और सुख देनेवाला घर—सबको छोड़कर जो केवल आपको ही हृदय में धारण किए रहता है, हे रघुनाथजी! आप उसके हृदय में रहिए॥ 3॥

स्वर्ग, नरक और मोक्ष जिसकी दृष्टि में समान हैं, क्योंकि वह जहाँ-तहाँ (सब जगह) केवल धनुष-बाण धारण किए आपको ही देखता है; और जो कर्म से, वचन से और मन से आपका दास है, हे रामजी! आप उसके हृदय में डेरा कीजिए॥ 4॥

❖❖❖

दोहा

जाहि न चाहिअ कबहुँ कछु तुम्ह सन सहज सनेहु।
बसहु निरंतर तासु मन सो राउर निज गेहु॥ 131॥

जिसको कभी कुछ भी नहीं चाहिए और जिसका आप से स्वाभाविक प्रेम है, आप उसके मन में निरंतर निवास कीजिए; वह आपका अपना घर है॥ 131॥

❖❖❖

चौपाई

एहि बिधि मुनिबर भवन देखाए। बचन सप्रेम राम मन भाए॥
कह मुनि सुनहु भानुकुलनायक। आश्रम कहउँ समय सुखदायक॥ 1॥
चित्रकूट गिरि करहु निवासू। तहँ तुम्हार सब भाँति सुपासू॥
सैलु सुहावन कानन चारू। करि केहरि मृग बिहग बिहारू॥ 2॥
नदी पुनीत पुरान बखानी। अत्रिप्रिया निज तपबल आनी॥
सुरसरि धार नाउँ मंदाकिनि। जो सब पातक पोतक डाकिनि॥ 3॥
अत्रि आदि मुनिबर बहु बसहीं। करहिं जोग जप तप तन कसहीं॥
चलहु सफल श्रम सब कर करहू। राम देहु गौरव गिरिबरहू॥ 4॥

इस प्रकार मुनि श्रेष्ठ वाल्मीकिजी ने श्रीरामचंद्रजी को घर दिखाए। उनके प्रेमपूर्ण वचन श्रीरामजी के मन को अच्छे लगे। फिर मुनि ने कहा—हे सूर्यकुल के स्वामी! सुनिए, अब मैं इस समय के लिए सुखदायक आश्रम कहता हूँ (निवासस्थान बतलाता हूँ)॥ 1॥

आप चित्रकूट पर्वत पर निवास कीजिए, वहाँ आपके लिए सब प्रकार की सुविधा है। सुहावना पर्वत है और सुंदर वन है। वह हाथी, सिंह, हिरन और पक्षियों का विहारस्थल है॥ 2॥

वहाँ पवित्र नदी है, जिसकी पुराणों ने प्रशंसा की है, और जिसको अत्रि ऋषि की पत्नी अनसूयाजी अपने तपोबल से लाई थीं। वह गंगाजी की धारा है, उसका मंदाकिनी नाम है। वह सब पापरूपी बालकों को खा डालने के लिए डाकिनी (डाइन) रूप है॥ 3॥

अत्रि आदि बहुत से श्रेष्ठ मुनि वहाँ निवास करते हैं, जो योग, जप और तप करते हुए शरीर को कसते हैं। हे रामजी! चलिए, सबके परिश्रम को सफल कीजिए और पर्वत श्रेष्ठ चित्रकूट को भी गौरव दीजिए॥ 4॥

❖❖❖

दोहा

चित्रकूट महिमा अमित कही महामुनि गाइ।
आइ नहाए सरित बर सिय समेत दोउ भाइ॥ 132॥

महामुनि वाल्मीकिजी ने चित्रकूट की अपरिमित महिमा बखानकर कही। तब सीतासहित दोनों भाइयों ने आकर श्रेष्ठ नदी मंदाकिनी में स्नान किया॥ 132॥

❖❖❖

चौपाई

रघुबर कहेउ लखन भल घाटू। करहु कतहुँ अब ठाहर ठाटू॥
लखन दीख पय उतर करारा। चहुँ दिसि फिरेउ धनुष जिमि नारा॥ 1॥
नदी पनच सर सम दम दाना। सकल कलुष कलि साउज नाना॥
चित्रकूट जनु अचल अहेरी। चुकइ न घात मार मुठभेरी॥ 2॥
अस कहि लखन ठाउँ देखरावा। थलु बिलोकि रघुबर सुखु पावा॥
रमेउ राम मनु देवन्ह जाना। चले सहित सुर थपति प्रधाना॥ 3॥
कोल किरात बेष सब आए। रचे परन तृन सदन सुहाए॥
बरनि न जाहिं मंजु दुइ साला। एक ललित लघु एक बिसाला॥ 4॥

श्रीरामचंद्रजी ने कहा—लक्ष्मण! बड़ा अच्छा घाट है। अब यहीं कहीं ठहरने की व्यवस्था करो। तब लक्ष्मणजी ने पयस्विनी नदी के उत्तर के ऊँचे किनारे को देखा [और कहा कि—] इसके चारों ओर धनुष के जैसा एक नाला फिरा हुआ है॥ 1॥

नदी (मंदाकिनी) उस धनुष की प्रत्यंचा (डोरी) है और शम, दम, दान बाण हैं। कलियुग के समस्त पाप उसके अनेकों हिंसक पशु [रूप निशाने] हैं। चित्रकूट ही मानो अचल शिकारी है, जिसका निशाना कभी चूकता नहीं और जो सामने से मारता है॥ 2॥

ऐसा कहकर लक्ष्मणजी ने स्थान दिखलाया। स्थान को देखकर श्रीरामचंद्रजी

ने सुख पाया। जब देवताओं ने जाना कि श्रीरामचंद्रजीका मन यहाँ रम गया तब वे देवताओं के प्रधान थवई (मकान बनानेवाले) विश्वकर्मा को साथ लेकर चले॥ 3॥

सब देवता कोल-भीलों के वेष में आए और उन्होंने [दिव्य] पत्तों और घासों के सुंदर घर बना दिए। दो ऐसी सुंदर कुटियाँ बनाईं जिनका वर्णन नहीं हो सकता। उनमें एक बड़ी सुंदर छोटी-सी थी और दूसरी बड़ी थी॥ 4॥

ଓ❖❖❖ଡ

दोहा

लखन जानकी सहित प्रभु राजत रुचिर निकेत।
सोह मदनु मुनि बेष जनु रति रितुराज समेत॥ 133॥

लक्ष्मणजी और जानकीजी सहित प्रभु श्रीरामचंद्रजी सुंदर घास-पत्तों के घर में शोभायमान हैं। मानो कामदेव मुनिका वेष धारण करके पत्नी रति और वसंतऋतु के साथ सुशोभित हो॥ 133॥

(ख) पंचवटी में गोदावरीजी के समीप पर्णकुटी छाकर श्रीसीता-राम और लक्ष्मणजी का निवास (अरण्यकांड, दोहा–13-16)

चित्रकूट में श्रीराम लंबे समय तक निवास करते हैं परंतु यह सोचकर कि वहाँ उन्हें सब लोग जान गए हैं वे पंचवटी चले जाते हैं और गोदावरी नदी के समीप पर्णकुटी बनाकर सीता और लक्ष्मणजी के साथ आनंदपूर्वक रहते हैं। लक्ष्मणजी वहाँ उनसे अनेक दार्शनिक प्रश्न पूछते हैं और श्रीराम उन्हें माया, जीव, ज्ञान, भक्ति आदि का विस्तृत ज्ञान देते हैं। उनके द्वारा दिए गए भक्तियोग का ज्ञान पाकर लक्ष्मणजी अत्यंत प्रसन्न होते हैं।

इस प्रसंग का पाठ करने से सकारात्मक ऊर्जा और आध्यात्मिक दृष्टि प्राप्त होती है।

ଓ❖❖❖ଡ

दोहा

गीधराज सैं भेंट भइ बहु बिधि प्रीति बढ़ाइ।
गोदावरी निकट प्रभु रहे परन गृह छाइ॥ 13॥

वहाँ गृध्रराज जटायु से भेंट हुई। उसके साथ बहुत प्रकार से प्रेम बढ़ाकर प्रभु श्रीरामचंद्रजी गोदावरीजी के समीप पर्णकुटी छाकर रहने लगे॥ 13॥

☙❖❖❖❧

चौपाई

जब ते राम कीन्ह तहँ बासा। सुखी भए मुनि बीती त्रासा॥
गिरि बन नदीं ताल छबि छाए। दिन दिन प्रति अति होहिं सुहाए॥ 1॥
खग मृग बृंद अनंदित रहहीं। मधुप मधुर गुंजत छबि लहहीं॥
सो बन बरनि न सक अहिराजा। जहाँ प्रगट रघुबीर बिराजा॥ 2॥
एक बार प्रभु सुख आसीना। लछिमन बचन कहे छलहीना॥
सुर नर मुनि सचराचर साईं। मैं पूछउँ निज प्रभु की नाईं॥ 3॥
मोहि समुझाइ कहहु सोइ देवा। सब तजि करौं चरन रज सेवा॥
कहहु ग्यान बिराग अरु माया। कहहु सो भगति करहु जेहिं दाया॥ 4॥

जबसे श्रीरामजी ने वहाँ निवास किया तब से मुनि सुखी हो गए, उनका डर जाता रहा। पर्वत, वन, नदी और तालाब शोभा से छा गए। वे दिनोंदिन अधिक सुहावने [मालूम] होने लगे॥ 1॥

पक्षी और पशुओं के समूह आनंदित रहते हैं और भौंरे मधुर गुंजार करते हुए शोभा पा रहे हैं। जहाँ प्रत्यक्ष श्रीरामजी विराजमान हैं, उस वन का वर्णन सर्पराज शेषजी भी नहीं कर सकते॥ 2॥

एक बार प्रभु श्रीरामजी सुख से बैठे हुए थे। उस समय लक्ष्मणजी ने उनसे छलरहित (सरल) वचन कहे—हे देवता, मनुष्य, मुनि और चराचर के स्वामी! मैं अपने प्रभु की तरह (अपना स्वामी समझकर) आपसे पूछता हूँ॥ 3॥

हे देव! मुझे समझाकर वही कहिए, जिससे सब छोड़कर मैं आपकी चरणरज की ही सेवा करूँ। ज्ञान, वैराग्य और माया का वर्णन कीजिए; और उस भक्ति को कहिए जिसके कारण आप दया करते हैं॥ 4॥

☙❖❖❖❧

दोहा

ईस्वर जीव भेद प्रभु सकल कहौ समुझाइ।
जातें होइ चरन रति सोक मोह भ्रम जाइ॥ 14॥

हे प्रभो! ईश्वर और जीव का भेद भी सब समझाकर कहिए, जिससे आप के चरणों में मेरी प्रीति हो और शोक, मोह तथा भ्रम नष्ट हो जाएँ॥ 14॥

☙❖❖❖❧

चौपाई

थोरेहि महँ सब कहउँ बुझाई। सुनहु तात मति मन चित लाई॥
मैं अरु मोर तोर तैं माया। जेहिं बस कीन्हे जीव निकाया॥ 1॥

गो गोचर जहँ लगि मन जाई। सो सब माया जानेहु भाई॥
तेहि कर भेद सुनहु तुम्ह सोऊ। बिद्या अपर अबिद्या दोऊ॥ 2॥
एक दुष्ट अतिसय दुखरूपा। जा बस जीव परा भवकूपा॥
एक रचइ जग गुन बस जाकें। प्रभु प्रेरित नहिं निज बल ताकें॥ 3॥
ग्यान मान जहँ एकउ नाहीं। देख ब्रह्म समान सब माहीं॥
कहिअ तात सो परम बिरागी। तृन सम सिद्धि तीनि गुन त्यागी॥ 4॥

[श्रीरामजी ने कहा—] हे तात! मैं थोड़े ही में सब समझाकर कहे देता हूँ। तुम मन, चित्त और बुद्धि लगाकर सुनो। मैं और मेरा, तू और तेरा—यही माया है, जिसने समस्त जीवों को वश में कर रखा है॥ 1॥

इंद्रियों के विषयों को और जहाँ तक मन जाता है, हे भाई! उस सबको माया जानना। उसके भी—एक विद्या और दूसरी अविद्या, इन दोनों भेदों को तुम सुनो—॥ 2॥

एक (अविद्या) दुष्ट (दोषयुक्त) है और अत्यंत दु:खरूप है जिसके वश होकर जीव संसाररूपी कुएँ में पड़ा हुआ है और एक (विद्या) जिसके वश में गुण है जो जगत् की रचना करती है, वह प्रभु से ही प्रेरित होती है, उसके अपना बल कुछ भी नहीं है॥ 3॥

ज्ञान वह है जहाँ (जिसमें) मान आदि एक भी [दोष] नहीं है और जो सब में समानरूप से ब्रह्म को देखता है। हे तात! उसी को परम वैराग्यवान् कहना चाहिए जो सारी सिद्धियों को और तीनों गुणों को तिनके के समान त्याग चुका हो॥ 4॥

[जिसमें मान, दंभ, हिंसा, क्षमाराहित्य, टेढ़ापन, आचार्य सेवा का अभाव, अपवित्रता, अस्थिरता, मन का निगृहीत न होना, इंद्रियों के विषय में आसक्ति, अहंकार, जन्म-मृत्यु-जरा-व्याधिमय जगत् में सुखबुद्धि, स्त्री-पुत्र-घर आदि में आसक्ति तथा ममता, इष्ट और अनिष्ट की प्राप्ति में हर्ष-शोक, भक्ति का अभाव, एकांत में मन न लगना, विषयी मनुष्यों के संग में प्रेम—ये अठारह न हों और नित्य अध्यात्म (आत्मा) में स्थिति तथा तत्वज्ञान के अर्थ (तत्त्वज्ञान के द्वारा जानने योग्य) परमात्मा का नित्य दर्शन हो, वही ज्ञान कहलाता है। देखिए गीता अध्याय 13। 7 से 11]

❖❖❖

दोहा

माया ईस न आपु कहुँ जान कहिअ सो जीव।
बंध मोच्छ प्रद सर्बपर माया प्रेरक सीव॥ 15॥

जो माया को, ईश्वर को और अपने स्वरूप का नहीं जानता, उसे जीव

कहना चाहिए। जो [कर्मानुसार] बंधन और मोक्ष देनेवाला, सबसे परे और माया का प्रेरक है वह ईश्वर है॥ 15॥

ও❖❖❖৯

चौपाई

धर्म तें बिरति जोग तें ग्याना। ग्यान मोच्छप्रद बेद बखाना॥
जातें बेगि द्रवउँ मैं भाई। सो मम भगति भगत सुखदाई॥ 1॥
सो सुतंत्र अवलंब न आना। तेहि अधीन ग्यान बिग्याना॥
भगति तात अनुपम सुखमूला। मिलइ जो संत होइँ अनुकूला॥ 2॥
भगति कि साधन कहउँ बखानी। सुगम पंथ मोहि पावहिं प्रानी॥
प्रथमहिं बिप्र चरन अति प्रीती। निज निज कर्म निरत श्रुति रीती॥ 3॥
एहि कर फल पुनि बिषय बिरागा। तब मम धर्म उपज अनुरागा॥
श्रवनादिक नव भक्ति दृढ़ाहीं। मम लीला रति अति मन माहीं॥ 4॥
संत चरन पंकज अति प्रेमा। मन क्रम बचन भजन दृढ़ नेमा॥
गुरु पितु मातु बंधु पति देवा। सब मोहि कहँ जानै दृढ़ सेवा॥ 5॥
मम गुन गावत पुलक सरीरा। गदगद गिरा नयन बह नीरा॥
काम आदि मद दंभ न जाकें। तात निरंतर बस मैं ताकें॥ 6॥

धर्म [के आचरण] से वैराग्य और योग से ज्ञान होता है तथा ज्ञान मोक्ष को देनेवाला है—ऐसा वेदों ने वर्णन किया है और हे भाई! जिससे मैं शीघ्र ही प्रसन्न होता हूँ, वह मेरी भक्ति है जो भक्तों को सुख देनेवाली है॥ 1॥

वह भक्ति स्वतंत्र है, उसको [ज्ञान-विज्ञान आदि किसी] दूसरे साधन का सहारा (अपेक्षा) नहीं है। ज्ञान और विज्ञान तो उसके अधीन हैं। हे तात! भक्ति अनुपम एवं सुख की मूल है; और वह तभी मिलती है जब संत अनुकूल (प्रसन्न) होते हैं॥ 2॥

अब मैं भक्ति के साधन विस्तार से कहता हूँ—यह सुगम मार्ग है, जिससे जीव मुझ को सहज ही पा जाते हैं। पहले तो ब्राह्मणों के चरणों में अत्यंत प्रीति हो और वेद की रीति के अनुसार अपने-अपने [वर्णाश्रम के] कर्मों में लगा रहे॥ 3॥

इसका फल, फिर विषयों से वैराग्य होगा। तब (वैराग्य होने पर) मेरे धर्म (भागवत धर्म) में प्रेम उत्पन्न होगा। तब श्रवण आदि नौ प्रकार की भक्तियाँ दृढ़ होंगी और मन में मेरी लीलाओं के प्रति अत्यंत प्रेम होगा॥ 4॥

जिसका संतों के चरणकमलों में अत्यंत प्रेम हो; मन, वचन और कर्म से

भजन का दृढ़ नियम हो और जो मुझको ही गुरु, पिता, माता, भाई, पति और देवता सब कुछ जाने और सेवा में दृढ़ हो;॥ 5॥

मेरा गुण गाते समय जिसका शरीर पुलकित हो जाए, वाणी गद्गद हो जाए और नेत्रों से [प्रेमाश्रुओं का] जल बहने लगे और काम, मद और दंभ आदि जिसमें न हों, हे भाई! मैं सदा उसके वश में रहता हूँ॥ 6॥

❖❖❖

दोहा

बचन कर्म मन मोरि गति भजनु करहिं निःकाम।
तिन्ह के हृदय कमल महुँ करउँ सदा बिश्राम॥ 16॥

जिनको कर्म, वचन और मन से मेरी ही गति है; और जो निष्काम भाव से मेरा भजन करते हैं, उनके हृदय-कमल में मैं सदा विश्राम किया करता हूँ॥ 16॥

(ग) अयोध्या में श्रीरामजी का स्वागत, भरत-मिलाप, सबका मिलनानंद (उत्तरकांड, दोहा–1-9)

भारतीय संस्कृति में पारिवारिक जीवन का बहुत महत्त्व है। सब साथ में प्रेमपूर्वक मिल-जुलकर रहें, एक-दूसरे का सुख-दुःख में साथ दें, यही परिवार की विशेषता होती है। इसीलिए यदि कोई सदस्य कुछ दिनों के लिए कहीं चला जाए और फिर लौटकर आए तो सब प्रसन्नता से झूम उठते हैं। श्रीराम जब 14 वर्षों के वनवास के बाद अयोध्या लौटे तो पूरी अयोध्या आनंद, हर्षोल्लास और उमंग से नाच उठी। सबने ऐसा अनुभव किया जैसे श्रीराम अयोध्या के राजमहल में गृह-प्रवेश कर रहे हैं।

हमारा नया घरौंदा भी अयोध्या का राजमहल बन जाए जिसमें सुख, शांति, आनंद और उल्लास का नित्य वास रहे, इसके लिए इस अंश का पाठ उपयुक्त है।

❖❖❖

दोहा

राम बिरह सागर महँ भरत मगन मन होत।
बिप्र रूप धरि पवन सुत आइ गयउ जनु पोत॥ 1 (क)॥
बैठे देखि कुसासन जटा मुकुट कृस गात।
राम राम रघुपति जपत स्रवत नयन जल जात॥ 1 (ख)॥

श्रीरामजी के विरह-समुद्र में भरतजी का मन डूब रहा था, उसी समय पवन

पुत्र हनुमान्‌जी ब्राह्मण का रूप धरकर इस प्रकार आ गए, मानो [उन्हें डूबने से बचाने के लिए] नाव आ गई हो॥ 1(क)॥

हनुमान्‌जी ने दुर्बल शरीर भरतजी को जटाओं का मुकुट बनाए, राम! राम! रघुपति! जपते और कमल के समान नेत्रों से [प्रेमाश्रुओं का] जल बहाते कुश के आसन पर बैठे देखा॥ 1(ख)॥

❖❖❖

चौपाई

देखत हनूमान अति हरषेउ। पुलक गात लोचन जल बरषेउ॥
मन महँ बहुत भाँति सुख मानी। बोलेउ श्रवन सुधा सम बानी॥ 1॥
जासु बिरहँ सोचहु दिन राती। रटहु निरंतर गुन गन पाँती॥
रघुकुल तिलक सुजन सुखदाता। आयउ कुसल देव मुनि त्राता॥ 2॥
रिपु रन जीति सुजस सुर गावत। सीता सहित अनुज प्रभु आवत॥
सुनत बचन बिसरे सब दूखा। तृषावंत जिमि पाइ पियूषा॥ 3॥
को तुम्ह तात कहाँ ते आए। मोहि परम प्रिय बचन सुनाए॥
मारुत सुत मैं कपि हनुमाना। नामु मोर सुनु कृपानिधाना॥ 4॥
दीनबंधु रघुपति कर किंकर। सुनत भरत भेंटेउ उठि सादर॥
मिलत प्रेम नहिं हृदयँ समाता। नयन स्त्रवत जल पुलकित गाता॥ 5॥
कपि तव दरस सकल दुख बीते। मिले आजु मोहि राम पिरीते॥
बार बार बूझी कुसलाता। तो कहुँ देउँ काह सुनु भ्राता॥ 6॥
एहि संदेस सरिस जग माहीं। करि बिचार देखेउँ कछु नाहीं॥
नाहिन तात उरिन मैं तोही। अब प्रभु चरित सुनावहु मोही॥ 7॥
तब हनुमंत नाइ पद माथा। कहे सकल रघुपति गुन गाथा॥
कहु कपि कबहुँ कृपाल गोसाईं। सुमिरहिं मोहि दास की नाईं॥ 8॥

उन्हें देखते ही हनुमान्‌जी अत्यंत हर्षित हुए। उनका शरीर पुलकित हो गया, नेत्रों से [प्रेमाश्रुओं का] जल बरसने लगा। मन में बहुत प्रकार से सुख मानकर वे कानों के लिए अमृत के समान वाणी बोले— ॥ 1॥

जिन के विरह में आप दिन-रात सोच करते (घुलते) रहते हैं और जिनके गुण-समूहों की पंक्तियों को आप निरंतर रटते रहते हैं, वे ही रघुकुल के तिलक, सज्जनों को सुख देनेवाले और देवताओं तथा मुनियों के रक्षक श्रीरामजी सकुशल आ गए॥ 2॥

शत्रु को रण में जीतकर सीताजी और लक्ष्मणजी सहित प्रभु आ रहे हैं; देवता

उनका सुंदर यश गा रहे हैं। ये वचन सुनते ही [भरतजी को] सारे दुःख भूल गए। जैसे प्यासा आदमी अमृत पाकर प्यास के दुःख को भूल जाए॥ 3॥

[भरतजी ने पूछा—] हे तात! तुम कौन हो? और कहाँ से आए हो? [जो] तुमने मुझको [ये] परम प्रिय (अत्यंत आनंद देनेवाले) वचन सुनाए। [हनुमान्जी ने कहा—] हे कृपानिधान! सुनिए, मैं पवन का पुत्र और जाति का वानर हूँ; मेरा नाम हनुमान् है॥ 4॥

मैं दीनों के बंधु श्रीरघुनाथजी का दास हूँ। सुनते ही भरतजी उठकर आदरपूर्वक हनुमान्जी से गले लगकर मिले। मिलते समय प्रेम हृदय में नहीं समाता। नेत्रों से [आनंद और प्रेम के आसुँओं का] जल बहने लगा और शरीर पुलकित हो गया॥ 5॥

[भरतजी ने कहा—] हे हनुमान्! तुम्हारे दर्शन से मेरे समस्त दुःख समाप्त हो गए (दुःखों का अंत हो गया)। [तुम्हारे रूप में] आज मुझे प्यारे रामजी ही मिल गए। भरतजी ने बार-बार कुशल पूछी [और कहा—] हे भाई! सुनो, [इस शुभ संवाद के बदले में] तुम्हें क्या दूँ?॥ 6॥

इस संदेश के समान (इसके बदले में देने लायक पदार्थ) जगत् में कुछ भी नहीं है, मैंने यह विचार कर देख लिया है। [इसलिए] हे तात! मैं तुमसे किसी प्रकार भी उऋण नहीं हो सकता। अब मुझे प्रभु का चरित्र (हाल) सुनाओ॥ 7॥

तब हनुमान्जी ने भरतजी के चरणों में मस्तक नवाकर श्रीरघुनाथजी की सारी गुणगाथा कही। [भरतजी ने पूछा—] हे हनुमान्! कहो, कृपालु स्वामी श्रीरामचंद्रजी कभी मुझे अपने दास की तरह याद भी करते हैं?॥ 8॥

❖❖❖

छंद

निज दास ज्यों रघुबंसभूषन कबहुँ मम सुमिरन कर्‌यो।
सुनि भरत बचन बिनीत अति कपि पुलकि तन चरनन्हि पर्‌यो॥
रघुबीर निज मुख जासु गुन गन कहत अग जग नाथ जो।
काहे न होइ बिनीत परम पुनीत सदगुन सिंधु सो॥

रघुवंश के भूषण श्रीरामजी क्या कभी अपने दास की भाँति मेरा स्मरण करते रहे हैं? भरतजी के अत्यंत नम्र वचन सुनकर हनुमान्जी पुलकित शरीर होकर उनके चरणों पर गिर पड़े [और मन में विचारने लगे कि] जो चराचर के स्वामी हैं वे श्रीरघुवीर अपने श्रीमुख से जिनके गुणसमूहों का वर्णन करते हैं, वे भरतजी

ऐसे विनम्र, परम पवित्र और सद्‌गुणों के समुद्र क्यों न हों?

ঔ❖❖❖৯

दोहा

राम प्रान प्रिय नाथ तुम्ह सत्य बचन मम तात।
पुनि पुनि मिलत भरत सुनि हरष न हृदयँ समात॥ 2 (क)॥

[हनुमान्‌जी ने कहा—] हे नाथ! आप श्रीरामजी को प्राणों के समान प्रिय हैं, हे तात! मेरा वचन सत्य है। यह सुनकर भरतजी बार-बार मिलते हैं, हृदय में हर्ष समाता नहीं है॥ 2(क)॥

ঔ❖❖❖৯

सोरठा

भरत चरन सिरु नाइ तुरित गयउ कपि राम पहिं।
कही कुसल सब जाइ हरषि चलेउ प्रभु जान चढ़ि॥ 2 (ख)॥

फिर भरतजी के चरणों में सिर नवाकर हनुमान्‌जी तुरंत ही श्रीरामजी के पास [लौट] गए और जाकर उन्होंने सब कुशल कही। तब प्रभु हर्षित होकर विमान पर चढ़कर चले॥ 2(ख)॥

ঔ❖❖❖৯

चौपाई

हरषि भरत कोसलपुर आए। समाचार सब गुरहि सुनाए॥
पुनि मंदिर महँ बात जनाई। आवत नगर कुसल रघुराई॥ 1॥
सुनत सकल जननीं उठि धाईं। कहि प्रभु कुसल भरत समुझाईं॥
समाचार पुरबासिन्ह पाए। नर अरु नारि हरषि सब धाए॥ 2॥
दधि दुर्बा रोचन फल फूला। नव तुलसी दल मंगल मूला॥
भरि भरि हेम थार भामिनी। गावत चलिं सिंधुरगामिनी॥ 3॥
जे जैसेहिं तैसेहिं उठि धावहिं। बाल बृद्ध कहँ संग न लावहिं॥
एक एकन्ह कहँ बूझहिं भाई। तुम्ह देखे दयाल रघुराई॥ 4॥
अवधपुरी प्रभु आवत जानी। भई सकल सोभा कै खानी॥
बहइ सुहावन त्रिबिध समीरा। भइ सरजू अति निर्मल नीरा॥ 5॥

इधर भरतजी भी हर्षित होकर अयोध्यापुरी में आए और उन्होंने गुरुजी को सब समाचार सुनाया। फिर राजमहल में खबर जनायी कि श्रीरघुनाथजी कुशलपूर्वक नगर को आ रहे हैं॥ 1॥

खबर सुनते ही सब माताएँ उठ दौड़ीं। भरतजी ने प्रभु की कुशल कहकर

सबको समझाया। नगरवासियों ने यह समाचार पाया, तो स्त्री-पुरुष सभी हर्षित होकर दौड़े॥ 2॥

[श्रीरामजी के स्वागत के लिए] दही, दूब, गोरोचन, फल, फूल और मंगल के मूल नवीन तुलसीदल आदि वस्तुएँ सोने के थालों में भर-भरकर हथिनी की-सी चालवाली सौभाग्यवती स्त्रियाँ [उन्हें लेकर] गाती हुई चलीं॥ 3॥

जो जैसे हैं (जहाँ जिस दशा में हैं) वे वैसे ही (वहीं से उसी दशा में) उठ दौड़ते हैं। [देर हो जाने के डर से] बालकों और बूढ़ों को कोई साथ नहीं लाते। एक दूसरे से पूछते हैं—भाई! तुमने दयालु श्रीरघुनाथजी को देखा है?॥ 4॥

प्रभु को आते जानकर अवधपुरी संपूर्ण शोभाओं की खान हो गई। तीनों प्रकार की सुंदर वायु बहने लगी। सरयूजी अति निर्मल जलवाली हो गईं (अर्थात् सरयूजी का जल अत्यंत निर्मल हो गया)॥ 5॥

❖❖❖

दोहा

हरषित गुर परिजन अनुज भूसुर बृंद समेत।
चले भरत मन प्रेम अति सन्मुख कृपानिकेत॥ 3 (क)॥
बहुतक चढ़ीं अटारिन्ह निरखहिं गगन बिमान।
देखि मधुर सुर हरषित करहिं सुमंगल गान॥ 3 (ख)॥
राका ससि रघुपति पुर सिंधु देखि हरषान।
बढ़्यो कोलाहल करत जनु नारि तरंग समान॥ 3 (ग)॥

गुरु वसिष्ठजी, कुटुंबी, छोटे भाई शत्रुघ्न तथा ब्राह्मणों के समूह के साथ हर्षित होकर भरतजी अत्यंत प्रेमपूर्ण मन से कृपाधाम श्रीरामजी के सामने (अर्थात् उनकी अगवानी के लिए) चले॥ 3(क)॥

बहुत सी स्त्रियाँ अटारियों पर चढ़ीं आकाश में विमान देख रही हैं और उसे देखकर हर्षित होकर मीठे स्वर से सुंदर मंगलगीत गा रही हैं॥ 3(ख)॥

श्रीरघुनाथजी पूर्णिमा के चंद्रमा हैं, तथा अवधपुर समुद्र है, जो उस पूर्णचंद्र को देखकर हर्षित हो रहा है और शोर करता हुआ बढ़ रहा है [इधर-उधर दौड़ती हुई] स्त्रियाँ उसकी तरंगों के समान लगती हैं॥ 3(ग)॥

❖❖❖

चौपाई

इहाँ भानुकुल कमल दिवाकर। कपिन्ह देखावत नगर मनोहर॥
सुनु कपीस अंगद लंकेसा। पावन पुरी रुचिर यह देसा॥ 1॥

जद्यपि सब बैकुंठ बखाना। बेद पुरान बिदित जगु जाना॥
अवधपुरी सम प्रिय नहिं सोऊ। यह प्रसंग जानइ कोउ कोऊ॥ 2॥
जन्मभूमि मम पुरी सुहावनि। उत्तर दिसि बह सरजू पावनि॥
जा मज्जन ते बिनहिं प्रयासा। मम समीप नर पावहिं बासा॥ 3॥
अति प्रिय मोहि इहाँ के बासी। मम धामदा पुरी सुख रासी॥
हरषे सब कपि सुनि प्रभु बानी। धन्य अवध जो राम बखानी॥ 4॥

यहाँ (विमान पर से) सूर्यकुलरूपी कमल को प्रफुल्लित करनेवाले सूर्य श्रीरामजी वानरों को मनोहर नगर दिखला रहे हैं। [वे कहते हैं—] हे सुग्रीव! हे अंगद! हे लंकापति विभीषण! सुनो। यह पुरी पवित्र है और यह देश सुंदर है॥ 1॥

यद्यपि सबने वैकुंठ की बड़ाई की है—यह वेद-पुराणों में प्रसिद्ध है और जगत् जानता है, परंतु अवधपुरी के समान मुझे वह भी प्रिय नहीं है। यह बात (भेद) कोई-कोई (विरले ही) जानते हैं॥ 2॥

यह सुहावनी पुरी मेरी जन्म-भूमि है। इसके उत्तर दिशा में [जीवों को] पवित्र करनेवाली सरयू नदी बहती है, जिसमें स्नान करने से मनुष्य बिना ही परिश्रम मेरे समीप निवास (सामीप्य मुक्ति) पा जाते हैं॥ 3॥

यहाँ के निवासी मुझे बहुत ही प्रिय हैं। यह पुरी सुख की राशि और मेरे परमधाम को देनेवाली है। प्रभु की वाणी सुनकर सब वानर हर्षित हुए [और कहने लगे कि] जिस अवध की स्वयं श्रीरामजी ने बड़ाई की, वह [अवश्य ही] धन्य है॥ 4॥

❖❖❖

दोहा

आवत देखि लोग सब कृपासिंधु भगवान।
नगर निकट प्रभु प्रेरेउ उतरेउ भूमि बिमान॥ 4 (क)॥
उतरि कहेउ प्रभु पुष्पकहि तुम्ह कुबेर पहिं जाहु।
प्रेरित राम चलेउ सो हरषु बिरहु अति ताहु॥ 4 (ख)॥

कृपासागर भगवान् श्रीरामचद्रंजी ने सब लोगों को आते देखा, तो प्रभु ने विमान को नगर के समीप उतरने की प्रेरणा की। तब वह पृथ्वी पर उतरा॥ 4(क)॥

विमान से उतरकर प्रभु ने पुष्पकविमान से कहा कि तुम अब कुबेर के पास जाओ। श्रीरामजी की प्रेरणा से वह चला; उसे [अपने स्वामी के पास जाने का] हर्ष है और प्रभु श्रीरामचंद्रजी से अलग होने का अत्यंत दुःख भी॥ 4(ख)॥

चौपाई

आए भरत संग सब लोगा। कृस तन श्रीरघुबीर बियोगा॥
बामदेव बसिष्ट मुनिनायक। देखे प्रभु महि धरि धनु सायक॥ 1॥
धाइ धरे गुर चरन सरोरुह। अनुज सहित अति पुलक तनोरुह॥
भेंटि कुसल बूझी मुनिराया। हमरें कुसल तुहारिहिं दाया॥ 2॥
सकल द्विजन्ह मिलि नायउ माथा। धर्म धुरंधर रघुकुलनाथा॥
गहे भरत पुनि प्रभु पद पंकज। नमत जिन्हहि सुर मुनि संकर अज॥ 3॥
परे भूमि नहिं उठत उठाए। बर करि कृपासिंधु उर लाए॥
स्यामल गात रोम भए ठाढ़े। नव राजीव नयन जल बाढ़े॥ 4॥

भरतजी के साथ सब लोग आए। श्रीरघुवीर के वियोग से सब के शरीर दुबले हो रहे हैं। प्रभु ने वामदेव, वसिष्ठ आदि मुनिश्रेष्ठों को देखा, तो उन्होंने धनुष-बाण पृथ्वी पर रखकर— ॥ 1 ॥

छोटे भाई लक्ष्मणजी सहित दौड़कर गुरुजी के चरणकमल पकड़ लिए; उनके रोम-रोम अत्यंत पुलकित हो रहे हैं। मुनिराज वसिष्ठजी ने [उठाकर] उन्हें गले लगाकर कुशल पूछी। [प्रभु ने कहा—] आप ही की दया में हमारी कुशल है॥ 2॥

धर्म की धुरी धारण करने वाले रघकुल के स्वामी श्रीरामजी ने सब ब्राह्मणों से मिलकर उन्हें मस्तक नवाया। फिर भरतजी ने प्रभु के वे चरणकमल पकड़े जिन्हें देवता, मुनि, शंकरजी और ब्रह्माजी [भी] नमस्कार करते हैं॥ 3॥

भरतजी पृथ्वी पर पड़े हैं, उठाए उठते नहीं। तब कृपासिंधु श्रीरामजी ने उन्हें जबरदस्ती उठाकर हृदय से लगा लिया। [उनके] साँवले शरीर पर रोएँ खड़े हो गए। नवीन कमल के समान नेत्रों में [प्रेमाश्रुओं के] जल की बाढ़ आ गई॥ 4॥

❖❖❖

छंद

राजीव लोचन स्रवत जल तन ललित पुलकावलि बनी।
अति प्रेम हृदयँ लगाइ अनुजहि मिले प्रभु त्रिभुअन धनी॥
प्रभु मिलत अनुजहि सोह मो पहिं जाति नहिं उपमा कही।
जनु प्रेम अरु सिंगार तनु धरि मिले बर सुषमा लही॥ 1॥
बूझत कृपानिधि कुसल भरतहि बचन बेगि न आवई।
सुनु सिवा सो सुख बचन मन ते भिन्न जान जो पावई॥

अब कुसल कौसलनाथ आरत जानि जन दरसन दियो।
बूड़त बिरह बारीस कृपानिधान मोहि कर गहि लियो॥ 2॥

कमल के समान नेत्रों से जल बह रहा है। सुंदर शरीर में पुलकावली [अत्यंत] शोभा दे रही है। त्रिलोकी के स्वामी प्रभु श्रीरामजी छोटे भाई भरतजी को अत्यंत प्रेम से हृदय से लगाकर मिले। भाई से मिलते समय प्रभु जैसे शोभित हो रहे हैं उसकी उपमा मुझसे कही नहीं जाती। मानो प्रेम और शृंगार शरीर धारण करके मिले और श्रेष्ठ शोभा को प्राप्त हुए॥ 1॥

कृपानिधान श्रीरामजी भरतजी से कुशल पूछते हैं; परंतु आनंदवश भरतजी के मुख से वचन शीघ्र नहीं निकलते। [शिवजी ने कहा—] हे पार्वती! सुनो, वह सुख (जो उस समय भरतजी को मिल रहा था) वचन और मन से परे है; उसे वही जानता है जो उसे पाता है। [भरतजी ने कहा—] हे कोसलनाथ! आपने आर्त्त (दुखी) जानकर दास को दर्शन दिए, इससे अब कुशल है। विरहसमुद्र में डूबते हुए मुझको कृपानिधान ने हाथ पकड़कर बचा लिया!॥ 2॥

❖❖❖

दोहा

पुनि प्रभु हरषि सत्रुहन भेंटे हृदयँ लगाइ।
लछिमन भरत मिले तब परम प्रेम दोउ भाइ॥ 5॥

फिर प्रभु हर्षित होकर शत्रुघ्नजी को हृदय से लगाकर उनसे मिले। तब लक्ष्मणजी और भरतजी दोनों भाई परम प्रेम से मिले॥ 5॥

❖❖❖

चौपाई

भरतानुज लछिमन पुनि भेंटे। दुसह बिरह संभव दुख मेटे॥
सीता चरन भरत सिरु नावा। अनुज समेत परम सुख पावा॥ 1॥
प्रभु बिलोकि हरषे पुरबासी। जनित बियोग बिपति सब नासी॥
प्रेमातुर सब लोग निहारी। कौतुक कीन्ह कृपाल खरारी॥ 2॥
अमित रूप प्रगटे तेहि काला। जथा जोग मिले सबहि कृपाला॥
कृपादृष्टि रघुबीर बिलोकी। किए सकल नर नारि बिसोकी॥ 3॥
छन महिं सबहि मिले भगवाना। उमा मरम यह काहुँ न जाना॥
एहि बिधि सबहि सुखी करि रामा। आगें चले सील गुन धामा॥ 4॥
कौसल्यादि मातु सब धाई। निरखि बच्छ जनु धेनु लवाई॥ 5॥

फिर लक्ष्मणजी शत्रुघ्नजी से गले लगकर मिले और इस प्रकार विरह से उत्पन्न दु:सह दु:ख का नाश किया। फिर भाई शत्रुघ्नजी सहित भरतजी ने सीताजी के चरणों में सिर नवाया और परम सुख प्राप्त किया॥ 1॥

प्रभु को देखकर अयोध्यावासी सब हर्षित हुए। वियोग से उत्पन्न सब दु:ख नष्ट हो गए। सब लोगों को प्रेमविह्वल [और मिलने के लिए अत्यंत आतुर] देखकर खर के शत्रु कृपालु श्रीरामजी ने एक चमत्कार किया॥ 2॥

उसी समय कृपालु श्रीरामजी असंख्य रूपों में प्रकट हो गए और सबसे [एक ही साथ] यथायोग्य मिले। श्रीरघवीर ने कृपा की दृष्टि से देखकर सब नर-नारियों को शोक से रहित कर दिया॥ 3॥

भगवान् क्षणमात्र में सबसे मिल लिए। हे उमा! यह रहस्य किसी ने नहीं जाना। इस प्रकार शील और गुणों के धाम श्रीरामजी सबको सुखी करके आगे बढ़े॥ 4॥

कौसल्या आदि माताएँ ऐसे दौड़ीं मानो नई ब्यायी हुई गौएँ अपने बछड़ों को देखकर दौड़ीं हों॥ 5॥

❖❖❖

छंद

जनु धेनु बालक बच्छ तजि गृहँ चरन बन परबस गईं।
दिन अंत पुर रुख स्त्रवत थन हुंकार करि धावत भईं॥
अति प्रेम प्रभु सब मातु भेटीं बचन मृदु बहुबिधि कहे।
गइ बिषम बिपति बियोग भव तिन्ह हरष सुख अगनित लहे॥

मानो नई ब्यायी हुई गौएँ अपने छोटे बछड़ों को घर पर छोड़ परवश होकर वन में चरने गई हों और दिन का अंत होने पर [बछड़ों से मिलने के लिए] हुंकार करके थन से दूध गिराती हुई नगर की ओर दौड़ी हों। प्रभु ने अत्यंत प्रेम से सब माताओं से मिलकर उनसे बहुत प्रकार के कोमल वचन कहे। वियोग से उत्पन्न भयानक विपत्ति दूर हो गई और सबने [भगवान् से मिलकर और उनके वचन सुनकर] अगणित सुख और हर्ष प्राप्त किए।

❖❖❖

दोहा

भेटेउ तनय सुमित्राँ राम चरन रति जानि।
रामहि मिलत कैकई हृदयँ बहुत सकुचानि॥ 6 (क)॥

लछिमन सब मातन्ह मिलि हरषे आसिष पाइ।
कैकइ कहँ पुनि पुनि मिले मन कर छोभु न जाइ॥ 6 (ख)॥

सुमित्राजी अपने पुत्र लक्ष्मणजी की श्रीरामजी के चरणों में प्रीति जानकर उनसे मिलीं। श्रीरामजी से मिलते समय कैकेयीजी हृदय में बहुत सकुचाईं॥ 6(क)॥

लक्ष्मणजी भी सब माताओं से मिलकर और आशीर्वाद पाकर हर्षित हुए। वे कैकेयीजी से बार-बार मिले, परंतु उनके मन का क्षोभ (रोष) नहीं जाता॥ 6(ख)॥

❖❖❖

चौपाई

सासुन्ह सबनि मिली बैदेही। चरनन्हि लागि हरषु अति तेही॥
देहिं असीस बूझि कुसलाता। होइ अचल तुम्हार अहिवाता॥ 1॥
सब रघुपति मुख कमल बिलोकहिं। मंगल जानि नयन जल रोकहिं॥
कनक थार आरती उतारहिं। बार बार प्रभु गात निहारहिं॥ 2॥
नाना भाँति निछावरि करहीं। परमानंद हरष उर भरहीं॥
कौसल्या पुनि पुनि रघुबीरहि। चितवति कृपासिंधु रनधीरहि॥ 3॥
हृदयँ बिचारति बारहिं बारा। कवन भाँति लंकापति मारा॥
अति सुकुमार जुगल मेरे बारे। निसिचर सुभट महाबल भारे॥ 4॥

जानकीजी सब सासुओं से मिलीं और उनके चरणों लगकर उन्हें अत्यंत हर्ष हुआ। सासुएँ कुशल पूछकर आशिष दे रही हैं कि तुम्हारा सुहाग अचल हो॥ 1॥

सब माताएँ श्रीरघुनाथजी का कमल-सा मुखड़ा देख रही हैं। [नेत्रों से प्रेम के आँसू उमड़े आते हैं, परंतु] मंगल का समय जानकर वे आसुँओं के जल को नेत्रों में ही रोक रखती हैं। सोने के थाल से आरती उतारती हैं और बार-बार प्रभु के श्रीअंगों की ओर देखती हैं॥ 2॥

अनेकों प्रकार से निछावरें करती हैं और हृदय में परमानंद तथा हर्ष भर रही हैं। कौसल्याजी बार-बार कृपा के समुद्र और रणधीर श्रीरघुवीर को देख रही हैं॥ 3॥

वे बार-बार हृदय में विचारती हैं कि इन्होंने लंकापति रावण को कैसे मारा? मेरे ये दोनों बच्चे बड़े ही सुकुमार हैं और राक्षस तो बड़े भारी योद्धा और महान् बली थे॥ 4॥

❖❖❖

दोहा

लछिमन अरु सीता सहित प्रभुहि बिलोकति मातु।
परमानंद मगन मन पुनि पुनि पुलकित गातु॥ 7॥

लक्ष्मणजी और सीताजी सहित प्रभु श्रीरामचंद्रजी को माता देख रही हैं। उनका मन परमानंद में मग्न है और शरीर बार-बार पुलकित हो रहा है॥ 7॥

❧❖❖❖☙

चौपाई

लंकापति कपीस नल नीला। जामवंत अंगद सुभसीला॥
हनुमदादि सब बानर बीरा। धरे मनोहर मनुज सरीरा॥ 1॥
भरत सनेह सील ब्रत नेमा। सादर सब बरनहिं अति प्रेमा॥
देखि नगरबासिन्ह कै रीती। सकल सराहहिं प्रभु पद प्रीती॥ 2॥
पुनि रघुपति सब सखा बोलाए। मुनि पद लागहु सकल सिखाए॥
गुर बसिष्ट कुलपूज्य हमारे। इन्ह की कृपाँ दनुज रन मारे॥ 3॥
ए सब सखा सुनहु मुनि मेरे। भए समर सागर कहँ बेरे॥
मम हित लागि जन्म इन्ह हारे। भरतहु ते मोहि अधिक पिआरे॥ 4॥
सुनि प्रभु बचन मगन सब भए। निमिष निमिष उपजत सुख नए॥ 5॥

लंकापति विभीषण, वानरराज सुग्रीव, नल, नील, जाम्बवान् और अंगद तथा हनुमान्जी आदि सभी उत्तम स्वभाववाले वीर वानरों ने मनुष्यों के मनोहर शरीर धारण कर लिए॥ 1॥

वे सब भरतजी के प्रेम, सुंदर स्वभाव, [त्याग के] व्रत और नियमों की अत्यंत प्रेम से आदरपूर्वक बड़ाई कर रहे हैं और नगरवासियों की [प्रेम, शील और विनय से पूर्ण] रीति देखकर वे सब प्रभु के चरणों में उनके प्रेम की सराहना कर रहे हैं॥ 2॥

फिर श्रीरघुनाथजी ने सब सखाओं को बुलाया और सबको सिखाया कि मुनि के चरणों में लगो। ये गुरु वसिष्ठजी हमारे कुलभर के पूज्य हैं। इन्हीं की कृपा से रण में राक्षस मारे गए हैं॥ 3॥

[फिर गुरुजी से कहा—] हे मुनि! सुनिए। ये सब मेरे सखा हैं। ये संग्रामरूपी समुद्र में मेरे लिए बेड़े (जहाज) के समान हुए। मेरे हित के लिए इन्होंने अपने जन्म तक हार दिए (अपने प्राणों तक को होम दिया)। ये मुझे भरत से भी अधिक प्रिय हैं॥ 4॥

प्रभु के वचन सुनकर सब प्रेम और आनंद में मग्न हो गए। इस प्रकार पल-पल में उन्हें नए-नए सुख उत्पन्न हो रहे हैं॥ 5॥

दोहा

कौसल्या के चरनन्हि पुनि तिन्ह नायउ माथ।
आसिष दीन्हे हरषि तुम्ह प्रिय मम जिमि रघुनाथ॥ 8 (क)॥
सुमन बृष्टि नभ संकुल भवन चले सुखकंद।
चढ़ी अटारिन्ह देखहिं नगर नारि नर बृंद॥ 8 (ख)॥

फिर उन लोगों ने कौसल्याजी के चरणों में मस्तक नवाए। कौसल्याजी ने हर्षित होकर आशिषें दीं [और कहा—] तुम मुझे रघुनाथ के समान प्यारे हो॥ 8(क)॥

आनंदकंद श्रीरामजी अपने महल को चले, आकाश फूलों की वृष्टि से छा गया। नगर के स्त्री-पुरुषों के समूह अटारियों पर चढ़कर उनके दर्शन कर रहे हैं॥ 8(ख)॥

❖❖❖❖

चौपाई

कंचन कलस बिचित्र सँवारे। सबहिं धरे सजि निज निज द्वारे॥
बंदनवार पताका केतू। सबन्हि बनाए मंगल हेतू॥ 1॥
बीथीं सकल सुगंध सिंचाईं। गजमनि रचि बहु चौक पुराईं॥
नाना भाँति सुमंगल साजे। हरषि नगर निसान बहु बाजे॥ 2॥
जहँ तहँ नारि निछावरि करहीं। देहिं असीस हरष उर भरहीं॥
कंचन थार आरतीं नाना। जुबतीं सजें करहिं सुभ गाना॥ 3॥
करहिं आरती आरतिहर कें। रघुकुल कमल बिपिन दिनकर कें॥
पुर सोभा संपति कल्याना। निगम सेष सारदा बखाना॥ 4॥
तेउ यह चरित देखि ठगि रहहीं॥ उमा तासु गुन नर किमि कहहीं॥ 5॥

सोने के कलशों को विचित्र रीति से [मणि-रत्नादि से] अलंकृत कर और सजाकर सब लोगों ने अपने-अपने दरवाजों पर रख लिया। सब लोगों ने मंगल के लिए बंदनवार, ध्वजा और पताकाएँ लगाईं॥ 1॥

सारी गलियाँ सुगंधित द्रवों से सिंचाई गईं। गजमुक्ताओं से रचकर बहुत सी चौकें पुराई गईं। अनेकों प्रकार से सुंदर मंगल-साज सजाए गए और हर्षपूर्वक नगर में बहुत से डंके बजने लगे॥ 2॥

स्त्रियाँ जहाँ-तहाँ निछावर कर रही हैं, और हृदय में हर्षित होकर आशीर्वाद देती हैं। बहुत सी युवती [सौभाग्यवती] स्त्रियाँ सोने के थालों में अनेकों प्रकार की

आरती सजाकर मंगलगान कर रही हैं॥ 3॥

वे आर्तिहर (दु:खों को हरनेवाले) और सूर्यकुलरूपी कमलवन के प्रफुल्लित करनेवाले सूर्य श्रीरामजी की आरती कर रही हैं। नगर की शोभा, संपत्ति और कल्याण का वेद, शेषजी और सरस्वतीजी वर्णन करते हैं— ॥ 4॥

परंतु वे भी यह चरित्र देखकर ठगे-से रह जाते हैं (स्तंभित ही रहते हैं)। [शिवजी कहते हैं—] हे उमा! तब भला मनुष्य उनके गुणों को कैसे कह सकते हैं॥ 5॥

दोहा

नारि कुमुदिनीं अवध सर रघुपति बिरह दिनेस।
अस्त भएँ बिगसत भईं निरखि राम राकेस॥ 9 (क)॥
होहिं सगुन सुभ बिबिधि बिधि बाजहिं गगन निसान।
पुर नर नारि सनाथ करि भवन चले भगवान॥ 9 (ख)॥

स्त्रियाँ कुमुदिनी हैं, अयोध्या सरोवर है और श्रीरघुनाथजी का विरह सूर्य है [इस विरह-सूर्य के ताप से वे मुरझा गई थीं]। अब उस विरहरूपी सूर्य के अस्त होने पर श्रीरामरूपी पूर्णचंद्र को निरखकर वे खिल उठीं॥ 9 (क)॥

अनेक प्रकार के शुभ शकुन हो रहे हैं, आकाश में नगाड़े बज रहे हैं। नगर के पुरुषों और स्त्रियों को सनाथ (दर्शन द्वारा कृतार्थ) करके भगवान् श्रीरामचंद्रजी महल को चले॥ 9(ख)॥

□

5

शुभ अवसर

हमारे जीवन में शुभ अवसर का आगमन अनेक रूपों में होता है, जैसे—किसी कार्य में सफल होना; नौकरी मिलना, पदोन्नति होना, मनोकामना का पूर्ण होना, मान-सम्मान या कोई बड़ी उपलब्धि प्राप्त करना आदि।

जीवन में जब भी कुछ शुभ घटित हो, उसे प्रभु की कृपा का प्रसाद मानकर उन्हें धन्यवाद देना चाहिए। इससे जीवन में कभी अंहकार नहीं आता और कृतज्ञता की भावना परिपुष्ट होती है। इसके लिए रामचरितमानस के निम्न अंशों का पाठ उपयुक्त हो सकता है।

(क) गुरु, विप्र और संत वंदना (बालकांड, दोहा–1-7)

यह प्रसंग 'जन्म एवं जन्मदिन' और 'विद्यारंभ' शीर्षक के अंतर्गत आ चुका है। इस अंश के पाठ के लिए देखिए **पृ. 15**।

(ख) श्रीरामनाम, श्रीरामगुण और श्रीरामचरितमानस की महिमा (बालकांड, दोहा–18-28)

यह प्रसंग 'जन्म एवं जन्मदिन' और 'विद्यारंभ' शीर्षक के अंतर्गत आ चुका है। इस अंश के पाठ के लिए देखिए **पृ. 24**।

(ग) जाम्बवान् द्वारा प्रभु-कृपा के महत्त्व का बखान, हनुमान्जी द्वारा सीताजी का श्रीराम के प्रति संदेश-कथन और श्रीरामजी का कृतज्ञता-ज्ञापन (सुंदरकांड, दोहा—29-33)

परमात्मा की कृपा जीवन को रूपांतरित कर देती है। वह 'मूकं करोति वाचालं, पंगुं लंघयते गिरिम्'—मूक को वाचाल और लंगड़े को पर्वत लाँघने में समर्थ बना देती है। प्रभु की कृपा के बिना पुरुषार्थ भी सिद्ध नहीं हो पाता। जिसे प्रभु की कृपा प्राप्त हो जाती है, उसके जीवन की सारी कठिनाइयाँ समाप्त हो जाती हैं, जीवन परम सुखमय और आनंददायी बन जाता है।

हनुमान् जी परमात्मा की कृपा पाकर परम वंदनीय बन जाते हैं। वे हनुमान् जिन्हें अपने सामर्थ्य, पराक्रम, बुद्धिमत्ता आदि गुणों का ज्ञान विस्मृत हो गया था, श्रीराम का सान्निध्य और कृपा-कटाक्ष पाकर समुद्र लंघन, रावण की अत्यधिक सुरक्षित लंका में प्रवेश और सीताजी का दर्शन प्राप्त कर श्रीराम का काम सिद्ध कर पाने में समर्थ हो जाते हैं किंतु यह सब करते हुए उनके मन में तनिक भी अंहकार नहीं आता। वे मानते हैं कि यह सब केवल प्रभु-कृपा से ही संभव हो पाया है—

सो सब तव प्रताप रघुनाई। नाथ न कुछ मोरि प्रभुताई॥

(सुंदरकांड—32-9)

—यह सब तो हे श्रीरघुनाथजी। आप ही का प्रताप है। हे नाथ! इसमें मेरी प्रभुता कुछ भी नहीं है।

श्रीराम भी हनुमान्जी के इस अत्यंत दुरूह कार्य को संपन्न करने के लिए हनुमान् जी के प्रति अपनी कृतज्ञता प्रकट करते हुए कहते हैं कि मैं तुमसे कभी उऋण नहीं हो सकता।

किसी के उपकार के लिए कृतज्ञता का भाव मनुष्य को सही अर्थ में मनुष्य बनाता है।

❖❖❖

दोहा

प्रीति सहित सब भेटे रघुपति करुना पुंज।
पूँछी कुसल नाथ अब कुसल देखि पद कंज॥ 29॥

दया की राशि श्रीरघुनाथजी सबसे प्रेमसहित गले लगकर मिले और कुशल पूछी। [वानरों ने कहा—] हे नाथ! आपके चरणकमलों के दर्शन पाने से अब कुशल है॥ 29॥

चौपाई

जामवंत कह सुनु रघुराया। जा पर नाथ करहु तुम्ह दाया॥
ताहि सदा सुभ कुसल निरंतर। सुर नर मुनि प्रसन्न ता ऊपर॥ 1॥
सोइ बिजई बिनई गुन सागर। तासु सुजसु त्रैलोक उजागर॥
प्रभु कीं कृपा भयउ सबु काजू। जन्म हमार सुफल भा आजू॥ 2॥
नाथ पवनसुत कीन्हि जो करनी। सहसहुँ मुख न जाइ सो बरनी॥
पवनतनय के चरित सुहाए। जामवंत रघुपतिहि सुनाए॥ 3॥
सुनत कृपानिधि मन अति भाए। पुनि हनुमान हरषि हियँ लाए॥
कहहु तात केहि भाँति जानकी। रहति करति रच्छा स्वप्रान की॥ 4॥

जाम्बवान् ने कहा—हे रघुनाथजी! सुनिए। हे नाथ! जिस पर आप दया करते हैं, उसे सदा कल्याण और निरंतर कुशल है। देवता, मनुष्य और मुनि सभी उस पर प्रसन्न रहते हैं॥ 1॥

वही विजयी है, वही विनयी है और वही गुणों का समुद्र बन जाता है। उसी का सुंदर यश तीनों लोकों में प्रकाशित होता है। प्रभु की कृपा से सब कार्य हुआ। आज हमारा जन्म सफल हो गया॥ 2॥

हे नाथ! पवनपुत्र हनुमान् ने जो करनी की, उसका हजार मुखों से भी वर्णन नहीं किया जा सकता। तब जाम्बवान् ने हनुमान्‌जी के सुंदर चरित्र (कार्य) श्रीरघुनाथजी को सुनाए॥ 3॥

[वे चरित्र] सुनने पर कृपानिधि श्रीरामचंद्रजी के मन को बहुत ही अच्छे लगे। उन्होंने हर्षित होकर हनुमान्‌जी को फिर हृदय से लगा लिया और कहा—हे तात! कहो, सीता किस प्रकार रहती और अपने प्राणों की रक्षा करती हैं?॥ 4॥

❖❖❖

दोहा

नाम पाहरू दिवस निसि ध्यान तुम्हार कपाट।
लोचन निज पद जंत्रित जाहिं प्रान केहिं बाट॥ 30॥

[हनुमान्‌जी ने कहा—] आपका नाम रात-दिन पहरा देनेवाला है, आपका ध्यान ही किवाड़ है। नेत्रों को अपने चरणों में लगाए रहती हैं, यही ताला लगा है; फिर प्राण जाएँ तो किस मार्ग से?॥ 30॥

चौपाई

चलत मोहि चूड़ामनि दीन्ही। रघुपति हृदयँ लाइ सोइ लीन्ही॥
नाथ जुगल लोचन भरि बारी। बचन कहे कछु जनककुमारी॥ 1॥
अनुज समेत गहेहु प्रभु चरना। दीन बंधु प्रनतारति हरना॥
मन क्रम बचन चरन अनुरागी। केहिं अपराध नाथ हौं त्यागी॥ 2॥
अवगुन एक मोर मैं माना। बिछुरत प्रान न कीन्ह पयाना॥
नाथ सो नयनन्हि को अपराधा। निसरत प्रान करहिं हठि बाधा॥ 3॥
बिरह अगिनि तनु तूल समीरा। स्वास जरइ छन माहिं सरीरा॥
नयन स्रवहिं जलु निज हित लागी। जरैं न पाव देह बिरहागी॥ 4॥
सीता कै अति बिपति बिसाला। बिनहिं कहें भलि दीनदयाला॥ 5॥

चलते समय उन्होंने मुझे चूड़ामणि [उतारकर] दी। श्रीरघुनाथजी ने उसे लेकर हृदयसे लगा लिया। [हनुमान्‌जी ने फिर कहा—] हे नाथ! दोनों नेत्रों में जल भरकर जानकीजी ने मुझसे कुछ वचन कहे— ॥ 1॥

छोटे भाई समेत प्रभु के चरण पकड़ना [और कहना कि] आप दीनबंधु हैं, शरणागत के दुःखों को हरनेवाले हैं और मैं मन, वचन और कर्म से आपके चरणों की अनुरागिणी हूँ। फिर स्वामी (आप) ने मुझे किस अपराध से त्याग दिया?॥ 2॥

[हाँ] एक दोष मैं अपना [अवश्य] मानती हूँ कि आपका वियोग होते ही मेरे प्राण नहीं चले गए। किंतु हे नाथ! यह तो नेत्रों का अपराध है जो प्राणों के निकलने में हठपूर्वक बाधा देते हैं॥ 3॥

विरह अग्नि है, शरीर रूई है और श्वास पवन है; इस प्रकार [अग्नि और पवन का संयोग होने से] यह शरीर क्षणमात्र में जल सकता है। परंतु नेत्र अपने हित के लिए (प्रभु का स्वरूप देखकर सुखी होने के लिए) जल (आँसू) बरसाते हैं, जिससे विरह की आग से भी देह जलने नहीं पाती॥ 4॥

सीताजी की विपत्ति बहुत बड़ी है। हे दीनदयालु! वह बिना कही ही अच्छी है (कहने से आपको बड़ा क्लेश होगा)॥ 5॥

❖❖❖

दोहा

निमिष निमिष करुनानिधि जाहिं कलप सम बीति।
बेगि चलिअ प्रभु आनिअ भुज बल खल दल जीति॥ 31॥

हे करुणानिधान! उनका एक-एक पल कल्प के समान बीतता है। अतः हे

प्रभु! तुरंत चलिए और अपनी भुजाओं के बल से दुष्टों के दल को जीतकर सीताजी को ले आइए॥ 31॥

ॐ❖❖❖ॐ

चौपाई

सुनि सीता दुख प्रभु सुख अयना। भरि आए जल राजिव नयना॥
बचन कायँ मन मम गति जाही। सपनेहुँ बूझिअ बिपति कि ताही॥ 1॥
कह हनुमंत बिपति प्रभु सोई। जब तव सुमिरन भजन न होई॥
केतिक बात प्रभु जातुधान की। रिपुहि जीति आनिबी जानकी॥ 2॥
सुनु कपि तोहि समान उपकारी। नहिं कोउ सुर नर मुनि तनुधारी॥
प्रति उपकार करौं का तोरा। सनमुख होइ न सकत मन मोरा॥ 3॥
सुनु सुत तोहि उरिन मैं नाहीं। देखेउँ करि बिचार मन माहीं॥
पुनि पुनि कपिहि चितव सुरत्राता। लोचन नीर पुलक अति गाता॥ 4॥

सीताजी का दुःख सुनकर सुख के धाम प्रभु के कमल नेत्रों में जल भर आया [और वे बोले—] मन, वचन और शरीर से जिसे मेरी ही गति (मेरा ही आश्रय) है, उसे क्या स्वप्न में भी विपत्ति हो सकती है?॥ 1॥

हनुमान्‌जी ने कहा—हे प्रभो! विपत्ति तो वही (तभी) है जब आपका भजन-स्मरण न हो। हे प्रभो! राक्षसों की बात ही कितनी है? आप शत्रु को जीतकर जानकीजी को ले आवेंगे॥ 2॥

[भगवान् कहने लगे—] हे हनुमान्! सुन; तेरे समान मेरा उपकारी देवता, मनुष्य अथवा मुनि कोई भी शरीरधारी नहीं है। मैं तेरा प्रत्युपकार (बदले में उपकार) तो क्या करूँ, मेरा मन भी तेरे सामने नहीं हो सकता॥ 3॥

हे पुत्र! सुन; मैंने मन में [खूब] विचार करके देख लिया कि मैं तुझसे उऋण नहीं हो सकता। देवताओं के रक्षक प्रभु बार-बार हनुमान्‌जी को देख रहे हैं। नेत्रों में प्रेमाश्रुओं का जल भरा है और शरीर अत्यंत पुलकित है॥ 4॥

ॐ❖❖❖ॐ

दोहा

सुनि प्रभु बचन बिलोकि मुख गात हरषि हनुमंत।
चरन परेउ प्रेमाकुल त्राहि त्राहि भगवंत॥ 32॥

प्रभु के वचन सुनकर और उनके [प्रसन्न] मुख तथा [पुलकित] अंगों को देखकर हनुमान्‌जी हर्षित हो गए और प्रेम में विकल होकर 'हे भगवन्! मेरी रक्षा करो' कहते हुए श्रीरामजी के चरणों में गिर पड़े॥ 32॥

चौपाई

बार बार प्रभु चहइ उठावा। प्रेम मगन तेहि उठब न भावा॥
प्रभु कर पंकज कपि कें सीसा। सुमिरि सो दसा मगन गौरीसा॥ 1॥
सावधान मन करि पुनि संकर। लागे कहन कथा अति सुंदर॥
कपि उठाइ प्रभु हृदयँ लगावा। कर गहि परम निकट बैठावा॥ 2॥
कहु कपि रावन पालित लंका। केहि बिधि दहेउ दुर्ग अति बंका॥
प्रभु प्रसन्न जाना हनुमाना। बोला बचन बिगत अभिमाना॥ 3॥
साखामृग कै बड़ि मनुसाई। साखा तें साखा पर जाई॥
नाघि सिंधु हाटकपुर जारा। निसिचर गन बधि बिपिन उजारा॥ 4॥
सो सब तव प्रताप रघुराई। नाथ न कछू मोरि प्रभुताई॥ 5॥

प्रभु उनको बार-बार उठाना चाहते हैं, परंतु प्रेम में डूबे हुए हनुमान्‌जी को चरणों से उठना सुहाता नहीं। प्रभु का कर-कमल हनुमान्‌जी के सिर पर है। उस स्थिति का स्मरण करके शिवजी प्रेममग्न हो गए॥ 1॥

फिर मन को सावधान करके शंकरजी अत्यंत सुंदर कथा कहने लगे—हनुमान्‌जी को उठाकर प्रभु ने हृदय से लगाया और हाथ पकड़कर अत्यंत निकट बैठा लिया॥ 2॥

हे हनुमान्! बताओ तो, रावण के द्वारा सुरक्षित लंका और उसके बड़े बाँके किले को तुमने किस तरह जलाया? हनुमान्‌जी ने प्रभु को प्रसन्न जाना और वे अभिमानरहित वचन बोले— ॥ 3॥

बंदर का बस, यही बड़ा पुरुषार्थ है कि वह एक डाल से दूसरी डाल पर चला जाता है। मैंने जो समुद्र लाँघकर सोने का नगर जलाया और राक्षसगण को मारकर अशोकवन को उजाड़ डाला, ॥ 4॥

यह सब तो हे श्रीरघुनाथजी! आप ही का प्रताप है। हे नाथ! इसमें मेरी प्रभुता (बड़ाई) कुछ भी नहीं है॥ 5॥

❖❖❖

दोहा

ता कहुँ प्रभु कछु अगम नहिं जा पर तुम्ह अनुकूल।
तव प्रभावँ बड़वानलहि जारि सकइ खलु तूल॥ 33॥

हे प्रभु! जिस पर आप प्रसन्न हों, उसके लिए कुछ भी कठिन नहीं है। आपके प्रभाव से रूई [जो स्वयं बहुत जल्दी जल जानेवाली वस्तु है] बड़वानल को निश्चय ही जला सकती है (अर्थात् असंभव भी संभव हो सकता है)॥ 33॥

(घ) विभीषण की शरणागति और उनका राजतिलक (सुंदरकांड, दोहा–42-49)

सच्चे मन और अनन्य भाव से परमात्मा की शरण में जाना भक्ति है। परमात्मा अपने शरणागत की रक्षा उसी प्रकार करता है जैसे माता अपने नन्हे से बालक की। गीता में श्रीकृष्ण भगवान् ने शरणागत भक्त की सुरक्षा का आश्वासन देते हुए कहा—

न मे भक्तः प्रणश्यति—मेरा भक्त नष्ट नहीं होता।

रामचरित मानस में श्रीराम ने कहा कि वे अपने शरणागत का कभी भी त्याग नहीं करते—

सरनागत कहुँ जो तजहिं नित अनहित अनुमानि।
ते नर पावँर पापमय तिन्हहिं बिलोकत हानि॥

(सुंदरकांड—43)

—जो मनुष्य अपने अहित का अनुमान करके शरण में आए हुए का त्याग कर देते हैं, वे पामर (क्षुद्र) हैं, पापमय हैं। उन्हें देखने में भी हानि है।

एक बार जो परमात्मा के चरणों में अपने को समर्पित कर देता है परमात्मा उसका हर प्रकार कल्याण करते हैं।

इस अंश का पाठ करने से परमात्मा के दीन-हितकारी और भक्त-वत्सल स्वरूप का स्मरण होता है और यह भाव भी पैदा होता है कि जीवन में जो कुछ भी प्राप्त हुआ है वह सब प्रभु की कृपा के कारण। फलस्वरूप अहंकार नष्ट होता है और जीवन में विनम्रता आती है।

❖❖❖❖

दोहा

जिन्ह पायन्ह के पादुकन्हि भरतु रहे मन लाइ।
ते पद आजु बिलोकिहउँ इन्ह नयनन्हि अब जाइ॥ 42॥

जिन चरणों की पादुकाओं में भरतजी ने अपना मन लगा रखा है, अहा! आज मैं उन्हीं चरणों को अभी जाकर इन नेत्रों से देखूँगा॥ 42॥

❖❖❖❖

चौपाई

एहि बिधि करत सप्रेम बिचारा। आयउ सपदि सिंधु एहिं पारा॥
कपिन्ह बिभीषनु आवत देखा। जाना कोउ रिपु दूत बिसेषा॥ 1॥

ताहि राखि कपीस पहिं आए। समाचार सब ताहि सुनाए॥
कह सुग्रीव सुनहु रघुराई। आवा मिलन दसानन भाई॥ 2॥
कह प्रभु सखा बूझिऐ काहा। कहइ कपीस सुनहु नरनाहा॥
जानि न जाइ निसाचर माया। कामरूप केहि कारन आया॥ 3॥
भेद हमार लेन सठ आवा। राखिअ बाँधि मोहि अस भावा॥
सखा नीति तुम्ह नीकि बिचारी। मम पन सरनागत भयहारी॥ 4॥
सुनि प्रभु बचन हरष हनुमाना। सरनागत बच्छल भगवाना॥ 5॥

इस प्रकार प्रेमसहित विचार करते हुए वे शीघ्र ही समुद्र के इस पार (जिधर श्रीरामचंद्रजी की सेना थी) आ गए। वानरों ने विभीषण को आते देखा तो उन्होंने जाना कि शत्रु का कोई खास दूत है॥ 1॥

उन्हें [पहरे पर] ठहराकर वे सुग्रीव के पास आए और उनको सब समाचार कह सुनाए। सुग्रीव ने [श्रीरामजी के पास जाकर] कहा—हे रघुनाथजी! सुनिए, रावण का भाई [आप से] मिलने आया है॥ 2॥

प्रभु श्रीरामजी ने कहा—हे मित्र! तुम क्या समझते हो (तुम्हारी क्या राय है)? वानरराज सुग्रीव ने कहा—हे महाराज! सुनिए, राक्षसों की माया जानी नहीं जाती। यह इच्छानुसार रूप बदलनेवाला (छली) न जाने किस कारण आया है॥ 3॥

[जान पड़ता है] यह मूर्ख हमारा भेद लेने आया है, इसलिए मुझे तो यही अच्छा लगता है कि इसे बाँध रखा जाए। [श्रीरामजी ने कहा—] हे मित्र! तुमने नीति तो अच्छी विचारी! परंतु मेरा प्रण तो है शरणागत के भय को हर लेना!॥ 4॥

प्रभु के वचन सुनकर हनुमान्‌जी हर्षित हुए [और मन-ही-मन कहने लगे कि] भगवान् कैसे शरणागतवत्सल (शरण में आए हुए पर पिता की भाँति प्रेम करनेवाले) हैं॥ 5॥

❖❖❖

दोहा

सरनागत कहुँ जे तजहिं निज अनहित अनुमानि।
ते नर पावँर पापमय तिन्हहि बिलोकत हानि॥ 43॥

[श्रीरामजी फिर बोले—] जो मनुष्य अपने अहित का अनुमान करके शरण में आए हुए का त्याग कर देते हैं, वे पामर (क्षुद्र) हैं, पापमय हैं; उन्हें देखने में भी हानि है (पाप लगता है)॥ 43॥

चौपाई

कोटि बिप्र बध लागहिं जाहू। आएँ सरन तजउँ नहिं ताहू॥
सनमुख होइ जीव मोहि जबहीं। जन्म कोटि अघ नासहिं तबहीं॥ 1॥
पापवंत कर सहज सुभाऊ। भजनु मोर तेहि भाव न काऊ॥
जौं पै दुष्टहृदय सोइ होई। मोरें सनमुख आव कि सोई॥ 2॥
निर्मल मन जन सो मोहि पावा। मोहि कपट छल छिद्र न भावा॥
भेद लेन पठवा दससीसा। तबहुँ न कछु भय हानि कपीसा॥ 3॥
जग महुँ सखा निसाचर जेते। लछिमनु हनइ निमिष महुँ तेते॥
जौं सभीत आवा सरनाईं। रखिहउँ ताहि प्रान की नाईं॥ 4॥

जिसे करोड़ों ब्राह्मणों की हत्या लगी हो, शरण में आने पर मैं उसे भी नहीं त्यागता। जीव ज्यों ही मेरे सम्मुख होता है, त्यों ही उसके करोड़ों जन्मों के पाप नष्ट हो जाते हैं॥ 1॥

पापी का यह सहज स्वभाव होता है कि मेरा भजन उसे कभी नहीं सुहाता। यदि वह (रावण का भाई) निश्चय ही दुष्ट हृदय का होता तो क्या वह मेरो सम्मुख आ सकता था?॥ 2॥

जो मनुष्य निर्मल मन का होता है, वही मुझे पाता है। मुझे कपट और छल-छिद्र नहीं सुहाते। यदि उसे रावण ने भेद लेने को भेजा है, तब भी हे सुग्रीव! अपने को कुछ भी भय या हानि नहीं है॥ 3॥

क्योंकि हे सखे! जगत् में जितने भी राक्षस हैं, लक्ष्मण क्षणभर में उन सबको मार सकते हैं और यदि वह भयभीत होकर मेरे शरण आया है तो मैं उसे प्राणों की तरह रखूँगा॥ 4॥

❖❖❖❖

दोहा

उभय भाँति तेहि आनहु हँसि कह कृपानिकेत।
जय कृपाल कहि कपि चले अंगद हनू समेत॥ 44॥

कृपा के धाम श्रीरामजी ने हँसकर कहा—दोनों ही स्थितियों में उसे ले आओ। तब अंगद और हनुमान्सहित सुग्रीवजी 'कृपालु श्रीराम की जय हो' कहते हुए चले॥ 44॥

चौपाई

सादर तेहि आगें करि बानर। चले जहाँ रघुपति करुनाकर॥
दूरिहि ते देखे द्वौ भ्राता। नयनानंद दान के दाता॥ 1॥
बहुरि राम छबिधाम बिलोकी। रहेउ ठटुकि एकटक पल रोकी॥
भुज प्रलंब कंजारुन लोचन। स्यामल गात प्रनत भय मोचन॥ 2॥
सिंघ कंध आयत उर सोहा। आनन अमित मदन मन मोहा॥
नयन नीर पुलकित अति गाता। मन धरि धीर कही मृदु बाता॥ 3॥
नाथ दसानन कर मैं भ्राता। निसिचर बंस जनम सुरत्राता॥
सहज पापप्रिय तामस देहा। जथा उलूकहि तम पर नेहा॥ 4॥

विभीषणजी को आदरसहित आगे करके वानर फिर वहाँ चले, जहाँ करुणा की खान श्रीरघुनाथजी थे। नेत्रों को आनंद का दान देनेवाले (अत्यंत सुखद) दोनों भाइयों को विभीषणजी ने दूर ही से देखा॥ 1॥

फिर शोभा के धाम श्रीरामजी को देखकर वे पलक [मारना] रोककर ठिठककर (स्तब्ध होकर) एकटक देखते ही रह गए। भगवान् की विशाल भुजाएँ हैं, लाल कमल के समान नेत्र हैं और शरणागत के भय का नाश करनेवाला साँवला शरीर है॥ 2॥

सिंह के-से कंधे हैं, विशाल वक्ष:स्थल (चौड़ी छाती) अत्यंत शोभा दे रहा है। असंख्य कामदेवों के मन को मोहित करनेवाला मुख है। भगवान् के स्वरूप को देखकर विभीषणजी के नेत्रों में [प्रेमाश्रुओं] जल भर आया और शरीर अत्यंत पुलकित हो गया। फिर मन में धीरज धरकर उन्होंने कोमल वचन कहे॥ 3॥

हे नाथ! मैं दशमुख रावण का भाई हूँ। हे देवताओं के रक्षक! मेरा जन्म राक्षसकुल में हुआ है। मेरा तामसी शरीर है, स्वभाव से ही मुझे पाप प्रिय हैं, जैसे उल्लू को अंधकार पर सहज स्नेह होता है॥ 4॥

❖❖❖

दोहा

श्रवन सुजसु सुनि आयउँ प्रभु भंजन भव भीर।
त्राहि त्राहि आरति हरन सरन सुखद रघुबीर॥ 45॥

मैं कानों से आपका सुयश सुनकर आया हूँ कि प्रभु भव (जन्म-मरण) के भय का नाश करनेवाले हैं। हे दुखियों के दु:ख दूर करनेवाले और शरणागत को सुख देनेवाले श्रीरघुवीर! मेरी रक्षा कीजिए, रक्षा कीजिए॥ 45॥

चौपाई

अस कहि करत दंडवत देखा। तुरत उठे प्रभु हरष बिसेषा॥
दीन बचन सुनि प्रभु मन भावा। भुज बिसाल गहि हृदयँ लगावा॥ 1॥
अनुज सहित मिलि ढिग बैठारी। बोले बचन भगत भय हारी॥
कहु लंकेस सहित परिवारा। कुसल कुठाहर बास तुम्हारा॥ 2॥
खल मंडली बसहु दिनु राती। सखा धरम निबहइ केहि भाँती॥
मैं जानउँ तुम्हारि सब रीती। अति नय निपुन न भाव अनीती॥ 3॥
बरु भल बास नरक कर ताता। दुष्ट संग जनि देइ बिधाता॥
अब पद देखि कुसल रघुराया। जौं तुम्ह कीन्हि जानि जन दाया॥ 4॥

प्रभु ने उन्हें ऐसा कहकर दंडवत् करते देखा तो वे अत्यंत हर्षित होकर तुरंत उठे। विभीषणजी के दीन वचन सुनने पर प्रभु के मन को बहुत ही भाए। उन्होंने अपनी विशाल भुजाओं से पकड़कर उनको हृदय से लगा लिया॥ 1॥

छोटे भाई लक्ष्मणजी सहित गले मिलकर उनको अपने पास बैठाकर श्रीरामजी भक्तों के भय को हरनेवाले वचन बोले—हे लंकेश! परिवारसहित अपनी कुशल कहो। तुम्हारा निवास बुरी जगह पर है॥ 2॥

दिन-रात दुष्टों की मंडली में बसते हो। [ऐसी दशा में] हे सखे! तुम्हारा धर्म किस प्रकार निभता है? मैं तुम्हारी सब रीति (आचार-व्यवहार) जानता हूँ। तुम अत्यंत नीतिनिपुण हो, तुम्हें अनीति नहीं सुनाती॥ 3॥

हे तात! नरक में रहना वरं अच्छा है, परंतु विधाता दुष्ट का संग [कभी] न दे। [विभीषणजी ने कहा—] हे रघुनाथजी! अब आपके चरणों का दर्शन कर कुशल से हूँ, जो आपने अपना सेवक जानकर मुझ पर दया की है॥ 4॥

❖❖❖

दोहा

तब लगि कुसल न जीव कहुँ सपनेहुँ मन बिश्राम।
जब लगि भजत न राम कहुँ सोक धाम तजि काम॥ 46॥

तब तक जीव की कुशल नहीं और न स्वप्न में भी उसके मन को शांति है, जब तक वह शोक के घर काम (विषय-कामना) को छोड़कर श्रीरामजी को नहीं भजता॥ 46॥

चौपाई

तब लगि हृदयँ बसत खल नाना। लोभ मोह मच्छर मद माना॥
जब लगि उर न बसत रघुनाथा। धरें चाप सायक कटि भाथा॥ 1॥
ममता तरुन तमी अँधिआरी। राग द्वेष उलूक सुखकारी॥
तब लगि बसति जीव मन माहीं। जब लगि प्रभु प्रताप रबि नाहीं॥ 2॥
अब मैं कुसल मिटे भय भारे। देखि राम पद कमल तुम्हारे॥
तुम्ह कृपाल जा पर अनुकूला। ताहि न ब्याप त्रिबिध भवसूला॥ 3॥
मैं निसिचर अति अधम सुभाऊ। सुभ आचरनु कीन्ह नहिं काऊ॥
जासु रूप मुनि ध्यान न आवा। तेहिं प्रभु हरषि हृदयँ मोहि लावा॥ 4॥

लोभ, मोह, मत्सर (डाह), मद और मान आदि अनेकों दुष्ट तभी तक हृदय में बसते हैं, जब तक कि धनुष-बाण और कमर में तरकस धारण किए हुए श्रीरघुनाथजी हृदय में नहीं बसते॥ 1॥

ममता पूर्ण अँधेरी रात है, जो राग-द्वेषरूपी उल्लुओं को सुख देनेवाली है। वह (ममतारूपी रात्रि) तभी तक जीव के मन में बसती है, जब तक प्रभु (आप) का प्रतापरूपी सूर्य उदय नहीं होता॥ 2॥

हे श्रीरामजी! आपके चरणारविंद के दर्शन कर अब मैं कुशल से हूँ, मेरे भारी भय मिट गए। हे कृपालु! आप जिस पर अनुकूल होते हैं, उसे तीनों प्रकार के भवशूल (आध्यात्मिक, आधिदैविक और आधिभौतिक ताप) नहीं व्यापते॥ 3॥

मैं अत्यंत नीच स्वभाव का राक्षस हूँ। मैंने कभी शुभ आचरण नहीं किया। जिनका रूप मुनियों के भी ध्यान में नहीं आता, उन प्रभु ने स्वयं हर्षित होकर मुझे हृदय से लगा लिया॥ 4॥

❖❖❖

दोहा

अहोभाग्य मम अमित अति राम कृपा सुख पुंज।
देखेउँ नयन बिरंचि सिव सेब्य जुगल पद कंज॥ 47॥

हे कृपा और सुख के पुंज श्रीरामजी! मेरा अत्यंत असीम सौभाग्य है, जो मैंने ब्रह्मा और शिवजी के द्वारा सेवित युगल चरणकमलों को अपने नेत्रों से देखा॥ 47॥

❖❖❖

चौपाई

सुनहु सखा निज कहउँ सुभाऊ। जान भुसुंडि संभु गिरिजाऊ॥
जौं नर होइ चराचर द्रोही। आवै सभय सरन तकि मोही॥ 1॥
तजि मद मोह कपट छल नाना। करउँ सद्य तेहि साधु समाना॥
जननी जनक बंधु सुत दारा। तनु धनु भवन सुहृद परिवारा॥ 2॥

सब कै ममता ताग बटोरी। मम पद मनहि बाँध बरि डोरी॥
समदरसी इच्छा कछु नाहीं। हरष सोक भय नहिं मन माहीं॥ 3॥
अस सज्जन मम उर बस कैसें। लोभी हृदयँ बसइ धनु जैसें॥
तुम्ह सारिखे संत प्रिय मोरें। धरउँ देह नहिं आन निहोरें॥ 4॥

[श्रीरामजी ने कहा—] हे सखा! सुनो, मैं तुम्हें अपना स्वभाव कहता हूँ, जिसे काकभुशुंडि, शिवजी और पार्वतीजी भी जानती हैं। कोई मनुष्य [संपूर्ण] जड़-चेतन जगत् का द्रोही हो, यदि वह भी भयभीत होकर मेरी शरण तककर आ जाए, ॥ 1॥

और मद, मोह तथा नाना प्रकार के छल-कपट त्याग दे तो मैं उसे बहुत शीघ्र साधु के समान कर देता हूँ। माता, पिता, भाई, पुत्र, स्त्री, शरीर, धन, घर, मित्र और परिवार— ॥ 2॥

इन सबके ममत्वरूपी तागों को बटोरकर और उन सबकी एक डोरी बटकर उसके द्वारा जो अपने मन को मेरे चरणों में बाँध देता है (सारे सांसारिक संबंधों का केंद्र मुझे बना लेता है), जो समदर्शी है, जिसे कुछ इच्छा नहीं है और जिसके मन में हर्ष, शोक और भय नहीं है॥ 3॥

ऐसा सज्जन मेरे हृदय में कैसे बसता है, जैसे लोभी के हृदय में धन बसा करता है। तुम-सरीखे संत ही मुझे प्रिय हैं। मैं और किसी के निहोरे से (कृतज्ञतावश) देह धारण नहीं करता॥ 4॥

❖❖❖

दोहा

सगुन उपासक परहित निरत नीति दृढ़ नेम।
ते नर प्रान समान मम जिन्ह कें द्विज पद प्रेम॥ 48॥

जो सगुण (साकार) भगवान् के उपासक हैं, दूसरे के हित में लगे रहते हैं, नीति और नियमों में दृढ़ हैं और जिन्हें ब्राह्मणों के चरणों में प्रेम है, वे मनुष्य मेरे प्राणों के समान हैं॥ 48॥

❖❖❖

चौपाई

सुनु लंकेस सकल गुन तोरें। तातें तुम्ह अतिसय प्रिय मोरें॥
राम बचन सुनि बानर जूथा। सकल कहहिं जय कृपा बरूथा॥ 1॥
सुनत बिभीषनु प्रभु कै बानी। नहिं अघात श्रवनामृत जानी॥
पद अंबुज गहि बारहिं बारा। हृदयँ समात न प्रेमु अपारा॥ 2॥

सुनहु देव सचराचर स्वामी। प्रनतपाल उर अंतरजामी॥
उर कछु प्रथम बासना रही। प्रभु पद प्रीति सरित सो बही॥ 3॥
अब कृपाल निज भगति पावनी। देहु सदा सिव मन भावनी॥
एवमस्तु कहि प्रभु रनधीरा। मागा तुरत सिंधु कर नीरा॥ 4॥
जदपि सखा तव इच्छा नाहीं। मोर दरसु अमोघ जग माहीं॥
अस कहि राम तिलक तेहि सारा। सुमन बृष्टि नभ भई अपारा॥ 5॥

हे लंकापति! सुनो, तुम्हारे अंदर उपर्युक्त सब गुण हैं। इससे तुम मुझे अत्यंत ही प्रिय हो। श्रीरामजी के वचन सुनकर सब वानरों के समूह कहने लगे—कृपा के समूह श्रीरामजीकी जय हो!॥ 1॥

प्रभु की वाणी सुनते हैं और उसे कानों के लिए अमृत जानकर विभीषणजी अघाते नहीं हैं। वे बार-बार श्रीरामजी के चरणकमलों को पकड़ते हैं। अपार प्रेम है, हृदय में समाता नहीं है॥ 2॥

[विभीषणजी ने कहा—] हे देव! हे चराचर जगत् के स्वामी! हे शरणागत के रक्षक! हे सब के हृदय के भीतर की जाननेवाले! सुनिए, मेरे हृदय में पहले कुछ वासना थी, वह प्रभु के चरणों की प्रीतिरूपी नदी में बह गई॥ 3॥

अब तो हे कृपालु! शिवजी के मन को सदैव प्रिय लगनेवाली अपनी पवित्र भक्ति मुझे दीजिए। 'एवमस्तु' (ऐसा ही हो) कहकर रणधीर प्रभु श्रीरामजी ने तुरंत ही समुद्र का जल माँगा॥ 4॥

[और कहा—] हे सखा! यद्यपि तुम्हारी इच्छा नहीं है, पर जगत् में मेरा दर्शन अमोघ है (वह निष्फल नहीं जाता)। ऐसा कहकर श्रीरामजी ने उनको राजतिलक कर दिया। आकाश से पुष्पों की अपार वृष्टि हुई॥ 5॥

❖❖❖

दोहा

रावन क्रोध अनल निज स्वास समीर प्रचंड।
जरत बिभीषनु राखेउ दीन्हेउ राजु अखंड॥ 49 (क)॥
जो संपति सिव रावनहि दीन्हि दिएँ दस माथ।
सोइ संपदा बिभीषनहि सकुचि दीन्हि रघुनाथ॥ 49 (ख)॥

श्रीरामजी ने रावण के क्रोधरूपी अग्नि में, जो अपनी (विभीषण की) श्वास (वचन) रूपी पवन से प्रचंड हो रही थी, जलते हुए विभीषण को बचा लिया और उसे अखंड राज्य दिया॥ 49 (क)॥

शिवजी ने जो संपत्ति रावण को दसों सिरों की बलि देनेपर दी थी, वही संपत्ति श्रीरघुनाथजी ने विभीषण को बहुत सकुचते हुए दी॥ 49(ख)॥

(ङ) राम-राज्य का वर्णन (उत्तरकांड, दोहा–20-23)

मनुष्य की सबसे बड़ी इच्छा यही होती है कि उसके जीवन में सदा सुख-शांति का बसेरा हो। कभी उसे संकट-संघर्ष और दुःख-दैन्य का सामना न करना पड़े। राम-राज्य ने मनुष्य की इस कामना को पूर्ण किया था। राम-राज्य में किसी को किसी भी प्रकार का दैहिक, दैविक या भौतिक संताप नहीं था। सभी प्रसन्न थे, आनंदित थे।

राम-राज्य का वह परम आनंद हमारे जीवन में आए और सदा बना रहे, इस हेतु हमें हर शुभ अवसर पर 'राम-राज्य' प्रसंग का पाठ करना चाहिए।

❖❖❖

दोहा

बरनाश्रम निज निज धरम निरत बेद पथ लोग।
चलहिं सदा पावहिं सुखहि नहिं भय सोक न रोग॥ 20॥

सब लोग अपने-अपने वर्ण और आश्रम के अनुकूल धर्म में तत्पर हुए सदा वेद-मार्ग पर चलते हैं और सुख पाते हैं। उन्हें न किसी बात का भय है, न शोक है और न कोई रोग ही सताता है॥ 20॥

❖❖❖

चौपाई

दैहिक दैविक भौतिक तापा। राम राज नहिं काहुहि ब्यापा॥
सब नर करहिं परस्पर प्रीती। चलहिं स्वधर्म निरत श्रुति नीती॥ 1॥
चारिउ चरन धर्म जग माहीं। पूरि रहा सपनेहुँ अघ नाहीं॥
राम भगति रत नर अरु नारी। सकल परम गति के अधिकारी॥ 2॥
अल्पमृत्यु नहिं कवनिउ पीरा। सब सुंदर सब बिरुज सरीरा॥
नहिं दरिद्र कोउ दुखी न दीना। नहिं कोउ अबुध न लच्छन हीना॥ 3॥
सब निर्दंभ धर्मरत पुनी। नर अरु नारि चतुर सब गुनी॥
सब गुनग्य पंडित सब ग्यानी। सब कृतग्य नहिं कपट सयानी॥ 4॥

'राम-राज्य' में दैहिक, दैविक और भौतिक ताप किसी को नहीं व्यापते। सब मनुष्य परस्पर प्रेम करते हैं और वेदों में बताई हुई नीति (मर्यादा) में तत्पर रहकर अपने-अपने धर्म का पालन करते हैं॥ 1॥

धर्म अपने चारों चरणों (सत्य, शौच, दया और दान) से जगत् में परिपूर्ण हो रहा है; स्वप्न में भी कहीं पाप नहीं है। पुरुष और स्त्री सभी रामभक्ति के परायण हैं और सभी रामभक्ति के परायण हैं और सभी परमगति (मोक्ष) के अधिकारी हैं॥ 2॥

छोटी अवस्था में मृत्यु नहीं होती, न किसी को कोई पीड़ा होती है। सभी के शरीर सुंदर और नीरोग हैं। न कोई दरिद्र है, न दुःखी है और न दीन ही है। न कोई मूर्ख है और न शुभ लक्षणों से हीन ही है॥ 3॥

सभी दंभरहित हैं, धर्मपरायण हैं और पुण्यात्मा हैं। पुरुष और स्त्री सभी चतुर और गुणवान् हैं। सभी गुणों को आदर करनेवाले और पंडित हैं तथा सभी ज्ञानी हैं। सभी कृतज्ञ (दूसरे के लिए हुए उपकार को मानने वाले) हैं, कपट-चतुराई (धूर्धता) किसी में नहीं है॥ 4॥

❖❖❖

दोहा

राम राज नभगेस सुनु सचराचर जग माहिं।
काल कर्म सुभाव गुन कृत दुख काहुहि नाहिं॥ 21॥

[काकभुशुंडिजी कहते हैं—] हे पक्षिराज गरुड़जी! सुनिए। श्रीराम के राज्य में जड़, चेतन सारे जगत् में काल, कर्म, स्वभाव और गुणों से उत्पन्न हुए दुःख किसी को भी नहीं होते (अर्थात् इनके बंधन में कोई नहीं है)॥ 21॥

❖❖❖

चौपाई

भूमि सप्त सागर मेखला। एक भूप रघुपति कोसला॥
भुअन अनेक रोम प्रति जासू। यह प्रभुता कछु बहुत न तासू॥ 1॥
सो महिमा समुझत प्रभु केरी। यह बरनत हीनता घनेरी॥
सोउ महिमा खगेस जिन्ह जानी। फिरि एहिं चरित तिन्हहुँ रति मानी॥ 2॥
सोउ जाने कर फल यह लीला। कहहिं महा मुनिबर दमसीला॥
राम राज कर सुख संपदा। बरनि न सकइ फनीस सारदा॥ 3॥
सब उदार सब पर उपकारी। बिप्र चरन सेवक नर नारी॥
एकनारि ब्रत रत सब झारी। ते मन बच क्रम पति हितकारी॥ 4॥

अयोध्या में श्रीरघुनाथजी सात समुद्रों की मेखला (करधनी) वाली पृथ्वी के एकमात्र राजा हैं। जिनके एक-एक रोम में अनेकों ब्रह्मांड हैं, उनके लिए सात द्वीपों की यह प्रभुता कुछ अधिक नहीं है॥ 1॥

बल्कि प्रभु की उस महिमा को समझ लेने पर तो यह कहने में [कि वे सात समुद्रों से घिरी हुई सप्तद्वीपमयी पृथ्वी के एकच्छत्र सम्राट् हैं] उनकी बड़ी हीनता होती है। परंतु हे गरुड़जी! जिन्होंने वह महिमा जान भी ली है, वे भी फिर इस लीला में बड़ा प्रेम मानते हैं॥ 2॥

क्योंकि उस महिमा को भी जानने का फल यह लीला (इस लीला का अनुभव) ही है, इंद्रियों का दमन करनेवाले श्रेष्ठ महामुनि ऐसा कहते हैं। रामराज्य की सुखसंपत्ति का वर्णन शेषजी और सरस्वतीजी भी नहीं कर सकते॥ 3॥

सभी नर-नारी उदार हैं, सभी परोपकारी हैं और सभी ब्राह्मणों के चरणों के सेवक हैं। सभी पुरुषमात्र एक पत्नीव्रती हैं। इसी प्रकार स्त्रियाँ भी मन, वचन और कर्म से पति का हित करनेवाली हैं॥ 4॥

❖❖❖

दोहा

दंड जतिन्ह कर भेद जहँ नर्तक नृत्य समाज।
जीतहु मनहि सुनिअ अस रामचंद्र कें राज॥ 22॥

श्रीरामचंद्रजी के राज्य में दंड केवल संन्यासियों के हाथों में है और भेद नाचनेवालों के नृत्यसमाज में है और 'जीतो' शब्द केवल मन के जीतने के लिए ही सुनाई पड़ता है (अर्थात् राजनीति में शत्रुओं को जीतने तथा चोर-डाकुओं आदि को दमन करने के लिए साम, दान, दंड और भेद—ये चार उपाय किए जाते हैं। रामराज्य में कोई शत्रु नहीं, इसलिए 'जीतो' शब्द केवल मन के जीतने के लिए कहा जाता है। कोई अपराध करता ही नहीं, इसलिए दंड किसी को नहीं होता; दंड शब्द केवल संन्यासियों के हाथ में रहनेवाले दंड के लिए ही रह गया है। तथा सभी अनुकूल होने के कारण भेदनीति की आवश्यकता ही नही रह गई; 'भेद' शब्द केवल सुर-ताल के भेद के लिए ही कामों में आता है।)॥ 22॥

❖❖❖

चौपाई

फूलहिं फरहिं सदा तरु कानन। रहहिं एक सँग गज पंचानन॥
खग मृग सहज बयरु बिसराई। सबन्हि परस्पर प्रीति बढ़ाई॥ 1॥
कूजहिं खग मृग नाना बृंदा। अभय चरहिं बन करहिं अनंदा॥
सीतल सुरभि पवन बह मंदा। गुंजत अलि लै चलि मकरंदा॥ 2॥
लता बिटप मागें मधु चवहीं। मनभावतो धेनु पय स्रवहीं॥
ससि संपन्न सदा रह धरनी। त्रेताँ भइ कृतजुग कै करनी॥ 3॥

प्रगटीं गिरिन्ह बिबिधि मनि खानी। जगदातमा भूप जग जानी॥
सरिता सकल बहहिं बर बारी। सीतल अमल स्वाद सुखकारी॥ 4॥
सागर निज मरजादाँ रहहीं। डारहिं रत्न तटन्हि नर लहहीं॥
सरसिज संकुल सकल तड़ागा। अति प्रसन्न दस दिसा बिभागा॥ 5॥

वनों में वृक्ष सदा फूलते और फलते हैं। हाथी और सिंह [वैर भूलकर] एक साथ रहते हैं। पक्षी और पशु सभी ने स्वाभाविक वैर भुलाकर आपस में प्रेम बढ़ा लिया है॥ 1॥

पक्षी कूजते (मीठी बोली बोलते) हैं, भाँति-भाँति के पशुओं के समूह वन में निर्भय विचरते और आनंद करते हैं। शीतल, मंद, सुगंधित पवन चलता रहता है। भौंरे पुष्पों का रस लेकर चलते हुए गुंजार करते जाते हैं॥ 2॥

बेलें और वृक्ष माँगने से ही मधु (मकरंद) टपका देते हैं। गौएँ मनचाहा दूध देती हैं। धरती सदा खेती से भरी रहती है। त्रेता में सत्ययुग की करनी (स्थिति) हो गई॥ 3॥

समस्त जगत् के आत्मा भगवान् को जगत् का राजा जानकर पर्वतों ने अनेक प्रकार की मणियों की खानें प्रकट कर दीं। सब नदियाँ श्रेष्ठ शीतल, निर्मल और सुखप्रद स्वादिष्ट जल बहाने लगीं॥ 4॥

समुद्र अपनी मर्यादा में रहते हैं। वे लहरों के द्वारा किनारों पर रत्न डाल देते हैं, जिन्हें मनुष्य पा जाते हैं। सब तालाब कमलों से परिपूर्ण हैं। दसों दिशाओं के विभाग (अर्थात् सभी प्रदेश) अत्यंत प्रसन्न हैं॥ 5॥

❖❖❖

दोहा

बिधु महि पूर मयूखन्हि रबि तप जेतनेहि काज।
मागें बारिद देहिं जल रामचंद्र कें राज॥ 23॥

श्रीरामचंद्रजी के राज्य में चंद्रमा अपनी [अमृतमयी] किरणों से पृथ्वी को पूर्ण कर देते हैं। सूर्य उतना ही तपते हैं जितने की आवश्यकता होती है और मेघ माँगने से [जब जहाँ जितना चाहिए उतना ही] जल देते है॥ 23॥

(च) काकभुशुंडि द्वारा ज्ञान-भक्ति-निरूपण, गरुड़ जी के सात प्रश्न तथा काकभुशुंडि के उत्तर (उत्तरकांड, दोहा–114-122)

इस अंश में काकभुशुंडिजी गरुड़जी के समक्ष आध्यात्मिक उत्थान के दो प्रमुख मार्गों–ज्ञान और भक्ति की विवेचना करते हुए भक्ति का यशोगान करते हैं।

साथ ही गरुड़जी के सात प्रश्नों—1. सबसे दुर्लभ कौन सा शरीर हैं, 2. सबसे बड़ा दु:ख कौन है, 3. सबसे बड़ा सुख कौन है, 4. संत-असंत का भेद क्या है, 5. सबसे महान् पुण्य कौन सा है, 6. सबसे भयंकर पाप कौन है तथा 7. मानस-रोग क्या हैं—के उत्तर देते हैं।

ये सारे उत्तर हमारे जीवन के लिए परम उपयोगी हैं। इनमें जीवन के सार-तत्त्व को बहुत सरल किंतु प्रभावी ढंग से समझाया गया है। शुभ अवसर पर इस अंश का पाठ करने से जीवन की नकारात्मक वृत्तियों को दूर करने और सकारात्मक गुणों के संचयन का भाव पैदा होता है जिससे जीवन अधिक पवित्र व श्रेष्ठ बन सकता है।

दु:ख या किसी की मृत्यु के अवसर पर इसे पढ़कर जीवन के हर विषाद और अवसाद को दूर करने का साहस प्राप्त होता है।

❖❖❖

दोहा

ताते यह तन मोहि प्रिय भयउ राम पद नेह।
निज प्रभु दरसन पायउँ गए सकल संदेह॥ 114 (क)॥

मुझे अपना यह काकशरीर इसीलिए प्रिय है कि इसमें मुझे श्रीरामजी के चरणों का प्रेम प्राप्त हुआ। इसी शरीर से मैंने अपने प्रभु के दर्शन पाए और मेरे सब संदेह जाते रहे (दूर हुए)॥ 114 (क)॥

❖❖❖

दोहा

भगति पच्छ हठ करि रहेउँ दीन्हि महारिषि साप।
मुनि दुर्लभ बर पायउँ देखहु भजन प्रताप॥ 114 (ख)॥

मैं हठ करके भक्तिपक्ष पर अड़ा रहा, जिससे महर्षि लोमश ने मुझे शाप दिया; परंतु उसका फल यह हुआ कि जो मुनियों को भी दुर्लभ है, वह वरदान मैंने पाया। भजन का प्रताप तो देखिए!॥ 114 (ख)॥

❖❖❖

चौपाई

जे असि भगति जानि परिहरहीं। केवल ग्यान हेतु श्रम करहीं॥
ते जड़ कामधेनु गृहँ त्यागी। खोजत आकु फिरहिं पय लागी॥ 1॥
सुनु खगेस हरि भगति बिहाई। जे सुख चाहहिं आन उपाई॥
ते सठ महासिंधु बिनु तरनी। पैरि पार चाहहिं जड़ करनी॥ 2॥

सुनि भसुंडि के बचन भवानी। बोलेउ गरुड़ हरषि मृदु बानी॥
तव प्रसाद प्रभु मम उर माहीं। संसय सोक मोह भ्रम नाहीं॥ 3॥
सुनेउँ पुनीत राम गुन ग्रामा। तुम्हरी कृपाँ लहेउँ बिश्रामा॥
एक बात प्रभु पूँछउँ तोही। कहहु बुझाइ कृपानिधि मोही॥ 4॥
कहहिं संत मुनि बेद पुराना। नहिं कछु दुर्लभ ग्यान समाना॥
सोइ मुनि तुम्ह सन कहेउ गोसाईं। नहिं आदरेहु भगति की नाईं॥ 5॥
ग्यानहि भगतिहि अंतर केता। सकल कहहु प्रभु कृपा निकेता॥
सुनि उरगारि बचन सुख माना। सादर बोलेउ काग सुजाना॥ 6॥
भगतिहि ग्यानहि नहिं कछु भेदा। उभय हरहिं भव संभव खेदा॥
नाथ मुनीस कहहिं कछु अंतर। सावधान सोउ सुनु बिहंगबर॥ 7॥
ग्यान बिराग जोग बिग्याना। ए सब पुरुष सुनहु हरिजाना॥
पुरुष प्रताप प्रबल सब भाँती। अबला अबल सहज जड़ जाती॥ 8॥

जो भक्ति की ऐसी महिमा जानकर भी उसे छोड़ देते हैं और केवल ज्ञान के लिए श्रम (साधन) करते हैं, वे मूर्ख घर पर खड़ी हुई कामधेनु को छोड़कर दूध के लिए मदार के पेड़ को खोजते फिरते हैं॥ 1॥

हे पक्षिराज! सुनिए, जो लोग श्रीहरि की भक्ति को छोड़कर दूसरे उपायों से सुख चाहते हैं, वे मूर्ख और जड़ करनीवाले (अभागे) बिना ही जहाज के तैरकर महासमुद्र के पार जाना चाहते हैं॥ 2॥

[शिवजी कहते हैं—] हे भवानी! भुशुंडि के वचन सुनकर गरुड़जी हर्षित होकर कोमल वाणी से बोले—हे प्रभो! आपके प्रसाद से मेरे हृदय में अब संदेह, शोक, मोह और भ्रम कुछ भी नहीं रह पाया॥ 3॥

मैंने आपकी कृपा से श्रीरामचंद्रजी के पवित्र गुणसमूहों को सुना और शांति प्राप्त की। हे प्रभो! अब मैं आपसे एक बात और पूछता हूँ। हे कृपासागर! मुझे समझाकर कहिए॥ 4॥

संत, मुनि, वेद और पुराण यह कहते हैं कि ज्ञान के समान दुर्लभ कुछ भी नहीं है। हे गोसाईं! वही ज्ञान मुनि ने आपसे कहा, परंतु आपने भक्ति के समान उसका आदर नहीं किया॥ 5॥

हे कृपा के धाम! हे प्रभो! ज्ञान और भक्ति में कितना अंतर है? यह सब मुझसे कहिए। गरुड़जी के वचन सुनकर सुजान काकभुशुंडिजी ने सुख माना और आदर के साथ कहा—॥ 6॥

भक्ति और ज्ञान में कुछ भी भेद नहीं है। दोनों ही संसार से उत्पन्न क्लेशों

को हर लेते हैं। हे नाथ! मुनीश्वर इनमें कुछ अंतर बतलाते हैं। हे पक्षिश्रेष्ठ! उसे सावधान होकर सुनिए॥ 7॥

हे हरिवाहन! सुनिए; ज्ञान, वैराग्य, योग, विज्ञान—ये सब पुरुष हैं; पुरुष का प्रताप सब प्रकार से प्रबल होता है। अबला (माया) स्वाभाविक ही निर्बल और जाति (जन्म) से ही जड़ (मूर्ख) होती है॥ 8॥

❖❖❖

दोहा

पुरुष त्यागि सक नारिहि जो बिरक्त मति धीर।
न तु कामी बिषयाबस बिमुख जो पद रघुबीर॥ 115 (क)॥

परंतु जो वैराग्यवान् और धीरबुद्धि पुरुष हैं वही स्त्री को त्याग सकते हैं, न कि वे कामी पुरुष, जो विषयों के वश में है (उनके गुलाम हैं) और श्रीरघुवीर के चरणों से विमुख हैं॥ 115 (क)॥

❖❖❖

सोरठा

सोउ मुनि ग्याननिधान मृगनयनी बिधु मुख निरखि।
बिबस होइ हरिजान नारि बिष्नु माया प्रगट॥ 115 (ख)॥

वे ज्ञान के भंडार मुनि भी मृगनयनी (युवती स्त्री) के चंद्रमुख को देखकर विवश (उसके अधीन) हो जाते हैं। हे गरुड़जी! साक्षात् भगवान् विष्णु की माया ही स्त्रीरूप से प्रकट है॥ 115 (ख)॥

❖❖❖

चौपाई

इहाँ न पच्छपात कछु राखउँ। बेद पुरान संत मत भाषउँ॥
मोह न नारि नारि कें रूपा। पन्नगारि यह रीति अनूपा॥ 1॥
माया भगति सुनहु तुम्ह दोऊ। नारि बर्ग जानइ सब कोऊ॥
पुनि रघुबीरहि भगति पिआरी। माया खलु नर्तकी बिचारी॥ 2॥
भगतिहि सानुकूल रघुराया। ताते तेहि डरपति अति माया॥
राम भगति निरुपम निरुपाधी। बसइ जासु उर सदा अबाधी॥ 3॥
तेहि बिलोकि माया सकुचाई। करि न सकइ कछु निज प्रभुताई॥
अस बिचारि जे मुनि बिग्यानी। जाचहिं भगति सकल सुख खानी॥ 4॥

यहाँ मैं कुछ पक्षपात नहीं रखता। वेद, पुराण और संतों का मत (सिद्धांत) ही कहता हूँ। हे गरुड़जी! यह अनुपम (विलक्षण) रीति है कि एक स्त्री के रूप

पर दूसरी स्त्री मोहित नहीं होती॥ 1॥

आप सुनिए, माया और भक्ति—ये दोनों ही स्त्रीवर्ग की हैं, यह सब कोई जानते हैं। फिर श्रीरघुवीर को भक्ति प्यारी है। माया बेचारी तो निश्चय ही नाचनेवाली (नटिनीमात्र) है॥ 2॥

श्रीरघुनाथजी भक्ति के विशेष अनुकूल रहते हैं। इसी से माया उससे अत्यंत डरती रहती है। जिसके हृदय में उपमारहित और उपाधिरहित (विशुद्ध) रामभक्ति सदा बिना किसी बाधा (रोक-टोक) के बसती है;॥ 3॥

उसे देखकर माया सकुचा जाती है। उस पर वह अपनी प्रभुता कुछ भी नहीं कर (चला) सकती। ऐसा विचार कर ही जो विज्ञानी मुनि हैं, वे भी सब सुखों की खानि भक्ति की ही याचना करते हैं॥ 4॥

❖❖❖

दोहा

यह रहस्य रघुनाथ कर बेगि न जानइ कोइ।
जो जानइ रघुपति कृपाँ सपनेहुँ मोह न होइ॥ 116 (क)॥
औरउ ग्यान भगति कर भेद सुनहु सुप्रबीन।
जो सुनि होइ राम पद प्रीति सदा अबिछीन॥ 116 (ख)॥

श्रीरघुनाथजी का यह रहस्य (गुप्त मर्म) जल्दी कोई भी नहीं जान पाता। श्रीरघुनाथजी की कृपा से जो इसे जान जाता है, उसे स्वप्न में भी मोह नहीं होता॥ 116 (क)॥

हे सुचतुर गरुड़जी! ज्ञान और भक्ति का और भी भेद सुनिए, जिसके सुनने से श्रीरामजी के चरणों में सदा अविच्छिन्न (एकतार) प्रेम हो जाता है॥ 116(ख)॥

❖❖❖

चौपाई

सुनहु तात यह अकथ कहानी। समुझत बनइ न जाइ बखानी॥
ईस्वर अंस जीव अबिनासी। चेतन अमल सहज सुखरासी॥ 1॥
सो मायाबस भयउ गोसाईं। बँध्यो कीर मरकट की नाईं॥
जड़ चेतनहि ग्रंथि परि गई। जदपि मृषा छूटत कठिनई॥ 2॥
तब ते जीव भयउ संसारी। छूट न ग्रंथि न होइ सुखारी॥
श्रुति पुरान बहु कहेउ उपाई। छूट न अधिक अधिक अरुझाई॥ 3॥
जीव हृदयँ तम मोह बिसेषी। ग्रंथि छूट किमि परइ न देखी॥
अस संजोग ईस जब करई। तबहुँ कदाचित सो निरुअरई॥ 4॥

सात्त्विक श्रद्धा धेनु सुहाई। जौं हरि कृपाँ हृदयँ बस आई॥
जप तप ब्रत जम नियम अपारा। जे श्रुति कह सुभ धर्म अचारा॥ 5॥
तेइ तृन हरित चरै जब गाई। भाव बच्छ सिसु पाइ पेन्हाई॥
नोइ निबृत्ति पात्र बिस्वासा। निर्मल मन अहीर निज दासा॥ 6॥
परम धर्ममय पय दुहि भाई। अवटै अनल अकाम बनाई॥
तोष मरुत तब छमाँ जुड़ावै। धृति सम जावनु देइ जमावै॥ 7॥
मुदिताँ मथै बिचार मथानी। दम अधार रजु सत्य सुबानी॥
तब मथि काढ़ि लेइ नवनीता। बिमल बिराग सुभग सुपुनीता॥ 8॥

हे तात! यह अकथनीय कहानी (वार्ता) सुनिए। यह समझते ही बनती है, कही नहीं जा सकती। जीव ईश्वर का अंश है। [अतएव] वह अविनाशी, चेतन, निर्मल और स्वभाव से ही सुख की राशि है॥ 1॥

हे गोसाईं! वह माया के वशीभूत होकर तोते और वानर की भाँति अपने-आप ही बँध गया। इस प्रकार जड़ और चेतन में ग्रंथि (गाँठ) पड़ गई। यद्यपि वह ग्रंथि मिथ्या ही है, तथापि उसके छूटने में कठिनता है॥ 2॥

तभी से जीव संसारी (जन्मने-मरनेवाला) हो गया। अब न तो गाँठ छूटती है और न वह सुखी होता है। वेदों और पुराणों ने बहुत से उपाय बतलाए हैं, पर वह (ग्रंथि) छूटती नहीं वरं अधिकाधिक उलझती ही जाती है॥ 3॥

जीव के हृदय में अज्ञानरूपी अंधकार विशेषरूप से छा रहा है, इससे गाँठ देख ही नहीं पड़ती, छूटे तो कैसे? जब कभी ईश्वर ऐसा संयोग (जैसा आगे कहा जाता है) उपस्थित कर देते हैं तब भी कदाचित् ही वह (ग्रंथि) छूट पाती है॥ 4॥

श्रीहरि की कृपा से यदि सात्त्विकी श्रद्धारूपी सुंदर गौ हृदयरूपी घर में आकर बस जाए; असंख्यों जप, तप, व्रत, यम और नियमादि शुभ धर्म और आचार (आचरण), जो श्रुतियों ने कहे हैं,॥ 5॥

उन्हीं [धर्माचाररूपी] हरे तृणों (घास) को जब वह गौ चरे और आस्तिक भावरूपी छोटे बछड़े को पाकर वह पेन्हावे। निवृत्ति (सांसारिक विषयों से और प्रपंच से हटना) नोई (गौ के दूहते समय पिछले पैर बाँधने की रस्सी) है, विश्वास [दूध दूहने का] बरतन है, निर्मल (निष्पाप) मन जो स्वयं अपना दास है (अपने वश में है), दुहनेवाला अहीर है॥ 6॥

हे भाई! इस प्रकार (धर्माचार में प्रवृत्त सात्त्विकी श्रद्धारूपी गौ से भाव, निवृत्ति और वश में किए हुए निर्मल मन की सहायता से) परम धर्ममय दूध दुहकर उसे निष्काम भावरूपी अग्निपर भली-भाँति औटावे। फिर क्षमा और संतोषरूपी हवा से उसे ठंडा करे और धैर्य तथा शम (मन का निग्रह) रूपी जामन देकर उसे जमावे॥ 7॥

तब मुदिता (प्रसन्नता) रूपी कमोरी में तत्त्व विचाररूपी मथानी से दम (इंद्रिय-दमन) के आधार पर (दमरूपी खंभे आदि के सहारे) सत्य और सुंदर वाणीरूपी रस्सी लगाकर उसे मथे और मथकर तब उसमें से निर्मल, सुंदर और अत्यंत पवित्र वैराग्यरूपी मक्खन निकाल ले॥ 8॥

❖❖❖

दोहा

जोग अगिनि करि प्रगट तब कर्म सुभासुभ लाइ।
बुद्धि सिरावै ग्यान घृत ममता मल जरि जाइ॥ 117 (क)॥
तब बिग्यानरूपिनी बुद्धि बिसद घृत पाइ।
चित्त दिआ भरि धरै दृढ़ समता दिअटि बनाइ॥ 117 (ख)॥
तीनि अवस्था तीनि गुन तेहि कपास तें काढ़ि।
तूल तुरीय सँवारि पुनि बाती करै सुगाढ़ि॥ 117 (ग)॥

तब योगरूपी अग्नि प्रकट करके उसमें समस्त शुभाशुभ कर्मरूपी ईंधन लगा दे (सब कर्मों को योगरूपी अग्नि में भस्म कर दे)। जब [वैराग्यरूपी मक्खन का] ममतारूपी मल जल जाए, तब [बचे हुए] ज्ञानरूपी घी को [निश्चयात्मिक] बुद्धि से ठंडा करे॥ 117 (क)॥

तब विज्ञानरूपिणी बुद्धि उस [ज्ञानरूपी] निर्मल घी को पाकर उससे चित्तरूपी दिए को भरकर, समता की दीवट बनाकर, उस पर उसे दृढ़तापूर्वक (जमाकर) रखे॥ 117 (ख)॥

[जाग्रत, स्वप्न और सुषुप्ति] तीनों अवस्थाएँ और [सत्त्व, रज और तम] तीनों गुणरूपी कपास से तुरीयावस्थारूपी रूई को निकालकर और फिर उसे सँवारकर उसकी सुंदर कड़ी बत्ती बनावे॥ 117 (ग)॥

❖❖❖

सोरठा

एहि बिधि लेसै दीप तेज रासि बिग्यानमय।
जातहिं जासु समीप जरहिं मदादिक सलभ सब॥ 117 (घ)॥

इस प्रकार तेज की राशि विज्ञानमय दीपक को जलावे, जिसके समीप जाते ही मद आदि सब पतंगे जल जायँ॥ 117 (घ)॥

❖❖❖

चौपाई

सोहमस्मि इति बृत्ति अखंडा। दीप सिखा सोइ परम प्रचंडा॥
आतम अनुभव सुख सुप्रकासा। तब भव मूल भेद भ्रम नासा॥ 1॥

प्रबल अबिद्या कर परिवारा। मोह आदि तम मिटइ अपारा॥
तब सोइ बुद्धि पाइ उँजिआरा। उर गृहँ बैठि ग्रंथि निरुआरा॥ 2॥
छोरन ग्रंथि पाव जौं सोई। तब यह जीव कृतारथ होई॥
छोरत ग्रंथि जानि खगराया। बिघ्न अनेक करइ तब माया॥ 3॥
रिद्धि सिद्धि प्रेरइ बहु भाई। बुद्धिहि लोभ दिखावहिं आई॥
कल बल छल करि जाहिं समीपा। अंचल बात बुझावहिं दीपा॥ 4॥
होइ बुद्धि जौं परम सयानी। तिन्ह तन चितव न अनहित जानी॥
जौं तेहि बिघ्न बुद्धि नहिं बाधी। तौ बहोरि सुर करहिं उपाधी॥ 5॥
इंद्री द्वार झरोखा नाना। तहँ तहँ सुर बैठे करि थाना॥
आवत देखहिं बिषय बयारी। ते हठि देहिं कपाट उघारी॥ 6॥
जब सो प्रभंजन उर गृहँ जाई। तबहिं दीप बिग्यान बुझाई॥
ग्रंथि न छूटि मिटा सो प्रकासा। बुद्धि बिकल भइ बिषय बतासा॥ 7॥
इंद्रिन्ह सुरन्ह न ग्यान सोहाई। बिषय भोग पर प्रीति सदाई॥
बिषय समीर बुद्धि कृत भोरी। तेहि बिधि दीप को बार बहोरी॥ 8॥

'सोऽहमस्मि' (वह ब्रह्म मैं हूँ) यह जो अखंड (तैलधारावत् कभी न टूटनेवाली) वृत्ति है, वही [उस ज्ञानदीपक की] परम प्रचंड दीपशिखा (लौ) है। [इस प्रकार] जब आत्मानुभव के सुख का सुंदर प्रकाश फैलता है, तब संसार के मूल भेदरूपी भ्रम का नाश हो जाता है,॥ 1॥

और महान् बलवती अविद्या के परिवार मोह आदि का अपार अंधकार मिट जाता है। तब वही (विज्ञानरूपिणी) बुद्धि [आत्मानुभवरूप] प्रकाश को पाकर हृदयरूपी घर में बैठकर उस जड़-चेतन की गाँठ को खोलती है॥ 2॥

यदि वह (विज्ञानरूपिणी बुद्धि) उस गाँठ को खोलने पावे, तब यह जीव कृतार्थ हो। परंतु हे पक्षिराज गरुड़जी! गाँठ खोलते हुए जानकर माया फिर अनेकों विघ्न करती है॥ 3॥

हे भाई! वह बहुत सी ऋद्धि-सिद्धियों को भेजती है, जो आकर बुद्धि को लोभ दिखाती हैं और वे ऋद्धि-सिद्धियाँ कल (कला), बल और छल करके समीप जाती और आँचल की वायु से उस ज्ञानरूपी दीपक को बुझा देती हैं॥ 4॥

यदि बुद्धि बहुत ही सयानी हुई, तो वह उन (ऋद्धि-सिद्धियों) को अहितकर (हानिकर) समझकर उनकी ओर ताकती नहीं। इस प्रकार यदि माया के विघ्नों से बुद्धि को बाधा न हुई, तो फिर देवता उपाधि (विघ्न) करते हैं॥ 5॥

इंद्रियों के द्वार हृदयरूपी घर के अनेकों झरोखे हैं। वहाँ-वहाँ (प्रत्येक झरोखे

पर) देवता थाना किए (अड्डा जमाकर) बैठे हैं। ज्यों ही वे विषयरूपी हवा को आते देखते हैं, त्यों ही हठपूर्वक किवाड़ खोल देते हैं॥ 6॥

ज्यों ही वह तेज हवा हृदयरूपी घर में जाती हैं, त्यों ही वह विज्ञानरूपी दीपक बुझ जाता है। गाँठ भी नहीं छूटी और वह (आत्मानुभवरूप) प्रकाश भी मिट गया। विषयरूपी हवा से बुद्धि व्याकुल हो गई (सारा किया-कराया चौपट हो गया)॥ 7॥

इंद्रियों और उनके देवताओं का ज्ञान [स्वाभाविक ही] नहीं सुहाता; क्योंकि उनकी विषय-भोगों में सदा ही प्रीति रहती है और बुद्धि को भी विषयरूपी हवा ने बावली बना दिया। तब फिर (दुबारा) उस ज्ञानदीपक को उसी प्रकार से कौन जलावे?॥ 8॥

❖❖❖

दोहा

तब फिरि जीव बिबिधि बिधि पावइ संसृति क्लेस।
हरि माया अति दुस्तर तरि न जाइ बिहगेस॥ 118 (क)॥
कहत कठिन समुझत कठिन साधत कठिन बिबेक।
होइ घुनाच्छर न्याय जौं पुनि प्रत्यूह अनेक॥ 118 (ख)॥

[इस प्रकार ज्ञान दीपक के बुझ जाने पर] तब फिर जीव अनेकों प्रकार से संसृति (जन्म-मरणादि) के क्लेश पाता है। हे पक्षिराज! हरि की माया अत्यंत दुस्तर है, वह सहज ही में तरी नहीं जा सकती॥ 118 (क)॥

ज्ञान कहने (समझाने) में कठिन, समझने में कठिन और साधने में भी कठिन है। यदि घुणाक्षरन्याय से (संयोगवश) कदाचित् यह ज्ञान हो भी जाए, तो फिर [उसे बचाए रखने में] अनेकों विघ्न हैं॥ 118 (ख)॥

❖❖❖

चौपाई

ग्यान पंथ कृपान कै धारा। परत खगेस होइ नहिं बारा॥
जो निर्बिघ्न पंथ निर्बहई। सो कैवल्य परम पद लहई॥ 1॥
अति दुर्लभ कैवल्य परम पद। संत पुरान निगम आगम बद॥
राम भजत सोइ मुकुति गोसाईं। अनइच्छित आवइ बरिआईं॥ 2॥
जिमि थल बिनु जल रहि न सकाई। कोटि भाँति कोउ करै उपाई॥
तथा मोच्छ सुख सुनु खगराई। रहि न सकइ हरि भगति बिहाई॥ 3॥
अस बिचारि हरि भगत सयाने। मुक्ति निरादर भगति लुभाने॥
भगति करत बिनु जतन प्रयासा। संसृति मूल अबिद्या नासा॥ 4॥

भोजन करिअ तृपिति हित लागी। जिमि सो असन पचवै जठरागी॥
असि हरि भगति सुगम सुखदाई। को अस मूढ़ न जाहि सोहाई॥ 5॥

ज्ञान का मार्ग कृपाण (दुधारी तलवार) की धार के समान है। हे पक्षिराज! इस मार्ग से गिरते देर नहीं लगती। जो इस मार्ग को निर्विघ्न निबाह ले जाता है, वही कैवल्य (मोक्ष) रूप परमपद को प्राप्त करता है॥ 1॥

संत, पुराण, वेद और [तंत्र आदि] शास्त्र [सब] यह कहते हैं कि कैवल्यरूप परमपद अत्यंत दुर्लभ है; किंतु हे गोसाईं! वही [अत्यंत दुर्लभ] मुक्ति श्रीरामजी को भजने से बिना इच्छा किए भी जबरदस्ती आ जाती है॥ 2॥

जैसे स्थल के बिना जल नहीं रह सकता, चाहे कोई करोड़ों प्रकार के उपाय क्यों न करे। वैसे ही, हे पक्षिराज! सुनिए, मोक्षसुख भी श्रीहरि की भक्ति को छोड़कर नहीं रह सकता॥ 3॥

ऐसा विचारकर बुद्धिमान् हरिभक्त भक्ति पर लुभाए रहकर मुक्ति का तिरस्कार कर देते हैं। भक्ति करने से संसृति (जन्म-मृत्युरूप संसार) की जड़ अविद्या बिना ही यत्न और परिश्रम के (अपने-आप) वैसे ही नष्ट हो जाती है,॥ 4॥

जैसे भोजन किया तो जाता है तृप्ति के लिए और उस भोजन को जठराग्नि अपने-आप (बिना हमारी चेष्टा के) पचा डालती है, ऐसी सुगम और परम सुख देनेवाली हरिभक्ति जिसे न सुहावे, ऐसा मूढ़ कौन होगा?॥ 5॥

❖❖❖

दोहा

सेवक सेब्य भाव बिनु भव न तरिअ उरगारि।
भजहु राम पद पंकज अस सिद्धांत बिचारि॥ 119 (क)॥
जो चेतन कहँ जड़ करइ जड़हि करइ चैतन्य।
अस समर्थ रघुनायकहि भजहिं जीव ते धन्य॥ 119 (ख)॥

हे सर्पों के शत्रु गरुड़जी! मैं सेवक हूँ और भगवान् मेरे सेव्य (स्वामी) हैं, इस भाव के बिना संसाररूपी समुद्र के तरना नहीं हो सकता। ऐसा सिद्धांत विचारकर श्रीरामचंद्रजी के चरणकमलों का भजन कीजिए॥ 119 (क)॥

जो चेतन को जड़ कर देता है और जड़ को चेतन कर देता है, ऐसे समर्थ श्रीरघुनाथजी को जो जीव भजते हैं, वे धन्य हैं॥ 119 (ख)॥

❖❖❖

चौपाई

कहेउँ ग्यान सिद्धांत बुझाई। सुनहु भगति मनि कै प्रभुताई॥
राम भगति चिंतामनि सुंदर। बसइ गरुड़ जाके उर अंतर॥ 1॥

परम प्रकास रूप दिन राती। नहिं कछु चहिअ दिआ घृत बाती॥
मोह दरिद्र निकट नहिं आवा। लोभ बात नहिं ताहि बुझावा॥ 2॥
प्रबल अबिद्या तम मिटि जाई। हारहिं सकल सलभ समुदाई॥
खल कामादि निकट नहिं जाहीं। बसइ भगति जाके उर माहीं॥ 3॥
गरल सुधासम अरि हित होई। तेहि मनि बिनु सुख पाव न कोई॥
ब्यापहिं मानस रोग न भारी। जिन्ह के बस सब जीव दुखारी॥ 4॥
राम भगति मनि उर बस जाकें। दुख लवलेस न सपनेहुँ ताकें॥
चतुर सिरोमनि तेइ जग माहीं। जे मनि लागि सुजतन कराहीं॥ 5॥
सो मनि जदपि प्रगट जग अहई। राम कृपा बिनु नहिं कोउ लहई॥
सुगम उपाय पाइबे केरे। नर हतभाग्य देहिं भटभेरे॥ 6॥
पावन पर्बत बेद पुराना। राम कथा रुचिराकर नाना॥
मर्मी सज्जन सुमति कुदारी। ग्यान बिराग नयन उरगारी॥ 7॥
भाव सहित खोजइ जो प्रानी। पाव भगति मनि सब सुख खानी॥
मोरें मन प्रभु अस बिस्वासा। राम ते अधिक राम कर दासा॥ 8॥
राम सिंधु घन सज्जन धीरा। चंदन तरु हरि संत समीरा॥
सब कर फल हरि भगति सुहाई। सो बिनु संत न काहूँ पाई॥ 9॥
अस बिचारि जोइ कर सतसंगा। राम भगति तेहि सुलभ बिहंगा॥ 10॥

मैंने ज्ञान का सिद्धांत समझाकर कहा। अब भक्तिरूपी मणि की प्रभुता (महिमा) सुनिए। श्रीरामजी की भक्ति सुंदर चिंतामणि है। हे गरुड़जी! यह जिसके हृदय के अंदर बसती है॥ 1॥

वह दिन-रात [अपने आप ही] परम प्रकाशरूप रहता है। उसको दीपक, घी और बत्ती कुछ भी नहीं चाहिए। [इस प्रकार मणि का एक तो स्वाभाविक प्रकाश रहता है] फिर मोहरूपी दरिद्रता समीप नहीं आती [क्योंकि मणि स्वयं धनरूप है]; और [तीसरे] लोभरूपी हवा उस मणिमय दीप को बुझा नहीं सकती [क्योंकि मणि स्वयं प्रकाशरूप है, वह किसी दूसरे की सहायता से नहीं प्रकाश करती]॥ 2॥

[उसके प्रकाश से] अविद्या का प्रबल अंधकार मिट जाता है। मदादि पतंगों का सारा समूह हार जाता है। जिसके हृदय में भक्ति बसती है, काम, क्रोध और लोभ आदि दुष्ट तो उसके पास भी नहीं जाते॥ 3॥

उसके लिए विष अमृत के समान और शत्रु मित्र हो जाता है। उस मणि के बिना कोई सुख नहीं पाता। बड़े-बड़े मानस रोग, जिनके वश होकर सब जीव दुखी हो रहे हैं, उसको नहीं व्यापते॥ 4॥

श्रीराम-भक्तिरूपी मणि जिसके हृदय में बसती है, उसे स्वप्न में भी लेशमात्र दुःख नहीं होता। जगत् में वे ही मनुष्य चतुरों के शिरोमणि हैं जो उस भक्तिरूपी मणि के लिए भली-भाँति यत्न करते हैं॥ 5॥

यद्यपि वह मणि जगत् में प्रकट (प्रत्यक्ष) है, पर बिना श्रीरामजी की कृपा के उसे कोई पा नहीं सकता। उसके पाने के उपाय भी सुगम ही हैं, पर अभागे मनुष्य उन्हें ठुकरा देते हैं॥ 6॥

वेद-पुराण पवित्र पर्वत हैं। श्रीरामजी की नाना प्रकार की कथाएँ उन पर्वतों में सुंदर खानें हैं। संत पुरुष [उनकी इन खानों के रहस्य को जाननेवाले] मर्मी हैं और सुंदर बुद्धि [खोदनेवाली] कुदाल है। हे गरुड़जी! ज्ञान और वैराग्य—ये दो उनके नेत्र हैं॥ 7॥

जो प्राणी उसे प्रेम के साथ खोजता है, वह सब सुखों की खान इस भक्तिरूपी मणि को पा जाता है। हे प्रभो! मेरे मन में तो ऐसा विश्वास है कि श्रीरामजी के दास श्रीरामजी से भी बढ़कर हैं॥ 8॥

श्रीरामचंद्रजी समुद्र हैं तो धीर संत पुरुष मेघ हैं। श्रीहरि चंदन के वृक्ष हैं तो संत पवन हैं। सब साधनों का फल सुंदर हरिभक्ति ही है। उसे संत के बिना किसी ने नहीं पाया॥ 9॥

ऐसा विचारकर जो भी संतों का संग करता है, हे गरुड़जी! उसके लिए श्रीरामजी की भक्ति सुलभ हो जाती है॥ 10॥

❖❖❖

दोहा

ब्रह्म पयोनिधि मंदर ग्यान संत सुर आहिं।
कथा सुधा मथि काढ़हिं भगति मधुरता जाहिं॥ 120 (क)॥
बिरति चर्म असि ग्यान मद लोभ मोह रिपु मारि।
जय पाइअ सो हरि भगति देखु खगेस बिचारि॥ 120 (ख)॥

ब्रह्म (वेद) समुद्र है, ज्ञान मंदराचल है और संत देवता हैं, जो उस समुद्र को मथकर कथारूपी अमृत निकालते हैं, जिसमें भक्तिरूपी मधुरता बसी रहती है॥ 120 (क)॥

वैराग्यरूपी ढाल से अपने को बचाते हुए और ज्ञानरूपी तलवार से मद, लोभ और मोहरूपी वैरियों को मारकर जो विजय प्राप्त करती है, वह हरिभक्ति ही है; हे पक्षिराज! इसे विचार कर देखिए॥ 120 (ख)॥

चौपाई

पुनि सप्रेम बोलेउ खगराऊ। जौं कृपाल मोहि ऊपर भाऊ॥
नाथ मोहि निज सेवक जानी। सप्त प्रस्न मम कहहु बखानी॥ 1॥
प्रथमहिं कहहु नाथ मतिधीरा। सब ते दुर्लभ कवन सरीरा॥
बड़ दुख कवन कवन सुख भारी। सोउ संछेपहिं कहहु बिचारी॥ 2॥
संत असंत मरम तुम्ह जानहु। तिन्ह कर सहज सुभाव बखानहु॥
कवन पुन्य श्रुति बिदित बिसाला। कहहु कवन अघ परम कराला॥ 3॥
मानस रोग कहहु समुझाई। तुम्ह सर्बग्य कृपा अधिकाई॥
तात सुनहु सादर अति प्रीती। मैं संछेप कहउँ यह नीती॥ 4॥
नर तन सम नहिं कवनिउ देही। जीव चराचर जाचत तेही॥
नरक स्वर्ग अपबर्ग निसेनी। ग्यान बिराग भगति सुभ देनी॥ 5॥
सो तनु धरि हरि भजहिं न जे नर। होहिं बिषय रत मंद मंद तर॥
काँच किरिच बदलें ते लेहीं। कर ते डारि परस मनि देहीं॥ 6॥
नहिं दरिद्र सम दुख जग माहीं। संत मिलन सम सुख जग नाहीं॥
पर उपकार बचन मन काया। संत सहज सुभाउ खगराया॥ 7॥
संत सहहिं दुख पर हित लागी। पर दुख हेतु असंत अभागी॥
भूर्ज तरू सम संत कृपाला। परहित निति सह बिपति बिसाला॥ 8॥
सन इव खल पर बंधन करई। खाल कढ़ाइ बिपति सहि मरई॥
खल बिनु स्वारथ पर अपकारी। अहि मूषक इव सुनु उरगारी॥ 9॥
पर संपदा बिनासि नसाहीं। जिमि ससि हति हिम उपल बिलाहीं॥
दुष्ट उदय जग आरति हेतू। जथा प्रसिद्ध अधम ग्रह केतू॥ 10॥
संत उदय संतत सुखकारी। बिस्व सुखद जिमि इंदु तमारी॥
परम धर्म श्रुति बिदित अहिंसा। पर निंदा सम अघ न गरीसा॥ 11॥
हर गुर निंदक दादुर होई। जन्म सहस्र पाव तन सोई॥
द्विज निंदक बहु नरक भोग करि। जग जनमइ बायस सरीर धरि॥ 12॥
सुर श्रुति निंदक जे अभिमानी। रौरव नरक परहिं ते प्रानी॥
होहिं उलूक संत निंदा रत। मोह निसा प्रिय ग्यान भानु गत॥ 13॥
सब कै निंदा जे जड़ करहीं। ते चमगादुर होइ अवतरहीं॥
सुनहु तात अब मानस रोगा। जिन्ह ते दुख पावहिं सब लोगा॥ 14॥
मोह सकल ब्याधिन्ह कर मूला। तिन्ह ते पुनि उपजहिं बहु सूला॥
काम बात कफ लोभ अपारा। क्रोध पित्त नित छाती जारा॥ 15॥

प्रीति करहिं जौं तीनिउ भाई। उपजइ सन्यपात दुखदाई॥
बिषय मनोरथ दुर्गम नाना। ते सब सूल नाम को जाना॥ 16॥
ममता दादु कंडु इरषाई। हरष बिषाद गरह बहुताई॥
पर सुख देखि जरनि सोइ छई। कुष्ट दुष्टता मन कुटिलई॥ 17॥
अहंकार अति दुखद डमरुआ। दंभ कपट मद मान नेहरुआ॥
तृस्ना उदरबृद्धि अति भारी। त्रिबिधि ईषना तरुन तिजारी॥ 18॥
जुग बिधि ज्वर मत्सर अबिबेका। कहँ लगि कहौं कुरोग अनेका॥ 19॥

पक्षिराज गरुड़जी फिर प्रेमसहित बोले—हे कृपालु! यदि मुझ पर आपका प्रेम है, तो हे नाथ! मुझे अपना सेवक जानकर मेरे सात प्रश्नों के उत्तर बखानकर कहिए॥ 1॥

हे नाथ! हे धीरबुद्धि! पहले तो यह बताइए कि सबसे दुर्लभ कौन सा शरीर है? फिर सबसे बड़ा दुःख कौन है और सबसे बड़ा सुख कौन है, यह भी विचार कर संक्षेप में ही कहिए॥ 2॥

संत और असंत का मर्म (भेद) आप जानते हैं, उनके सहज स्वभाव का वर्णन कीजिए। फिर कहिए कि श्रुतियों में प्रसिद्ध सबसे महान् पुण्य कौन सा है और सबसे महान् भयंकर पाप कौन है?॥ 3॥

फिर मानस-रोगों को समझाकर कहिए। आप सर्वज्ञ हैं और मुझ पर आपकी कृपा भी बहुत है। [काकभुशुंडिजी ने कहा—] हे तात! अत्यंत आदर और प्रेम के साथ सुनिए। मैं यह नीति संक्षेप से कहता हूँ॥ 4॥

मनुष्य-शरीर के समान कोई शरीर नहीं है। चर-अचर सभी जीव उसकी याचना करते हैं। यह मनुष्य-शरीर नरक, स्वर्ग और मोक्ष की सीढ़ी है तथा कल्याणकारी ज्ञान, वैराग्य और भक्ति का देनेवाला है॥ 5॥

ऐसे मनुष्य-शरीर को धारण (प्राप्त) करके भी जो लोग श्रीहरि का भजन नहीं करते और नीच से भी नीच विषयों में अनुरक्त रहते हैं, वे पारसमणि को हाथ से फेंक देते हैं और बदले में काँच के टुकड़े ले लेते हैं॥ 6॥

जगत् में दरिद्रता के समान दुःख नहीं है तथा संतों के मिलन के समान जगत् में सुख नहीं है। और हे पक्षिराज! मन, वचन और शरीर से परोपकार करना, यह संतों का सहज स्वभाव है॥ 7॥

संत दूसरों की भलाई के लिए दुःख सहते हैं और अभागे असंत दूसरों को दुःख पहुँचाने के लिये। कृपालु संत भोज के वृक्ष के समान दूसरों के हित के लिए भारी विपत्ति सहते हैं (अपनी खाल तक उधड़वा लेते हैं)॥ 8॥

किंतु दुष्ट लोग सनकी भाँति दूसरों को बाँधते हैं और [उन्हें बाँधने के लिए] अपनी खाल खिंचवाकर विपत्ति सहकर मर जाते हैं। हे सर्पों के शत्रु गरुड़जी! सुनिए; दुष्ट बिना किसी स्वार्थ के साँप और चूहे के समान अकारण ही दूसरों का अपकार करते हैं॥ 9॥

वे परायी संपत्ति का नाश करके स्वयं नष्ट हो जाते हैं, जैसे खेती का नाश करके ओले नष्ट हो जाते हैं। दुष्ट का अभ्युदय (उन्नति) प्रसिद्ध अधम ग्रह केतु के उदय की भाँति जगत् के दुःख के लिए ही होता है॥ 10॥

और संतों का अभ्युदय सदा ही सुखकर होता है, जैसे चंद्रमा और सूर्य का उदय विश्वभर के लिए सुखदायक है। वेदों में अहिंसा को परम धर्म माना है और परनिंदा के समान भारी पाप नहीं है॥ 11॥

शंकरजी और गुरु की निंदा करनेवाला मनुष्य [अगले जन्म में] मेंढक होता है और वह हजार जन्म तक वही मेंढक का शरीर पाता है। ब्राह्मणों की निंदा करनेवाला व्यक्ति बहुत से नरक भोगकर फिर जगत् में कौए का शरीर धारण करके जन्म लेता है॥ 12॥

जो अभिमानी जीव देवताओं और वेदों की निंदा करते हैं, वे रौरव नरक में पड़ते हैं। संतों की निंदा में लगे हुए लोग उल्लू होते हैं, जिन्हें मोहरूपी रात्रि प्रिय होती है और ज्ञानरूपी सूर्य जिनके लिए बीत गया (अस्त हो गया) रहता है॥ 13॥

जो मूर्ख मनुष्य सबकी निंदा करते हैं, वे चमगादड़ होकर जन्म लेते हैं। हे तात! अब मानस-रोग सुनिए, जिनसे सब लोग दुःख पाया करते हैं॥ 14॥

सब रोगों की जड़ मोह (अज्ञान) है। उन व्याधियों से फिर और बहुत से शूल उत्पन्न होते हैं। काम वात है, लोभ अपार (बढ़ा हुआ) कफ है और क्रोध पित्त है जो सदा छाती जलाता रहता है॥ 15॥

यदि कहीं ये तीनों भाई (वात, पित्त और कफ) प्रीति कर लें (मिल जाएँ), तो दुःखदायक सन्निपात रोग उत्पन्न होता है। कठिनता से प्राप्त (पूर्ण) होनेवाले जो विषयों के मनोरथ हैं, वे ही सब शूल (कष्टदायक रोग) हैं; उनके नाम कौन जानता है (अर्थात् वे अपार हैं)॥ 16॥

ममता दाद है, ईर्ष्या (डाह) खुजली है, हर्ष-विषाद गले के रोगों की अधिकता है (गलगंड, कंठमाला या घेघा आदि रोग हैं), पराये सुख को देखकर जो जलन होती है, वही क्षयी है। दुष्टता और मन की कुटिलता ही कोढ़ है॥ 17॥

अहंकार अत्यंत दुःख देनेवाला डमरू (गाँठ का) रोग है। दंभ, कपट, मद और मान नहरुआ (नसों का) रोग है। तृष्णा बड़ा भारी उदरवृद्धि (जलोदर) रोग

है। तीन प्रकार (पुत्र, धन और मान) की प्रबल इच्छाएँ प्रबल तिजारी हैं ॥ 18 ॥

मत्सर और अविवेक दो प्रकार के ज्वर हैं। इस प्रकार अनेकों बुरे रोग हैं, जिन्हें कहाँ तक कहूँ ॥ 19 ॥

ও❖❖❖ঌ

दोहा

एक ब्याधि बस नर मरहिं ए असाधि बहु ब्याधि।
पीड़हिं संतत जीव कहुँ सो किमि लहै समाधि ॥ 121 (क) ॥
नेम धर्म आचार तप ग्यान जग्य जप दान।
भेषज पुनि कोटिन्ह नहिं रोग जाहिं हरिजान ॥ 121 (ख) ॥

एक ही रोग के वश होकर मनुष्य मर जाते हैं, फिर ये तो बहुत से असाध्य रोग हैं। ये जीव को निरंतर कष्ट देते रहते हैं, ऐसी दशा में वह समाधि (शांत) को कैसे प्राप्त करे? ॥ 121 (क) ॥

नियम, धर्म, आचार (उत्तम आचरण), तप, ज्ञान, यज्ञ, जप, दान तथा और भी करोड़ों औषधियाँ हैं, परंतु हे गरुड़जी! उनसे ये रोग नहीं जाते ॥ 121 (ख) ॥

ও❖❖❖ঌ

चौपाई

एहि बिधि सकल जीव जग रोगी। सोक हरष भय प्रीति बियोगी ॥
मानस रोग कछुक मैं गाए। हहिं सब कें लखि बिरलेन्ह पाए ॥ 1 ॥
जाने ते छीजहिं कछु पापी। नास न पावहिं जन परितापी ॥
बिषय कुपथ्य पाइ अंकुरे। मुनिहु हृदयँ का नर बापुरे ॥ 2 ॥
राम कृपाँ नासहिं सब रोगा। जौं एहि भाँति बनै संयोगा ॥
सदगुर बैद बचन बिस्वासा। संजम यह न बिषय कै आसा ॥ 3 ॥
रघुपति भगति सजीवन मूरी। अनूपान श्रद्धा मति पूरी ॥
एहि बिधि भलेहिं सो रोग नसाहीं। नाहिं त जतन कोटि नहिं जाहीं ॥ 4 ॥
जानिअ तब मन बिरुज गोसाँई। जब उर बल बिराग अधिकाई ॥
सुमति छुधा बाढ़इ नित नई। बिषय आस दुर्बलता गई ॥ 5 ॥
बिमल ग्यान जल जब सो नहाई। तब रह राम भगति उर छाई ॥
सिव अज सुक सनकादिक नारद। जे मुनि ब्रह्म बिचार बिसारद ॥ 6 ॥
सब कर मत खगनायक एहा। करिअ राम पद पंकज नेहा ॥
श्रुति पुरान सब ग्रंथ कहाहीं। रघुपति भगति बिना सुख नाहीं ॥ 7 ॥

कमठ पीठ जामहिं बरु बारा। बंध्या सुत बरु काहुहि मारा॥
फूलहिं नभ बरु बहुबिधि फूला। जीव न लह सुख हरि प्रतिकूला॥ 8॥
तृषा जाइ बरु मृगजल पाना। बरु जामहिं सस सीस बिषाना॥
अंधकारु बरु रबिहि नसावै। राम बिमुख न जीव सुख पावै॥ 9॥
हिम ते अनल प्रगट बरु होई। बिमुख राम सुख पाव न कोई॥ 10॥

इस प्रकार जगत् में समस्ती जीव रोगी हैं, जो शोक हर्ष, भय, प्रीति और वियोग के दुःख से और भी दुखी हो रहे हैं। मैंने ये थोड़े-से मानस-रोग कहे हैं। ये हैं तो सबको, परंतु इन्हें जान पाए हैं कोई विरले ही॥ 1॥

प्राणियों को जलानेवाले ये पापी (रोग) जान लिए जाने से कुछ क्षीण अवश्य हो जाते हैं, परंतु नाश को प्राप्त नहीं होते। विषयरूप कुपथ्य पाकर ये मुनियों के हृदय में भी अंकुरित हो उठते हैं, तब बेचारे साधारण मनुष्य तो क्या चीज हैं॥ 2॥

यदि श्रीरामजी की कृपा से इस प्रकार संयोग बन जाए तो ये सब रोग नष्ट हो जाएँ। सद्गुरुरूपी वैद्य के वचन में विश्वास हो। विषयों की आशा न करे, यही संयम (परहेज) हो॥ 3॥

श्रीरघुनाथजी की भक्ति संजीवनी जड़ी है। श्रद्धा से पूर्ण बुद्धि ही अनुपान (दवा के साथ लिया जानेवाला मधु आदि) है। इस प्रकार का संयोग हो तो वे रोग भले ही नष्ट हो जाएँ, नहीं तो करोड़ों प्रयत्नों से भी नहीं जाते॥ 4॥

हे गोसाईं! मन को नीरोग हुआ तब जानना चाहिए, जब हृदय में वैराग्य का बल बढ़ जाए, उत्तम बुद्धिरूपी भूख नित नई बढ़ती रहे और विषयों की आशारूपी दुर्बलता मिट जाए॥ 5॥

[इस प्रकार सब रोगों से छूटकर] जब मनुष्य निर्मल ज्ञानरूपी जल में स्नान कर लेता है, तब उसके हृदय में रामभक्ति छा रहती है। शिवजी, ब्रह्माजी, शुकदेवजी, सनकादि और नारद आदि ब्रह्मविचार में परम निपुण जो मुनि हैं,॥ 6॥

हे पक्षिराज! उन सबका मन यही है कि श्रीरामजी के चरणकमलों में प्रेम करना चाहिए, श्रुति, पुराण और सभी ग्रंथ कहते हैं कि श्रीरघुनाथजी की भक्ति के बिना सुख नहीं है॥ 7॥

कछुए की पीठ पर भले ही बाल उग आवें, बाँझ का पुत्र भले ही किसी को मार डाले, आकाश में भले ही अनेकों प्रकार के फूल खिल उठें; परंतु श्रीहरि से विमुख होकर जीव सुख नहीं प्राप्त कर सकता॥ 8॥

मृगतृष्णा के जल को पीने से भले ही प्यास बुझ जाए, खरगोश के सिर पर भले ही सींग निकल आवें, अंधकार भले ही सूर्य का नाश कर दे; परंतु श्रीराम से

विमुख होकर जीव सुख नहीं पा सकता॥ 9॥

बर्फ से भले ही अग्नि प्रकट हो जाए (ये सब अनहोनी बातें चाहे हो जाएँ), परंतु श्रीराम से विमुख होकर कोई भी सुख नहीं पा सकता॥ 10॥

❖❖❖

दोहा

बारि मथें घृत होइ बरु सिकता ते बरु तेल।
बिनु हरि भजन न भव तरिअ यह सिद्धांत अपेल॥ 122 (क)॥
मसकहि करइ बिरंचि प्रभु अजहि मसक ते हीन।
अस बिचारि तजि संसय रामहि भजहिं प्रबीन॥ 122 (ख)॥

जल को मथने से भले ही घी उत्पन्न हो जाए और बालू [को पेरने] से भले ही तेल निकल आवे; परंतु श्रीहरि के भजन बिना संसाररूपी समुद्र से नहीं तरा जा सकता, यह सिद्धांत अटल है॥ 122 (क)॥

प्रभु मच्छर को ब्रह्मा कर सकते हैं और ब्रह्मा को मच्छर से भी तुच्छ बना सकते हैं। ऐसा विचारकर चतुर पुरुष सब संदेह त्यागकर श्रीरामजी को ही भजते हैं॥ 122 (ख)॥

□

6

संकट-आपदा

मनुष्य का जीवन सुख-दु:ख के योग से बना है। सुख का समय उल्लासपूर्ण होता है, अत: उसका आनंदपूर्वक उपयोग करना सबके लिए सहज संभव और नितांत सरल होता है। लेकिन दु:ख का समय अत्यंत कठिन और लंबा होता है। हलका सा दु:ख भी मनुष्य को बहुत भारी और विचलित करनेवाला लगता है। दु:ख के कई रूप-रंग होते हैं। कभी अपनों से बिछड़कर, कभी अपनों से चोट खाकर, कभी गैरों से अपमान पाकर, कभी नियति के चक्र में फँसकर, कभी नौकरी गँवाकर, कभी दुर्घटनाग्रस्त होकर, कभी भयंकर रोग से ग्रस्त होकर, कभी धन गँवाकर, तो कभी समय की मार से अस्त व्यस्त होकर हम दु:ख पाते हैं। लेकिन दु:ख केवल पीड़ा का प्रहार ही नहीं है, यह परमात्मा का उपहार भी है। जो दु:ख की आग मे तपना सीख जाते हैं, उनका जीवन कुंदन बन जाता है।

रामचरितमानस में ऐसे अनेक प्रसंग है जो ये बताते हैं कि दुख को रोकना तो कठिन है किंतु उनका सामना करना आसान है। शक्ति, साहस, धैर्य और मनोबल के द्वारा जीवन की सभी आपदाओं, विपत्तियों और कष्टों का सामना किया जा सकता है। ये प्रसंग दु:ख को सुख में, आपदा को अवसर में रूपांतरित करने का मार्ग प्रशस्त करते हैं। श्रीराम, भरत, सीता, लक्ष्मण सब पर तरह-तरह के असहनीय कष्ट आए, सबने उनका डटकर सामना किया और मानवता के इतिहास में अपने सदाचरण के लिए अमर हो गए। ऐसे ही कुछ प्रसंगों का चयन 'संकट-आपदा' की स्थिति के लिए किया गया है—

(क) श्रीराम-कैकेयी-संवाद (अयोध्याकांड, दोहा–39-43)

जीवन में कब, कहाँ, कैसे दुःख के बादल मनुष्य पर छा जाएँगे, कहना कठिन है। लेकिन यदि उसके पास आत्मविश्वास, धैर्य और विवेक है तो वह उस दुःख-आपदा के पार जा सकता है। श्रीराम ऐसा ही करते हैं। कैकेयी ने उन्हे दुःख देने के लिए पूरा षड्यंत्र रचा था किंतु श्रीराम ने अपनी सकारात्मक सोच और सही निर्णय-क्षमता के द्वारा उस दुःख की तपन को सुख की शीतलता में बदल दिया। जब कैकेयी उन्हें वनवास का आदेश सुनाती हैं तो बिना विचलित हुए श्रीराम वनवास के पीछे छिपी हुई अनेक अच्छाइयों का उल्लेख करके कैकेयी को हतप्रभ कर देते हैं। वे कहते हैं कि वनवास से उन्हें कई प्रकार के लाभ होंगे, उनका बहुआयामी कल्याण होगा। माता की इच्छा पूरी होगी, पिता की आज्ञा का पालन होगा, वन में ऋषि-मुनियों से सत्संग का अवसर प्राप्त होगा और भरत जैसा प्रिय भाई राजा बनेगा।

इस प्रसंग का पाठ दुःख-आपदा की स्थिति को विवेक और धैर्य के साथ सहने और उसे सुख में बदलने में सहायक बनता है।

❖❖❖❖

दोहा

जाइ दीख रघुबंसमनि नरपति निपट कुसाजु।
सहमि परेउ लखि सिंघिनिहि मनहुँ बृद्ध गजराजु॥ 39॥

रघुवंशमणि श्रीरामचंद्रजी ने जाकर देखा कि राजा अत्यंत ही बुरी हालत में पड़े हैं, मानो सिंहनी को देखकर कोई बूढ़ा गजराज सहमकर गिर पड़ा हो॥ 39॥

❖❖❖❖

चौपाई

सूखहिं अधर जरइ सबु अंगू। मनहुँ दीन मनिहीन भुअंगू॥
सरुष समीप दीखि कैकेई। मानहुँ मीचु घरीं गनि लेई॥ 1॥
करुनामय मृदु राम सुभाऊ। प्रथम दीख दुखु सुना न काऊ॥
तदपि धीर धरि समउ बिचारी। पूँछी मधुर बचन महतारी॥ 2॥
मोहि कहु मातु तात दुख कारन। करिअ जतन जेहिं होइ निवारन॥
सुनहु राम सबु कारन एहू। राजहि तुम्ह पर बहुत सनेहू॥ 3॥
देन कहेन्हि मोहि दुइ बरदाना। मागेउँ जो कछु मोहि सोहाना॥
सो सुनि भयउ भूप उर सोचू। छाड़ि न सकहिं तुम्हार सँकोचू॥ 4॥

राजा के ओठ सूख रहे हैं और सारा शरीर जल रहा है, मानो मणि के बिना साँप दुखी हो रहा हो। पास ही क्रोध से भरी कैकेयी को देखा, मानो [साक्षात्] मृत्यु ही बैठी [राजा के जीवन की अंतिम] घड़ियाँ गिन रही हो॥ 1॥

श्रीरामचंद्रजी का स्वभाव कोमल और करुणामय है। उन्होंने [अपने जीवन में] पहली बार यह दुःख देखा; इससे पहले कभी उन्होंने दुःख सुना भी न था। तो भी समय का विचार करके हृदय में धीरज धरकर उन्होंने मीठे वचनों से माता कैकेयी से पूछा— ॥ 2॥

हे माता! मुझे पिताजी के दुःख का कारण कहो ताकि जिससे उसका निवारण हो (दुःख दूर हो) वह यत्न किया जाए। [कैकेयी ने कहा—] हे राम! सुनो, सारा कारण यही है कि राजा का तुम पर बहुत स्नेह है॥ 3॥

इन्होंने मुझे दो वरदान देने को कहा था। मुझे जो कुछ अच्छा लगा, वही मैंने माँगा। उसे सुनकर राजा के हृदय में सोच हो गया; क्योंकि ये तुम्हारा संकोच नहीं छोड़ सकते॥ 4॥

❖❖❖

दोहा

सुत सनेहु इत बचनु उत संकट परेउ नरेसु।
सकहु त आयसु धरहु सिर मेटहु कठिन कलेसु॥ 40॥

इधर तो पुत्र का स्नेह है और उधर वचन (प्रतिज्ञा); राजा इसी धर्मसंकट में पड़ गए हैं। यदि तुम कर सकते हो, तो राजा की आज्ञा शिरोधार्य करो और इनके कठिन क्लेश को मिटाओ॥ 40॥

❖❖❖

चौपाई

निधरक बैठि कहइ कटु बानी। सुनत कठिनता अति अकुलानी॥
जीभ कमान बचन सर नाना। मनहुँ महिप मृदु लच्छ समाना॥ 1॥
जनु कठोरपनु धरें सरीरू। सिखइ धनुषबिद्या बर बीरू॥
सबु प्रसंगु रघुपतिहि सुनाई। बैठि मनहुँ तनु धरि निठुराई॥ 2॥
मन मुसुकाइ भानुकुल भानू। रामु सहज आनंद निधानू॥
बोले बचन बिगत सब दूषन। मृदु मंजुल जनु बाग बिभूषन॥ 3॥
सुनु जननी सोइ सुतु बड़भागी। जो पितु मातु बचन अनुरागी॥
तनय मातु पितु तोषनिहारा। दुर्लभ जननि सकल संसारा॥ 4॥

कैकेयी बेधड़क बैठी ऐसी कड़वी वाणी कह रही है जिसे सुनकर स्वयं

कठोरता भी अत्यंत व्याकुल हो उठी। जीभ धनुष है, वचन बहुत से तीर हैं और मानो राजा ही कोमल निशाने के समान हैं॥ 1॥

[इस सारे साज-सामान के साथ] मानों स्वयं कठोरपन श्रेष्ठ वीर का शरीर धारण करके धनुषविद्या सीख रहा है। श्रीरघुनाथजी को सब हाल सुनाकर वह ऐसे बैठी है, मानो निष्ठुरता ही शरीर धारण किए हुए हो॥ 2॥

सूर्यकुल के सूर्य, स्वाभाविक ही आनंदनिधान श्रीरामचंद्रजी मन में मुसकराकर सब दूषणों से रहित ऐसे कोमल और सुंदर वचन बोले जो मानो वाणी के भूषण ही थे—॥ 3॥

हे माता! सुनो, वही पुत्र बड़भागी है, जो पिता-माता के वचनों का अनुरागी (पालन करनेवाला) है। [आज्ञा-पालन के द्वारा] माता-पिता को संतुष्ट करनेवाला पुत्र, हे जननी! सारे संसार में दुर्लभ है॥ 4॥

❖❖❖

दोहा

मुनिगन मिलनु बिसेषि बन सबहि भाँति हित मोर॥
तेहि महँ पितु आयसु बहुरि संमत जननी तोर॥ 41॥

वन में विशेषरूप से मुनियों का मिलाप होगा, जिसमें मेरा सभी प्रकार से कल्याण है। उसमें भी, फिर पिताजी की आज्ञा और हे जननी! तुम्हारी सम्मति है, ॥ 41॥

❖❖❖

चौपाई

भरतु प्रानप्रिय पावहिं राजू। बिधि सब बिधि मोहि सनमुख आजू॥
जौं न जाउँ बन ऐसेहु काजा। प्रथम गनिअ मोहि मूढ़ समाजा॥ 1॥
सेवहिं अरँडु कलपतरु त्यागी। परिहरि अमृत लेहिं बिषु मागी॥
तेउ न पाइ अस समउ चुकाहीं। देखु बिचारि मातु मन माहीं॥ 2॥
अंब एक दुखु मोहि बिसेषी। निपट बिकल नरनायकु देखी॥
थोरिहिं बात पितहि दुख भारी। होति प्रतीति न मोहि महतारी॥ 3॥
राउ धीर गुन उदधि अगाधू। भा मोहि तें कछु बड़ अपराधू॥
जातें मोहि न कहत कछु राऊ। मोरि सपथ तोहि कहु सतिभाऊ॥ 4॥

और प्राणप्रिय भरत राज्य पावेंगे। [इन सभी बातों को देखकर यह प्रतीत होता है कि] आज विधाता सब प्रकार से मुझे सम्मुख हैं (मेरे अनुकूल हैं)। यदि ऐसे काम के लिए भी मैं वन को न जाऊँ तो मूर्खों के समाज में सबसे पहले मेरी गिनती करनी चाहिए॥ 1॥

जो कल्पवृक्ष को छोड़कर रेंड की सेवा करते हैं और अमृत त्यागकर विष माँग लेते हैं, हे माता! तुम मन में विचारकर देखो, वे (महामूर्ख) भी ऐसा मौका पाकर कभी न चूकेंगे॥ 2॥

हे माता! मुझे एक ही दु:ख विशेषरूप से हो रहा है, वह महाराज को अत्यंत व्याकुल देखकर। इस थोड़ी सी बात के लिए ही पिताजी को इतना भारी दु:ख हो, हे माता! मुझे इस बात पर विश्वास नहीं होता॥ 3॥

क्योंकि महाराज तो बड़े ही धीर और गुणों के अथाह समुद्र हैं। अवश्य ही मुझसे कोई बड़ा अपराध हो गया है, जिसके कारण महाराज मुझसे कुछ नहीं कहते। तुम्हें मेरी सौगंध है, माता! तुम सच-सच कहो॥ 4॥

❖❖❖

दोहा

सहज सरल रघुबर बचन कुमति कुटिल करि जान॥
चलइ जोंक चल बक्रगति जद्यपि सलिलु समान॥ 42॥

रघुकुल में श्रेष्ठ श्रीरामचंद्रजी के स्वभाव से ही सीधे वचनों को दुर्बुद्धि कैकेयी टेढ़ा ही करके जान रही है; जैसे यद्यपि जल समान ही होता है, परंतु जोंक उसमें टेढ़ी चाल से ही चलती है॥ 42॥

❖❖❖

चौपाई

रहसी रानि राम रुख पाई। बोली कपट सनेहु जनाई॥
सपथ तुम्हार भरत कै आना। हेतु न दूसर मैं कछु जाना॥ 1॥
तुम्ह अपराध जोगु नहिं ताता। जननी जनक बंधु सुखदाता॥
राम सत्य सबु जो कछु कहहू। तुम्ह पितु मातु बचन रत अहहू॥ 2॥
पितहि बुझाइ कहहु बलि सोई। चौथेंपन जेहिं अजसु न होई॥
तुम्ह सम सुअन सुकृत जेहिं दीन्हे। उचित न तासु निरादरु कीन्हे॥ 3॥
लागहिं कुमुख बचन सुभ कैसे। मगहँ गयादिक तीरथ जैसे॥
रामहि मातु बचन सब भाए। जिमि सुरसरि गत सलिल सुहाए॥ 4॥

रानी कैकेयी श्रीरामचंद्रजी का रुख पाकर हर्षित हो गई और कपटपूर्ण स्नेह दिखाकर बोली—तुम्हारी शपथ और भरत की सौगंध है, मुझे राजा के दु:ख का दूसरा कुछ भी कारण विदित नहीं है॥ 1॥

हे तात! तुम अपराध के योग्य नहीं हो (तुमसे माता-पिता का अपराध बन पड़े, यह संभव नहीं)। तुम तो माता-पिता और भाइयों को सुख देनेवाले हो। हे

राम! तुम जो कुछ कह रहे हो, सब सत्य है। तुम पिता-माता के वचनों [के पालन] में तत्पर हो॥ 2॥

मैं तुम्हारी बलिहारी जाती हूँ, तुम पिता को समझाकर वही बात कहो जिससे चौथेपन (बुढ़ापे) में इनका अपयश न हो। जिस पुण्य ने इनको तुम-जैसे पुत्र दिए हैं उसका निरादर करना उचित नहीं॥ 3॥

कैकेयी के बुरे मुख में ये शुभ वचन कैसे लगते हैं जैसे मगध देश में गया आदिक तीर्थ! श्रीरामचंद्रजी को माता कैकेयी के सब वचन ऐसे अच्छे लगे जैसे गंगाजी में जाकर [अच्छे-बुरे सभी प्रकार के] जल शुभ, सुंदर हो जाते हैं॥ 4॥

❖❖❖

दोहा

गइ मुरुछा रामहि सुमिरि नृप फिरि करवट लीन्ह।
सचिव राम आगमन कहि बिनय समय सम कीन्ह॥ 43॥

इतने में राजा की मूर्छा दूर हुई, उन्होंने राम का स्मरण करके ('राम! राम!' कहकर) फिरकर करवट ली। मंत्री ने श्रीरामचंद्रजी का आना कहकर समयानुकूल विनती की॥ 43॥

(ख) श्रीराम-कौसल्या-संवाद (अयोध्याकांड, दोहा–52-60)

हर माता अपने बच्चे को जीवन के सर्वोच्च आसन पर आसीन देखना चाहती है और उसके लिए जहाँ बच्चे को सही शिक्षा दीक्षा देकर तैयार करती है, वहीं परमात्मा से उसकी सफलता और उन्नति की प्रार्थना भी करती है। माँ कौसल्या को तो बिना माँगे ही श्रीराम के लिए अयोध्या का राज्य प्राप्त हो रहा था। उनकी प्रसन्नता की कोई सीमा ही नहीं थी परंतु एक ही झटके में कैकेयी की दुर्नीति के कारण सब कुछ उलट पलट गया।

श्रीराम जब वनवास का समाचार माँ कौसल्या को सुनाते हैं तो वे इसके लिए किसी को दोषी न बताकर सहज रूप से स्थिति का वर्णन करते हुए कहते हैं कि पिता ने मुझे कानन का राज्य दिया है जहाँ मेरा सब बड़ा काम पूरा होगा। ऐसा कहकर वे माँ कौसल्या को पिता और माँ कैकेयी के विरुद्ध भड़काने के बजाय स्थिति को अत्यंत सहज रूप में प्रस्तुत करते हैं।

माँ कौसल्या के लिए एकाएक उत्पन्न इस स्थिति को सहन करना सरल नहीं था किंतु वे भी अत्यंत संयम और विवेक के साथ अपने को सँभालती हैं। उनकी पीड़ा की मन:स्थिति को चित्रित करते हुए तुलसीदासजी ने लिखा—

राखि न सकइ न कहि सक जाहू। दुहूँ भाँति उर दारुन दाहू

(अयो. कांड—54-1)

—न रख ही सकती हूँ और न यह कह सकती हूँ कि वन जाओ। दोनों भाँति से हृदय में बड़ा भारी संताप हो रहा है।

वन जाने से रोकती हूँ तो मेरे मातृ-प्रेम की विजय होगी परंतु नीति हारेगी और वन जाने को कहती हूँ तो नीति जीतेगी परंतु मेरा प्रेम हारेगा। परंतु जैसे तुमने नीति का साथ निभाया, वैसे ही मुझे भी इस संकट का सामना नीति और मर्यादा की रक्षा के साथ करना है।

कौसल्या के मानसिक अंतर्द्वंद्व का अंकन करनेवाला यह प्रसंग किसी भी दुःख की स्थिति में हमें शांत-सहज करता है।

❖❖❖

दोहा

जेहि चाहत नर नारि सब अति आरत एहि भाँति।
जिमि चातक चातकि तृषित बृष्टि सरद रितु स्वाति॥ 52॥

तथा जिस (लग्न) को सभी स्त्री-पुरुष अत्यंत व्याकुलता से इस प्रकार चाहते हैं जिस प्रकार प्यास से चातक और चातकी शरद्-ऋतु के स्वातिनक्षत्र की वर्षा चाहते हैं॥ 52॥

❖❖❖

चौपाई

तात जाउँ बलि बेगि नहाहू। जो मन भाव मधुर कछु खाहू॥
पितु समीप तब जाएहु भैआ। भइ बड़ि बार जाइ बलि मैआ॥ 1॥
मातु बचन सुनि अति अनुकूला। जनु सनेह सुरतरु के फूला॥
सुख मकरंद भरे श्रियमूला। निरखि राम मनु भवँरु न भूला॥ 2॥
धरम धुरीन धरम गति जानी। कहेउ मातु सन अति मृदु बानी॥
पिताँ दीन्ह मोहि कानन राजू। जहँ सब भाँति मोर बड़ काजू॥ 3॥
आयसु देहि मुदित मन माता। जेहिं मुद मंगल कानन जाता॥
जनि सनेह बस डरपसि भोरें। आनँदु अंब अनुग्रह तोरें॥ 4॥

हे तात! मैं बलैया लेती हूँ, तुम जल्दी नहा लो और जो मन भावे, कुछ मिठाई खा लो। भैया! तब पिता के पास जाना। बहुत देर हो गई है, माता बलिहारी जाती है॥ 1॥

माता के अत्यंत अनुकूल वचन सुनकर—जो मानो स्नेहरूपी कल्पवृक्ष के

फूल थे, जो सुखरूपी मकरंद (पुष्परस) से भरे थे और श्री (राजलक्ष्मी) के मूल थे—ऐसे वचनरूपी फूलों को देखकर श्रीरामचंद्रजी का मनरूपी भौंरा उन पर नहीं भूला॥ 2॥

धर्मधुरीण श्रीरामचंद्रजी ने धर्म की गति को जानकर माता से अत्यंत कोमल वाणी से कहा—हे माता! पिताजी ने मुझको वन का राज्य दिया है, जहाँ सब प्रकार से मेरा बड़ा काम बननेवाला है॥ 3॥

हे माता! तू प्रसन्न मन से मुझे आज्ञा दे, जिससे मेरी वनयात्रा में आनंद-मंगल हो। मेरे स्नेहवश भूलकर भी डरना नहीं। हे माता! तेरी कृपा से आनंद ही होगा॥ 4॥

❖❖❖

दोहा

बरष चारिदस बिपिन बसि करि पितु बचन प्रमान।
आइ पाय पुनि देखिहउँ मनु जनि करसि मलान॥ 53॥

चौदह वर्ष वन में रहकर, पिताजी के वचन को प्रमाणित (सत्य) कर, फिर लौटकर तेरे चरणों का दर्शन करूँगा; तू मन को म्लान (दुखी) न कर॥ 53॥

❖❖❖

चौपाई

बचन बिनीत मधुर रघुबर के। सर सम लगे मातु उर करके॥
सहमि सूखि सुनि सीतलि बानी। जिमि जवास परें पावस पानी॥ 1॥
कहि न जाइ कछु हृदय बिषादू। मनहुँ मृगी सुनि केहरि नादू॥
नयन सजल तन थर थर काँपी। माजहि खाइ मीन जनु मापी॥ 2॥
धरि धीरजु सुत बदनु निहारी। गदगद बचन कहति महतारी॥
तात पितहि तुम्ह प्रानपिआरे। देखि मुदित नित चरित तुम्हारे॥ 3॥
राजु देन कहुँ सुभ दिन साधा। कहेउ जान बन केहिं अपराधा॥
तात सुनावहु मोहि निदानू। को दिनकर कुल भयउ कृसानू॥ 4॥

रघुकुल में श्रेष्ठ श्रीरामजी के ये बहुत ही नम्र और मीठे वचन माता के हृदय में बाण के समान लगे और कसकने लगे। उस शीतल वाणी को सुनकर कौसल्या वैसे ही सहमकर सूख गईं जैसे बरसात का पानी पड़ने से जवास सूख जाता है॥ 1॥

हृदय का विषाद कुछ कहा नहीं जाता। मानो सिंह की गर्जना सुनकर हिरनी विकल हो गई हो। नेत्रों में जल भर आया, शरीर थर-थर काँपने लगा। मानो

मछली माँजा (पहली वर्षा का फेन) खाकर बदहवास हो गई हो!॥ 2॥

धीरज धरकर, पुत्र का मुख देखकर माता गद्‌गद वचन कहने लगीं—हे तात! तुम तो पिता को प्राणों के समान प्रिय हो। तुम्हारे चरित्रों को देखकर वे नित्य प्रसन्न होते थे॥ 3॥

राज्य देने के लिए उन्होंने ही शुभ दिन सोधवाया था। फिर अब किस अपराध से वन जाने को कहा? हे तात! मुझे इसका कारण सुनाओ! सूर्यवंश [रूपीवन] को जलाने के लिए अग्नि कौन हो गया?॥ 4॥

❖❖❖

दोहा

निरखि राम रुख सचिवसुत कारनु कहेउ बुझाइ।
सुनि प्रसंगु रहि मूक जिमि दसा बरनि नहिं जाइ॥ 54॥

तब श्रीरामचंद्रजी का रुख देखकर मंत्री के पुत्र ने सब कारण समझाकर कहा। उस प्रसंग को सुनकर वे गूँगी-जैसी (चुप) रह गईं, उनकी दशा का वर्णन नहीं किया जा सकता॥ 54॥

❖❖❖

चौपाई

राखि न सकइ न कहि सक जाहू। दुहू भाँति उर दारुन दाहू॥
लिखत सुधाकर गा लिखि राहू। बिधि गति बाम सदा सब काहू॥ 1॥
धरम सनेह उभयँ मति घेरी। भइ गति साँप छुछुंदरि केरी॥
राखउँ सुतहि करउँ अनुरोधू। धरमु जाइ अरु बंधु बिरोधू॥ 2॥
कहउँ जान बन तौ बड़ि हानी। संकट सोच बिबस भइ रानी॥
बहुरि समुझि तिय धरमु सयानी। रामु भरतु दोउ सुत सम जानी॥ 3॥
सरल सुभाउ राम महतारी। बोली बचन धीर धरि भारी॥
तात जाउँ बलि कीन्हेहु नीका। पितु आयसु सब धरमक टीका॥ 4॥

न रख ही सकती हैं, न यह कह सकती हैं कि वन चले जाओ। दोनों ही प्रकार से हृदय में बड़ा भारी संताप हो रहा है। [मन में सोचती हैं कि देखो—] विधाता की चाल सदा सबके लिए टेढ़ी होती है। लिखने लगे चंद्रमा और लिख गया राहु!॥ 1॥

धर्म और स्नेह दोनों ने कौसल्याजी की बुद्धि को घेर लिया। उनकी दशा साँप-छछूँदर की सी हो गई। वे सोचने लगीं कि यदि मैं अनुरोध (हठ) करके पुत्र को रख लेती हूँ तो धर्म जाता है और भाइयों में विरोध होता है;॥ 2॥

और यदि वन जाने को कहती हूँ तो बड़ी हानि होती है। इस प्रकार के धर्म-संकट में पड़कर रानी विशेषरूप से सोच के वश हो गईं। फिर बुद्धिमती कौसल्याजी स्त्री-धर्म (पातिव्रत-धर्म) को समझकर और राम तथा भरत दोनों पुत्रों को समान जानकर— ॥ 3 ॥

सरल स्वभाववाली श्रीरामचंद्रजी की माता बड़ा धीरज धरकर वचन बोलीं— हे तात! मैं बलिहारी जाती हूँ, तुमने अच्छा किया। पिता की आज्ञा का पालन करना ही सब धर्मों का शिरोमणि धर्म है ॥ 4 ॥

❖❖❖

दोहा

राजु देन कहि दीन्ह बनु मोहि न सो दुख लेसु।
तुम्ह बिनु भरतहि भूपतिहि प्रजहि प्रचंड कलेसु॥ 55॥

राज्य देने को कहकर वन दे दिया, उसका मुझे लेशमात्र भी दुःख नहीं है। [दुःख तो इस बात का है कि] तुम्हारे बिना भरत को, महाराज को और प्रजा को बड़ा भारी क्लेश होगा ॥ 55 ॥

❖❖❖

चौपाई

जौं केवल पितु आयसु ताता। तौ जनि जाहु जानि बड़ि माता॥
जौं पितु मातु कहेउ बन जाना। तौ कानन सत अवध समाना॥ 1॥
पितु बनदेव मातु बनदेवी। खग मृग चरन सरोरुह सेवी॥
अंतहुँ उचित नृपति बनबासू। बय बिलोकि हियँ होइ हराँसू॥ 2॥
बड़भागी बनु अवध अभागी। जो रघुबंस तिलक तुम्ह त्यागी॥
जौं सुत कहौं संग मोहि लेहू। तुम्हरे हृदयँ होइ संदेहू॥ 3॥
पूत परम प्रिय तुम्ह सबही के। प्रान प्रान के जीवन जी के॥
ते तुम्ह कहहु मातु बन जाऊँ। मैं सुनि बचन बैठि पछिताऊँ॥ 4॥

हे तात! यदि केवल पिताजी की ही आज्ञा हो, तो माता को [पिता से] बड़ी जानकर वन को मत जाओ। किंतु यदि पिता-माता दोनों ने वन जाने को कहा हो, तो वन तुम्हारे लिए सैकड़ों अयोध्या के समान है ॥ 1 ॥

वन के देवता तुम्हारे पिता होंगे और वनदेवियाँ माता होंगी। वहाँ के पशु-पक्षी तुम्हारे चरणकमलों के सेवक होंगे। राजा के लिए अंत में तो वनवास करना उचित ही है। केवल तुम्हारी [सुकुमार] अवस्था देखकर हृदय में दुःख होता है ॥ 2 ॥

हे रघुवंश के तिलक! वन बड़ा भाग्यवान् है और यह अवध अभागी है,

जिसे तुमने त्याग दिया। हे पुत्र! यदि मैं कहूँ कि मुझे भी साथ ले चलो तो तुम्हारे हृदय में संदेह होगा [कि माता इसी बहाने मुझे रोकना चाहती हैं]॥ 3॥

हे पुत्र! तुम सभी के परप प्रिय हो। प्राणों के प्राण और हृदय के जीवन हो। वही (प्राणाधार) तुम कहते हो कि माता! मैं वन को जाऊँ और मैं तुम्हारे वचनों को सुनकर बैठी पछताती हूँ!॥ 4॥

❖❖❖❖

दोहा

यह बिचारि नहिं करउँ हठ झूठ सनेहु बढ़ाइ।
मानि मातु कर नात बलि सुरति बिसरि जनि जाइ॥ 56॥

यह सोचकर झूठा स्नेह बढ़ाकर मैं हठ नहीं करती। बेटा! मैं बलैया लेती हूँ, माता का नाता मानकर मेरी सुध भूल न जाना॥ 56॥

❖❖❖❖

चौपाई

देव पितर सब तुम्हहि गोसाईं। राखहुँ पलक नयन की नाईं॥
अवधि अंबु प्रिय परिजन मीना। तुम्ह करुनाकर धरम धुरीना॥ 1॥
अस बिचारि सोइ करहु उपाई। सबहि जिअत जेहिं भेंटहु आई॥
जाहु सुखेन बनहि बलि जाऊँ। करि अनाथ जन परिजन गाऊँ॥ 2॥
सब कर आजु सुकृत फल बीता। भयउ कराल कालु बिपरीता॥
बहुबिधि बिलपि चरन लपटानी। परम अभागिनि आपुहि जानी॥ 3॥
दारुन दुसह दाहु उर ब्यापा। बरनि न जाहिं बिलाप कलापा॥
राम उठाइ मातु उर लाई। कहि मृदु बचन बहुरि समुझाई॥ 4॥

हे गोसाईं! सब देव और पितर तुम्हारी वैसे ही रक्षा करें, जैसे पलके आँखों की रक्षा करती हैं। तुम्हारे वनवास की अवधि (चौदह वर्ष) जल है, प्रियजन और कुटुंबी मछली हैं। तुम दया की खान और धर्म की धुरी को धारण करनेवाले हो॥ 1॥

ऐसा विचारकर वही उपाय करना जिसमें सबके जीते-जी तुम आ मिलो। मैं बलिहारी जाती हूँ, तुम सेवकों , परिवारवालों और नगरभर को अनाथ करके सुखपूर्वक वन को जाओ॥ 2॥

आज सबके पुण्यों का फल पूरा हो गया! कठिन काल हमारे विपरीत हो गया। [इस प्रकार] बहुत विलाप करके और अपने को परम अभागिनी जानकर माता श्रीरामचंद्रजी के चरणों में लिपट गईं॥ 3॥

हृदय में भयानक दु:सह संताप छा गया। उस समय के बहुविध विलाप का वर्णन नहीं किया जा सकता। श्रीरामचंद्रजी ने माता को उठाकर हृदय से लगा लिया और फिर कोमल वचन कहकर उन्हें समझाया॥ 4॥

ॐ❖❖❖ॐ

दोहा

समाचार तेहि समय सुनि सीय उठी अकुलाइ।
जाइ सासु पद कमल जुग बंदि बैठि सिरु नाइ॥ 57॥

उसी समय यह समाचार सुनकर सीताजी अकुला उठीं और सास के पास जाकर उनके दोनों चरणकमलों की वंदना कर सिर नीचा करके बैठ गईं॥ 57॥

ॐ❖❖❖ॐ

चौपाई

दीन्हि असीस सासु मृदु बानी। अति सुकुमारि देखि अकुलानी॥
बैठि नमितमुख सोचति सीता। रूप रासि पति प्रेम पुनीता॥ 1॥
चलन चहत बन जीवननाथू। केहि सुकृती सन होइहि साथू॥
की तनु प्रान कि केवल प्राना। बिधि करतबु कछु जाइ न जाना॥ 2॥
चारु चरन नख लेखति धरनी। नूपुर मुखर मधुर कबि बरनी॥
मनहुँ प्रेम बस बिनती करहीं। हमहि सीय पद जनि परिहरहीं॥ 3॥
मंजु बिलोचन मोचति बारी। बोली देखि राम महतारी॥
तात सुनहु सिय अति सुकुमारी। सासु ससुर परिजनहि पिआरी॥ 4॥

सास ने कोमल वाणी से आशीर्वाद दिया। वे सीताजी को अत्यंत सुकुमारी देखकर व्याकुल हो उठीं। रूप की राशि और पति के साथ पवित्र प्रेम करनेवाली सीताजी नीचा मुख किए बैठी सोच रही हैं॥ 1॥

जीवननाथ (प्राणनाथ) वन को चलना चाहते हैं। देखें किस पुण्यवान् से उनका साथ होगा—शरीर और प्राण दोनों साथ जाएँगे या केवल प्राण ही से इनका साथ होगा? विधाता की करनी कुछ जानी नहीं जाती॥ 2॥

सीताजी अपने सुंदर चरणों के नखों से धरती कुरेद रही हैं। ऐसा करते समय नूपुरों का जो मधुर शब्द हो रहा है, कवि उसका इस प्रकार वर्णन करते हैं कि मानो प्रेम के वश होकर नूपुर यह विनती कर रहे हैं कि सीताजी के चरण कभी हमारा त्याग न करें॥ 3॥

सीताजी सुंदर नेत्रों से जल बहा रही हैं। उनकी यह दशा देखकर श्रीरामजी की माता कौसल्याजी बोलीं—हे तात! सुनो, सीता अत्यंत ही सुकुमारी हैं तथा

सास, ससुर और कुटुंबी सभी को प्यारी हैं॥ 4॥

दोहा

पिता जनक भूपाल मनि ससुर भानुकुल भानु।
पति रबिकुल कैरव बिपिन बिधु गुन रूप निधानु॥ 58॥

इनके पिता जनकजी राजाओं के शिरोमणि हैं; ससुर सूर्यकुल के सूर्य हैं और पति सूर्यकुलरूपी कुमुदवनको खिलाने वाले चंद्रमा तथा गुण और रूप के भंडार हैं॥ 58॥

चौपाई

मैं पुनि पुत्रबधू प्रिय पाई। रूप रासि गुन सील सुहाई॥
नयन पुतरि करि प्रीति बढ़ाई। राखेउँ प्रान जानकिहिं लाई॥ 1॥
कलपबेलि जिमि बहुबिधि लाली। सींचि सनेह सलिल प्रतिपाली॥
फूलत फलत भयउ बिधि बामा। जानि न जाइ काह परिनामा॥ 2॥
पलँग पीठ तजि गोद हिंडोरा। सियँ न दीन्ह पगु अवनि कठोरा॥
जिअनमूरि जिमि जोगवत रहऊँ। दीप बाति नहिं टारन कहऊँ॥ 3॥
सोइ सिय चलन चहति बन साथा। आयसु काह होइ रघुनाथा॥
चंद किरन रस रसिक चकोरी। रबि रुख नयन सकइ किमि जोरी॥ 4॥

फिर मैंने रूप की राशि, सुंदर गुण और शीलवाली प्यारी पुत्रवधू पाई है। मैंने इन (जानकी) को आँखों की पुतली बनाकर इनसे प्रेम बढ़ाया है और अपने प्राण इनमें लगा रखे हैं॥ 1॥

इन्हें कल्पलता के समान मैंने बहुत तरह से बड़े लाड़-चाव के साथ स्नेहरूपी जल से सींचकर पाला है। अब इस लता के फूलने-फलने के समय विधाता वाम हो गए। कुछ जाना नहीं जाता कि इसका क्या परिणाम होगा॥ 2॥

सीता ने पर्यंकपृष्ठ (पलंग के ऊपर), गोद और हिंडोले को छोड़कर कठोर पृथ्वी पर कभी पैर नहीं रखा। मैं सदा संजीवनी जड़ी के समान [सावधानी से] इनकी रखवाली करती रही हूँ! कभी दीपक की बत्ती हटाने को भी नहीं कहती॥ 3॥

वही सीता अब तम्हारे साथ वन चलना चाहती है। हे रघुनाथ! उसे क्या आज्ञा होती है? चंद्रमा की किरणों का रस (अमृत) चाहने वाली चकोरी सूर्य की ओर आँख किस तरह मिला सकती है॥ 4॥

दोहा

करि केहरि निसिचर चरहिं दुष्ट जंतु बन भूरि।
बिष बाटिकाँ कि सोह सुत सुभग सजीवनि मूरि॥ 59॥

हाथी, सिंह, राक्षस आदि अनेक दुष्ट जीव-जंतु वन में विचरते रहते हैं। हे पुत्र! क्या विष की वाटिका में सुंदर संजीवनी बूटी शोभा पा सकती है?॥ 59॥

ॐ❖❖❖ॐ

चौपाई

बन हित कोल किरात किसोरी। रचीं बिरंचि बिषय सुख भोरी॥
पाहन कृमि जिमि कठिन सुभाऊ। तिन्हहि कलेसु न कानन काऊ॥ 1॥
कै तापस तिय कानन जोगू। जिन्ह तप हेतु तजा सब भोगू॥
सिय बन बसिहि तात केहि भाँती। चित्रलिखित कपि देखि डेराती॥ 2॥
सुरसर सुभग बनज बन चारी। डाबर जोगु कि हंसकुमारी॥
अस बिचारि जस आयसु होई। मैं सिख देउँ जानकिहि सोई॥ 3॥
जौं सिय भवन रहै कह अंबा। मोहि कहँ होइ बहुत अवलंबा॥
सुनि रघुबीर मातु प्रिय बानी। सील सनेह सुधाँ जनु सानी॥ 4॥

वन के लिए तो ब्रह्माजी ने विषयसुख को न जाननेवाली कोल और भीलों की लड़कियों को रचा है, जिनका पत्थर के कीड़े-जैसा कठोर स्वभाव है। उन्हें वन में कभी क्लेश नहीं होता॥ 1॥

अथवा तपस्वियों की स्त्रियाँ वन में रहने योग्य हैं, जिन्होंने तपस्या के लिए सब भोग तज दिए हैं। हे पुत्र! जो तसवीर के बंदर को देखकर डर जाती हैं वे सीता वन में किस तरह रह सकेंगी?॥ 2॥

देवसरोवर के कमलवन में विचरण करनेवाली हंसिनी क्या गड़ैया (तलैयों) में रहने के योग्य है? ऐसा विचारकर जैसी तुम्हारी आज्ञा हो, मैं जानकी को वैसी ही शिक्षा दूँ॥ 3॥

माता कहती हैं—यदि सीता घर में रहें तो मुझको बहुत सहारा हो जाए। श्रीरामचंद्रजी ने माता की प्रिय वाणी सुनकर, जो मानो शील और स्नेहरूपी अमृत से सनी हुई थी,॥ 4॥

दोहा

कहि प्रिय बचन बिबेकमय कीन्हि मातु परितोष।
लगे प्रबोधन जानकिहि प्रगटि बिपिन गुन दोष॥ 60॥

विवेकमय प्रिय वचन कहकर माता को संतुष्ट किया। फिर वन के गुण-दोष प्रकट करके वे जानकीजी को समझाने लगे॥ 60॥

(ग) लक्ष्मण-निषाद-संवाद (अयोध्याकांड, दोहा—90-94)

सामान्य मनुष्य के जीवन में जब कोई कष्ट या आपदा आती है तो वह कराहकर उसे सह लेता है परंतु राजवैभव के सुख का उपभोग करनेवाले किसी राज-पुत्र से यदि उसका सब कुछ अकारण छीन लिया जाए तो उसके दुःख की कल्पना करना भी कठिन हो जाता है। श्रीराम ऐसे दुःख को माता-पिता की आज्ञा मानकर सहर्ष स्वीकार कर लेते हैं परंतु निषाद ऐसा नहीं कर पाते। वनवासी राम जब पहले दिन भूमि पर बिछी चटाई पर सोते हैं तो इसे देख निषाद बिलख उठते हैं। लक्ष्मण उन्हें समझाते हैं कि यह कर्म की लीला है, किसी को दोष देना उचित नहीं है—

काहु न कोउ सुख-दुःख कर दाता। निज कृत करम भोग सबु भ्राता॥

(अयो. कांड—91-4)

—हे भाई! कोई किसी को सुख-दुःख का देने वाला नहीं है। सब अपने ही किए हुए कर्मों का फल भोगते हैं।

किसी घोर संकट से घिरे होने पर इस प्रसंग का पाठ बहुत प्रेरक सिद्ध होता है।

❖❖❖

दोहा

सुचि सुबिचित्र सुभोगमय सुमन सुगंध सुबास।
पलँग मंजु मनिदीप जहँ सब बिधि सकल सुपास॥ 90॥

❖❖❖

जो पवित्र, बड़े ही विलक्षण, सुंदर भोगपदार्थों से पूर्ण और फूलों की सुगंध से सुवासित हैं; जहाँ सुंदर पलँग और मणियों के दीपक हैं तथा सब प्रकार का पूरा आराम है;॥ 90॥

चौपाई

बिबिध बसन उपधान तुराईं। छीर फेन मृदु बिसद सुहाईं॥
तहँ सिय रामु सयन निसि करहीं। निज छबि रति मनोज मदु हरहीं॥ 1॥
ते सिय रामु साथरीं सोए। श्रमित बसन बिनु जाहिं न जोए॥
मातु पिता परिजन पुरबासी। सखा सुसील दास अरु दासी॥ 2॥
जोगवहिं जिन्हहि प्रान की नाईं। महि सोवत तेइ राम गोसाईं॥
पिता जनक जग बिदित प्रभाऊ। ससुर सुरेस सखा रघुराऊ॥ 3॥
रामचंदु पति सो बैदेही। सोवत महि बिधि बाम न केही॥
सिय रघुबीर कि कानन जोगू। करम प्रधान सत्य कह लोगू॥ 4॥

जहाँ [ओढ़ने-बिछाने के] अनेकों वस्त्र, तकिए और गद्दे हैं, जो दूध के फेन के समान कोमल, निर्मल (उज्ज्वल)और सुंदर हैं; वहाँ (उन चौबारों में) श्रीसीताजी और श्रीरामचंद्रजी रात को सोया करते थे और अपनी शोभा से रति और कामदेव के गर्व को हरण करते थे॥ 1॥

वही श्रीसीता और श्रीरामजी आज घास-फूस की साथरी पर थके हुए बिना वस्त्र के ही सोये हैं। ऐसी दशा में वे देखे नहीं जाते। माता, पिता, कुटुंबी, पुरवासी (प्रजा), मित्र, अच्छे शील-स्वभाव के दास और दासियाँ— ॥ 2॥

सब जिनकी अपने प्राणों की तरह सार-सँभार करते थे, वही प्रभु श्रीरामचंद्रजी आज पृथ्वी पर सो रहे हैं। जिनके पिता जनकजी हैं, जिनका प्रभाव जगत् में प्रसिद्ध है; जिनके ससुर इंद्र के मित्र रघुराज दशरथजी हैं, ॥ 3॥

और पति श्रीरामचंद्रजी हैं, वही जानकीजी आज जमीन पर सो रही हैं। विधाता किस को प्रतिकूल नहीं होता! सीताजी और श्रीरामचंद्रजी क्या वन के योग्य हैं? लोग सच कहते हैं कि कर्म (भाग्य) ही प्रधान है॥ 4॥

❖❖❖

दोहा

कैकयनंदिनि मंदमति कठिन कुटिलपनु कीन्ह।
जेहिं रघुनंदन जानकिहि सुख अवसर दुखु दीन्ह॥ 91॥

कैकयराज की लड़की नीचबुद्धि कैकेयी ने बड़ी ही कुटिलता की, जिसने रघुनंदन श्रीरामजी को और जानकीजी को सुख के समय दुःख दिया॥ 91॥

चौपाई

भइ दिनकर कुल बिटप कुठारी। कुमति कीन्ह सब बिस्व दुखारी॥
भयउ बिषादु निषादहि भारी। राम सीय महि सयन निहारी॥ 1॥
बोले लखन मधुर मृदु बानी। ग्यान बिराग भगति रस सानी॥
काहु न कोउ सुख दुख कर दाता। निज कृत करम भोग सबु भ्राता॥ 2॥
जोग बियोग भोग भल मंदा। हित अनहित मध्यम भ्रम फंदा॥
जनमु मरनु जहँ लगि जग जालू। संपति बिपति करमु अरु कालू॥ 3॥
धरनि धामु धनु पुर परिवारू। सरगु नरकु जहँ लगि ब्यवहारू॥
देखिअ सुनिअ गुनिअ मन माहीं॥ मोह मूल परमारथु नाहीं॥ 4॥

वह सूर्यकुलरूपी वृक्ष के लिए कुल्हाड़ी हो गई। उस कुबुद्धि ने संपूर्ण विश्व को दु:खी कर दिया। श्रीराम-सीता का जमीन पर सोते हुए देखकर निषाद को बड़ा दु:ख हुआ॥ 1॥

तब लक्ष्मणजी ज्ञान, वैराग्य और भक्ति के रस से सनी हुई मीठी और कोमल वाणी बोले—हे भाई! कोई किसी को सुख-दु:ख का देनेवाला नहीं है। सब अपने ही किए हुए कर्मों का फल भोगते हैं॥ 2॥

संयोग (मिलना), वियोग (बिछुड़ना), भले-बुरे भोग, शत्रु, मित्र और उदासीन—ये सभी भ्रम के फंदे हैं। जन्म-मृत्यु, संपत्ति-विपत्ति, कर्म और काल—जहाँ तक जगत् के जंजाल हैं;॥ 3॥

धरती, घर, धन, नगर, परिवार, स्वर्ग और नरक आदि जहाँ तक व्यवहार हैं जो देखने, सुनने और मन के अंदर विचारने में आते हैं, इन सबका मूल मोह (अज्ञान) ही है। परमार्थत: ये नहीं हैं॥ 4॥

❖❖❖

दोहा

सपनें होइ भिखारि नृपु रंकु नाकपति होइ।
जागें लाभु न हानि कछु तिमि प्रपंच जियँ जोइ॥ 92॥

जैसे स्वप्न में राजा भिखारी हो जाए या कंगाल स्वर्ग का स्वामी इंद्र हो जाए, तो जागने पर लाभ या हानि कुछ भी नहीं हैं; वैसे ही इस दृश्य-प्रपंच को हृदय से देखना चाहिए॥ 92॥

चौपाई

अस बिचारि नहिं कीजिअ रोसू। काहुहि बादि न देइअ दोसू॥
मोह निसाँ सबु सोवनिहारा। देखअ सपन अनेक प्रकारा॥ 1॥
एहिं जग जामिनि जागहिं जोगी। परमारथी प्रपंच बियोगी॥
जानिअ तबहिं जीव जग जागा। जब सब बिषय बिलास बिरागा॥ 2॥
होइ बिबेकु मोह भ्रम भागा। तब रघुनाथ चरन अनुरागा॥
सखा परम परमारथु एहू। मन क्रम बचन राम पद नेहू॥ 3॥
राम ब्रह्म परमारथ रूपा। अबिगत अलख अनादि अनूपा॥
सकल बिकार रहित गतभेदा। कहि नित नेति निरूपहिं बेदा॥ 4॥

ऐसा विचारकर क्रोध नहीं करना चाहिए और न किसी को व्यर्थ दोष ही देना चाहिए। सब लोग मोहरूपी रात्रि में सोनेवाले हैं और सोते हुए उन्हें अनेकों प्रकार के स्वप्न दिखाई देते हैं॥ 1॥

इस जगत्‌रूपी रात्रि में योगी लोग जागते हैं, जो परमार्थी हैं और प्रपंच (मायिक जगत्) से छूटे हुए हैं। जगत् में जीव को जागा हुआ तभी जानना चाहिए जब संपूर्ण भोग-विलासों से वैराग्य हो जाए॥ 2॥

विवेक होने पर मोहरूपी भ्रम भाग जाता है, तब (अज्ञान का नाश होने पर) श्रीरघुनाथजी के चरणों में प्रेम होता है। हे सखा! मन, वचन और कर्म से श्रीरामजी के चरणों में प्रेम होना, यही सर्वश्रेष्ठ परमार्थ (पुरुषार्थ) है॥ 3॥

श्रीरामजी परमार्थस्वरूप (परमवस्तु) परब्रह्म हैं। वे अविगत (जानने में न आनेवाले), अलख (स्थूल दृष्टि से देखने में न आनेवाले), अनादि (आदिरहित), अनुपम (उपमारहित), सब विकारों से रहित और भेदशून्य हैं, वेद जिनका नित्य 'नेति-नेति' कहकर निरूपण करते हैं॥ 4॥

❖❖❖

दोहा

भगत भूमि भूसुर सुरभि सुर हित लागि कृपाल।
करत चरित धरि मनुज तनु सुनत मिटहिं जग जाल॥ 93॥

वही कृपालु श्रीरामचंद्रजी भक्त, भूमि, ब्राह्मण, गौ और देवताओं के हित के लिए मनुष्य शरीर धारण करके लीलाएँ करते हैं, जिनके सुनने से जगत् के जंजाल मिट जाते हैं॥ 93॥

चौपाई

सखा समुझि अस परिहरि मोहू। सिय रघुबीर चरन रत होहू॥
कहत राम गुन भा भिनुसारा। जागे जग मंगल सुखदारा॥ 1॥
सकल सौच करि राम नहावा। सुचि सुजान बट छीर मगावा॥
अनुज सहित सिर जटा बनाए। देखि सुमंत्र नयन जल छाए॥ 2॥
हृदयँ दाहु अति बदन मलीना। कह कर जोरि बचन अति दीना॥
नाथ कहेउ अस कोसलनाथा। लै रथु जाहु राम कें साथा॥ 3॥
बनु देखाइ सुरसरि अन्हवाई। आनेहु फेरि बेगि दोउ भाई॥
लखनु रामु सिय आनेहु फेरी। संसय सकल सँकोच निबेरी॥ 4॥

हे सखा! ऐसा समझ, मोह का त्यागकर श्रीसीतारामजी के चरणों में प्रेम करो। इस प्रकार श्रीरामचंद्रजी के गुण कहते-कहते सबेरा हो गया! तब जगत् का मंगल करनेवाले और उसे सुख देनेवाले श्रीरामजी जागे॥ 1॥

शौच के सब कार्य करके [नित्य] पवित्र और सुजान श्रीरामचंद्रजी ने स्नान किया। फिर बड़का दूध मँगाया और छोटे भाई लक्ष्मणजी सहित उस दूध से सिर पर जटाएँ बनाईं। यह देखकर सुमंत्रजी के नेत्रों में जल छा गया॥ 2॥

उनका हृदय अत्यंत जलने लगा, मुँह मलिन (उदास) हो गया। वे हाथ जोड़कर अत्यंत दीन वचन बोले—हे नाथ! मुझे कोसलनाथ दशरथजी ने ऐसी आज्ञा दी थी कि तुम रथ लेकर श्रीरामजी के साथ जाओ;॥ 3॥

वन दिखाकर, गंगास्नान कराकर दोनों भाइयों को तुरंत लौटा लाना। सब संशय और संकोच को दूर करके लक्ष्मण, राम, सीता को फिरा लाना॥ 4॥

❖❖❖

दोहा

नृप अस कहेउ गोसाइँ जस कहइ करौं बलि सोइ।
करि बिनती पायन्ह परेउ दीन्ह बाल जिमि रोइ॥ 94॥

महाराज ने ऐसा कहा था, अब प्रभु जैसा कहें, मैं वही करूँ; मैं आपकी बलिहारी हूँ। इस प्रकार विनती करके वे श्रीरामचंद्रजी के चरणों में गिर पड़े और उन्होंने बालक की तरह रो दिया॥ 94॥

(घ) कौसल्या-भरत-मिलन (अयोध्याकांड, दोहा—163-169)

ननिहाल से लौटने के बाद जब भरत को पता चलता है कि उनकी माँ कैकेयी ने उन्हें राजा बनाने के लिए श्रीराम को वनवास दिया है तो वे अपमान और

अपराध बोध से भर उठते हैं। उनकी स्थिति एक ऐसे निर्दोष व्यक्ति की तरह है जो किसी की साजिश का शिकार होकर दोषी मान लिया जाए। वे माता कौसल्या के समक्ष अपनी स्थिति स्पष्ट करते हुए हिंदू धर्म में मान्य छोटे-बड़े पापों को गिनाते हैं और कहते हैं कि श्रीराम के वनवास में यदि उनकी कोई सम्मति हो तो उन्हें वे सब पाप लग जाएँ।

इस प्रसंग में माँ कौसल्या की दयनीय एवं लाचार स्थिति एवं भरतजी के उदात्त, निश्छल, पवित्र, सरल एवं कोमल हृदय का अत्यंत मार्मिक अंकन हुआ है।

हिंदू धर्म में निर्धारित जितने भी छोटे-बड़े पाप है, उनकी भी जानकारी प्राप्त होती है।

जीवन में जब भी ऐसी स्थिति आए जब बिना किसी अपराध के अपयश और कलंक लग जाए तो इस अंश का पाठ मन के सारे विषाद को धो-पोंछकर निर्मल बनाता है और यह विश्वास दिलाता है कि जब भरत जैसे पवित्रात्मा पर कलंक लगा और वे उसे अपने सदाचरण से मिटा सके तो हम भी दोषमुक्त हो सकते हैं।

❖❖❖

दोहा

मलिन बसन बिबरन बिकल कृस सरीर दुख भार।
कनक कलप बर बेलि बन मानहुँ हनी तुसार॥ 163॥

कौसल्याजी मैले वस्त्र पहने हैं, चेहरे का रंग बदला हुआ है, व्याकुल हो रही हैं, दुःख के बोझ से शरीर सूख गया है। ऐसी दीख रही हैं मानो सोने की सुंदर कल्पलता को वन में पाला मार गया हो॥ 163॥

❖❖❖

चौपाई

भरतहि देखि मातु उठि धाई। मुरुछित अवनि परी झइँ आई॥
देखत भरतु बिकल भए भारी। परे चरन तन दसा बिसारी॥ 1॥
मातु तात कहँ देहि देखाई। कहँ सिय रामु लखनु दोउ भाई॥
कैकइ कत जनमी जग माझा। जौं जनमि त भइ काहे न बाँझा॥ 2॥
कुल कलंकु जेहिं जनमेउ मोही। अपजस भाजन प्रियजन द्रोही॥
को तिभुवन मोहि सरिस अभागी। गति असि तोरि मातु जेहि लागी॥ 3॥
पितु सुरपुर बन रघुबर केतू। मैं केवल सब अनरथ हेतू॥
धिग मोहि भयउँ बेनु बन आगी। दुसह दाह दुख दूषन भागी॥ 4॥

भरत को देखते ही माता कौसल्याजी उठ दौड़ीं। पर चक्कर आ जाने से

मूर्च्छित होकर पृथ्वी पर गिर पड़ीं। यह देखते ही भरतजी बड़े व्याकुल हो गए और शरीर की सुध भुलाकर चरणों में गिर पड़े॥ 1॥

[फिर बोले—] माता! पिताजी कहाँ हैं? उन्हें दिखा दे। सीताजी तथा मेरे दोनों भाई श्रीराम-लक्ष्मण कहाँ हैं? [उन्हें दिखा दे।] कैकेयी जगत् में क्यों जनमी! और यदि जनमी ही तो फिर बाँझ क्यों न हुई?—॥ 2॥

जिसने कुल के कलंक, अपशय के भाँड़े और प्रियजनों के द्रोही मुझ-जैसे पुत्र को उत्पन्न किया। तीनों लोकों में मेरे समान अभागा कौन है? जिसके कारण, हे माता! तेरी यह दशा हुई!॥ 3॥

पिताजी स्वर्ग में हैं और श्रीरामजी वन में हैं। केतु के समान केवल मैं ही इन सब अनर्थों का कारण हूँ। मुझे धिक्कार है! मैं बाँस के वन में आग उत्पन्न हुआ और कठिन दाह, दुःख और दोषों का भागी बना॥ 4॥

❖❖❖

दोहा

मातु भरत के बचन मृदु सुनि पुनि उठी सँभारि।
लिए उठाइ लगाइ उर लोचन मोचति बारि॥ 164॥

भरतजी के कोमल वचन सुनकर माता कौसल्याजी फिर सँभलकर उठीं। उन्होंने भरत को उठाकर छाती से लगा लिया और नेत्रों से आँसू बहाने लगीं॥ 164॥

❖❖❖

चौपाई

सरल सुभाय मायँ हियँ लाए। अति हित मनहुँ राम फिरि आए॥
भेंटेउ बहुरि लखन लघु भाई। सोकु सनेहु न हृदयँ समाई॥ 1॥
देखि सुभाउ कहत सबु कोई। राम मातु अस काहे न होई॥
माताँ भरतु गोद बैठारे। आँसु पोंछि मृदु बचन उचारे॥ 2॥
अजहुँ बच्छ बलि धीरज धरहू। कुसमउ समुझि सोक परिहरहू॥
जनि मानहु हियँ हानि गलानी। काल करम गति अघटित जानी॥ 3॥
काहुहि दोसु देहु जनि ताता। भा मोहि सब बिधि बाम बिधाता॥
जो एतेहुँ दुख मोहि जिआवा। अजहुँ को जानइ का तेहि भावा॥ 4॥

सरल स्वभाववाली माता न बड़े प्रेम से भरतजी को छाती से लगा लिया, मानो श्रीरामजी ही लौटकर आ गए हों। फिर लक्ष्मणजी के छोटे भाई शत्रुघ्न को हृदय से लगाया। शोक और स्नेह हृदय में समाता नहीं हैं॥ 1॥

कौसल्याजी का स्वभाव देखकर सब कोई कह रहे हैं—श्रीराम की माता का

ऐसा स्वभाव क्यों न हो। माता ने भरतजी को गोद में बैठा लिया और उनके आँसू पोंछकर कोमल वचन बोलीं— ॥ 2 ॥

हे वत्स! मैं बलैया लेती हूँ। तुम अब भी धीरज धरो। बुरा समय जानकर शोक त्याग दो। काल और कर्म की गति अमिट जानकर हृदय में हानि और ग्लानि मत मानो ॥ 3 ॥

हे तात! किसी को दोष मत दो। विधाता मुझको सब प्रकार से उलटा हो गया है, जो इतने दु:ख पर भी मुझे जिला रहा है। अब भी कौन जानता है, उसे क्या भा रहा है? ॥ 4 ॥

❖❖❖

दोहा

पितु आयस भूषन बसन तात तजे रघुबीर।
बिसमउ हरषु न हृदयँ कछु पहिरे बलकल चीर॥ 165॥

हे तात! पिता की आज्ञा से श्रीरघुवीर ने भूषण-वस्त्र त्याग दिए और वल्कल-वस्त्र पहन लिए। उनके हृदय में न कुछ विषाद था, न हर्ष! ॥ 165 ॥

❖❖❖

चौपाई

मुख प्रसन्न मन रंग न रोषू। सब कर सब बिधि करि परितोषू॥
चले बिपिन सुनि सिय सँग लागी। रहइ न राम चरन अनुरागी॥ 1॥
सुनतहिं लखनु चले उठि साथा। रहहिं न जतन किए रघुनाथा॥
तब रघुपति सबही सिरु नाई। चले संग सिय अरु लघु भाई॥ 2॥
रामु लखनु सिय बनहि सिधाए। गइउँ न संग न प्रान पठाए॥
यहु सबु भा इन्ह आँखिन्ह आगें। तउ न तजा तनु जीव अभागें॥ 3॥
मोहि न लाज निज नेहु निहारी। राम सरिस सुत मैं महतारी॥
जिऐ मरै भल भूपति जाना। मोर हृदय सत कुलिस समाना॥ 4॥

उनका मुख प्रसन्न था; मन में न आसक्ति थी, न रोष (द्वेष)। सबका सब तरह से संतोष कराकर वे वन को चले। यह सुनकर सीता भी उनके साथ लग गईं। श्रीराम के चरणों की अनुरागिणी वे किसी तरह न रहीं ॥ 1 ॥

सुनते ही लक्ष्मण भी साथ ही उठ चले। श्रीरघुनाथ ने उन्हें रोकने के बहुत यत्न किए, पर वे न रहे। तब श्रीरघुनाथजी सबको सिर नवाकर सीता और छोटे भाई लक्ष्मण को साथ लेकर चले गए ॥ 2 ॥

श्रीराम, लक्ष्मण और सीता वन को चले गए। मैं न तो साथ ही गई और न

मैंने अपने प्राण ही उनके साथ भेजे। यह सब इन्हीं आँखों के सामने हुआ। तो भी अभागे जीव ने शरीर नहीं छोड़ा॥ 3॥

अपने स्नेह की ओर देखकर मुझे लाज भी नहीं आती; राम-सरीखे पुत्र की मैं माता! जीना और मरना तो राजा ने खूब जाना। मेरा हृदय तो सैकड़ों वज्रों के समान कठोर है॥ 4॥

❖❖❖

दोहा

कौसल्या के बचन सुनि भरत सहित रनिवासु।
ब्याकुल बिलपत राजगृह मानहुँ सोक नेवासु॥ 166॥

कौसल्याजी के वचनों को सुनकर भरतसहित सारा निवास व्याकुल होकर विलाप करने लगा। राजमहल मानो शोक का निवास बन गया॥ 166॥

❖❖❖

चौपाई

बिलपहिं बिकल भरत दोउ भाई। कौसल्याँ लिए हृदयँ लगाई॥
भाँति अनेक भरतु समुझाए। कहि बिबेकमय बचन सुनाए॥ 1॥
भरतहुँ मातु सकल समुझाईं। कहि पुरान श्रुति कथा सुहाईं॥
छल बिहीन सुचि सरल सुबानी। बोले भरत जोरि जुग पानी॥ 2॥
जे अघ मातु पिता सुत मारें। गाइ गोठ महिसुर पुर जारें॥
जे अघ तिय बालक बध कीन्हें। मीत महीपति माहुर दीन्हें॥ 3॥
जे पातक उपपातक अहहीं। करम बचन मन भव कबि कहहीं॥
ते पातक मोहि होहुँ बिधाता। जौं यहु होइ मोर मत माता॥ 4॥

भरत, शत्रुघ्न दोनों भाई विकल होकर विलाप करने लगे। तब कौसल्याजी ने उनको हृदय से लगा लिया। अनेकों प्रकार से भरतजी को समझाया और बहुत सी विवेकभरी बातें उन्हें कहकर सुनाईं॥ 1॥

भरतजी ने भी सब माताओं को पुराण और वेदों की सुंदर कथाएँ कहकर समझाया। दोनों हाथ जोड़कर भरतजी छलरहित, पवित्र और सीधी सुंदर वाणी बोले— ॥ 2॥

जो पाप माता-पिता और पुत्र के मारने से होते हैं और जो गोशाला और ब्राह्मणों के नगर जलाने से होते हैं; जो पाप स्त्री और बालक की हत्या करने से होते हैं और जो मित्र और राजा को जहर देने से होते हैं— ॥ 3॥

कर्म, वचन और मन से होनेवाले जितने पातक एवं उपपातक (बड़े-छोटे

पाप) हैं, जिनको कवि लोग कहते हैं, हे विधाता! यदि इस काम में मेरा मत हो, तो हे माता! वे सब पाप मुझे लगें॥ 4॥

ᨒ❖❖❖ᨓ

दोहा

जे परिहरि हरि हर चरन भजहिं भूतगन घोर।
तेहि कइ गति मोहि देउ बिधि जौं जननी मत मोर॥ 167॥

जो लोग श्रीहरि और श्रीशंकरजी के चरणों को छोड़कर भयानक भूत-प्रेतों को भजते हैं, हे माता! यदि इसमें मेरा मत हो तो विधाता मुझे उनकी गति दे॥ 167॥

ᨒ❖❖❖ᨓ

चौपाई

बेचहिं बेदु धरमु दुहि लेहीं। पिसुन पराय पाप कहि देहीं॥
कपटी कुटिल कलहप्रिय क्रोधी। बेद बिदूषक बिस्व बिरोधी॥ 1॥
लोभी लंपट लोलुपचारा। जे ताकहिं परधनु परदारा॥
पावौं मैं तिन्ह कै गति घोरा। जौं जननी यहु संमत मोरा॥ 2॥
जे नहिं साधुसंग अनुरागे। परमारथ पथ बिमुख अभागे॥
जे न भजहिं हरि नरतनु पाई। जिन्हहि न हरि हर सुजसु सोहाई॥ 3॥
तजि श्रुतिपंथु बाम पथ चलहीं। बंचक बिरचि बेष जगु छलहीं॥
तिन्ह कै गति मोहि संकर देऊ। जननी जौं यहु जानौं भेऊ॥ 4॥

जो लोग वेदों को बेचते हैं, धर्म को दुह लेते हैं, चुगलखोर हैं, दूसरों के पापों को कह देते हैं; जो कपटी, कुटिल, कलहप्रिय और क्रोधी हैं, तथा जो वेदों की निंदा करनेवाले और विश्वभर के विरोधी हैं;॥ 1॥

जो लोभी, लंपट और लालचियों का आचरण करनेवाले हैं; जो पराए धन और परायी स्त्री की ताक में रहते हैं; हे जननी! यदि इस काम में मेरी सम्मति हो तो मैं उनकी भयानक गति को पाऊँ॥ 2॥

जिनका सत्संग में प्रेम नहीं है; जो अभागे परमार्थ के मार्ग से विमुख हैं; जो मनुष्य-शरीर पाकर श्रीहरि का भजन नहीं करते; जिनको हरि-हर (भगवान् विष्णु और शंकरजी) का सुयश नहीं सुहाता;॥ 3॥

जो वेदमार्ग को छोड़कर वाम (वेदप्रतिकूल) मार्ग पर चलते हैं; जो ठग हैं और वेष बनाकर जगत् को छलते हैं; हे माता! यदि मैं इस भेद को जानता भी होऊँ तो शंकरजी मुझे उन लोगों की गति दें॥ 4॥

दोहा

मातु भरत के बचन सुनि साँचे सरल सुभायँ।
कहति राम प्रिय तात तुम्ह सदा बचन मन कायँ॥ 168॥

माता कौसल्याजी भरतजी के स्वाभाविक ही सच्चे और सरल वचनों को सुनकर कहने लगीं—हे तात! तुम तो मन, वचन और शरीर से सदा ही श्रीरामचंद्र के प्यारे हो॥ 168॥

❖❖❖❖

चौपाई

राम प्रानहु तें प्रान तुम्हारे। तुम्ह रघुपतिहि प्रानहु तें प्यारे॥
बिधु बिष चवै स्त्रवै हिमु आगी। होइ बारिचर बारि बिरागी॥ 1॥
भएँ ग्यानु बरु मिटै न मोहू। तुम्ह रामहि प्रतिकूल न होहू॥
मत तुम्हार यहु जो जग कहहीं। सो सपनेहुँ सुख सुगति न लहहीं॥ 2॥
अस कहि मातु भरतु हियँ लाए। थन पय स्त्रवहिं नयन जल छाए॥
करत बिलाप बहुत यहि भाँती। बैठेहिं बीति गई सब राती॥ 3॥
बामदेउ बसिष्ठ तब आए। सचिव महाजन सकल बोलाए॥
मुनि बहु भाँति भरत उपदेसे। कहि परमारथ बचन सुदेसे॥ 4॥

श्रीराम तुम्हारे प्राणों से भी बढ़कर प्राण (प्रिय) हैं और तुम भी श्रीरघुनाथ को प्राणों से भी अधिक प्यारे हो। चंद्रमा चाहे विष चुआने लगे और पाला आग बरसाने लगे; जलचर जीव जल से विरक्त हो जाए, ॥ 1॥

और ज्ञान हो जाने पर भी चाहे मोह न मिटे; पर तुम श्रीरामचंद्र के प्रतिकूल कभी नहीं हो सकते। इसमें तुम्हारी सम्मति है, जगत् में जो कोई ऐसा कहते हैं वे स्वप्न में भी सुख और शुभ गति नहीं पावेंगे॥ 2॥

ऐसा कहकर माता कौसल्या ने भरतजी हृदय से लगा लिया। उनके स्तनों से दूध बहने लगा और नेत्रों से [प्रेमाश्रुओं का] जल छा गया। इस प्रकार बहुत विलाप करते हुए सारी रात बैठे-ही-बैठे बीत गई॥ 3॥

तब वामदेवजी और वसिष्ठजी आए। उन्होंने सब मंत्रियों तथा महाजनों को बुलवाया। फिर मुनि वसिष्ठजी ने परमार्थ के सुंदर समयानुकूल वचन कहकर बहुत प्रकार से भरतजी को उपदेश दिया॥ 4॥

दोहा

तात हृदयँ धीरजु धरहु करहु जो अवसर आजु।
उठे भरत गुर बचन सुनि करन कहेउ सबु साजु॥ 169॥

[वसिष्ठजी ने कहा—] हे तात! हृदय में धीरज धरो और आज जिस कार्य के करने का अवसर है, उसे करो। गुरुजी के वचन सुनकर भरतजी उठे और उन्होंने सब तैयारी करने के लिए कहा॥ 169॥

(ङ) भरत-भरद्वाज-संवाद (अयोध्याकांड, दोहा–202-212)

राज-वैभव को त्यागकर जीवन में मानवीय संबंधों के गौरव को स्थापित करने के लिए भरत अयोध्या छोड़कर श्रीराम से मिलने पैदल ही चल देते हैं। कलंक और लांछना के पीछे छिपे अपने धवल चरित्र और श्रीराम के प्रति अपने निश्छल प्रेम की प्रामाणिकता को वे यह कहकर सिद्ध करते हैं—

अरथ न धरम न काम रुचि गति न चहउँ निरबान।
जनम जनम रति राम पद यह बरदानु न आनु॥

(अयो. कांड—204)

—मुझे न अर्थ की इच्छा है, न धर्म की, न काम की और न मोक्ष की। जन्म-जन्म में मेरा श्रीरामजी के चरणों में प्रेम हो, बस यही वरदान माँगता हूँ, दूसरा कुछ नहीं।

भरद्वाज मुनि भरतजी के पावन चरित्र का यशोगान करते हुए कहते हैं—भरत धन्य तुम्ह जसु जगु जयऊ—हे भरत! तुम धन्य हो, तुमने अपने यश से जगत् को जीत लिया है।

दुःख, आपदा और संकट को अपने दृढ़ और निर्मल चरित्र से मनुष्य कैसे दूर भगा देता है, इसकी झलक हमें भरत के चरित्र के इस प्रसंग में मिलती है। इस प्रसंग के पाठ से अपनों के षड्यंत्र या नियति के विधान से मिले कष्ट, दुःख, अपमान और कलंक को दूर करने में सहायता मिल सकती है।

❖❖❖

दोहा

प्रातक्रिया करि मातु पद बंदि गुरहि सिरु नाइ।
आगें किए निषाद गन दीन्हेउ कटकु चलाइ॥ 202॥

प्रात:काल की क्रियाओं को करके माता के चरणों की वंदना कर और गुरुजी को सिर नवाकर भरतजी ने निषादगणों को [रास्ता दिखलाने के लिए] आगे कर लिया और सेना चला दी॥ 202॥

चौपाई

कियउ निषादनाथु अगुआईं। मातु पालकीं सकल चलाईं॥
साथ बोलाइ भाइ लघु दीन्हा। बिप्रन्ह सहित गवनु गुर कीन्हा॥ 1॥
आपु सुरसरिहि कीन्ह प्रनामू। सुमिरे लखन सहित सिय रामू॥
गवने भरत पयादेहिं पाए। कोतल संग जाहिं डोरिआए॥ 2॥
कहहिं सुसेवक बारहिं बारा। होइअ नाथ अस्व असवारा॥
रामु पयादेहि पायँ सिधाए। हम कहँ रथ गज बाजि बनाए॥ 3॥
सिर भर जाउँ उचित अस मोरा। सब तें सेवक धरमु कठोरा॥
देखि भरत गति सुनि मृदु बानी। सब सेवक गन गरहिं गलानी॥ 4॥

निषादराज को आगे करके पीछे सब माताओं की पालकियाँ चलाईं। छोटे भाई शत्रुघ्नजी को बुलाकर उनके साथ कर दिया। फिर ब्राह्मणों सहित गुरुजी ने गमन किया॥ 1॥

तदनंतर आप (भरतजी) ने गंगाजी को प्रणाम किया और लक्ष्मणसहित श्रीसीता-रामजी का स्मरण किया। भरतजी पैदल ही चले। उनके साथ कोतल (बिना सवार के) घोड़े बागडोर से बँधे हुए चले आ रहे हैं॥ 2॥

उत्तम सेवक बार-बार कहते हैं कि हे नाथ! आप घोड़े पर सवार हो लीजिए। [भरतजी जवाब देते हैं कि] श्रीरामचंद्रजी तो पैदल ही गए और हमारे लिए रथ, हाथी और घोड़े बनाए गए हैं॥ 3॥

मुझे उचित तो ऐसा है कि मैं सिर के बल चलकर जाऊँ। सेवक का धर्म सबसे कठिन होता है। भरतजी की दशा देखकर और कमल वाणी सुनकर सब सेवक गण ग्लानि के मारे गले जा रहे हैं॥ 4॥

❖❖❖

दोहा

भरत तीसरे पहर कहँ कीन्ह प्रबेसु प्रयाग।
कहत राम सिय राम सिय उमगि उमगि अनुराग॥ 203॥

प्रेम में उमँग-उमँगकर सीताराम-सीताराम कहते हुए भरतजी ने तीसरे पहर प्रयाग में प्रवेश किया॥ 203॥

चौपाई

झलका झलकत पायन्ह कैसें। पंकज कोस ओस कन जैसें॥
भरत पयादेहिं आए आजू। भयउ दुखित सुनि सकल समाजू॥ 1॥
खबरि लीन्ह सब लोग नहाए। कीन्ह प्रनामु त्रिबेनिहिं आए॥
सबिधि सितासित नीर नहाने। दिए दान महिसुर सनमाने॥ 2॥
देखत स्यामल धवल हलोरे। पुलकि सरीर भरत कर जोरे॥
सकल कामप्रद तीरथराऊ। बेद बिदित जग प्रगट प्रभाऊ॥ 3॥
मागउँ भीख त्यागि निज धरमू। आरत काह न करइ कुकरमू॥
अस जियँ जानि सुजान सुदानी। सफल करहिं जग जाचक बानी॥ 4॥

उनके चरणों में छाले कैसे चमकते हैं, जैसे कमल की कली पर ओस की बूँदें चमकती हों। भरतजी आज पैदल ही चलकर आए हैं, यह समाचार सुनकर सारा समाज दुखी हो गया॥ 1॥

जब भरजती ने यह पता पा लिया कि सब लोग स्नान कर चुके, तब त्रिवेणी पर आकर उन्हें प्रणाम किया। फिर विधिपूर्वक [गंगा-यमुना के] श्वेत और श्याम जल में स्नान किया और दान देकर ब्राह्मणों का सम्मान किया॥ 2॥

श्याम और सफेद (यमुनाजी और गंगाजी की) लहरों को देखकर भरतजी का शरीर पुलकित हो उठा और उन्होंने हाथ जोड़कर कहा—हे तीर्थराज! आप समस्त कामनाओं को पूर्ण करनेवाले हैं। आपका प्रभाव वेदों में प्रसिद्ध और संसार में प्रकट है॥ 3॥

मैं अपना धर्म (न माँगने का क्षत्रिय धर्म) त्यागकर आपसे भीख माँगता हूँ। आर्त्त मनुष्य कौन सा कुकर्म नहीं करता? ऐसा हृदय में जानकर सुजान उत्तम दानी जगत् में माँगनेवाले की वाणी को सफल किया करते हैं (अर्थात् वह जो माँगता है, सो दे देते हैं)॥ 4॥

❖❖❖

दोहा

अरथ न धरम न काम रुचि गति न चहउँ निरबान।
जनम जनम रति राम पद यह बरदानु न आन॥ 204॥

मुझे न अर्थ की रुचि (इच्छा) है, न धर्म की, न काम की और न मैं मोक्ष ही चाहता हूँ। जन्म-जन्म में मेरा श्रीरामजी के चरणों में प्रेम हो, बस, यही वरदान माँगता हूँ, दूसरा कुछ नहीं॥ 204॥

चौपाई

जानहुँ राम कुटिल करि मोही। लोग कहउ गुर साहिब द्रोही॥
सीता राम चरन रति मोरें। अनुदिन बढ़उ अनुग्रह तोरें॥ 1॥
जलदु जनम भरि सुरति बिसारउ। जाचत जलु पबि पाहन डारउ॥
चातकु रटनि घटें घटि जाई। बढ़ें प्रेमु सब भाँति भलाई॥ 2॥
कनकहिं बान चढ़इ जिमि दाहें। तिमि प्रियतम पद नेम निबाहें॥
भरत बचन सुनि माझ त्रिबेनी। भइ मृदु बानि सुमंगल देनी॥ 3॥
तात भरत तुम्ह सब बिधि साधू। राम चरन अनुराग अगाधू॥
बादि गलानि करहु मन माहीं। तुम्ह सम रामहि कोउ प्रिय नाहीं॥ 4॥

स्वयं श्रीरामचंद्रजी भी भले ही मुझे कुटिल समझें और लोग मुझे गुरुद्रोही तथा स्वामिद्रोही भले ही कहें; पर श्रीसीतारामजी के चरणों में मेरा प्रेम आपकी कृपा से दिन-दिन बढ़ता ही रहे॥ 1॥

मेघ चाहे जन्मभर चातक की सुधि भुला दे और जल माँगने पर वह चाहे वज्र और पत्थर (ओले) ही गिरावे, पर चातक की रटन घटन से तो उसकी बात ही घट जाएगी (प्रतिष्ठा ही नष्ट हो जाएगी)। उसकी तो प्रेम बढ़ने में ही सब तरह से भलाई है॥ 2॥

जैसे तपाने से सोने पर आब (चमक) आ जाती है, वैसे ही प्रियतम के चरणों में प्रेम का नियम निबाहने से प्रेमी सेवक का गौरव बढ़ जाता है। भरतजी के वचन सुनकर बीच त्रिवेणी में से सुंदर मंगल देनेवाली कोमल वाणी हुई॥ 3

हे तात भरत! तुम सब प्रकार से साधु हो। श्रीरामचंद्रजी के चरणों में तुम्हारा अथाह प्रेम है। तुम व्यर्थ ही मन में ग्लानि कर रहे हो। श्रीरामचंद्र को तुम्हारे समान प्रिय कोई नहीं है॥ 4॥

❖❖❖

दोहा

तनु पुलकेउ हियँ हरषु सुनि बेनि बचन अनुकूल।
भरत धन्य कहि धन्य सुर हरषित बरषहिं फूल॥ 205॥

त्रिवेणीजी के अनुकूल वचन सुनकर भरतजी का शरीर पुलकित हो गया, हृदय में हर्ष छा गया। भरतजी धन्य हैं, धन्य हैं, कहकर देवता हर्षित होकर फूल बरसाने लगे॥ 205॥

चौपाई

प्रमुदित तीरथराज निवासी। बैखानस बटु गृही उदासी॥
कहहिं परसपर मिलि दस पाँचा। भरत सनेहु सीलु सुचि साँचा॥ 1॥
सुनत राम गुन ग्राम सुहाए। भरद्वाज मुनिबर पहिं आए॥
दंड प्रनामु करत मुनि देखे। मूरतिमंत भाग्य निज लेखे॥ 2॥
धाइ उठाइ लाइ उर लीन्हे। दीन्हि असीस कृतारथ कीन्हे॥
आसनु दीन्ह नाइ सिरु बैठे। चहत सकुच गृहँ जनु भजि पैठे॥ 3॥
मुनि पूँछब कछु यह बड़ सोचू। बोले रिषि लखि सीलु सँकोचू॥
सुनहु भरत हम सब सुधि पाई। बिधि करतब पर किछु न बसाई॥ 4॥

तीर्थराज प्रयाग में रहनेवाले वानप्रस्थ, ब्रह्मचारी, गृहस्थ और उदासीन (संन्यासी) सब बहुत ही आनंदित हैं और दस-पाँच मिलकर आपस में कहते हैं कि भरतजी का प्रेम और शील पवित्र और सच्चा है॥ 1॥

श्रीरामचंद्रजी के सुंदर गुणसमूहों को सुनते हुए वे मुनिश्रेष्ठ भरद्वाजजी के पास आए। मुनि ने भरतजी को दंडवत्-प्रणाम करते देखा और उन्हें अपना मूर्तिमान् सौभाग्य समझा॥ 2॥

उन्होंने दौड़कर भरतजी को उठाकर हृदय से लगा लिया और आशीर्वाद देकर कृतार्थ किया। मुनि ने उन्हें आसन दिया। वे सिर नवाकर इस तरह बैठे मानो भागकर संकोच के घर में घुस जाना चाहते हैं।॥ 3॥

उनके मन में यह बड़ा सोच है कि मुनि कुछ पूछेंगे [तो मैं क्या उत्तर दूँगा]। भरतजी के शील और संकोच को देखकर ऋषि बोले—भरत! सुनो, हम सब खबर पा चुके हैं। विधाता के कर्तव्य पर कुछ वश नहीं चलता॥ 4॥

❖❖❖

दोहा

तुम्ह गलानि जियँ जनि करहु समुझि मातु करतूति।
तात कैकइहि दोसु नहिं गई गिरा मति धूति॥ 206॥

माता की करतूत को समझकर (याद करके) तुम हृदय में ग्लानि मत करो। हे तात! कैकेयी का कोई दोष नहीं है, उसकी बुद्धि तो सरस्वती बिगाड़ गई थी॥ 206॥

चौपाई

यहउ कहत भल कहिहि न कोऊ। लोकु बेदु बुध संमत दोऊ॥
तात तुम्हार बिमल जसु गाई। पाइहि लोकउ बेदु बड़ाई॥ 1॥
लोक बेद संमत सबु कहई। जेहि पितु देइ राजु सो लहई॥
राउ सत्यब्रत तुम्हहि बोलाई। देत राजु सुखु धरमु बड़ाई॥ 2॥
राम गवनु बन अनरथ मूला। जो सुनि सकल बिस्व भइ सूला॥
सो भावी बस रानि अयानी। करि कुचालि अंतहुँ पछितानी॥ 3॥
तहँउँ तुम्हार अलप अपराधू। कहै सो अधम अयान असाधू॥
करतेहु राजु त तुम्हहि न दोषू। रामहि होत सुनत संतोषू॥ 4॥

यह कहते ही कोई भला न कहेगा, क्योंकि लोक और वेद दोनों ही विद्वानों को मान्य है। किंतु हे तात! तुम्हारा निर्मल यश गाकर तो लोक और वेद दोनों बड़ाई पावेंगे॥ 1॥

यह लोक और वेद दोनों को मान्य है और सब यही कहते हैं कि पिता जिसको राज्य दे वही पाता है। राजा सत्यव्रती थे; तुमको बुलाकर राज्य देते, तो सुख मिलता, धर्म रहता और बड़ाई होती॥ 2॥

सारे अनर्थ की जड़ तो श्रीरामचंद्रजी का वनगमन है, जिसे सुनकर समस्त संसार को पीड़ा हुई। वह श्रीरामका वनगमन भी भावीवश हुआ। बेसमझ रानी तो भावीवश कुचाल करके अंत में पछताई॥ 3॥

उसमें भी तुम्हारा कोई तनिक-सा भी अपराध कहे, तो वह अधम, अज्ञानी और असाधु है। यदि तुम राज्य करते तो भी तुम्हें दोष न होता। सुनकर श्रीरामचंद्रजी को भी संतोष ही होता॥ 4॥

❖❖❖

दोहा

अब अति कीन्हेहु भरत भल तुम्हहि उचित मत एहु।
सकल सुमंगल मूल जग रघुबर चरन सनेहु॥ 207॥

हे भरत! अब तो तुमने बहुत ही अच्छा किया; यही मत तुम्हारे लिए उचित था। श्रीरामचंद्रजी के चरणों में प्रेम होना ही संसार में समस्त मंगलों का मूल है॥ 207॥

चौपाई

सो तुम्हार धनु जीवनु प्राना। भूरिभाग को तुम्हहि समाना॥
यह तुम्हार आचरजु न ताता। दसरथ सुअन राम प्रिय भ्राता॥ 1॥
सुनहु भरत रघुबर मन माहीं। पेम पात्रु तुम्ह सम कोउ नाहीं॥
लखन राम सीतहि अति प्रीती। निसि सब तुम्हहि सराहत बीती॥ 2॥
जाना मरमु नहात प्रयागा। मगन होहिं तुम्हरें अनुरागा॥
तुम्ह पर अस सनेहु रघुबर कें। सुख जीवन जग जस जड़ नर कें॥ 3॥
यह न अधिक रघुबीर बड़ाई। प्रनत कुटुंब पाल रघुराई॥
तुम्ह तौ भरत मोर मत एहू। धरें देह जनु राम सनेहू॥ 4॥

सो वह (श्रीरामचंद्रजी के चरणों का प्रेम) तो तुम्हारा धन, जीवन और प्राण ही है; तुम्हारे समान बड़भागी कौन है? हे तात! तुम्हारे लिए यह आश्चर्य की बात नहीं है क्योंकि तुम दशरथजी के पुत्र और श्रीरामचंद्रजी के प्यारे भाई हो॥ 1॥

हे भरत! सुनो, श्रीरामचंद्रजी के मन में तुम्हारे समान प्रेम पात्र दूसरा कोई नहीं है। लक्ष्मणजी, श्रीरामजी और सीताजी तीनों की सारी रात उस दिन अत्यंत प्रेम के साथ तुम्हारी सराहना करते ही बीती॥ 2॥

प्रयागराज में जब वे स्नान कर रहे थे, उस समय मैंने उनका यह मर्म जाना। वे तुम्हारे प्रेम में मगन हो रहे थे। तुम पर श्रीरामचंद्रजी का ऐसा ही (अगाध) स्नेह है जैसा मूर्ख (विषयासक्त) मनुष्य का संसार में सुखमय जीवन पर होता है॥ 3॥

यह श्रीरघुनाथजी की बहुत बड़ाई नहीं है। क्योंकि श्रीरघुनाथजी तो शरणागत के कुटुंबभर को पालनेवाले हैं। हे भरत! मेरा यह मत है कि तुम मानो शरीरधारी श्रीरामजी के प्रेम ही हो॥ 4॥

❖❖❖

दोहा

तुम्ह कहँ भरत कलंक यह हम सब कहँ उपदेसु।
राम भगति रस सिद्धि हित भा यह समउ गनेसु॥ 208॥

हे भरत! तुम्हारे लिए (तुम्हारे समझ में) यह कलंक है, पर हम सबके लिए तो उपदेश है। श्रीरामभक्तिरूपी रस की सिद्धि के लिए यह समय गणेश (बड़ा शुभ) हुआ है॥ 208॥

चौपाई

नव बिधु बिमल तात जसु तोरा। रघुबर किंकर कुमुद चकोरा॥
उदित सदा अँथइहि कबहूँ ना। घटिहि न जग नभ दिन दिन दूना॥ 1॥
कोक तिलोक प्रीति अति करिही। प्रभु प्रताप रबि छबिहि न हरिही॥
निसि दिन सुखद सदा सब काहू। ग्रसिहि न कैकइ करतबु राहू॥ 2॥
पूरन राम सुपेम पियूषा। गुर अवमान दोष नहिं दूषा॥
राम भगत अब अमिअँ अघाहूँ। कीन्हेहु सुलभ सुधा बसुधाहूँ॥ 3॥
भूप भगीरथ सुरसरि आनी। सुमिरत सकल सुमंगल खानी॥
दसरथ गुन गन बरनि न जाहीं। अधिकु कहा जेहि सम जग नाहीं॥ 4॥

हे तात! तुम्हारा यश निर्मल नवीन चंद्रमा है और श्रीरामचंद्रजी के दास कुमुद और चकोर हैं [वह चंद्रमा तो प्रतिदिन अस्त होता और घटता है, जिससे कुमुद और चकोर को दुःख होता है]; परंतु यह तुम्हारा यशरूपी चंद्रमा सदा उदय रहेगा; कभी अस्त होगा ही नहीं। जगत्‌रूपी आकाश में यह घटेगा नहीं, वरं दिन-दिन दूना होगा॥ 1॥

त्रैलोक्यरूपी चकवा इस यशरूपी चंद्रमा पर अत्यंत प्रेम करेगा और प्रभु श्रीरामचंद्रजी का प्रतापरूपी सूर्य इसकी छवि का हरण नहीं करेगा। यह चंद्रमा रात-दिन सदा सब किसी को सुख देनेवाला होगा। कैकेयी का कुकर्मरूपी राहु इसे ग्रास नहीं करेगा॥ 2॥

यह चंद्रमा श्रीरामचंद्रजी के सुंदर प्रेमरूपी अमृत से पूर्ण है। यह गुरु के अपमानरूपी दोष से दूषित नहीं है। तुमने इस यशरूपी चंद्रमा की सृष्टि करके पृथ्वी पर भी अमृत को सुलभ कर दिया। अब श्रीरामजी के भक्त इस अमृत से तृप्त हो लें॥ 3॥

राजा भगीरथ गंगाजी को लाए, जिन (गंगाजी) का स्मरण ही संपूर्ण सुंदर मंगलों की खान है। दशरथजी के गुण समूहों का तो वर्णन ही नहीं किया जा सकता; अधिक क्या, जिनकी बराबरी का जगत् में कोई नहीं है॥ 4॥

❖❖❖

दोहा

जासु सनेह सकोच बस राम प्रगट भए आइ।
जे हर हिय नयननि कबहुँ निरखे नहीं अघाइ॥ 209॥

जिनके प्रेम और संकोच (शील) के वश में होकर स्वयं [सच्चिदानंदघन] भगवान् श्रीराम आकर प्रकट हुए, जिन्हें श्रीमहादेवजी अपने हृदय के नेत्रों से कभी

अघाकर नहीं देख पाए (अर्थात् जिनका स्वरूप हृदय में देखते-देखत शिवजी कभी तृप्त नहीं हुए) ॥ 209 ॥

ॐ❖❖❖ॐ

चौपाई

कीरति बिधु तुम्ह कीन्ह अनूपा। जहँ बस राम पेम मृगरूपा॥
तात गलानि करहु जियँ जाएँ। डरहु दरिद्रहि पारसु पाएँ॥ 1॥
सुनहु भरत हम झूठ न कहहीं। उदासीन तापस बन रहहीं॥
सब साधन कर सुफल सुहावा। लखन राम सिय दरसनु पावा॥ 2॥
तेहि फल कर फलु दरस तुम्हारा। सहित पयाग सुभाग हमारा॥
भरत धन्य तुम्ह जसु जगु जयऊ। कहि अस पेम मगन मुनि भयऊ॥ 3॥
सुनि मुनि बचन सभासद हरषे। साधु सराहि सुमन सुर बरषे॥
धन्य धन्य धुनि गगन पयागा। सुनि सुनि भरतु मगन अनुरागा॥ 4॥

[परंतु उनसे भी बढ़कर] तुमने कीर्तिरूपी अनुपम चंद्रमा को उत्पन्न किया, जिसमें श्रीरामप्रेम ही हिरन के [चिह्न के] रूप में बसता है। हे तात! तुम व्यर्थ ही हृदय में ग्लानि कर रहे हो। पारस पाकर भी तुम दरिद्रता से डर रहे हो!॥ 1॥

हे भरत! सुनो! हम झूठ नहीं कहते। हम उदासीन हैं (किसी का पक्ष नहीं करते), तपस्वी हैं (किसी की मुँह-देखी नहीं कहते) और वन में रहते हैं (किसी से कुछ प्रयोजन नहीं रखते)। सब साधनों का उत्तम फल हमें लक्ष्मणजी, श्रीरामजी और सीताजी का दर्शन प्राप्त हुआ॥ 2॥

[सीता-लक्ष्मणसहित श्रीरामदर्शनरूप] उस महान् फल का परम फल यह तुम्हारा दर्शन है। प्रयागराज समेत हमारा बड़ा भाग्य है। हे भरत! तुम धन्य हो, तुमने अपने यश से जगत् को जीत लिया है। ऐसा कहकर मुनि प्रेम में मग्न हो गए॥ 3॥

भरद्वाज मुनि के वचन सुनकर सभासद् हर्षित हो गए। 'साधु-साधु' कहकर सराहना करते हुए देवताओं ने फूल बरसाए। आकाश में और प्रयागराज में 'धन्य, धन्य' की ध्वनि सुन-सुनकर भरतजी प्रेम में मग्न हो रहे हैं॥ 4॥

ॐ❖❖❖ॐ

दोहा

पुलक गात हियँ रामु सिय सजल सरोरुह नैन।
करि प्रनामु मुनि मंडलिहि बोले गदगद बैन॥ 210॥

भरतजी का शरीर पुलकित है, हृदय में श्रीसीतारामजी हैं और कमल के

समान नेत्र [प्रेमाश्रु के] जल से भर हैं। वे मुनियों की मंडली को प्रणाम करके गद्गद वचन बोले— ॥ 210 ॥

❧❖❖❖☙

चौपाई

मुनि समाजु अरु तीरथराजू। साँचिहुँ सपथ अघाइ अकाजू॥
एहिं थल जौं किछु कहिअ बनाई। एहि सम अधिक न अघ अधमाई॥ 1 ॥
तुम्ह सर्बग्य कहउँ सतिभाऊ। उर अंतरजामी रघुराऊ॥
मोहि न मातु करतब कर सोचू। नहिं दुखु जियँ जगु जानिहि पोचू॥ 2 ॥
नाहिन डरु बिगरिहि परलोकू। पितहु मरन कर मोहि न सोकू॥
सुकृत सुजस भरि भुअन सुहाए। लछिमन राम सरिस सुत पाए॥ 3 ॥
राम बिरहँ तजि तनु छनभंगू। भूप सोच कर कवन प्रसंगू॥
राम लखन सिय बिनु पग पनहीं। करि मुनि बेष फिरहिं बन बनहीं॥ 4 ॥

मुनियों का समाज है और फिर तीर्थराज है। यहाँ सच्ची सौगंध खाने से भी भरपूर हानि होती है। इस स्थान में यदि कुछ बनाकर कहा जाए, तो इसके समान कोई बड़ा पाप और नीचता न होगी॥ 1 ॥

मैं सच्चे भाव से कहता हूँ। आप सर्वज्ञ हैं, और श्रीरघुनाथजी हृदय के भीतर की जाननेवाली हैं (मैं कुछ भी असत्य कहूँगा तो आप से और उनसे छिपा नहीं रह सकता)। मुझे माता कैकेयी की करनी का कुछ भी सोच नहीं है। और न मेरे मन में इसी बात का दु:ख है कि जगत् मुझे नीच समझेगा॥ 2 ॥

न यही डर है कि मेरा परलोक बिगड़ जाएगा और न पिताजी क मरने का ही मुझे शोक है क्योंकि उनका सुंदर पुण्य और सुयश विश्वभर में सुशोभित है। उन्होंने श्रीराम-लक्ष्मण-सरीखे पुत्र पाए॥ 3 ॥

फिर जिन्होंने श्रीरामचंद्रजी के विरह में अपने क्षणभंगुर शरीर को त्याग दिया, ऐसे राजा के लिए सोच करने का कौन प्रसंग है? [सोच इसी बात का है कि] श्रीरामजी, लक्ष्मणजी और सीताजी पैरों में बिना जूती के मुनियों का वेष बनाए वन-वन में फिरते हैं॥ 4 ॥

❧❖❖❖☙

दोहा

अजिन बसन फल असन महि सयन डासि कुस पात।
बसि तरु तर नित सहत हिम आतप बरषा बात॥ 211 ॥

वे वल्कल वस्त्र पहनते हैं, फलों का भोजन करते हैं, पृथ्वी पर कुश और

पत्ते बिछाकर सोते हैं और वृक्षों के नीचे निवास करके नित्य सरदी, गरमी, वर्षा और हवा सहते हैं ॥211॥

❧❖❖❖☙

चौपाई

एहि दुख दाहँ दहइ दिन छाती। भूख न बासर नीद न राती॥
एहि कुरोग कर औषधु नाहीं। सोधेउँ सकल बिस्व मन माहीं॥ 1॥
मातु कुमत बढ़ई अघ मूला। तेहिं हमार हित कीन्ह बँसूला॥
कलि कुकाठ कर कीन्ह कुजंत्रू। गाड़ि अवधि पढ़ि कठिन कुमंत्रू॥ 2॥
मोहि लगि यहु कुठाटु तेहिं ठाटा। घालेसि सब जगु बारहबाटा॥
मिटइ कुजोगु राम फिरि आएँ। बसइ अवध नहिं आन उपाएँ॥ 3॥
भरत बचन सुनि मुनि सुखु पाई। सबहिं कीन्हि बहु भाँति बड़ाई॥
तात करहु जनि सोचु बिसेषी। सब दुखु मिटिहि राम पग देखी॥ 4॥

इसी दुःख की जलन से निरंतर मेरी छाती जलती रहती है। मुझे न दिन में भूख लगती है, न रात को नींद आती है। मैंने मन-ही-मन समस्त विश्व को खोज डाला, पर इस कुरोग की औषधि कहीं नहीं है॥ 1॥

माता का कुमत (बुरा विचार) पापों का मूल बढ़ई है। उसने हमारे हित का बसूला बनाया। उससे कलहरूपी कुकाठ का कुयंत्र बनाया और चौदह वर्ष की अवधिरूपी कठिन कुमंत्र पढ़कर उस यंत्र को गाड़ दिया। [यहाँ माता का कुविचार बढ़ई हे, भरत को राज्य बसूला है, राम का वनवास कुयंत्र है और चौदह वर्ष की अवधि कुमंत्र है]॥ 2॥

मेरे लिए उसने यह सारा कुठाट (बुरा साज) रचा और सारे जगत् को बारहबाट (छिन्न-भिन्न) करके नष्ट कर डाला। यह कुयोग श्रीरामचंद्रजी के लौट आने पर ही मिट सकता है और तभी अयोध्या बस सकती है, दूसरे किसी उपाय से नहीं॥ 3॥

भरतजी के वचन सुनकर मुनि ने सुख पाया और सभी ने उनकी बहुत प्रकार से बड़ाई की। [मुनि ने कहा—] हे तात! अधिक सोच मत करो। श्रीरामचंद्रजी के चरणों का दर्शन करते ही सारा दुःख मिट जाएगा॥ 4॥

❧❖❖❖☙

दोहा

करि प्रबोधु मुनिबर कहेउ अतिथि पेमप्रिय होहु।
कंद मूल फल फूल हम देहिं लेहु करि छोहु॥ 212॥

इस प्रकार मुनिश्रेष्ठ भरद्वाजजी ने उनका समाधान करके कहा—अब आप

लोग हमारे प्रेमप्रिय अतिथि बनिए और कृपा करके कंद-मूल, फल-फूल जो कुछ हम दें, स्वीकार कीजिए॥ 212

(च) श्रीराम-भरत-संवाद (अयोध्याकांड, दोहा–258-264)

श्रीराम-भरत का परस्पर प्रेम राम-कथा का सबसे अनमोल रत्न है। दोनों भाई आपसी प्रेम के लिए राज-वैभव के सुख का त्याग कर देते हैं। कैकेयी जिस राजसत्ता को श्रीराम से छीनकर भरत को देना चाहती थीं, उसे भरत ने तिनके की तरह फेंक दिया। उन्होंने श्रीराम के प्रति अपने प्रेम को सर्वोपरि माना। चित्रकूट पहुँचकर भरत जब श्रीराम के समक्ष अपने को दोषी मानते हुए अपनी पीड़ा अभिव्यक्त करते हैं तो श्रीराम उन्हें समझाते हैं कि जो कुछ हुआ, उसके लिए वे अपने को दोषी न मानें, क्योंकि सारा संसार ईश्वर के अधीन है। वे भरतजी की प्रशंसा सच्चे मन से करते हुए कहते हैं—

मिटिहहिं पाप प्रपंच सब अखिल अमंगल भार।
लोक सुजसु परलोक सुखु सुमिरत नामु तुम्हार॥

(अयो. कांड—263)

—हे भरत! तुम्हारा नाम-स्मरण करते हुए ही सब पाप, प्रपंच (अज्ञान) और समस्त अमंगलों के समूह मिट जाएँगे तथा इस लोक में सुंदर यश और परलोक में सुख प्राप्त होगा।

वे भरत का यशोगान करते हुए कहते हैं कि तुम्हारे सदाचरण के कारण ही धरती टिकी हुई है।

षड्यंत्र, कलंक और कष्ट को परस्पर सद्भावना, प्रेम और सहमति से कैसे जीवन का वरदान बनाया जा सकता है, यह इस प्रसंग का सार है।

दोहा

भरत बिनय सादर सुनिअ करिअ बिचारु बहोरि।
करब साधुमत लोकमत नृपनय निगम निचोरि॥ 258॥

पहले भरत की विनती आदरपूर्वक सुन लीजिए, फिर उस पर विचार कीजिए। तब साधुमत, लोकमत, राजनीति और वेदों का निचोड़ (सार) निकालकर वैसा ही (उसी के अनुसार) कीजिए॥ 258॥

चौपाई

गुर अनुरागु भरत पर देखी। राम हृदयँ आनंदु बिसेषी॥
भरतहि धरम धुरंधर जानी। निज सेवक तन मानस बानी॥ 1॥
बोले गुर आयस अनुकूला। बचन मंजु मृदु मंगलमूला॥
नाथ सपथ पितु चरन दोहाई। भयउ न भुअन भरत सम भाई॥ 2॥
जे गुर पद अंबुज अनुरागी। ते लोकहुँ बेदहुँ बड़भागी॥
राउर जा पर अस अनुरागू। को कहि सकइ भरत कर भागू॥ 3॥
लखि लघु बंधु बुद्धि सकुचाई। करत बदन पर भरत बड़ाई॥
भरत कहहिं सोइ किएँ भलाई। अस कहि राम रहे अरगाई॥ 4॥

भरतजी पर गुरुजी का स्नेह देखकर श्रीरामचंद्रजी के हृदय में विशेष आनंद हुआ। भरतजी को धर्मधुरंधर और तन, मन, वचन से अपना सेवक जानकर— ॥ 1 ॥

श्रीरामचंद्रजी गुरु की आज्ञा के अनुकूल मनोहर, कोमल और कल्याण के मूल वचन बोले—हे नाथ! आपकी सौगंध और पिताजी के चरणों की दुहाई है (मैं सत्य कहता हूँ कि) विश्वभर में भरत के समान भाई कोई हुआ ही नहीं॥ 2 ॥

जो लोग गुरु के चरणकमलों के अनुरागी हैं, वे लोक में (लौकिक दृष्टि से) भी और वेद में (पारमार्थिक दृष्टि से) भी बड़भागी होते हैं! [फिर] जिस पर आप (गुरु) का ऐसा स्नेह है, उस भरत के भाग्य को कौन कह सकता है?॥ 3 ॥

छोटा भाई जानकर भरत के मुँह पर उसकी बड़ाई करने में मेरी बुद्धि सकुचाती है। (फिर भी मैं तो यही कहूँगा कि) भरत जो कुछ कहें, वही करने में भलाई है। ऐसा कहकर श्रीरामचंद्रजी चुप हो रहे॥ 4 ॥

❖❖❖

दोहा

तब मुनि बोले भरत सन सब सँकोचु तजि तात।
कृपासिंधु प्रिय बंधु सन कहहु हृदय कै बात॥ 259॥

तब मुनि भरतजी से बोले—हे तात! सब संकोच त्यागकर कृपा के समुद्र अपने प्यार भाई से अपने हृदय की बात कहो॥ 259॥

❖❖❖

चौपाई

सुनि मुनि बचन राम रुख पाई। गुरु साहिब अनुकूल अघाई॥
लखि अपनें सिर सबु छरु भारू। कहि न सकहिं कछु करहिं बिचारू॥ 1॥
पुलकि सरीर सभाँ भए ठाढ़े। नीरज नयन नेह जल बाढ़े॥
कहब मोर मुनिनाथ निबाहा। एहि तें अधिक कहौं मैं काहा॥ 2॥

मैं जानउँ निज नाथ सुभाऊ। अपराधिहु पर कोह न काऊ॥
मो पर कृपा सनेहु बिसेषी। खेलत खुनिस न कबहूँ देखी॥ 3॥
सिसुपन तें परिहरेउँ न संगू। कबहुँ न कीन्ह मोर मन भंगू॥
मैं प्रभु कृपा रीति जियँ जोही। हारेहुँ खेल जितावहिं मोही॥ 4॥

मुनि के वचन सुनकर और श्रीरामचंद्रजी का रुख पाकर—गुरु तथा स्वामी को भरपेट अपने अनुकूल जानकर—सारा बोझा अपने ही ऊपर समझकर भरतजी कुछ कह नहीं सकते। वे विचार करने लगे॥ 1॥

शरीर से पुलकित होकर वे सभा में खड़े हो गए। कमल के समान नेत्रों में प्रेमाश्रुओं की बाढ़ आ गई। [वे बोले—] मेरा कहना तो मुनिनाथ ने ही निबाह दिया (जो कुछ मैं कह सकता था वह उन्होंने ही कह दिया)। इससे अधिक मैं क्या कहूँ?॥ 2॥

अपने स्वामी का स्वभाव मैं जानता हूँ। वे अपराधी पर भी कभी क्रोध नहीं करते। मुझ पर तो उनकी विशेष कृपा और स्नेह है। मैंने खेल में भी कभी उनकी रिस (अप्रसन्नता) नहीं देखी॥ 3॥

बचपन से ही मैंने उनका साथ नहीं छोड़ा और उन्होंने भी मेरे मन को कभी नहीं तोड़ा (मेरे मन के प्रतिकूल कोई काम नहीं किया)। मैंने प्रभु की कृपा की रीति को हृदय में भली-भाँति देखा (अनुभव किया है)। मेरे हारने पर भी खेल में प्रभु मुझे जिता देते रहे हैं॥ 4॥

❖❖❖

दोहा

महूँ सनेह सकोच बस सनमुख कही न बैन।
दरसन तृपित न आजु लगि पेम पिआसे नैन॥ 260॥

मैंने भी प्रेम और संकोचवश कभी सामने मुँह नहीं खोला। प्रेम के प्यासे मेरे नेत्र आज तक प्रभु के दर्शन से तृप्त नहीं हुए॥ 260॥

❖❖❖

चौपाई

बिधि न सकेउ सहि मोर दुलारा। नीच बीचु जननी मिस पारा॥
यहउ कहत मोहि आजु न सोभा। अपनी समुझि साधु सुचि को भा॥ 1॥
मातु मंदि मैं साधु सुचाली। उर अस आनत कोटि कुचाली॥
फरइ कि कोदव बालि सुसाली। मुकता प्रसव कि संबुक काली॥ 2॥

सपनेहुँ दोसक लेसु न काहू। मोर अभाग उदधि अवगाहू॥
बिनु समुझें निज अघ परिपाकू। जारिउँ जायँ जननि कहि काकू॥ 3॥
हृदयँ हेरि हारेउँ सब ओरा। एकहि भाँति भलेहिं भल मोरा॥
गुर गोसाइँ साहिब सिय रामू। लागत मोहि नीक परिनामू॥ 4॥

परंतु विधाता मेरा दुलार न सह सका। उसने नीच माता के बहाने [मेरे और स्वामी के बीच] अंतर डाल दिया। यह भी कहना आज मुझे शोभा नहीं देता। क्योंकि अपनी समझ से कौन साधु और पवित्र हुआ है? (जिसको दूसरे साधु और पवित्र मानें, वही साधु है) ॥ 1॥

माता नीच है और मैं सदाचारी और साधु हूँ, ऐसा हृदय में लाना ही करोड़ दुराचारों के समान है। क्या कोदों की बाली उत्तम धान फल सकती है? क्या काली घोंघी मोती उत्पन्न कर सकती है?॥ 2॥

स्वप्न में भी किसी को दोष का लेश भी नहीं है। मेरा अभाग्य ही अथाह समुद्र है। मैंने अपने पापों का परिणाम समझे बिना ही माता को कटु वचन कहकर व्यर्थ ही जलाया॥ 3॥

मैं अपने हृदय में सब ओर खोजकर हार गया (मेरी भलाई का कोई साधन नहीं सूझता)। एक ही प्रकार भले ही (निश्चय ही) मेरा भला है। वह यह है कि गुरु महाराज सर्वसमर्थ हैं और श्रीसीतारामजी मेरे स्वामी हैं। इसी से परिणाम मुझे अच्छा जान पड़ता है॥ 4॥

❖❖❖

दोहा

साधु सभाँ गुर प्रभु निकट कहउँ सुथल सति भाउ।
प्रेम प्रपंचु कि झूठ फुर जानहिं मुनि रघुराउ॥ 261॥

साधुओं की सभा में गुरुजी और स्वामी के समीप इस पवित्र तीर्थ-स्थान में मैं सत्य भाव से कहता हूँ। यह प्रेम है या प्रपंच (छल-कपट)? झूठ है या सच? इसे [सर्वज्ञ] मुनि वसिष्ठजी और [अंतर्यामी] श्रीरघुनाथजी जानते हैं॥ 261॥

❖❖❖

चौपाई

भूपति मरन पेम पनु राखी। जननी कुमति जगतु सबु साखी॥
देखि न जाहिं बिकल महतारीं। जरहिं दुसह जर पुर नर नारीं॥ 1॥
महीं सकल अनरथ कर मूला। सो सुनि समुझि सहिउँ सब सूला॥
सुनि बन गवनु कीन्ह रघुनाथा। करि मुनि बेष लखन सिय साथा॥ 2॥

बिनु पानहिन्ह पयादेहि पाएँ। संकरु साखि रहेउँ एहि घाएँ॥
बहुरि निहारि निषाद सनेहू। कुलिस कठिन उर भयउ न बेहू॥ 3॥
अब सबु आँखिन्ह देखेउँ आई। जिअत जीव जड़ सबइ सहाई॥
जिन्हहि निरखि मग साँपिनि बीछी। तजहिं बिषम बिषु तामस तीछी॥ 4॥

प्रेम के प्रण को निबाहकर महाराज (पिताजी) का मरना और माता की कुबुद्धि, दोनों का सारा संसार साक्षी है। माताएँ व्याकुल हैं, वे देखी नहीं जातीं। अवधपुरी के नर-नारी दुःसह ताप से जल रहे हैं॥ 1॥

मैं ही इन सारे अनर्थों का मूल हूँ, यह सुन और समझकर मैंने सब दुःख सहा है। श्रीरघुनाथजी लक्ष्मण और सीताजी के साथ मुनियों का-सा वेष धारणकर बिना जूते पहने पाँव-प्यादे (पैदल) ही वन को चले गए, यह सुनकर शंकरजी साक्षी हैं, इस घाव से भी मैं जीता रह गया (यह सुनते ही मेरे प्राण नहीं निकल गए)! फिर निषादराज का प्रेम देखकर भी इस वज्र से भी कठोर हृदय में छेद नहीं हुआ (यह फटा नहीं)॥ 2-3॥

अब यहाँ आकर सब आँखों देख लिया। यह जड़ जीव जीता रहकर सभी सहावेगा। जिनको देखकर रास्ते की साँपिनी और बीछी भी अपने भयानक विष और तीव्र क्रोध को त्याग देती हैं— ॥ 4॥

❖❖❖

दोहा

तेइ रघुनंदनु लखनु सिय अनहित लागे जाहि।
तासु तनय तजि दुसह दुख दैउ सहावइ काहि॥ 262॥

वे ही रघुनंदन, लक्ष्मण और सीता जिसको शत्रु जान पड़े, उस कैकेयी के पुत्र मुझको छोड़कर दैव दुःसह दुःख और किसे सहावेगा?॥ 262॥

❖❖❖

चौपाई

सुनि अति बिकल भरत बर बानी। आरति प्रीति बिनय नय सानी॥
सोक मगन सब सभाँ खभारू। मनहुँ कमल बन परेउ तुसारू॥ 1॥
कहि अनेक बिधि कथा पुरानी। भरत प्रबोधु कीन्ह मुनि ग्यानी॥
बोले उचित बचन रघुनंदू। दिनकर कुल कैरव बन चंदू॥ 2॥
तात जायँ जियँ करहु गलानी। ईस अधीन जीव गति जानी॥
तीनि काल तिभुअन मत मोरें। पुन्यसिलोक तात तर तोरें॥ 3॥
उर आनत तुम्ह पर कुटिलाई। जाइ लोकु परलोकु नसाई॥
दोसु देहिं जननिहि जड़ तेई। जिन्ह गुर साधु सभा नहिं सेई॥ 4॥

अत्यंत व्याकुल तथा दुःख, प्रेम, विनय और नीति में सनी हुई भरतजी की श्रेष्ठ वाणी सुनकर सब लोग शोक में मग्न हो गए, सारी सभा में विषाद छा गया। मानो कमल के वन पर पाला पड़ गया हो॥ 1॥

तब ज्ञानी मुनि वसिष्ठजी ने अनेक प्रकार की पुरानी (ऐतिहासिक) कथाएँ कहकर भरतजी का समाधान किया। फिर सूर्यकुलरूपी कुमुदवन के प्रफुल्लित करनेवाले चंद्रमा श्रीरघुनंदन उचित वचन बोले— ॥ 2॥

हे तात! तुम अपने हृदय में व्यर्थ ही ग्लानि करते हो। जीव की गति को ईश्वर के अधीन जानो। मेरे मत में [भूत, भविष्य, वर्तमान] तीनों कालों और [स्वर्ग, पृथ्वी और पाताल] तीनों लोकों के सब पुण्यात्मा पुरुष तुम से नीचे हैं॥ 3॥

हृदय में भी तुम पर कुटिलता का आरोप करने से यह लोक (यहाँ के सुख, यश आदि) बिगड़ जाता है और परलोक भी नष्ट हो जाता है (मरने के बाद भी अच्छी गति नहीं मिलती)। माता कैकेयी को तो वे मूर्ख दोष देते हैं जिन्होंने गुरु और साधुओं की सभा का सेवन नहीं किया है॥ 4॥

❖❖❖

दोहा

मिटिहहिं पाप प्रपंच सब अखिल अमंगल भार।
लोक सुजसु परलोक सुखु सुमिरत नामु तुम्हार॥ 263॥

हे भरत! तुम्हारा नाम-स्मरण करते ही सब पाप, प्रपंच (अज्ञान) और समस्त अमंगलों के समूह मिट जाएँगे तथा इस लोक में सुंदर यश और परलोक में सुख प्राप्त होगा॥ 263॥

❖❖❖

चौपाई

कहउँ सुभाउ सत्य सिव साखी। भरत भूमि रह राउरि राखी॥
तात कुतरक करहु जनि जाएँ। बैर पेम नहिं दुरइ दुराएँ॥ 1॥
मुनि गन निकट बिहग मृग जाहीं। बाधक बधिक बिलोकि पराहीं॥
हित अनहित पसु पच्छिउ जाना। मानुष तनु गुन ग्यान निधाना॥ 2॥
तात तुम्हहि मैं जानउँ नीकें। करौं काह असमंजस जीकें॥
राखेउ रायँ सत्य मोहि त्यागी। तनु परिहरेउ पेम पन लागी॥ 3॥
तासु बचन मेटत मन सोचू। तेहि तें अधिक तुम्हार सँकोचू॥
ता पर गुर मोहि आयसु दीन्हा। अवसि जो कहहु चहउँ सोइ कीन्हा॥ 4॥

हे भरत! मैं स्वभाव से ही सत्य कहता हूँ, शिवजी साक्षी हैं, यह पृथ्वी तुम्हारी ही रखी रह रही है। हे तात! तुम व्यर्थ कुतर्क न करो। वैर और प्रेम छिपाए नहीं छिपते॥ 1॥

पक्षी और पशु मुनियों के पास [बेधड़क] चले जाते हैं, पर हिंसा करनेवाले बधिकों को देखते ही भाग जाते हैं। मित्र और शत्रु को पशु-पक्षी भी पहचानते हैं। फिर मनुष्य शरीर तो गुण और ज्ञान का भंडार ही है॥ 2॥

हे तात! मैं तुम्हें अच्छी तरह जानता हूँ। क्या करूँ? जी में बड़ा असंमजस (दुविधा) है। राजा ने मुझे त्याग कर सत्य को रखा और प्रेम-प्रण के लिए शरीर छोड़ दिया॥ 3॥

उनके वचन को मेटते मन में सोच होता है। उससे भी बढ़कर तुम्हारा संकोच है। उस पर गुरुजी ने मुझे आज्ञा दी है। इसलिए अब तुम जो कुछ कहो, अवश्य ही मैं वही करना चाहता हूँ॥ 4॥

❖❖❖

दोहा

मनु प्रसन्न करि सकुच तजि कहहु करौं सोइ आजु।
सत्यसंध रघुबर बचन सुनि भा सुखी समाजु॥ 264॥

तुम मन को प्रसन्न कर और संकोच को त्याग कर जो कुछ कहो, मैं आज वही करूँ। सत्यप्रतिज्ञ रघुकुल श्रेष्ठ श्रीरामजी का यह वचन सुनकर समाज सुखी हो गया॥ 264॥

(छ) श्रीराम-नारद-संवाद (अरण्यकांड, दोहा–40-46)

जीवन से विकारों और दोषों को दूर करके चरित्र को सदाचरण से परिपूर्ण करना ही मानव जीवन की धन्यता है। ऐसा होने पर कठिनाई और चुनौती मनुष्य को विचलित नहीं कर पाती।

श्रीराम नारदजी को संतों के लक्षण समझाते हुए सत्संग के लिए प्रेरणा देते हैं और भक्त और भगवान् के संबंध को बहुत सुंदर ढंग से समझाते हैं।

इस प्रसंग का पाठ परमात्मा पर अखंड विश्वास पैदा करता है। किसी की मृत्यु के अवसर पर भी इस अंश के पाठ का सुझाव दिया गया है।

दोहा

फल भारन नमि बिटप सब रहे भूमि निअराइ।
पर उपकारी पुरुष जिमि नवहिं सुसंपति पाइ॥ 40॥

फलों के बोझ से झुककर सारे वृक्ष पृथ्वी के पास आ लगे हैं, जैसे परोपकारी पुरुष बड़ी संपत्ति पाकर [विनय से] झुक जाते हैं॥ 40॥

❖❖❖

चौपाई

देखि राम अति रुचिर तलावा। मज्जनु कीन्ह परम सुख पावा॥
देखी सुंदर तरुबर छाया। बैठे अनुज सहित रघुराया॥ 1॥
तहँ पुनि सकल देव मुनि आए। अस्तुति करि निज धाम सिधाए॥
बैठे परम प्रसन्न कृपाला। कहत अनुज सन कथा रसाला॥ 2॥
बिरहवंत भगवंतहि देखी। नारद मन भा सोच बिसेषी॥
मोर साप करि अंगीकारा। सहत राम नाना दुख भारा॥ 3॥
ऐसे प्रभुहि बिलोकउँ जाई। पुनि न बनिहि अस अवसरु आई॥
यह बिचारि नारद कर बीना। गए जहाँ प्रभु सुख आसीना॥ 4॥
गावत राम चरित मृदु बानी। प्रेम सहित बहु भाँति बखानी॥
करत दंडवत लिए उठाई। राखे बहुत बार उर लाई॥ 5॥
स्वागत पूँछि निकट बैठारे। लछिमन सादर चरन पखारे॥ 6॥

श्रीरामजी ने अत्यंत सुंदर तालाब देखकर स्नान किया और परम सुख पाया। एक सुंदर उत्तम वृक्ष की छाया देखकर श्रीरघुनाथजी छोटे भाई लक्ष्मणजी सहित बैठ गए॥ 1॥

फिर वहाँ सब देवता और मुनि आए और स्तुति करके अपने-अपने धाम को चले गए। कृपालु श्रीरामजी परम प्रसन्न बैठे हुए भाई लक्ष्मणजी से रसीली कथाएँ कह रहे हैं॥ 2॥

भगवान् को विरहयुक्त देखकर नारदजी के मन में विशेषरूप से सोच हुआ। [उन्होंने विचार किया कि] मेरे ही शाप को स्वीकार करके श्रीरामजी नाना प्रकार के दु:खों के भार सह रहे हैं (दु:ख उठा रहे हैं)॥ 3॥

ऐसे (भक्तवत्सल) प्रभु को जाकर देखूँ। फिर ऐसा अवसर न बन आवेगा। यह विचारकर नारदजी हाथ में वीणा लिए हुए वहाँ गए, जहाँ प्रभु सुखपूर्वक बैठे हुए थे॥ 4॥

वे कोमल वाणी से प्रेम के साथ बहुत प्रकार से बखान-बखानकर रामचरित

का गान कर [ते हुए चले आ] रहे थे। दंडवत् करते देखकर श्रीरामचंद्रजी ने नारदजी को उठा लिया और बहुत देर तक हृदय से लगाए रखा॥ 5॥

फिर स्वागत (कुशल) पूछकर पास बैठा लिया। लक्ष्मणजीने आदर के साथ उनके चरण धोए॥ 6॥

❖❖❖❖

दोहा

नाना बिधि बिनती करि प्रभु प्रसन्न जियँ जानि।
नारद बोले बचन तब जोरि सरोरुह पानि॥ 41॥

बहुत प्रकार से विनती करके और प्रभु को मन में प्रसन्न जानकर नारदजी कमल के समान हाथों को जोड़कर वचन बोले— ॥ 41॥

❖❖❖❖

चौपाई

सुनहु उदार सहज रघुनायक। सुंदर अगम सुगम बर दायक॥
देहु एक बर मागउँ स्वामी। जद्यपि जानत अंतरजामी॥ 1॥
जानहु मुनि तुम्ह मोर सुभाऊ। जन सन कबहुँ कि करउँ दुराऊ॥
कवन बस्तु असि प्रिय मोहि लागी। जो मुनिबर न सकहु तुम्ह मागी॥ 2॥
जन कहुँ कछु अदेय नहिं मोरें। अस बिस्वास तजहु जनि भोरें॥
तब नारद बोले हरषाई। अस बर मागउँ करउँ ढिठाई॥ 3॥
जद्यपि प्रभु के नाम अनेका। श्रुति कह अधिक एक तें एका॥
राम सकल नामन्ह ते अधिका। होउ नाथ अघ खग गन बधिका॥ 4॥

हे स्वभाव से ही उदार श्रीरघुनाथजी! सुनिए। आप सुंदर अगम और सुगम वरके देनेवाले हैं। हे स्वामी! मैं एक वर माँगता हूँ, वह मुझे दीजिए, यद्यपि आप अंतर्यामी होने के नाते सब जानते ही हैं॥ 1॥

[श्रीरामजी ने कहा—] हे मुनि! तुम मेरा स्वभाव जानते ही हो। मैं अपने भक्तों से कभी कुछ छिपाव करता हूँ? मुझे ऐसी कौन सी वस्तु प्रिय लगती है, जिसे हे मुनिश्रेष्ठ! तुम नहीं माँग सकते?॥ 2॥

मुझे भक्त के लिए कुछ भी अदेय नहीं है। ऐसा विश्वास भूलकर भी मत छोड़ो। तब नारदजी हर्षित होकर बोले—मैं ऐसा वर माँगता हूँ, यह धृष्टता करता हूँ— ॥ 3॥

यद्यपि प्रभु के अनेकों नाम हैं और वेद कहते हैं कि वे सब एक-से-एक बढ़कर हैं, तो भी हे नाथ! रामनाम सब नामों से बढ़कर हो और पापरूपी पक्षियों

के समूह के लिए यह वधिक के समान हो॥ 4॥

❦❖❖❖❧

दोहा

राका रजनी भगति तव राम नाम सोइ सोम।
अपर नाम उडगन बिमल बसहुँ भगत उर ब्योम॥ 42 (क)॥
एवमस्तु मुनि सन कहेउ कृपासिंधु रघुनाथ।
तब नारद मन हरष अति प्रभु पद नायउ माथ॥ 42 (ख)॥

आपकी भक्ति पूर्णिमा की रात्रि है; उसमें 'राम' नाम यही पूर्ण चंद्रमा होकर और अन्य सब नाम तारागण होकर भक्तों के हृदयरूपी निर्मल आकाश में निवास करें॥ 42(क)॥

कृपा सागर श्रीरघुनाथजी ने मुनि से 'एवमस्तु' (ऐसा ही हो) कहा। तब नारदजी ने मन में अत्यंत हर्षित होकर प्रभु के चरणों में मस्तक नवाया॥ 42(ख)॥

❦❖❖❖❧

चौपाई

अति प्रसन्न रघुनाथहि जानी। पुनि नारद बोले मृदु बानी॥
राम जबहिं प्रेरेउ निज माया। मोहेहु मोहि सुनहु रघुराया॥ 1॥
तब बिबाह मैं चाहउँ कीन्हा। प्रभु केहि कारन करै न दीन्हा॥
सुनु मुनि तोहि कहउँ सहरोसा। भजहिं जे मोहि तजि सकल भरोसा॥ 2॥
करउँ सदा तिन्ह कै रखवारी। जिमि बालक राखइ महतारी॥
गह सिसु बच्छ अनल अहि धाई। तहँ राखइ जननी अरगाई॥ 3॥
प्रौढ़ भएँ तेहि सुत पर माता। प्रीति करइ नहिं पाछिलि बाता॥
मोरे प्रौढ़ तनय सम ग्यानी। बालक सुत सम दास अमानी॥ 4॥
जनहि मोर बल निज बल ताही। दुहु कहँ काम क्रोध रिपु आही॥
यह बिचारि पंडित मोहि भजहीं। पाएहुँ ग्यान भगति नहिं तजहीं॥ 5॥

श्रीरघुनाथजी को अत्यंत प्रसन्न जानकर नारदजी फिर कोमल वाणी बोले— हे रामजी! हे रघुनाथजी! सुनिए, जब आपने अपनी माया को प्रेरित करके मुझे मोहित किया था,॥ 1॥

तब मैं विवाह करना चाहता था। हे प्रभु! आपने मुझे किस कारण विवाह नहीं करने दिया? [प्रभु बोले—] हे मुनि! सुनो, मैं तुम्हें हर्ष के साथ कहता हूँ कि जो समस्त आशा-भरोसा छोड़कर केवल मुझको ही भजते हैं,॥ 2॥

मैं सदा उनकी वैसे ही रखवाली करता हूँ जैसे माता बालक की रक्षा करती

है। छोटा बच्चा जब दौड़कर आग और साँप को पकड़ने जाता है, तो वहाँ माता उसे [अपने हाथों] अलग करके बचा लेती है॥ 3॥

सयाना हो जाने पर उस पुत्र पर माता प्रेम तो करती है, परंतु पिछली बात नहीं रहती (अर्थात् मातृपरायण शिशु की तरह फिर उसको बचाने की चिंता नहीं करती, क्योंकि वह माता पर निर्भर न रह कर अपनी रक्षा आप करने लगता है)। ज्ञानी मेरे प्रौढ़ (सयाने) पुत्र के समान है और [तुम्हारे-जैसा] अपने बल का मान न करने वाला सेवक मेरे शिशु पुत्र के समान है॥ 4॥

मेरे सेवक को केवल मेरा ही बल रहता है और उसे (ज्ञानी को) अपना बल होता है। पर काम-क्रोधरूपी शत्रु तो दोनों के लिए हैं। [भक्त के शत्रुओं को मारने की जिम्मेवारी मुझ पर रहती है, क्योंकि वह मेरे परायण होकर मेरा ही बल मानता है; परंतु अपने बल को मानने वाले ज्ञानी के शत्रुओं का नाश करने की जिम्मेवारी मुझ पर नहीं है।] ऐसा विचारकर पंडितजन (बुद्धिमान् लोग) मुझको ही भजते हैं। वे ज्ञान प्राप्त होने पर भी भक्ति को नहीं छोड़ते॥ 5॥

❖❖❖

दोहा

काम क्रोध लोभादि मद प्रबल मोह कै धारि।
तिन्ह महँ अति दारुन दुखद मायारूपी नारि॥ 43॥

काम, क्रोध, लोभ और मद आदि मोह (अज्ञान) की प्रबल सेना है। इनमें मायारूपिणी (माया की साक्षात् मूर्ति) स्त्री तो अत्यंत दारुण दुःख देनेवाली है॥ 43॥

❖❖❖

चौपाई

सुनु मुनि कह पुरान श्रुति संता। मोह बिपिन कहुँ नारि बसंता॥
जप तप नेम जलाश्रय झारी। होइ ग्रीषम सोषइ सब नारी॥ 1॥
काम क्रोध मद मत्सर भेका। इन्हहि हरषप्रद बरषा एका॥
दुर्बासना कुमुद समुदाई। तिन्ह कहँ सरद सदा सुखदाई॥ 2॥
धर्म सकल सरसीरुह बृंदा। होइ हिम तिन्हहि दहइ सुख मंदा॥
पुनि ममता जवास बहुताई। पलुहइ नारि सिसिर रितु पाई॥ 3॥
पाप उलूक निकर सुखकारी। नारि निबिड़ रजनी अँधिआरी॥
बुधि बल सील सत्य सब मीना। बनसी सम त्रिय कहहिं प्रबीना॥ 4॥

हे मुनि! सुनो, पुराण, वेद और संत कहते हैं कि मोहरूपी वन [को विकसित

करने] के लिए स्त्री वसंत ऋतु के समान है। जप, तप, नियमरूपी संपूर्ण जल के स्थानों को स्त्री ग्रीष्मरूप होकर सर्वथा सोख लेती है॥ 1॥

काम, क्रोध, मद और मत्सर (डाह) आदि मेढक हैं। इनको वर्षा ऋतु होकर हर्ष प्रदान करने वाली एकमात्र यही (स्त्री) है। बुरी वासनाएँ कुमुदों के समूह हैं। उनको सदैव सुख देनेवाली यह शरद् ऋतु है॥ 2॥

समस्त धर्म कमलों के झुंड हैं। यह नीच (विषयजन्य) सुख देनेवाली स्त्री हिमऋतु होकर उन्हें जला डालती है। फिर ममतारूपी जवास का समूह (वन) स्त्रीरूपी शिशिरा ऋतु को पाकर हरा-भरा हो जाता है॥ 3॥

पापरूपी उल्लुओं के समूह के लिए यह स्त्री सुख देनेवाली घोर अंधकरमयी रात्रि है। बुद्धि, बल, शील और सत्य—ये सब मछलियाँ हैं और उन [को फँसाकर नष्ट करने] के लिए स्त्री बंसी के समान है, चतुर पुरुष ऐसा कहते हैं॥ 4॥

❖❖❖

दोहा

अवगुन मूल सूल प्रद प्रमदा सब दुख खानि।
ताते कीन्ह निवारन मुनि मैं यह जियँ जानि॥ 44॥

युवती स्त्री अवगुणों की मूल, पीड़ा देनेवाली और सब दुःखों की खान है। इसलिए हे मुनि! मैंने जी में ऐसा जानकर तुमको विवाह करने से रोका था॥ 44॥

❖❖❖

चौपाई

सुनि रघुपति के बचन सुहाए। मुनि तन पुलक नयन भरि आए॥
कहहु कवन प्रभु कै असि रीती। सेवक पर ममता अरु प्रीती॥ 1॥
जे न भजहिं अस प्रभु भ्रम त्यागी। ग्यान रंक नर मंद अभागी॥
पुनि सादर बोले मुनि नारद। सुनहु राम बिग्यान बिसारद॥ 2॥
संतन्ह के लच्छन रघुबीरा। कहहु नाथ भव भंजन भीरा॥
सुनु मुनि संतन्ह के गुन कहऊँ। जिन्ह ते मैं उन्ह कें बस रहऊँ॥ 3॥
षट बिकार जित अनघ अकामा। अचल अकिंचन सुचि सुखधामा॥
अमित बोध अनीह मितभोगी। सत्यसार कबि कोबिद जोगी॥ 4॥
सावधान मानद मदहीना। धीर धर्म गति परम प्रबीना॥ 5॥

श्रीरघुनाथ जी के सुंदर वचन सुनकर मुनि का शरीर पुलकित हो गया और नेत्र [प्रेमाश्रुओं के जल से] भर आए। [वे मन-ही-मन कहने लगे—] कहो तो किस प्रभु की ऐसी रीति है, जिसका सेवक पर इतना ममत्व और प्रेम हो॥ 1॥

जो मनुष्य भ्रम को त्यागकर ऐसे प्रभु को नहीं भजते, वे ज्ञान के कंगाल, दुर्बुद्धि और अभागे हैं। फिर नारद मुनि आदरसहित बोले—हे विज्ञान-विशारद श्रीरामजी! सुनिए— ॥ 2 ॥

हे रघुवीर! हे भव-भय (जन्म-मरण के भय) का नाश करनेवाले मेरे नाथ! अब कृपा कर संतों के लक्षण कहिए। [श्रीरामजी ने कहा—] हे मुनि! सुनो, मैं संतों के गुणों को कहता हूँ, जिनके कारण मैं उनके वश में रहता हूँ॥ 3 ॥

वे संत [काम, क्रोध, लोभ, मोह, मद और मत्सर—इन] छह विकारों (दोषों) को जीते हुए, पापरहित, कामनारहित, निश्चल (स्थिर बुद्धि), अकिंचन (सर्वत्यागी), बाहर-भीतर से पवित्र, सुख के धाम, असीम ज्ञानवान्, इच्छारहित, मिताहारी, सत्यनिष्ठ, कवि, विद्वान, योगी, ॥ 4 ॥

सावधान, दूसरों को मान देनेवाले, अभिमानरहित, धैर्यवान्, धर्म के ज्ञान और आचरण में अत्यंत निपुण, ॥ 5 ॥

❖❖❖

दोहा

गुनागार संसार दुख रहित बिगत संदेह।
तजि मम चरन सरोज प्रिय तिन्ह कहुँ देह न गेह॥ 45 ॥

गुणों के घर, संसार के दुःखों से रहित और संदेहों से सर्वथा छूटे हुए होते हैं। मेरे चरणकमलों को छोड़कर उनको न देह ही प्रिय होती है, न घर ही॥ 45 ॥

❖❖❖

चौपाई

निज गुन श्रवन सुनत सकुचाहीं। पर गुन सुनत अधिक हरषाहीं॥
सम सीतल नहिं त्यागहिं नीती। सरल सुभाउ सबहि सन प्रीती॥ 1 ॥
जप तप ब्रत दम संजम नेमा। गुरु गोबिंद बिप्र पद प्रेमा॥
श्रद्धा छमा मयत्री दाया। मुदिता मम पद प्रीति अमाया॥ 2 ॥
बिरति बिबेक बिनय बिग्याना। बोध जथारथ बेद पुराना॥
दंभ मान मद करहिं न काऊ। भूलि न देहिं कुमारग पाऊ॥ 3 ॥
गावहिं सुनहिं सदा मम लीला। हेतु रहित परहित रत सीला॥
मुनि सुनु साधुन्ह के गुन जेते। कहि न सकहिं सारद श्रुति तेते॥ 4 ॥

कानों से अपने गुण सुनने मे सकुचाते हैं, दूसरों के गुण सुनने से विशेष हर्षित होते हैं। सम और शीतल हैं, न्याय का कभी त्याग नहीं करते। सरल स्वभाव होते हैं और सभी से प्रेम रखते हैं॥ 1 ॥

वे जप, तप, व्रत, दम, संयम और नियम में रत रहते हैं और गुरु, गोविंद तथा ब्राह्मणों के चरणों के प्रेम रखते हैं। उनमें श्रद्धा, क्षमा, मैत्री, दया, मुदिता (प्रसन्नता) और मेरे चरणों में निष्कपट प्रेम होता है॥ 2॥

तथा वैराग्य, विवेक, विनय, विज्ञान (परमात्मा के तत्त्व का ज्ञान) और वेद-पुराण का यथार्थ ज्ञान रहता है। वे दंभ, अभिमान और मद कभी नहीं करते और भूलकर भी कुमार्ग पर पैर नहीं रखते॥ 3॥

सदा मेरी लीलाओं को गाते-सुनाते हैं और बिना ही कारण दूसरों के हित में लगे रहने वाले होते हैं। हे मुनि! सुनो, संतों के जितने गुण हैं, उनको सरस्वती और वेद भी नहीं कह सकते॥ 4॥

❖❖❖

छंद

कहि सक न सारद सेष नारद सुनत पद पंकज गहे।
अस दीनबंधु कृपाल अपने भगत गुन निज मुख कहे॥
सिरु नाइ बारहिं बार चरनन्हि ब्रह्मपुर नारद गए।
ते धन्य तुलसीदास आस बिहाइ जे हरि रँग रँए॥

'शेष और शारदा भी नहीं कह सकते' यह सुनते ही नारदजीने श्रीरामजी के चरणकमल पकड़ लिए। दीनबंधु कृपालु प्रभु ने इस प्रकार अपने श्रीमुख से अपने भक्तों के गुण कहे। भगवान् के चरणों में बार-बार सिर नवाकर नारदजी ब्रह्मलोक को चले गए। तुलसीदासजी कहते हैं कि वे पुरुष धन्य हैं, जो सब आशा छोड़कर केवल श्रीहरि के रंग में रँग गए हैं।

❖❖❖

दोहा

रावनारि जसु पावन गावहिं सुनहिं जे लोग।
राम भगति दृढ़ पावहिं बिनु बिराग जप जोग॥ 46 (क)॥
दीप सिखा सम जुबति तन मन जनि होसि पतंग।
भजहि राम तजि काम मद करहि सदा सतसंग॥ 46 (ख)॥

जो लोग रावण के शत्रु श्रीरामजी का पवित्र यश गावेंगे और सुनेंगे, वे वैराग्य, जप और योग के बिना ही श्रीरामजी की दृढ़ भक्ति पावेंगे॥ 46(क)॥

युवती स्त्रियों का शरीर दीपक की लौ के समान है, हे मन! तू उसका पतिंगा न बन। काम और मद को छोड़कर श्रीरामचंद्रजी का भजन कर और सदा सत्संग कर॥ 46(ख)॥

(ज) सीताजी की खोज में वानरों का समुद्रतट पर आना, सम्पाती से भेंट और बातचीत, जाम्बवान् का हनुमान्जी को बल याद दिलाकर उत्साहित करना (किष्किंधाकांड, दोहा–25-30)

सीताजी की खोज में निराश वानरों को सम्पाती अपना कार्य पूरा करने की प्रेरणा देते हुए कहते हैं कि पापी भी जिनका नाम-स्मरण करके अपार भवसागर से तर जाते हैं, उनके दूत तो अपना कार्य अवश्य ही पूरा कर पाएँगे। अत: कायरता छोड़कर श्रीरामजी को हृदय में धारण करके कार्य को पूरा करने का उपाय करो। जाम्बवान् जी भी हनुमान्जी को उनके अपार बल का स्मरण कराके श्रीराम-कार्य को संपन्न करने के लिए प्रेरित करते हैं।

आपदा और विपत्ति आने पर मनुष्य प्राय: अपने ऊपर से विश्वास खो देता है। उसे चारों ओर केवल निराशा ही दिखाई देती है। ऐसे में इस प्रसंग के पाठ से मनोबल और अपार साहस प्राप्त होता है।

❧❖❖❖☙

दोहा

बदरीबन कहुँ सो गई प्रभु अग्या धरि सीस।
उर धरि राम चरन जुग जे बंदत अज ईस॥ 25॥

प्रभु की आज्ञा सिर पर धारणकर और श्रीरामजी के युगल चरणों को, जिनकी ब्रह्मा और महेश भी वंदना करते हैं, हृदय में धारणकर वह (स्वयंप्रभा) बदरिकाश्रम को चली गई॥ 25॥

❧❖❖❖☙

चौपाई

इहाँ बिचारहिं कपि मन माहीं। बीती अवधि काजु कछु नाहीं॥
सब मिलि कहहिं परस्पर बाता। बिनु सुधि लएँ करब का भ्राता॥ 1॥
कह अंगद लोचन भरि बारी। दुहुँ प्रकार भइ मृत्यु हमारी॥
इहाँ न सुधि सीता कै पाई। उहाँ गएँ मारिहि कपिराई॥ 2॥
पिता बधे पर मारत मोही। राखा राम निहोर न ओही॥
पुनि पुनि अंगद कह सब पाहीं। मरन भयउ कछु संसय नाहीं॥ 3॥
अंगद बचन सुनत कपि बीरा। बोलि न सकहिं नयन बह नीरा॥
छन एक सोच मगन होइ रहे। पुनि अस बचन कहत सब भए॥ 4॥
हम सीता कै सुधि लीन्हें बिना। नहिं जैहैं जुबराज प्रबीना॥
अस कहि लवन सिंधु तट जाई। बैठे कपि सब दर्भ डसाई॥ 5॥

जामवंत अंगद दुख देखी। कहीं कथा उपदेस बिसेषी॥
तात राम कहुँ नर जनि मानहु। निर्गुन ब्रह्म अजित अज जानहु॥ 6॥
हम सब सेवक अति बड़भागी। संतत सगुन ब्रह्म अनुरागी॥ 7॥

यहाँ वानरगण मन में विचार कर रहे हैं कि अवधि तो बीत गई; पर काम कुछ न हुआ। सब मिलकर आपस में बात करने लगे कि हे भाई! अब तो सीताजी की खबर लिए बिना लौटकर भी क्या करेंगे?॥ 1॥

अंगद ने नेत्रों में जल भरकर कहा कि दोनों ही प्रकार से हमारी मृत्यु हुई। यहाँ तो सीताजी की सुध नहीं मिली और वहाँ जाने पर वानरराज सुग्रीव मार डालेंगे॥ 2॥

वे तो पिता के वध होने पर ही मुझे मार डालते। श्रीरामजी ने ही मेरी रक्षा की, इसमें सुग्रीव का कोई एहसान नहीं है। अंगद बार-बार सबसे कह रहे हैं कि अब मरण हुआ, इसमें कुछ भी संदेह नहीं है॥ 3॥

वानर वीर अंगद के वचन सुनते हैं; किंतु कुछ बोल नहीं सकते। उनके नेत्रों से जल बह रहा है। एक क्षण के लिए सब सोच में मग्न हो रहे। फिर सब ऐसा वचन कहने लगे— ॥ 4॥

हे सुयोग्य युवराज! हम लोग सीताजी की खोज लिए बिना नहीं लौटेंगे। ऐसा कहकर लवणसागर के तट पर जाकर सब वानर कुश बिछाकर बैठ गए॥ 5॥

जाम्बवान् ने अंगद का दुःख देखकर विशेष उपदेश की कथाएँ कहीं। [वे बोले—] हे तात! श्रीरामजी को मनुष्य न मानो, उन्हें निर्गुण ब्रह्म, अजेय और अजन्मा समझो॥ 6॥

हम सब सेवक अत्यंत बड़भागी हैं, जो निरंतर सगुण ब्रह्म (श्रीरामजी) में प्रीति रखते हैं॥ 7॥

❖❖❖

दोहा

निज इच्छाँ प्रभु अवतरइ सुर महि गो द्विज लागि।
सगुन उपासक संग तहँ रहहिं मोच्छ सब त्यागि॥ 26॥

देवता, पृथ्वी, गौ और ब्राह्मणों के लिए प्रभु अपनी इच्छा से [किसी कर्मबंधन से नहीं] अवतार लेते हैं। वहाँ सगुणोंपासक [भक्तगण सालोक्य, सामीप्य, सारूप्य, सार्ष्टि और सायुज्य] सब प्रकार के मोक्षों को त्यागकर उनकी सेवा में साथ रहते हैं॥ 26॥

चौपाई

एहि बिधि कथा कहहिं बहु भाँती। गिरि कंदराँ सुनी संपाती॥
बाहेर होइ देखि बहु कीसा। मोहि अहार दीन्ह जगदीसा॥ 1॥
आजु सबहि कहँ भच्छन करऊँ। दिन बहु चले अहार बिनु मरऊँ॥
कबहुँ न मिल भरि उदर अहारा। आजु दीन्ह बिधि एकहिं बारा॥ 2॥
डरपे गीध बचन सुनि काना। अब भा मरन सत्य हम जाना॥
कपि सब उठे गीध कहँ देखी। जामवंत मन सोच बिसेषी॥ 3॥
कह अंगद बिचारि मन माहीं। धन्य जटायू सम कोउ नाहीं॥
राम काज कारन तनु त्यागी। हरि पुर गयउ परम बड़ भागी॥ 4॥
सुनि खग हरष सोक जुत बानी। आवा निकट कपिन्ह भय मानी॥
तिन्हहि अभय करि पूछेसि जाई। कथा सकल तिन्ह ताहि सुनाई॥ 5॥
सुनि संपाति बंधु कै करनी। रघुपति महिमा बहुबिधि बरनी॥ 6॥

इस प्रकार जाम्बवान् बहुत प्रकार से कथाएँ कह रहे हैं। इनकी बातें पर्वत की कंदरा में सम्पाती ने सुनीं। बाहर निकलकर उसने बहुत से वानर देखे। [तब वह बोला—] जगदीश्वर ने मुझको घर बैठे बहुत सा आहार भेज दिया!॥ 1॥

आज इन सबको खा जाऊँगा। बहुत दिन बीत गए, भोजन के बिना मर रहा था। पेटभर भोजन कभी नहीं मिलता। आज विधाता ने एक ही बार में बहुत सा भोजन दे दिया॥ 2॥

गीध के वचन कानों से सुनते ही सब डर गए कि अब सचमुच ही मरना हो गया, यह हमने जान लिया। फिर उस गीध (सम्पाती) को देखकर सब वानर उठ खड़े हुए। जाम्बवान् के मन में विशष सोच हुआ॥ 3॥

अंगद ने मन में विचारकर कहा—अहा! जटायु के समान धन्य कोई नहीं है। श्रीरामजी के कार्य के लिए शरीर छोड़कर वह परम बड़भागी भगवान् के परमधाम को चला गया॥ 4॥

हर्ष और शोक से युक्त वाणी (समाचार) सुनकर वह पक्षी (सम्पाती) वानरों के पास आया। वानर डर गए। उनको अभय करके (अभय-वचन देकर) उसने पास जाकर जटायु का वृतांत पूछा, तब उन्होंने सारी कथा उसे कह सुनाई॥ 5॥

भाई जटायु की करनी सुनकर सम्पाती ने बहुत प्रकार से श्रीरघुनाथजी की महिमा वर्णन की॥ 6॥

दोहा

मोहि लै जाहु सिंधुतट देउँ तिलांजलि ताहि।
बचन सहाइ करबि मैं पैहहु खोजहु जाहि॥ 27॥

[उसने कहा—] मुझे समुद्र के किनारे ले चलो, मैं जटायु को तिलांजलि दे दूँ। इस सेवा के बदले मैं तुम्हारी वचन से सहायता करूँगा (अर्थात् सीताजी कहाँ हैं सो बतला दूँगा) जिसे तुम खोज रहे हो उसे पा जाओगे॥ 27॥

❖❖❖❖

चौपाई

अनुज क्रिया करि सागर तीरा। कहि निज कथा सुनहु कपि बीरा॥
हम द्वौ बंधु प्रथम तरुनाई। गगन गए रबि निकट उड़ाई॥ 1॥
तेज न सहि सक सो फिरि आवा। मैं अभिमानी रबि निअरावा॥
जरे पंख अति तेज अपारा। परेउँ भूमि करि घोर चिकारा॥ 2॥
मुनि एक नाम चंद्रमा ओही। लागी दया देखि करि मोही॥
बहु प्रकार तेहिं ग्यान सुनावा। देह जनित अभिमान छुड़ावा॥ 3॥
त्रेताँ ब्रह्म मनुज तनु धरिही। तासु नारि निसिचर पति हरिही॥
तासु खोज पठइहि प्रभु दूता। तिन्हहि मिलें तैं होब पुनीता॥ 4॥
जमिहहिं पंख करसि जनि चिंता। तिन्हहि देखाइ देहेसु तैं सीता॥
मुनि कइ गिरा सत्य भइ आजू। सुनि मम बचन करहु प्रभु काजू॥ 5॥
गिरि त्रिकूट ऊपर बस लंका। तहँ रह रावन सहज असंका॥
तहँ असोक उपबन जहँ रहई। सीता बैठि सोच रत अहई॥ 6॥

समुद्र के तीर पर छोटे भाई जटायु की क्रिया (श्राद्ध आदि) करके सम्पाती अपनी कथा कहने लगा—हे वीर वानरो! सुनो, हम दोनों भाई उठती जवानी में एक बार आकाश में उड़कर सूर्य के निकट चले गए॥ 1॥

वह (जटायु) तेज नहीं सह सका, इससे लौट आया। (किंतु) मैं अभिमानी था इसलिए सूर्य के पास चला गया। अत्यंत अपार तेज से मेरे पंख जल गए। मैं बड़े जोर से चीख मारकर जमीन पर गिर पड़ा॥ 2॥

वहाँ चंद्रमा नाम के एक मुनि थे। मुझे देखकर उन्हें बड़ी दया लगी। उन्होंने बहुत प्रकार से मुझे ज्ञान सुनाया और मेरे देहजनित (देहसंबंधी) अभिमान को छुड़ा दिया॥ 3॥

[उन्होंने कहा—] त्रेतायुग में साक्षात् परब्रह्म मनुष्य शरीर धारण करेंगे। उनकी स्त्री को राक्षसों का राजा हर ले जाएगा। उसकी खोज मे प्रभु दूत भेजेंगे।

उनसे मिलने पर तू पवित्र हो जाएगा॥ 4॥

और तेरे पंख उग आयेंगे; चिंता न कर। उन्हें तू सीताजी को दिखा देना। मुनि की वह वाणी आज सत्य हुई। अब मेरे वचन सुनकर तुम प्रभु का कार्य करो॥ 5॥

त्रिकूट पर्वत पर लंका बसी हुई है। वहाँ स्वभाव ही से निडर रावण रहता है। वहाँ अशोक नाम का उपवन (बगीचा) है, जहाँ सीताजी रहती हैं। [इस समय भी] वे सोच में मग्न बैठी हैं॥ 6॥

❧❖❖❖☙

दोहा

मैं देखउँ तुम्ह नाहीं गीधहि दृष्टि अपार।
बूढ़ भयउँ न त करतेउँ कछुक सहाय तुम्हार॥ 28॥

मैं उन्हें देख रहा हूँ, तुम नहीं देख सकते; क्योंकि गीध की दृष्टि अपार होती है (बहुत दूर तक जाती है)। क्या करूँ? मैं बूढ़ा हो गया, नहीं तो तुम्हारी कुछ तो सहायता अवश्य करता॥ 28॥

❧❖❖❖☙

चौपाई

जो नाघइ सत जोजन सागर। करइ सो राम काज मति आगर॥
मोहि बिलोकि धरहु मन धीरा। राम कृपाँ कस भयउ सरीरा॥ 1॥
पापिउ जा कर नाम सुमिरहीं। अति अपार भवसागर तरहीं॥
तासु दूत तुम्ह तजि कदराई। राम हृदयँ धरि करहु उपाई॥ 2॥
अस कहि गरुड़ गीध जब गयऊ। तिन्ह कें मन अति बिसमय भयऊ॥
निज निज बल सब काहूँ भाषा। पार जाइ कर संसय राखा॥ 3॥
जरठ भयउँ अब कहइ रिछेसा। नहिं तन रहा प्रथम बल लेसा॥
जबहिं त्रिबिक्रम भए खरारी। तब मैं तरुन रहेउँ बल भारी॥ 4॥

जो सौ योजन (चार सौ कोस) समुद्र लाँघ सकेगा और बुद्धिनिधान होगा वही श्रीरामजी का कार्य कर सकेगा। [निराश होकर घबराओ मत] मुझे देखकर मन में धीरज धरो। देखो, श्रीराम जी की कृपा से [देखते-ही-देखते] मेरा शरीर कैसा हो गया (बिना पाँख का बेहाल था, पाँख उगने से सुंदर हो गया)!॥ 1॥

पापी भी जिनका नाम स्मरण करके अत्यंत अपार भवसागर से तर जाते हैं, तुम उनके दूत हो, अतः कायरता छोड़कर श्रीरामजी को हृदय में धारण करके उपाय करो॥ 2॥

[काकभुशुंडिजी कहते हैं—] हे गरुड़जी! इस प्रकार कहकर जब गीध

चला गया, तब उन (वानरों) के मन में अत्यंत विस्मय हुआ। सब किसी ने अपना-अपना बल कहा! पर समुद्र के पार जाने में सभी ने संदेह प्रकट किया॥ 3॥

ऋक्षराज जाम्बवान् कहने लगे—मैं अब बूढ़ा हो गया। शरीर में पहलेवाले बल का लेश भी नहीं रहा। जब खरारि (खर के शत्रु श्रीराम) वामन बने थे, तब मैं जवान था और मुझमें बड़ा बल था॥ 4॥

❖❖❖

दोहा

बलि बाँधत प्रभु बाढ़ेउ सो तनु बरनि न जाइ।
उभय घरी महँ दीन्हीं सात प्रदच्छिन धाइ॥ 29॥

बलि के बाँधते समय प्रभु इतने बढ़े कि उस शरीर का वर्णन नहीं हो सकता, किंतु मैंने दो ही घड़ी में दौड़कर [उस शरीर की] सात प्रदक्षिणाएँ कर लीं॥ 29॥

❖❖❖

चौपाई

अंगद कहइ जाउँ मैं पारा। जियँ संसय कछु फिरती बारा॥
जामवंत कह तुम्ह सब लायक। पठइअ किमि सब ही कर नायक॥ 1॥
कहइ रीछपति सुनु हनुमाना। का चुप साधि रहेहु बलवाना॥
पवन तनय बल पवन समाना। बुधि बिबेक बिग्यान निधाना॥ 2॥
कवन सो काज कठिन जग माहीं। जो नहिं होइ तात तुम्ह पाहीं॥
राम काज लगि तव अवतारा। सुनतहिं भयउ पर्बताकारा॥ 3॥
कनक बरन तन तेज बिराजा। मानहुँ अपर गिरिन्ह कर राजा॥
सिंहनाद करि बारहिं बारा। लीलहिं नाघउँ जलनिधि खारा॥ 4॥
सहित सहाय रावनहि मारी। आनउँ इहाँ त्रिकूट उपारी॥
जामवंत मैं पूँछउँ तोही। उचित सिखावनु दीजहु मोही॥ 5॥
एतना करहु तात तुम्ह जाई। सीतहि देखि कहहु सुधि आई॥
तब निज भुज बल राजिवनैना। कौतुक लागि संग कपि सेना॥ 6॥

अंगद ने कहा—मैं पार तो चला जाऊँगा। परंतु लौटते समय के लिए हृदय में कुछ संदेह है। जाम्बवान् ने कहा—तुम सब प्रकार से योग्य हो। परंतु तुम सब के नेता हो, तुम्हें कैसे भेजा जाए?॥ 1॥

ऋक्षराज जाम्बवान् ने श्रीहनुमान्‌जी से कहा—हे हनुमान्! हे बलवान्! सुनो, तुमने यह क्या चुप साध रखी है? तुम पवन के पुत्र हो और बल में पवन के समान

हो। तुम बुद्धि-विवेक और विज्ञान की खान हो॥ 2॥

जगत् में कौन सा ऐसा कठिन काम है जो हे तात! तुमसे न हो सके। श्रीरामजी के कार्य के लिए ही तो तुम्हारा अवतार हुआ है। यह सुनते ही हनुमान्जी पर्वत के आकार के (अत्यंत विशालकाय) हो गए।॥ 3॥

उनका सोने का सा रंग है, शरीर पर तेज सुशोभित है, मानो दूसरा पर्वतों का राजा सुमेरु हो। हनुमान्जी ने बार-बार सिंहनाद करके कहा—मैं इस खारे समुद्र को खेल में ही लाँघ सकता हूँ॥ 4॥

और सहायकों सहित रावण को मारकर त्रिकूट पर्वत को उखाड़कर यहाँ ला सकता हूँ। हे जांबवान्! मैं तुमसे पूछता हूँ, तुम मुझे उचित सीख देना [कि मुझे क्या करना चाहिए]॥ 5॥

[जाम्बवान् ने कहा—] हे तात! तुम जाकर इतना ही करो कि सीताजी को देखकर लौट आओ और उनकी खबर कह दो। फिर कमलनयन श्रीरामजी अपने बाहुबल से [ही राक्षसों का संहार कर सीताजी को ले आएँगे, केवल] खेल के लिए ही वे वानरों की सेना साथ लेंगे॥ 6॥

❖❖❖

छंद

कपि सेन संग सँघारि निसिचर रामु सीतहि आनिहैं।
त्रैलोक पावन सुजसु सुर मुनि नारदादि बखानिहैं॥
जो सुनत गावत कहत समुझत परम पद नर पावई।
रघुबीर पद पाथोज मधुकर दास तुलसी गावई॥

वानरों की सेना साथ लेकर राक्षसों का संहार करके श्रीरामजी सीताजी को ले आएँगे। तब देवता और नारदादि मुनि भगवान् के तीनों लोकों को पवित्र करनेवाले सुंदर यश का बखान करेंगे, जिसे सुनने, गाने, कहने और समझने से मनुष्य परमपद पाते हैं और जिसे श्रीरघुवीर के चरणकमल का मधुकर (भ्रमर) तुलसीदास गाता है।

❖❖❖

दोहा

भव भेषज रघुनाथ जसु सुनहिं जे नर अरु नारि।
तिन्ह कर सकल मनोरथ सिद्ध करहिं त्रिसिरारि॥ 30 (क)॥

श्रीरघुवीर का यश भव (जन्म-मरण) रूपी रोग की [अचूक] दवा है। जो

पुरुष और स्त्री इसे सुनेंगे, त्रिशिरा के शत्रु श्रीरामजी उनके सब मनोरथों को सिद्ध करेंगे॥ 30 (क)॥

❧❖❖❖☙

सोरठा

नीलोत्पल तन स्याम काम कोटि सोभा अधिक।

सुनिअ तासु गुन ग्राम जासु नाम अघ खग बधिक॥ 30 (ख)॥

जिनका नीले कमल के समान श्याम शरीर है, जिनकी शोभा करोड़ों कामदेवों से भी अधिक है और जिनका नाम पापरूपी पक्षियों को मारने के लिए बधिक (व्याध) के समान है, उन श्रीराम के गुणों के समूह (लीला) को अवश्य सुनना चाहिए॥ 30 (ख)॥

(झ) सीता-त्रिजटा-संवाद, सीताजी को संदेश देने के उपाय पर हनुमान्‌जी का चिंतन (सुंदरकांड, दोहा 11-17)

किसी कार्य को करने से पहले भली प्रकार चिंतन-मनन करना, उसके दूरगामी परिणाम पर विचार करना, और उसे संपन्न करने की समुचित योजना बनाना अनिवार्य होता है।

सीताजी को पहचान लेने के बाद हनुमान्‌जी जोश में आकर तुरंत ही उन्हें श्रीराम की अँगूठी दे सकते थे लेकिन तब या तो सीताजी हनुमान्‌जी को न पहचान पातीं और उन्हें मायावी समझकर चिल्ला पड़तीं या हनुमान्‌जी राक्षसों द्वारा पहचान लिए जाते और इस प्रकार कार्य सिद्ध नहीं हो पाता। किंतु हनुमान्‌जी धैर्यपूर्वक विचार करते हैं और अँगूठी देने के लिए उचित समय की प्रतीक्षा करते हैं। संकट-आपदा में इन्हीं गुणों की आवश्यकता होती है।

❧❖❖❖☙

दोहा

जहँ तहँ गईं सकल तब सीता कर मन सोच।

मास दिवस बीतें मोहि मारिहि निसिचर पोच॥ 11॥

तब (इसके बाद) वे सब जहाँ-तहाँ चली गईं। सीताजी मन में सोच करने लगीं कि एक महीना बीत जाने पर नीच राक्षस रावण मुझे मारेगा॥ 11॥

❧❖❖❖☙

चौपाई

त्रिजटा सन बोलीं कर जोरी। मातु बिपति संगिनि तैं मोरी॥

तजौं देह करु बेगि उपाई। दुसह बिरहु अब नहिं सहि जाई॥ 1॥

आनि काठ रचु चिता बनाई। मातु अनल पुनि देहि लगाई॥
सत्य करहि मम प्रीति सयानी। सुनै को श्रवन सूल सम बानी॥ 2॥
सुनत बचन पद गहि समुझाएसि। प्रभु प्रताप बल सुजसु सुनाएसि॥
निसि न अनल मिल सुनु सुकुमारी। अस कहि सो निज भवन सिधारी॥ 3॥
कह सीता बिधि भा प्रतिकूला। मिलिहि न पावक मिटिहि न सूला॥
देखिअत प्रगट गगन अंगारा। अवनि न आवत एकउ तारा॥ 4॥
पावकमय ससि स्त्रवत न आगी। मानहुँ मोहि जानि हत भागी॥
सुनहि बिनय मम बिटप असोका। सत्य नाम करु हरु मम सोका॥ 5॥
नूतन किसलय अनल समाना। देहि अगिनि जनि करहि निदाना॥
देखि परम बिरहाकुल सीता। सो छन कपिहि कलप सम बीता॥ 6॥

सीताजी हाथ जोड़कर त्रिजटा से बोलीं—हे माता! तू मेरी विपत्ति संगिनी है। जल्दी कोई ऐसा उपाय कर जिससे मैं शरीर छोड़ सकूँ। विरह असह्य हो चला है, अब यह सहा नहीं जाता॥ 1॥

काठ लाकर चिता बनाकर सजा दे। हे माता! फिर उसमें आग लगा दे। हे सयानी! तू मेरी प्रीति को सत्य कर दे। रावण की शूल के समान दुःख देनेवाली वाणी कानों से कौन सुने?॥ 2॥

सीताजी के वचन सुनकर त्रिजटा ने चरण पकड़कर उन्हें समझाया और प्रभु का प्रताप, बल और सुयश सुनाया। [उसने कहा—] हे सुकुमारी! सुनो, रात्रि के समय आग नहीं मिलेगी। ऐसा कहकर वह अपने घर चली गई॥ 3॥

सीताजी [मन-ही-मन] कहने लगीं—[क्या करूँ] विधाता ही विपरीत हो गया। न आग मिलेगी, न पीड़ा मिटेगी। आकाश में अंगारे प्रकट दिखाई दे रहे हैं, पर पृथ्वी पर एक भी तारा नहीं आता॥ 4॥

चंद्रमा अग्निमय है, किंतु वह भी मानो मुझे हतभागिनी जानकर आग नहीं बरसाता। हे अशोक वृक्ष! मेरी विनती सुन! मेरा शोक हर ले और अपना [अशोक] नाम सत्य कर॥ 5॥

तेरे नए-नए कोमल पत्ते अग्नि के समान हैं। अग्नि दे, विरह-रोग का अंत मत कर (अर्थात् विरह-रोग को बढ़ाकर सीमा तक न पहुँचा)। सीताजी को विरह से परम व्याकुल देखकर वह क्षण हनुमान्‌जी को कल्प के समान बीता॥ 6॥

❖❖❖

सोरठा

कपि करि हृदयँ बिचार दीन्हि मुद्रिका डारि तब।
जनु असोक अंगार दीन्ह हरषि उठि कर गहेउ॥ 12॥

तब हनुमान्‌जी ने हृदय में विचारकर [सीताजी के सामने] अँगूठी डाल दी, मानो अशोक ने अंगार दे दिया। [यह समझकर] सीताजी ने हर्षित होकर उठकर उसे हाथ में ले लिया।॥12॥

❧❖❖❖☙

चौपाई

तब देखी मुद्रिका मनोहर। राम नाम अंकित अति सुंदर॥
चकित चितव मुदरी पहिचानी। हरष बिषाद हृदयँ अकुलानी॥ 1॥
जीति को सकइ अजय रघुराई। माया तें असि रचि नहिं जाई॥
सीता मन बिचार कर नाना। मधुर बचन बोलेउ हनुमाना॥ 2॥
रामचंद्र गुन बरनैं लागा। सुनतहिं सीता कर दुख भागा॥
लागीं सुनैं श्रवन मन लाई। आदिहु तें सब कथा सुनाई॥ 3॥
श्रवनामृत जेहिं कथा सुहाई। कही सो प्रगट होति किन भाई॥
तब हनुमंत निकट चलि गयऊ। फिरि बैठीं मन बिसमय भयऊ॥ 4॥
राम दूत मैं मातु जानकी। सत्य सपथ करुनानिधान की॥
यह मुद्रिका मातु मैं आनी। दीन्हि राम तुम्ह कहँ सहिदानी॥ 5॥
नर बानरहि संग कहु कैसें। कही कथा भइ संगति जैसें॥ 6॥

तब उन्होंने राम-नाम से अंकित अत्यंत सुंदर एवं मनोहर अँगूठी देखी। अँगूठी को पहचानकर सीताजी आश्चर्यचकित होकर उसे देखने लगीं और हर्ष तथा विषाद से हृदय में अकुला उठीं॥ 1॥

[वे सोचने लगीं—] श्रीरघुनाथजी तो सर्वथा अजेय हैं, उन्हें कौन जीत सकता है? और माया से ऐसी (माया के उपादान से सर्वथा रहित, दिव्य, चिन्मय) अँगूठी बनाई नहीं जा सकती। सीताजी मन में अनेक प्रकार के विचार कर रही थीं। इसी समय हनुमान्‌जी मधुर वचन बोले—॥ 2॥

वे श्रीरामचंद्रजी के गुणों का वर्णन करने लगे, [जिनके] सुनते ही सीताजी का दुःख भाग गया। वे कान और मन लगाकर उन्हें सुनने लगीं। हनुमान्‌जी ने आदि से लेकर सारी कथा कह सुनाई॥ 3॥

[सीताजी बोलीं—] जिसने कानों के लिए अमृतरूप यह सुंदर कथा कही, वह हे भाई! प्रकट क्यों नहीं होता? तब हनुमान्‌जी पास चले गए। उन्हें देखकर सीताजी फिरकर (मुख फेरकर) बैठ गईं; उनके मन में आश्चर्य हुआ॥ 4॥

[हनुमान्‌जी ने कहा—] हे माता जानकी! मैं श्रीरामजी का दूत हूँ। करुणानिधान की सच्ची शपथ करता हूँ। हे माता! यह अगूँठी मैं ही लाया हूँ। श्रीरामजी ने मुझे

आपके लिए यह सहिदानी (निशानी या पहिचान) दी है॥ 5॥

[सीताजी ने पूछा—] नर और वानर का संग कहो कैसे हुआ? तब हनुमान्‌जी ने जैसे संग हुआ था, वह सब कथा कही॥ 6॥

❀❖❖❖❀

दोहा

कपि के बचन सप्रेम सुनि उपजा मन बिस्वास।
जाना मन क्रम बचन यह कृपासिंधु कर दास॥ 13॥

हनुमान्‌जी के प्रेमयुक्त वचन सुनकर सीताजी के मन में विश्वास उत्पन्न हो गया। उन्होंने जान लिया कि यह मन, वचन और कर्म से कृपासागर श्रीरघुनाथजी का दास है॥ 13॥

❀❖❖❖❀

चौपाई

हरिजन जानि प्रीति अति गाढ़ी। सजल नयन पुलकावलि बाढ़ी॥
बूड़त बिरह जलधि हनुमाना। भयहु तात मो कहुँ जल जाना॥ 1॥
अब कहु कुसल जाउँ बलिहारी। अनुज सहित सुख भवन खरारी॥
कोमलचित कृपाल रघुराई। कपि केहि हेतु धरी निठुराई॥ 2॥
सहज बानि सेवक सुख दायक। कबहुँक सुरति करत रघुनायक॥
कबहुँ नयन मम सीतल ताता। होइहहिं निरखि स्याम मृदु गाता॥ 3॥
बचनु न आव नयन भरे बारी। अहह नाथ हौं निपट बिसारी॥
देखि परम बिरहाकुल सीता। बोला कपि मृदु बचन बिनीता॥ 4॥
मातु कुसल प्रभु अनुज समेता। तव दुख दुखी सुकृपा निकेता॥
जनि जननी मानहु जियँ ऊना। तुम्ह ते प्रेमु राम कें दूना॥ 5॥

भगवान् का जन (सेवक) जानकर अत्यंत गाढ़ी प्रीति हो गई। नेत्रों में [प्रेमाश्रुओं का] जल भर आया और शरीर अत्यंत पुलकित हो गया। [सीताजी ने कहा—] हे तात हनुमान्! विरहसागर में डूबती हुई मुझको तुम जहाज हुए॥ 1॥

मैं बलिहारी जाती हूँ, अब छोटे भाई लक्ष्मणजी सहित खर के शत्रु सुख धाम प्रभु का कुशल-मंगल कहो। श्रीरघुनाथजी तो कोमल हृदय और कृपालु हैं। फिर हे हनुमान्! उन्होंने किस कारण यह निष्ठुरता धारण कर ली है?॥ 2॥

सेवक को सुख देना उनकी स्वाभाविक बान है। वे श्रीरघुनाथजी क्या कभी मेरी भी याद करते हैं? हे तात! क्या कभी उनके कोमल साँवले अंगों को देखकर मेरे नेत्र शीतल होंगे?॥ 3॥

[मुँह से] वचन नहीं निकलता, नेत्रों में [विरह के आँसुओं का] जल भर आया। [बड़े दुःख से वे बोलीं—] हा नाथ! आपने मुझे बिलकुल ही भुला दिया! सीताजी को विरह से परम व्याकुल देखकर हनुमान्जी कोमल और विनीत वचन बोले— ॥ 4 ॥

हे माता! सुंदर कृपा के धाम प्रभु भाई लक्ष्मणजी के सहित [शरीर से] कुशल हैं, परंतु आपके दुःख से दुखी हैं। हे माता! मन में ग्लानि न मानिए (मन छोटा करके दुःख न कीजिए)। श्रीरामचंद्रजी के हृदय में आप से दूना प्रेम है ॥ 5 ॥

❖❖❖

दोहा

रघुपति कर संदेसु अब सुनु जननी धरि धीर।
अस कहि कपि गदगद भयउ भरे बिलोचन नीर॥ 14 ॥

हे माता! अब धीरज धरकर श्रीरघुनाथजी का संदेश सुनिए। ऐसा कहकर हनुमान्जी प्रेम से गद्‌गद हो गए। उनके नेत्रों में [प्रेमाश्रुओं का] जल भर आया ॥ 14 ॥

❖❖❖

चौपाई

कहेउ राम बियोग तव सीता। मो कहुँ सकल भए बिपरीता॥
नव तरु किसलय मनहुँ कृसानू। काल निसा सम निसि ससि भानू॥ 1 ॥
कुबलय बिपिन कुंत बन सरिसा। बारिद तपत तेल जनु बरिसा॥
जे हित रहे करत तेइ पीरा। उरग स्वास सम त्रिबिध समीरा॥ 2 ॥
कहेहू तें कछु दुख घटि होई। काहि कहौं यह जान न कोई॥
तत्व प्रेम कर मम अरु तोरा। जानत प्रिया एकु मनु मोरा॥ 3 ॥
सो मनु सदा रहत तोहि पाहीं। जानु प्रीति रसु एतनेहि माहीं॥
प्रभु संदेसु सुनत बैदेही। मगन प्रेम तन सुधि नहिं तेही॥ 4 ॥
कह कपि हृदयँ धीर धरु माता। सुमिरु राम सेवक सुखदाता॥
उर आनहु रघुपति प्रभुताई। सुनि मम बचन तजहु कदराई॥ 5 ॥

[हनुमान्जी बोले—] श्रीरामचंद्रजी ने कहा हैं कि हे सीते! तुम्हारे वियोग से मेरे लिए सभी पदार्थ प्रतिकूल हो गए हैं। वृक्षों के नए-नए कोमल पत्ते मानो अग्नि के समान, रात्रि कालरात्रि के समान, चंद्रमा सूर्य के समान॥ 1 ॥

और कमलों के वन भालों के वन के समान हो गए हैं। मेघ मानो खौलता हुआ तेल बरसाते हैं। जो हित करनेवाले थे, वे ही अब पीड़ा देने लगे हैं। त्रिविध

(शीतल, मंद, सुगंध) वायु साँप के श्वास के समान (जहरीली और गरम) हो गई है॥ 2॥

मन का दु:ख कह डालने से भी कुछ घट जाता है। पर कहूँ किससे? यह दु:ख कोई जानता नहीं। हे प्रिये! मेरे और तेरे प्रेम का तत्त्व (रहस्य) एक मेरा मन ही जानता है॥ 3॥

और वह मन सदा तेरे ही पास रहता है। बस, मेरे प्रेम का सार इतने में ही समझ ले। प्रभु का संदेश सुनते ही जानकीजी प्रेम में मग्न हो गईं। उन्हें शरीर की सुध न रही॥ 4॥

हनुमान्‌जी ने कहा—हे माता! हृदय में धैर्य धारण करो और सेवकों को सुख देनेवाले श्रीरामजी का स्मरण करो। श्रीरघुनाथजी की प्रभुता को हृदय में लाओ और मेरे वचन सुनकर कायरता छोड़ दो॥ 5॥

❖❖❖

दोहा

निसिचर निकर पतंग सम रघुपति बान कृसानु।
जननी हृदयँ धीर धरु जरे निसाचर जानु॥ 15॥

राक्षसों के समूह पतंगों के समान और श्रीरघुनाथजी के बाण अग्नि के समान हैं। हे माता! हृदय में धैर्य धारण करो और राक्षसों को जला ही समझो॥ 15॥

❖❖❖

चौपाई

जौं रघुबीर होति सुधि पाई। करते नहिं बिलंबु रघुराई॥
राम बान रबि उएँ जानकी। तम बरूथ कहँ जातुधान की॥ 1॥
अबहिं मातु मैं जाउँ लवाई। प्रभु आयसु नहिं राम दोहाई॥
कछुक दिवस जननी धरु धीरा। कपिन्ह सहित अइहहिं रघुबीरा॥ 2॥
निसिचर मारि तोहि लै जैहहिं। तिहुँ पुर नारदादि जसु गैहहिं॥
हैं सुत कपि सब तुम्हहि समाना। जातुधान अति भट बलवाना॥ 3॥
मोरें हृदय परम संदेहा। सुनि कपि प्रगट कीन्हि निज देहा॥
कनक भूधराकार सरीरा। समर भयंकर अतिबल बीरा॥ 4॥
सीता मन भरोस तब भयऊ। पुनि लघु रूप पवनसुत लयऊ॥ 5॥

श्रीरामचंद्रजी ने यदि खबर पाई होती तो वे विलंब न करते। हे जानकीजी! राम बाणरूपी सूर्य के उदय होने पर राक्षसों की सेनारूपी अंधकार कहाँ रह सकता है?॥ 1॥

हे माता! मैं आपको अभी यहाँ से लिवा जाऊँ; पर श्रीरामचंद्रजी की शपथ है, मुझे प्रभु (उन) की आज्ञा नहीं है। [अतः] हे माता! कुछ दिन और धीरज धरो। श्रीरामचंद्रजी वानरों सहित यहाँ आवेंगे॥ 2॥

और राक्षसों को मारकर आपको ले जाएँगे। नारद आदि [ऋषि-मुनि] तीनों लोकों में उनका यश गावेंगे। [सीताजी ने कहा—] हे पुत्र! सब वानर तुम्हारे ही समान (नन्हें-नन्हें से) होंगे, राक्षस तो बड़े बलवान् योद्धा हैं॥ 3॥

अतः मेरे हृदय में बड़ा भारी संदेह होता है [कि तुम-जैसे बंदर राक्षसों को कैसे जीतेंगे!] यह सुनकर हनुमान्जी ने अपना शरीर प्रकट किया। सोने के पर्वत (सुमेरु) के आकार का (अत्यंत विशाल) शरीर था, जो युद्ध में शत्रुओं के हृदय में भय उत्पन्न करनेवाला, अत्यंत बलवान् और वीर था॥ 4॥

तब (उसे देखकर) सीताजी के मन में विश्वास हुआ। हनुमान्जी ने फिर छोटा रूप धारण कर लिया॥ 5॥

❖❖❖

दोहा

सुनु माता साखामृग नहिं बल बुद्धि बिसाल।
प्रभु प्रताप तें गरुड़हि खाइ परम लघु ब्याल॥ 16॥

हे माता! सुनो, वानरों में बहुत बल-बुद्धि नहीं होती। परंतु प्रभु के प्रताप से बहुत छोटा सर्प भी गरुड़ को खा सकता है (अत्यंत निर्बल भी महान् बलवान् को मार सकता है)॥ 16॥

❖❖❖

चौपाई

मन संतोष सुनत कपि बानी। भगति प्रताप तेज बल सानी॥
आसिष दीन्हि रामप्रिय जाना। होहु तात बल सील निधाना॥ 1॥
अजर अमर गुननिधि सुत होहू। करहुँ बहुत रघुनायक छोहू॥
करहुँ कृपा प्रभु अस सुनि काना। निर्भर प्रेम मगन हनुमाना॥ 2॥
बार बार नाएसि पद सीसा। बोला बचन जोरि कर कीसा॥
अब कृतकृत्य भयउँ मैं माता। आसिष तव अमोघ बिख्याता॥ 3॥
सुनहु मातु मोहि अतिसय भूखा। लागि देखि सुंदर फल रूखा॥
सुनु सुत करहिं बिपिन रखवारी। परम सुभट रजनीचर भारी॥ 4॥
तिन्ह कर भय माता मोहि नाहीं। जौं तुम्ह सुख मानहु मन माहीं॥ 5॥

भक्ति, प्रताप, तेज और बल से सनी हुई हनुमान्जी की वाणी सुनकर सीताजी

के मन में संतोष हुआ। उन्होंने श्रीरामजी के प्रिय जानकर हनुमान्‌जी को आशीर्वाद दिया कि हे तात! तुम बल और शील के निधान होओ॥ 1॥

हे पुत्र! तुम अजर (बुढ़ापे से रहित), अमर और गुणों के खजाने होओ। श्रीरघुनाथजी तुम पर बहुत कृपा करें। 'प्रभु कृपा करें' ऐसा कानों से सुनते ही हनुमान्‌जी पूर्ण प्रेम में मग्न हो गए॥ 2॥

हनुमान्‌जी ने बार-बार सीताजी के चरणों में सिर नवाया और फिर हाथ जोड़कर कहा—हे माता! अब मैं कृतार्थ हो गया। आपका आशीर्वाद अमोघ (अचूक) है, यह बात प्रसिद्ध है॥ 3॥

हे माता! सुनो, सुंदर फलवाले वृक्षों को देखकर मुझे बड़ी ही भूख लग आई है। [सीताजी ने कहा—] हे बेटा! सुनो, बड़े भारी योद्धा राक्षस इस वन की रखवाली करते हैं॥ 4॥

[हनुमान् जी ने कहा—] हे माता! यदि आप मन में सुख मानें (प्रसन्न होकर आज्ञा दें) तो मुझे उनका भय तो बिलकुल नहीं है॥ 5॥

❖❖❖

दोहा

देखि बुद्धि बल निपुन कपि कहेउ जानकीं जाहु।
रघुपति चरन हृदयँ धरि तात मधुर फल खाहु॥ 17॥

हनुमान्‌जी को बुद्धि और बल में निपुण देखकर जानकीजी ने कहा—जाओ। हे तात! श्रीरघुनाथजी के चरणों को हृदय में धारण करके मीठे फल खाओ॥ 17॥

(ञ) विभीषण का रावण को समझाना (सुंदरकांड, दोहा—37-40)

कभी दुःख भाग्य की प्रतिकूलता के कारण मिलता है और कभी अपने अज्ञान, अंहकार और मूढ़ता के कारण हम स्वयं उसे आमंत्रित करते हैं। रावण ने सीता जी का अपहरण करके सर्वनाश को स्वयं अपने लिए आमंत्रित किया था। विभीषण रावण को सही मार्ग बताकर इस पतन की स्थिति से उबारना चाहते हैं, क्योंकि भाई कितना भी बुरा क्यों न हो, उसे आपदा और त्रासदी की स्थिति में अकेले नहीं छोड़ना चाहिए। वे उसे समझाते हुए कहते हैं कि जीवन में सुमति और कुमति दोनों मनुष्य को अपनी ओर खींचती हैं किंतु जहाँ सुमति है वहीं सुख है और जहाँ कुमति है वहीं दुःख है। अतः सुमति का सहारा लेकर जीवन को कष्ट-आपदा से बचाना ही बुद्धिमानी है।

दोहा

सचिव बैद गुर तीनि जौं प्रिय बोलहिं भय आस।
राज धर्म तन तीनि कर होइ बेगिहीं नास॥ 37॥

मंत्री, वैद्य और गुरु—ये तीन यदि [अप्रसन्नता के] भय या [लाभ की] आशा से [हित की बात न कहकर] प्रिय बोलते हैं (ठकुरसुहाती कहने लगते हैं); तो [क्रमशः] राज्य, शरीर और धर्म—इन तीन का शीघ्र ही नाश हो जाता है॥ 37॥

❧❖❖❖☙

चौपाई

सोइ रावन कहुँ बनी सहाई। अस्तुति करहिं सुनाइ सुनाई॥
अवसर जानि बिभीषनु आवा। भ्राता चरन सीसु तेहिं नावा॥ 1॥
पुनि सिरु नाइ बैठ निज आसन। बोला बचन पाइ अनुसासन॥
जौ कृपाल पूँछिहु मोहि बाता। मति अनुरूप कहउँ हित ताता॥ 2॥
जो आपन चाहै कल्याना। सुजसु सुमति सुभ गति सुख नाना॥
सो परनारि लिलार गोसाईं। तजउ चउथि के चंद कि नाईं॥ 3॥
चौदह भुवन एक पति होई। भूतद्रोह तिष्टइ नहिं सोई॥
गुन सागर नागर नर जोऊ। अलप लोभ भल कहइ न कोऊ॥ 4॥

रावण के लिए भी वही सहायता (संयोग) आ बनी है। मंत्री उसे सुना-सुनाकर (मुँह पर) स्तुति करते हैं। [इसी समय] अवसर जानकर विभीषणजी आए। उन्होंने बड़े भाई के चरणों में सिर नवाया॥ 1॥

फिर वे सिर नवाकर अपने आसन पर बैठ गए और आज्ञा पाकर ये वचन बोले—हे कृपालु! जब आपने मुझसे बात (राय) पूछी ही है, तो हे तात! मैं अपनी बुद्धि के अनुसार आपके हित की बात कहता हूँ—॥ 2॥

जो मनुष्य अपना कल्याण, सुंदर यश, सुबुद्धि, शुभ गति और नाना प्रकार के सुख चाहता हो, वह हे स्वामी! परस्त्री के ललाट को चौथ के चंद्रमा की तरह त्याग दे (अर्थात् जैसे लोग चौथ के चंद्रमा को नहीं देखते, उसी प्रकार परस्त्री का मुख ही न देखे)॥ 3॥

चौदहों भुवनों का एक ही स्वामी हो, वह भी जीवों से वैर करके ठहर नहीं सकता (नष्ट हो जाता है)। जो मनुष्य गुणों का समुद्र और चतुर हो, उसे चाहे थोड़ा भी लोभ क्यों न हो, तो भी कोई भला नहीं कहता॥ 4॥

दोहा

काम क्रोध मद लोभ सब नाथ नरक के पंथ।
सब परिहरि रघुबीरहि भजहु भजहिं जेहि संत॥ 38॥

हे नाथ! काम, क्रोध, मद और लोभ—ये सब नरके के रास्ते हैं। इन सबको छोड़कर श्रीरामचंद्रजी को भजिए, जिन्हें संत (सत्पुरुष) भजते हैं॥ 38॥

❖❖❖

चौपाई

तात राम नहिं नर भूपाला। भुवनेस्वर कालहु कर काला॥
ब्रह्म अनामय अज भगवंता। ब्यापक अजित अनादि अनंता॥ 1॥
गो द्विज धेनु देव हितकारी। कृपासिंधु मानुष तनु धारी॥
जन रंजन भंजन खल ब्राता। बेद धर्म रच्छक सुनु भ्राता॥ 2॥
ताहि बयरु तजि नाइअ माथा। प्रनतारति भंजन रघुनाथा॥
देहु नाथ प्रभु कहुँ बैदेही। भजहु राम बिनु हेतु सनेही॥ 3॥
सरन गएँ प्रभु ताहु न त्यागा। बिस्व द्रोह कृत अघ जेहि लागा॥
जासु नाम त्रय ताप नसावन। सोइ प्रभु प्रगट समुझु जियँ रावन॥ 4॥

हे तात! राम मनुष्यों के ही राजा नहीं हैं। वे समस्त लोकों के स्वामी और काल के भी काल हैं। वे [संपूर्ण ऐश्वर्य, यश, श्री, धर्म, वैराग्य एवं ज्ञान के भंडार] भगवान् हैं; वे निरामय (विकाररहित), अजन्मा, व्यापक, अजेय, अनादि और अनंत ब्रह्म हैं॥ 1॥

उन कृपा के समुद्र भगवान् ने पृथ्वी, ब्राह्मण, गौ और देवताओं का हित करने के लिए ही मनुष्य-शरीर धारण किया है। हे भाई! सुनिए, वे सेवकों को आनंद देनेवाले, दुष्टों के समूह का नाश करनेवाले और वेद तथा धर्म की रक्षा करनेवाले हैं॥ 2॥

वैर त्यागकर उन्हें मस्तक नवाइए। वे श्रीरघुनाथजी शरणागत का दुःख नाश करनेवाले हैं। हे नाथ! उन प्रभु (सर्वेश्वर) को जानकीजी दे दीजिए और बिना ही कारण स्नेह करनेवाले श्रीरामजी को भजिए॥ 3॥

जिसे संपूर्ण जगत् से द्रोह करने का पाप लगा है, शरण जाने पर प्रभु उसका भी त्याग नहीं करते। जिनका नाम तीनों तापों का नाश करनेवाला है, वे ही प्रभु (भगवान्) मनुष्यरूप में प्रकट हुए हैं। हे रावण! हृदय में यह समझ लीजिए॥ 4॥

दोहा

बार बार पद लागउँ बिनय करउँ दससीस।
परिहरि मान मोह मद भजहु कोसलाधीस॥ 39 (क)॥
मुनि पुलस्ति निज सिष्य सन कहि पठई यह बात।
तुरत सो मैं प्रभु सन कही पाइ सुअवसरु तात॥ 39 (ख)॥

हे दशशीश! मैं बार-बार आपके चरणों लगता हूँ और विनती करता हूँ कि मान, मोह और मद को त्यागकर आप कोसलपति श्रीराम का भजन कीजिए॥ 39 (क)॥

मुनि पुलस्त्यजी ने अपने शिष्य के हाथ यह बात कहला भेजी है। हे तात! सुंदर अवसर पाकर मैंने तुरंत ही वह बात प्रभु (आप) से कह दी॥39 (ख)॥

❖❖❖

चौपाई

माल्यवंत अति सचिव सयाना। तासु बचन सुनि अति सुख माना॥
तात अनुज तव नीति बिभूषन। सो उर धरहु जो कहत बिभीषन॥ 1॥
रिपु उतकरष कहत सठ दोऊ। दूरि न करहु इहाँ हइ कोऊ॥
माल्यवंत गृह गयउ बहोरी। कहइ बिभीषनु पुनि कर जोरी॥ 2॥
सुमति कुमति सब कें उर रहहीं। नाथ पुरान निगम अस कहहीं॥
जहाँ सुमति तहँ संपति नाना। जहाँ कुमति तहँ बिपति निदाना॥ 3॥
तव उर कुमति बसी बिपरीता। हित अनहित मानहु रिपु प्रीता॥
कालराति निसिचर कुल केरी। तेहि सीता पर प्रीति घनेरी॥ 4॥

माल्यवान् नाम का एक बहुत ही बुद्धिमान् मंत्री था। उसने उन (विभीषण) के वचन सुनकर बहुत सुख माना [और कहा—] हे तात! आपके छोटे भाई नीति-विभूषण (नीति को भूषणरूप में धारण करनेवाले अर्थात् नीतिमान्) हैं। विभीषण जो कुछ कह रहे हैं उसे हृदय में धारण कर लीजिए॥ 1॥

[रावण ने कहा—] ये दोनों मूर्ख शत्रु की महिमा बखान रहे हैं। यहाँ कोई है? इन्हें दूर करो न! तब माल्यवान् तो घर लौट गया और विभीषणजी हाथ जोड़कर फिर कहने लगे—॥ 2॥

हे नाथ! पुराण और वेद ऐसा कहते हैं कि सुबुद्धि (अच्छी बुद्धि) और कुबुद्धि (खोटी बुद्धि) सबके हृदय में रहती हैं, जहाँ सुबुद्धि है, वहाँ नाना प्रकार की संपदाएँ (सुख की स्थिति) रहती हैं और जहाँ कुबुद्धि है, वहाँ परिणाम में विपत्ति (दुःख) रहती है॥ 3॥

आपके हृदय में उलटी बुद्धि आ बसी है। इसी से आप हित को अहित और शत्रु को मित्र मान रहे हैं। जो राक्षसकुल के लिए कालरात्रि [के समान] हैं, उन सीता पर आपकी बड़ी प्रीति है॥ 4॥

❧❖❖❖☙

दोहा

तात चरन गहि मागउँ राखहु मोर दुलार।
सीता देहु राम कहुँ अहित न होइ तुम्हार॥ 40॥

हे तात! मैं चरण पकड़कर आप से भीख माँगता हूँ (विनती करता हूँ) कि आप मेरा दुलार रखिए (मुझ बालक के आग्रह को स्नेहपूर्वक स्वीकार कीजिए)। श्रीरामजी को सीताजी दे दीजिए, जिसमें आपका अहित न हो॥ 40॥

(ट) युद्ध में विभीषण की चिंता और श्रीराम का विजय-रथ-वर्णन (लंकाकांड, दोहा–79-80)

धैर्य न खोकर मनुष्य अपने भीतर के गुणों का सहारा लेकर संकट, दुःख और अवसाद की स्थिति से उबर सकता है, यह इस प्रसंग के पाठ से सीखने को मिलता है।

इस प्रसंग को 'विद्यारंभ' शीर्षक के अंतर्गत भी रखा गया है। देखिए **पृ. 94**।

□

7

मृत्यु और पुण्यतिथि

किसी स्वजन या मित्र की मृत्यु एक बहुत बड़ा आघात होता है। संसार से विदा होनेवाला जितना अधिक आत्मीय और प्रिय होता है, आघात उतना ही गहरा और असहनीय होता है। ऐसे दारुण अवसर पर मनुष्य अपने आपको निपट असहाय, अकेला और दुःखी महसूस करता है। सगे-संबंधियों से घिरा होने पर भी मन हताशा और निराशा से भरा होता है। ऐसे में परमात्मा का नाम-संकीर्तन, उनका गुण-स्मरण और रामायण-पाठ मन को बहुत धैर्य और साहस प्रदान करता है। प्रतिदिन रामायण का पाठ करने या सुनने से मनोबल बढ़ता है और जीवन जीने का साहस प्राप्त होता है।

पूरी रामायण (रामचरितमानस) ही परमात्मा का यशोगान है परंतु पूरी रामायण का पाठ संभव न होने पर निम्न चुने हुए प्रसंग भी बहुत हितकारी होंगे। साथ ही 'आपदा-संकट' शीर्षक के अंतर्गत सुझाए गए प्रसंगों का पाठ भी किया जा सकता है।

(क) लक्ष्मण-निषाद-संवाद (अयोध्याकांड, दोहा–90-94)

जीवन में तरह-तरह के दुःख आते हैं और ये दुःख केवल साधारण मनुष्य को ही नहीं बल्कि अवतार लेकर धरती पर आनेवाले परमात्मा को भी झेलने पड़ते हैं। श्रीराम का जीवन दुःखों, कष्टों और संघर्षों से भरा हुआ था। ये कष्ट उन्हें अपने आदर्शों और सिद्धांतों के कारण मिलते हैं जिनसे वे समझौता करके बच भी सकते थे। परंतु अपने आदर्शों के प्रति समर्पित होने के कारण वे ऐसा नहीं करते। वनवासी राम जब पहले दिन धरती पर सोते हैं तो निषादराज अत्यंत दुःखी होते हैं और कैकेयी

को भला-बुरा कहते हैं। लक्ष्मण उन्हें शांत करते हुए, जो संदेश-उपदेश देते हैं वह हर दु:ख की स्थिति में हमें संबल, धैर्य और कष्ट सहने की शक्ति देता है इसीलिए इस अंश के पाठ का निर्देश हमने संकट-आपदा की स्थिति में भी दिया है। पाठ के लिए देखिए **पृ. 234**।

(ख) केवट-प्रसंग (अयोध्याकांड, दोहा–99-102)

रामचरितमानस में केवट-प्रसंग एक सामान्य भक्त के उद्धार की कथा है जो हमें बताती है कि सच्चे प्रेम और श्रद्धापूर्ण समर्पण के द्वारा एक अत्यंत साधारण मनुष्य ऋषि-मुनियों की गति प्राप्त कर सकता है।

मृत्यु या पुण्यतिथि के अवसर पर इस अंश का पाठ करके हम दिवगंत आत्मा की शांति और सद्‌गति के लिए प्रार्थना कर सकते हैं।

❖❖❖

दोहा

रथु हाँकेउ हय राम तन हेरि हेरि हिहिनाहिं।
देखि निषाद बिषादबस धुनहिं सीस पछिताहिं॥ 99॥

सुमंत्र ने रथ को हाँका, घोड़े श्रीरामचंद्रजी की ओर देख-देखकरर हिनहिनाते हैं। यह देखकर निषाद लोग विषाद के वश होकर सिर धुन-धुनकर (पीट-पीटकर) पछताते हैं॥ 99॥

❖❖❖

चौपाई

जासु बियोग बिकल पसु ऐसें। प्रजा मातु पितु जिइहहिं कैसें॥
बरबस राम सुमंत्रु पठाए। सुरसरि तीर आपु तब आए॥ 1॥
मागी नाव न केवटु आना। कहइ तुम्हार मरमु मैं जाना॥
चरन कमल रज कहुँ सबु कहई। मानुष करनि मूरि कछु अहई॥ 2॥
छुअत सिला भइ नारि सुहाई। पाहन तें न काठ कठिनाई॥
तरनिउ मुनि घरिनी होइ जाई। बाट परइ मोरि नाव उड़ाई॥ 3॥
एहिं प्रतिपालउँ सबु परिवारू। नहिं जानउँ कछु अउर कबारू॥
जौं प्रभु पार अवसि गा चहहू। मोहि पद पदुम पखारन कहहू॥ 4॥

जिनके वियोग में पशु इस प्रकार व्याकुल हैं, उनके वियोग में प्रजा, माता और पिता कैसे जीते रहेंगे? श्रीरामचंद्रजी ने जबरदस्ती सुमंत्र को लौटाया। तब आप गंगाजी के तीर पर आए॥ 1॥

श्रीराम ने केवट से नाव माँगी, पर वह लाया नहीं। वह कहने लगा—मैंने

तुम्हारा मर्म (भेद) जान लिया। तुम्हारे चरण कमलों की धूल के लिए सब लोग कहते हैं कि वह मनुष्य बना देनेवाली कोई जड़ी है, ॥ 2 ॥

जिसके छूते ही पत्थर की शिला सुंदरी स्त्री हो गई [मेरी नाव तो काठ की है]। काठ पत्थर से कठोर तो होता नहीं। मेरी नाव भी मुनि की स्त्री हो जाएगी और इस प्रकार मेरी नाव उड़ जाएगी, मैं लुट जाऊँगा [अथवा रास्ता रुक जाएगा जिससे आप पार न हो सकेंगे और मेरी रोजी मारी जाएगी] (मेरी कमाने-खाने की राह ही मारी जाएगी) ॥ 3 ॥

मैं तो इसी नाव से सारे परिवार का पालन-पोषण करता हूँ। दूसरा कोई धंधा नहीं जानता। हे प्रभु! यदि तुम अवश्य ही पार जाना चाहते हो तो मुझे पहले अपने चरण-कमल पखारने (धो लेने) के लिए कह दो ॥ 4 ॥

ꕥ❖❖❖ꕥ

छंद

पद कमल धोइ चढ़ाइ नाव न नाथ उतराई चहौं।
मोहि राम राउरि आन दसरथ सपथ सब साची कहौं॥
बरु तीर मारहुँ लखनु पै जब लगि न पाय पखारिहौं।
तब लगि न तुलसीदास नाथ कृपाल पारु उतारिहौं॥

हे नाथ! मैं चरणकमल धोकर आप लोगों को नाव पर चढ़ा लूँगा; मैं आप से कुछ उतराई नहीं चाहता। हे राम! मुझे आपकी दुहाई और दशरथजी की सौगंध है, मैं सब सच-सच कहता हूँ। लक्ष्मण भले ही मुझे तीर मारें, पर जब तक मैं पैरों को पखार न लूँगा, तब तक हे तुलसीदास के नाथ! हे कृपालु! मैं पार नहीं उतारूँगा।

ꕥ❖❖❖ꕥ

सोरठा

सुनि केवट के बैन प्रेम लपेटे अटपटे।
बिहसे करुनाऐन छितइ जानकी लखन तन॥ 100॥

केवट के प्रेम में लपेटे हुए अटपटे वचन सुनकर करुणाधाम श्रीरामचंद्रजी जानकीजी और लक्ष्मणजीकी ओर देखकर हँसे ॥ 100 ॥

ꕥ❖❖❖ꕥ

चौपाई

कृपासिंधु बोले मुसुकाई। सोइ करु जेहिं तव नाव न जाई॥
बेगि आनु जल पाय पखारू। होत बिलंबु उतारहि पारू॥ 1॥
जासु नाम सुमिरत एक बारा। उतरहिं नर भवसिंधु अपारा॥
सोइ कृपालु केवटहि निहोरा। जेहिं जगु किय तिहु पगहु ते थोरा॥ 2॥

पद नख निरखि देवसरि हरषी। सुनि प्रभु बचन मोहँ मति करषी॥
केवट राम रजायसु पावा। पानि कठवता भरि लेइ आवा॥ 3॥
अति आनंद उमगि अनुरागा। चरन सरोज पखारन लागा॥
बरषि सुमन सुर सकल सिहाहीं। एहि सम पुन्यपुंज कोउ नाहीं॥ 4॥

कृपा के समुद्र श्रीरामचंद्रजी केवट से मुसकराकर बोले—भाई! तू वही कर जिससे तेरी नाव न जाय। जल्दी पानी ला और पैर धो ले। देर हो रही है, पार उतार दे॥ 1॥

एक बार जिनका नाम स्मरण करते ही मनुष्य अपार भवसागर के पार उतर जाते हैं, और जिन्होंने [वामनावतार में] जगत् को तीन पग से भी छोटा कर दिया था (दो ही पग में त्रिलोकी को नाप लिया था), वही कृपालु श्रीरामचंद्रजी [गंगाजी से पार उतारने के लिए] केवट का निहोरा कर रहे हैं!॥ 2॥

प्रभु के इन वचनों को सुनकर गंगाजी की बुद्धि मोह से खिंच गई थी [कि ये साक्षात् भगवान् होकर भी पार उतारने के लिए केवट का निहोरा कैसे कर रहे हैं]। परंतु [समीप आने पर अपनी उत्पत्ति के स्थान] पदनखों को देखते ही [उन्हें पहचानकर] देवनदी गंगाजी हर्षित हो गईं। (वे समझ गईं कि भगवान् नर लीला कर रहे हैं, इससे उनका मोह नष्ट हो गया; और इन चरणों का स्पर्श प्राप्त करके मैं धन्य होऊँगी, यह विचारकर वे हर्षित हो गईं।) केवट श्रीरामचंद्रजी की आज्ञा पाकर कठौते में भरकर जल ले आया॥ 3॥

अत्यंत आनंद और प्रेम में उमँगकर वह भगवान् के चरण कमल धोने लगा। सब देवता फूल बरसाकर सिहाने लगे कि इसके समान पुण्य की राशि कोई नहीं है॥ 4॥

❖❖❖

दोहा

पद पखारि जलु पान करि आपु सहित परिवार।
पितर पारु करि प्रभुहि पुनि मुदित गयउ लेइ पार॥ 101॥

चरणों को धोकर और सारे परिवार सहित स्वयं उस जल (चरणोदक) को पीकर पहले [उस महान् पुण्य के द्वारा] अपने पितरों को भवसागर से पारकर फिर आनंदपूर्वक प्रभु श्रीरामचंद्र को गंगाजी के पार ले गया॥ 101॥

चौपाई

उतरि ठाढ़ भए सुरसरि रेता। सीय रामु गुह लखन समेता॥
केवट उतरि दंडवत कीन्हा। प्रभुहि सकुच एहि नहिं कछु दीन्हा॥ 1॥
पिय हिय की सिय जाननिहारी। मनि मुदरी मन मुदित उतारी॥
कहेउ कृपाल लेहि उतराई। केवट चरन गहे अकुलाई॥ 2॥
नाथ आजु मैं काह न पावा। मिटे दोष दुख दारिद दावा॥
बहुत काल मैं कीन्हि मजूरी। आजु दीन्ह बिधि बनि भलि भूरी॥ 3॥
अब कछु नाथ न चाहिअ मोरें। दिनदयाल अनुग्रह तोरें॥
फिरती बार मोहि जो देबा। सो प्रसादु मैं सिर धरि लेबा॥ 4॥

निषादाराज और लक्ष्मणजी सहित श्रीसीताजी और श्रीरामचंद्रजी [नाव से] उतरकर गंगाजी की रेत (बालू) में खड़े हो गए। तब केवट ने उतरकर दंडवत् की। [उसको दंडवत् करते देखकर] प्रभु को संकोच हुआ कि इसको कुछ दिया नहीं॥ 1॥

पति के हृदय की जाननेवाली सीताजी ने आनंद भरे मन से अपनी रत्नजटित अँगूठी [अँगुली से] उतारी। कृपालु श्रीरामचंद्रजी ने केवट से कहा, नाव की उतराई लो। केवट ने व्याकुल होकर चरण पकड़ लिए॥ 2॥

[उसने कहा—] हे नाथ! आज मैंने क्या नहीं पाया। मेरे दोष, दुःख और दरिद्रता की आग आज बुझ गई है। मैंने बहुत समय तक मजदूरी की। विधाता ने आज बहुत अच्छी भरपूर मजदूरी दे दी॥ 3॥

हे नाथ! हे दीनदयाल! आपकी कृपा से अब मुझे कुछ नहीं चाहिए। लौटती बार आप मुझे जो कुछ देंगे, वह प्रसाद मैं सिर चढ़ाकर लूँगा॥ 4॥

❖❖❖

दोहा

बहुत कीन्ह प्रभु लखन सियँ नहिं कछु केवटु लेइ।
बिदा कीन्ह करुनायतन भगति बिमल बरु देइ॥ 102॥

प्रभु श्रीरामजी, लक्ष्मणजी और सीताजी ने बहुत आग्रह [या यत्न] किया, पर केवट कुछ नहीं लेता। तब करुणा के धाम भगवान् श्रीरामचंद्रजी ने निर्मल भक्ति का वरदान देकर उसे विदा किया।

(ग) श्रीराम-वाल्मीकि-संवाद (अयोध्याकांड, दोहा–124-133)

यद्यपि इस अंश के पाठ का सुझाव हम 'गृह-प्रवेश' शीर्षक के अंतर्गत दे चुके हैं, परंतु यह प्रसंग भक्ति का सागर है। सामान्य जीवन जीते हुए हम कैसे भक्ति मार्ग पर चल सकते हैं और प्रभु की कृपा पाकर अपने को धन्य कर सकते हैं, इसकी सीख इस प्रसंग से मिलती है।

मृत्यु जैसे दारुण दु:ख के अवसर पर इसका पाठ करने से परिवार-जन के मन को शक्ति मिलती है और स्वर्गीय आत्मा को शांति। इस प्रसंग के पाठ के लिए देखिए **पृ. 158**।

(घ) दशरथ-मृत्यु (अयोध्याकांड, दोहा–154-174)

राजा दशरथ की मृत्यु का यह प्रसंग कई दृष्टियों से पठनीय है। मृत्यु जीवन का सबसे बड़ा सत्य है जिससे राजा हो या रंक, कोई भी बच नहीं सकता।

परम समर्थ व्यक्ति भी मृत्यु के समक्ष कितना असहाय और दयनीय हो जाता है, यह राजा दशरथ के मृत्यु-प्रसंग में देखने को मिलता है। यह जीवन की विडंबना है कि परम प्रतापी और यशस्वी राजा, तीन रानियों के पति, चार पुत्रों के पिता और अक्षय राज-वैभव के स्वामी दशरथ अकिंचन की तरह संसार से विदा होते हैं।

जो राजा दशरथ अपने परम प्रिय पुत्र श्रीराम को राजा बनाकर अपना शेष जीवन आनन्दपूर्णक बिताना चाहते थे, उन्हें श्रीराम को भयंकर कष्ट झेलने के लिए जंगल विदा करना पड़ा और उनके वियोग में प्राण त्यागने पड़े। जीवन की इस त्रासदी को केवल वसिष्ठजी द्वारा भरत को समझाए गए भाग्य के सिद्धांत के सहारे ही समझा जा सकता है—

सुनउ भरत भावी प्रबल बिलखि कहेउ मुनिनाथ।
हानि लाभ जीवनु मरनु जसु अपजसु बिधि हाथ॥

मुनिनाथ ने बिलखकर कहा—हे भरत! सुनो, भावी बलवान् है। हानि-लाभ, जीवन-मरण और यश-अपयश, ये सब विधाता के हाथ में हैं।

इस प्रसंग में मृत्यु के उपरान्त भरत द्वारा अत्यन्त श्रद्धा और आदरपूर्वक किए जानेवाले विधि-विधान का भी वर्णन है, जिससे यह जानकारी मिलती है कि हमारे धर्म में अन्त्येष्टि से सम्बन्धित किस प्रकार के नियम प्रचलित हैं, जिन्हें पूरा करना पुत्र के लिए आवश्यक समझा जाता है।

इस अंश में भरत अपने को निर्दोष सिद्ध करने के लिए कुछ पापों का उल्लेख करते हैं, जिससे यह पता चलता कि वे कौन से ऐसे कार्य हैं, जिन्हें हमारा धर्म पाप

कहकर उन्हें करने से हमें रोकता है। इस प्रसंग के पाठ से इन निन्दनीय और निषिद्ध कार्यों से बचने और कठिन-से-कठिन परिस्थिति में धैर्य धारण करने की शक्ति प्राप्त होती है।

ଓ❖❖❖ଓ

दोहा

प्रिया बचन मृदु सुनत नृपु चितयउ आँखि उघारि।
तलफत मीन मलीन जनु सींचत सीतल बारि॥ 154॥

प्रिय पत्नी कौसल्या के कोमल वचन सुनते हुए राजा ने आँखें खोलकर देखा! मानो तड़पती हुई दीन मछली पर कोई शीतल जल छिड़क रहा हो॥ 154॥

ଓ❖❖❖ଓ

चौपाई

धरि धीरजु उठि बैठ भुआलू। कहु सुमंत्र कहँ राम कृपालू॥
कहाँ लखनु कहँ रामु सनेही। कहँ प्रिय पुत्रबधू बैदेही॥ 1॥
बिलपत राउ बिकल बहु भाँती। भइ जुग सरिस सिराति न राती॥
तापस अंध साप सुधि आई। कौसल्यहि सब कथा सुनाई॥ 2॥
भयउ बिकल बरनत इतिहासा। राम रहित धिग जीवन आसा॥
सो तनु राखि करब मैं काहा। जेहिं न प्रेम पनु मोर निबाहा॥ 3॥
हा रघुनंदन प्रान पिरीते। तुम्ह बिनु जिअत बहुत दिन बीते॥
हा जानकी लखन हा रघुबर। हा पितु हित चित चातक जलधर॥ 4॥

धीरज धरकर राजा उठ बैठे और बोले—सुमंत्र! कहो, कृपालु श्रीराम कहाँ हैं? लक्ष्मण कहाँ हैं? स्नेही राम कहाँ हैं? और मेरी प्यारी बहू जानकी कहाँ हैं?॥ 1॥

राजा व्याकुल होकर बहुत प्रकार से विलाप कर रहे हैं। वह रात युग के समान बड़ी हो गई, बीतती ही नहीं। राजा को अंधे तपस्वी (श्रवणकुमार के पिता) के शाप की याद आ गई। उन्होंने सब कथा कौसल्या को कह सुनाई॥ 2॥

उस इतिहास का वर्णन करते-करते राजा व्याकुल हो गए और कहने लगे कि श्रीराम के बिना जीने की आशा को धिक्कार है। मैं उस शरीर को रखकर क्या करूँगा जिसने मेरा प्रेम का प्रण नहीं निबाहा?॥ 3॥

हा रघुकुल को आनंद देनेवाले मेरे प्राण प्यारे राम! तुम्हारे बिना जीते हुए मुझे बहुत दिन बीत गए। हा जानकी, लक्ष्मण! हा रघुवर! हा पिता के चित्तरूपी चातक के हित करनेवाले मेघ!॥ 4॥

दोहा

राम राम कहि राम कहि राम राम कहि राम।
तनु परिहरि रघुबर बिरहँ राउ गयउ सुरधाम॥ 155॥

राम-राम कहकर, फिर राम कहकर, फिर राम-राम कहकर और फिर राम कहकर राजा श्रीराम के विरह में शरीर त्याग कर सुर लोक को सिधार गए॥ 255॥

चौपाई

जिअन मरन फलु दसरथ पावा। अंड अनेक अमल जसु छावा॥
जिअत राम बिधु बदनु निहारा। राम बिरह करि मरनु सँवारा॥ 1॥
सोक बिकल सब रोवहिं रानी। रूपु सीलु बलु तेजु बखानी॥
करहिं बिलाप अनेक प्रकारा। परहिं भूमितल बारहिं बारा॥ 2॥
बिलपहिं बिकल दास अरु दासी। घर घर रुदनु करहिं पुरबासी॥
अँथयउ आजु भानुकुल भानू। धरम अवधि गुन रूप निधानू॥ 3॥
गारीं सकल कैकइहि देहीं। नयन बिहीन कीन्ह जग जेहीं॥
एहि बिधि बिलपत रैनि बिहानी। आए सकल महामुनि ग्यानी॥ 4॥

जीने और मरने का फल तो दशरथजी ने ही पाया, जिनका निर्मल यश अनेकों ब्रह्मांडों में छा गया। जीते-जी तो श्रीरामचंद्रजी के चंद्रमा के समान मुख को देखा और श्रीराम के विरह को निमित्त बनाकर अपना मरण सुधार लिया॥ 1॥

सब रानियाँ शोक के मारे व्याकुल होकर रो रही हैं। वे राजा के रूप, शील, बल और तेज का बखान कर-कर के अनेकों प्रकार से विलाप कर रही हैं और बार-बार धरती पर गिर-गिर पड़ती हैं॥ 2॥

दास-दासीगण व्याकल होकर विलाप कर रहे हैं और नगरनिवासी घर-घर रो रहे हैं। कहते हैं कि आज धर्म की सीमा, गुण और रूप के भंडार सूर्यकुल के सूर्य अस्त हो गए!॥ 3॥

सब कैकेयी को गालियाँ देते हैं, जिसने संसार भर को बिना नेत्र का (अंधा) कर दिया! इस प्रकार विलाप करते रात बीत गई। प्रात:काल सब बड़े-बड़े ज्ञानी मुनि आए॥ 4॥

दोहा

तब बसिष्ठ मुनि समय सम कहि अनेक इतिहास।
सोक नेवारेउ सबहि कर निज बिग्यान प्रकास॥ 156॥

तब वसिष्ठ मुनि ने समय के अनुकूल अनेक इतिहास कहकर अपने विज्ञान के प्रकाश से सबका शोक दूर किया॥ 156॥

❧❖❖❖☙

चौपाई

तेल नावँ भरि नृप तनु राखा। दूत बोलाइ बहुरि अस भाषा॥
धावहु बेगि भरत पहिं जाहू। नृप सुधि करहुँ कहहु जनि काहू॥ 1॥
एतनेइ कहेहु भरत सन जाई। गुर बोलाइ पठयउ दोउ भाई॥
सुनि मुनि आयसु धावन धाए। चले बेग बर बाजि लजाए॥ 2॥
अनरथु अवध अरंभेउ जब तें। कुसगुन होहिं भरत कहुँ तब तें॥
देखहिं राति भयानक सपना। जागि करहिं कटु कोटि कलपना॥ 3॥
बिप्र जेवाँइ देहिं दिन दाना। सिव अभिषेक करहिं बिधि नाना॥
मागहिं हृदयँ महेस मनाई। कुसल मातु पितु परिजन भाई॥ 4॥

वसिष्ठजी ने नाव में तेल भरवाकर राजा के शरीर को उसमें रखवा दिया। फिर दूतों को बुलवाकर उनसे ऐसा कहा—तुम लोग जल्दी दौड़कर भरत के पास जाओ। राजा की मृत्यु का समाचार कहीं किसी से न कहना॥ 1॥

जाकर भरत से इतना ही कहना कि दोनों भाइयों को गुरुजी ने बुलावा भेजा है। मुनि की आज्ञा सुनकर धावन (दूत) दौड़े। वे अपने वेग से उत्तम घोड़ों को भी लजाते हुए चले॥ 2॥

जब से अयोध्या में अनर्थ प्रारंभ हुआ, तभी से भरतजी को अपशकुन होने लगे। वे रात को भयंकर स्वप्न देखते थे और जागने पर [उन स्वप्नों के कारण] करोड़ों (अनेकों) तरह की बुरी-बुरी कल्पनाएँ किया करते थे॥ 3॥

[अनिष्ट शांति के लिए] वे प्रतिदिन ब्राह्मणों को भोजन कराकर दान देते थे। अनेकों विधियों से रुद्राभिषेक करते थे। महादेवजी को हृदय में मनाकर उनसे माता-पिता, कुटुंबी और भाइयों का कुशल-क्षेम माँगते थे॥ 4॥

❧❖❖❖☙

दोहा

एहि बिधि सोचत भरत मन धावन पहुँचे आइ।
गुर अनुसासन श्रवन सुनि चले गनेसु मनाइ॥ 157॥

भरतजी इस प्रकार मन में चिंता कर रहे थे कि दूत आ पहुँचे। गुरुजी की आज्ञा कानों से सुनते ही वे गणेशजी को मानकर चल पड़े॥ 157॥

चौपाई

चले समीर बेग हय हाँके। नाघत सरित सैल बन बाँके॥
हृदयँ सोचु बड़ कछु न सोहाई। अस जानहिं जियँ जाउँ उड़ाई॥ 1॥
एक निमेष बरष सम जाई। एहि बिधि भरत नगर निअराई॥
असगुन होहिं नगर पैठारा। रटहिं कुभाँति कुखेत करारा॥ 2॥
खर सिआर बोलहिं प्रतिकूला। सुनि सुनि होइ भरत मन सूला॥
श्रीहत सर सरिता बन बागा। नगरु बिसेषि भयावनु लागा॥ 3॥
खग मृग हय गय जाहिं न जोए। राम बियोग कुरोग बिगोए॥
नगर नारि नर निपट दुखारी। मनहुँ सबन्हि सब संपति हारी॥ 4॥

हवा के समान वेगवाले घोड़ों को हाँकते हुए वे विकट नदी, पहाड़ तथा जंगलों को लाँघते हुए चले। उनके हृदय में बड़ा सोच था, कुछ सुहाता न था। मन में ऐसा सोचते थे कि उड़कर पहुँच जाऊँ॥ 1॥

एक-एक निमेष वर्ष के समान बीत रहा था। इस प्रकार भरतजी नगर के निकट पहुँचे। नगर में प्रवेश करते समय अपशकुन होने लगे। कौए बुरी जगह बैठकर बुरी तरह से काँव-काँव कर रहे हैं॥ 2॥

गदहे और सियार विपरीत बोल रहे हैं। यह सुन-सुनकर भरत के मन में बड़ी पीड़ा हो रही है। तालाब, नदी, वन, बगीचे सब शोभाहीन हो रहे हैं। नगर बहुत ही भयानक लग रहा है॥ 3॥

श्रीरामजी के वियोगरूपी बुरे रोग से सताए हुए पक्षी-पशु, घोड़े-हाथी [ऐसे दुखी हो रहे हैं कि] देखे नहीं जाते। नगर के स्त्री-पुरुष अत्यंत दुखी हो रहे हैं। मानो सब अपनी सारी संपत्ति हार बैठे हों॥ 4॥

❖❖❖

दोहा

पुरजन मिलहिं न कहहिं कछु गवँहिं जोहारहिं जाहिं।
भरत कुसल पूँछि न सकहिं भय बिषाद मन माहिं॥ 158॥

नगर के लोग मिलते हैं, पर कुछ कहते नहीं; गौंसे (चुपके-से) जोहार (वंदना) करके चले जाते हैं। भरतजी भी किसी से कुशल नहीं पूछ सकते, क्योंकि उनके मन में भय और विषाद छा रहा है॥ 158॥

❖❖❖

चौपाई

हाट बाट नहिं जाइ निहारी। जनु पुर दहँ दिसि लागि दवारी॥
आवत सुत सुनि कैकयनंदिनि। हरषी रबिकुल जलरुह चंदिनि॥ 1॥

सजि आरती मुदित उठि धाई। द्वारेहिं भेंटि भवन लेइ आई॥
भरत दुखित परिवारु निहारा। मानहुँ तुहिन बनज बनु मारा॥ 2॥
कैकेई हरषित एहि भाँती। मनहुँ मुदित दव लाइ किराती॥
सुतहि ससोच देखि मनु मारें। पूँछति नैहर कुसल हमारें॥ 3॥
सकल कुसल कहि भरत सुनाई। पूँछी निज कुल कुसल भलाई॥
कहु कहँ तात कहाँ सब माता। कहँ सिय राम लखन प्रिय भ्राता॥ 4॥

बाजार और रास्ते देखे नहीं जाते। मानो नगर में दसों दिशाओं में दावाग्नि लगी है! पुत्र को आते सुनकर सूर्यकुलरूपी कमल के लिए चाँदनीरूपी कैकेयी [बड़ी] हर्षित हुई॥ 1॥

वह आरती सजाकर आनंद में भरकर उठ दौड़ी और दरवाजे पर ही मिलकर भरत-शत्रुघ्न को महल में ले आई। भरत ने सारे परिवार को दुःखी देखा। मानो कमलों के वन को पाला मार गया हो॥ 2॥

एक कैकेयी ही इस तरह हर्षित दीखती है मानो भीलनी जंगल में आग लगाकर आनंद में भर रही हो। पुत्र को सोचवश और मनमारे (बहुत उदास) देखकर वह पूछने लगी—हमारे नैहर में कुशल तो है?॥ 3॥

भरतजी ने सब कुशल कह सुनाई। फिर अपने कुल की कुशल-क्षेम पूछी। [भरतजी ने कहा—] कहो, पिताजी कहाँ हैं? मेरी सब माताएँ कहाँ हैं? सीताजी और मेरे प्यारे भाई राम-लक्ष्मण कहाँ हैं?॥ 4॥

❖❖❖

दोहा

सुनि सुत बचन सनेहमय कपट नीर भरि नैन।
भरत श्रवन मन सूल सम पापिनि बोली बैन॥ 159॥

पुत्र के स्नेहमय वचन सुनकर नेत्रों में कपट का जल भरकर पापिनी कैकेयी भरत के कानों में और मन में शूल के समान चुभनेवाले वचन बोली—॥ 159॥

❖❖❖

चौपाई

तात बात मैं सकल सँवारी। भै मंथरा सहाय बिचारी॥
कछुक काज बिधि बीच बिगारेउ। भूपति सुरपति पुर पगु धारेउ॥ 1॥
सुनत भरतु भए बिबस बिषादा। जनु सहमेउ करि केहरि नादा॥
तात तात हा तात पुकारी। परे भूमितल ब्याकुल भारी॥ 2॥

चलत न देखन पायउँ तोही। तात न रामहि सौंपेहु मोही॥
बहुरि धीर धरि उठे सँभारी। कहु पितु मरन हेतु महतारी॥ 3॥
सुनि सुत बचन कहति कैकेई। मरमु पाँछि जनु माहुर देई॥
आदिहु तें सब आपनि करनी। कुटिल कठोर मुदित मन बरनी॥ 4॥

हे तात! मैंने सारी बात बना ली थी। बेचारी मंथरा सहायक हुई। पर विधाता ने बीच में जरा-सा काम बिगाड़ दिया। वह यह कि राजा देवलोक को पधार गए॥ 1॥

भरत यह सुनते ही विषाद के मारे विवश (बेहाल) हो गए। मानो सिंह की गर्जना सुनकर हाथी सहम गया हो। वे 'तात! तात! हा तात!' पुकारते हुए अत्यंत व्याकुल होकर जमीन पर गिर पड़े॥ 2॥

[और विलाप करने लगे कि] हे तात! मैं आपको [स्वर्ग के लिए] चलते समय देख भी न सका। [हाय!] आप मुझे श्रीरामजी को सौंप भी नहीं गए! फिर धीरज धरकर वे सँभलकर उठे और बोले—माता! पिता के मरने का कारण तो बताओ॥ 3॥

पुत्र का वचन सुनकर कैकेयी कहने लगी। मानो मर्मस्थान को पाछकर (चाकू से चीरकर) उस में जहर भर रही हो। कुटिल और कठोर कैकेयी ने अपनी सब करनी शुरू से [आखीर तक बड़े] प्रसन्न मन से सुना दी॥ 4॥

❖❖❖

दोहा

भरतहि बिसरेउ पितु मरन सुनत राम बन गौनु।
हेतु अपनपउ जानि जियँ थकित रहे धरि मौनु॥ 160॥

श्रीरामचंद्रजी का वन जाना सुनकर भरतजी को पिता का मरण भूल गया और हृदय में इस सारे अनर्थ का कारण अपने को ही जानकर वे मौन होकर स्तंभित रह गए (अर्थात् उनकी बोली बंद हो गई और वे सन्न रह गए)॥ 160॥

❖❖❖

चौपाई

बिकल बिलोकि सुतहि समुझावति। मनहुँ जरे पर लोनु लगावति॥
तात राउ नहिं सोचै जोगू। बिढ़इ सुकृत जसु कीन्हेउ भोगू॥ 1॥
जीवत सकल जनम फल पाए। अंत अमरपति सदन सिधाए॥
अस अनुमानि सोच परिहरहू। सहित समाज राज पुर करहू॥ 2॥

सुनि सुठि सहमेउ राजकुमारू। पाकें छत जनु लाग अँगारू॥
धीरज धरि भरि लेहिं उसासा। पापिनि सबहि भाँति कुल नासा॥ 3॥
जौं पै कुरुचि रही अति तोही। जनमत काहे न मारे मोही॥
पेड़ काटि तैं पालउ सींचा। मीन जिअन निति बारि उलीचा॥ 4॥

पुत्र को व्याकुल देखकर कैकेयी समझाने लगी। मानो जले पर नमक लगा रही हो। [वह बोली—] हे तात! राजा सोच करने योग्य नहीं हैं। उन्होंने पुण्य और यश कमाकर उसका पर्याप्त भोग किया॥ 1॥

जीवन काल में ही उन्होंने जन्म लेने के संपूर्ण फल पा लिए और अंत में वे इंद्रलोक को चले गए। ऐसा विचारकर सोच छोड़ दो और समाज सहित नगर का राज्य करो॥ 2॥

राजकुमार भरतजी यह सुनकर बहुत ही सहम गए। मानो पके घाव पर अँगार छू गया हो। उन्होंने धीरज धरकर बड़ी लंबी साँस लेते हुए कहा—पापिनी! तूने सभी तरह से कुल का नाश कर दिया॥ 3॥

हाय! यदि तेरी ऐसी ही अत्यंत बुरी रुचि (दुष्ट इच्छा) थी, तो तूने जन्म ते ही मुझे मार क्यों नहीं डाला? तूने पेड़ को काटकर पत्ते को सींचा है और मछली के जीने के लिए पानी को उलीच डाला! (अर्थात् मेरा हित करने जाकर उलटा तूने मेरा अहित कर डाला)॥ 4॥

❖❖❖

दोहा

हंसबंसु दसरथु जनकु राम लखन से भाइ।
जननी तूँ जननी भई बिधि सन कछु न बसाइ॥ 161॥

मुझे सूर्यवंश [-सा वंश], दशरथजी [-सरीखे] पिता और राम-लक्ष्मण-से भाई मिले। पर हे जननी! मुझे जन्म देनेवाली माता तू हुई! [क्या किया जाए!] विधाता से कुछ भी वश नहीं चलता॥ 161॥

❖❖❖

चौपाई

जब तैं कुमति कुमत जियँ ठयऊ। खंड खंड होइ हृदउ न गयऊ॥
बर मागत मन भइ नहिं पीरा। गरि न जीह मुहँ परेउ न कीरा॥ 1॥
भूपँ प्रतीति तोरि किमि कीन्ही। मरन काल बिधि मति हरि लीन्ही॥
बिधिहुँ न नारि हृदय गति जानी। सकल कपट अघ अवगुन खानी॥ 2॥

सरल सुसील धरम रत राऊ। सो किमि जानै तीय सुभाऊ॥
अस को जीव जंतु जग माहीं। जेहि रघुनाथ प्रानप्रिय नाहीं॥ 3॥
भे अति अहित रामु तेउ तोही। को तू अहसि सत्य कहु मोही॥
जो हसि सो हसि मुहँ मसि लाई। आँखि ओट उठि बैठहि जाई॥ 4॥

अरी कुमति! जब तूने हृदय में यह बुरा विचार (निश्चय) ठाना, उसी समय तेरे हृदय के टुकड़े-टुकड़े [क्यों] न हो गए? वरदान माँगते समय तेरे मन में कुछ भी पीड़ा नहीं हुई? तेरी जीभ गल नहीं गई? तेरे मुँह में कीड़े नहीं पड़ गए?॥ 1॥

राजा ने तेरा विश्वास कैसे कर लिया? [जान पड़ता है,] विधाता ने मरने के समय उनकी बुद्धि हर ली थी। स्त्रियों के हृदय की गति (चाल) विधाता भी नहीं जान सके। वह संपूर्ण कपट, पाप और अवगुणों की खान है॥ 2॥

फिर राजा तो सीधे, सुशील और धर्मपरायण थे। वे भला, स्त्री-स्वभाव को कैसे जानते? अरे, जगत् के जीव-जंतुओं में ऐसा कौन है जिसे श्रीरघुनाथजी प्राणों के समान प्यारे नहीं हैं॥ 3॥

वे श्रीरामजी भी तुझे अहित हो गए (वैरी लगे)! तू कौन है? मुझे सच-सच कह! तू जो है, सो है, अब मुँह में स्याही पोतकर (मुँह काला करके) उठकर मेरी आँखों की ओट में जा बैठ॥ 4॥

❖❖❖

दोहा

राम बिरोधी हृदय तें प्रगट कीन्ह बिधि मोहि।
मो समान को पातकी बादि कहउँ कछु तोहि॥ 162॥

विधाता ने मुझे श्रीरामजी से विरोध करनेवाले (तेरे) हृदय से उत्पन्न किया [अथवा विधाता ने मुझे हृदय से राम का विरोधी जाहिर कर दिया]। मेरे बराबर पापी दूसरा कौन है? मैं व्यर्थ ही तुझे कुछ कहता हूँ॥ 162॥

❖❖❖

चौपाई

सुनि सत्रुघुन मातु कुटिलाई। जरहिं गात रिस कछु न बसाई॥
तेहि अवसर कुबरी तहँ आई। बसन बिभूषन बिबिध बनाई॥ 1॥
लखि रिस भरेउ लखन लघु भाई। बरत अनल घृत आहुति पाई॥
हुमगि लात तकि कूबर मारा। परि मुह भर महि करत पुकारा॥ 2॥
कूबर टूटेउ फूट कपारू। दलित दसन मुख रुधिर प्रचारू॥
आह दइअ मैं काह नसावा। करत नीक फलु अनइस पावा॥ 3॥

सुनि रिपुहन लखि नख सिख खोटी। लगे घसीटन धरि धरि झोंटी॥
भरत दयानिधि दीन्हि छड़ाई। कौसल्या पहिं गे दोउ भाई॥ 4॥

माता की कुटिलता सुनकर शत्रुघ्नजी के सब अंग क्रोध से जल रहे हैं, पर कुछ वश नहीं चलता। उसी समय भाँति-भाँति के कपड़ों और गहनों से सजकर कुबरी (मंथरा) वहाँ आई॥ 1॥

उसे [सजी] देखकर लक्ष्मण के छोटे भाई शत्रुघ्नजी क्रोध में भर गए। मानो जलती हुई आग को घी की आहुति मिल गई हो। उन्होंने जोर से तक कर कूबड़ पर एक लात जमा दी। वह चिल्लाती हुई मुँह के बल जमीन पर गिर पड़ी॥ 2॥

उसका कूबड़ टूट गया, कपाल फूट गया, दाँत टूट गए और मुँह से खून बहने लगा। [वह कराहती हुई बोली—] हाय दैव! मैंने क्या बिगाड़ा? जो भला करते बुरा फल पाया॥ 3॥

उसकी यह बात सुनकर और उसे नख से शिखा तक दुष्ट जानकर शत्रुघ्नजी झोंटा पकड़-पकड़कर उसे घसीटने लगे। तब दयानिधि भरतजी ने उसको छुड़ा दिया और दोनों भाई [तुरंत] कौसल्याजी के पास गए॥ 4॥

❧❖❖❖☙

दोहा

मलिन बसन बिबरन बिकल कृस सरीर दुख भार।
कनक कलप बर बेलि बन मानहुँ हनी तुसार॥ 163॥

कौसल्याजी मैले वस्त्र पहने हैं, चेहरे का रंग बदला हुआ है, व्याकुल हो रही हैं, दु:ख के बोझ से शरीर सूख गया है। ऐसी दीख रही हैं मानो सोने की सुंदर कल्पलता को वन में पाला मार गया हो॥ 163॥

❧❖❖❖☙

चौपाई

भरतहि देखि मातु उठि धाई। मुरुछित अवनि परी झइँ आई॥
देखत भरतु बिकल भए भारी। परे चरन तन दसा बिसारी॥ 1॥
मातु तात कहँ देहि देखाई। कहँ सिय रामु लखनु दोउ भाई॥
कैकइ कत जनमी जग माझा। जौं जनमि त भइ काहे न बाँझा॥ 2॥
कुल कलंकु जेहिं जनमेउ मोही। अपजस भाजन प्रियजन द्रोही॥
को तिभुवन मोहि सरिस अभागी। गति असि तोरि मातु जेहि लागी॥ 3॥

पितु सुरपुर बन रघुबर केतू। मैं केवल सब अनरथ हेतू॥
धिग मोहि भयउँ बेनु बन आगी। दुसह दाह दुख दूषन भागी॥ 4॥

भरत को देखते ही माता कौसल्याजी उठ दौड़ीं। पर चक्कर आ जाने से मूर्च्छित होकर पृथ्वी पर गिर पड़ीं। यह देखते ही भरतजी बड़े व्याकुल हो गए और शरीर की सुध भुलाकर चरणों में गिर पड़े॥ 1॥

[फिर बोले—] माता! पिताजी कहाँ हैं? उन्हें दिखा दे। सीताजी तथा मेरे दोनों भाई श्रीराम-लक्ष्मण कहाँ हैं? [उन्हें दिखा दे।] कैकेयी जगत् में क्यों जनमी! और यदि जनमी ही तो फिर बाँझ क्यों न हुई?—॥ 2॥

जिसने कुल के कलंक, अपयश के भाँड़े और प्रियजनों के द्रोही मुझ-जैसे पुत्र को उत्पन्न किया। तीनों लोकों में मेरे समान अभागा कौन है? जिसके कारण,हे माता! तेरी यह दशा हुई!॥ 3॥

पिताजी स्वर्ग में हैं और श्रीरामजी वन में हैं। केतु के समान केवल मैं ही इन सब अनर्थों का कारण हूँ। मुझे धिक्कार है! मैं बाँस के वन में आग उत्पन्न हुआ और कठिन दाह, दु:ख और दोषों का भागी बना॥ 4॥

❖❖❖

दोहा

मातु भरत के बचन मृदु सुनि पुनि उठी सँभारि।
लिए उठाइ लगाइ उर लोचन मोचति बारि॥ 164॥

भरतजी के कोमल वचन सुनकर माता कौसल्याजी फिर सँभलकर उठीं। उन्होंने भरत को उठाकर छाती से लगा लिया और नेत्रों से आँसू बहाने लगीं॥ 164॥

❖❖❖

चौपाई

सरल सुभाय मायँ हियँ लाए। अति हित मनहुँ राम फिरि आए॥
भेंटेउ बहुरि लखन लघु भाई। सोकु सनेहु न हृदयँ समाई॥ 1॥
देखि सुभाउ कहत सबु कोई। राम मातु अस काहे न होई॥
माताँ भरतु गोद बैठारे। आँसु पोंछि मृदु बचन उचारे॥ 2॥
अजहुँ बच्छ बलि धीरज धरहू। कुसमउ समुझि सोक परिहरहू॥
जनि मानहु हियँ हानि गलानी। काल करम गति अघटित जानी॥ 3॥
काहुहि दोसु देहु जनि ताता। भा मोहि सब बिधि बाम बिधाता॥
जो एतेहुँ दुख मोहि जिआवा। अजहुँ को जानइ का तेहि भावा॥ 4॥

सरल स्वभाववाली माता ने बड़े प्रेम से भरतजी को छाती से लगा लिया, मानो श्रीरामजी ही लौटकर आ गए हों। फिर लक्ष्मणजी के छोटे भाई शत्रुघ्न को हृदय से

लगाया। शोक और स्नेह हृदय में समाता नहीं है ॥ 1 ॥

कौसल्याजी का स्वभाव देखकर सब कोई कह रहे हैं—श्रीराम की माता का ऐसा स्वभाव क्यों न हो। माता ने भरतजी को गोद में बैठा लिया और उनके आँसू पोंछकर कोमल वचन बोलीं— ॥ 2 ॥

हे वत्स! मैं बलैया लेती हूँ। तुम अब भी धीरज धरो। बुरा समय जानकर शोक त्याग दो। काल और कर्म की गति अमिट जानकर हृदय में हानि और ग्लानि मत मानो ॥ 3 ॥

हे तात! किसी को दोष मत दो। विधाता मुझ को सब प्रकार से उलटा हो गया है, जो इतने दुःख पर भी मुझे जिला रहा है। अब भी कौन जानता है, उसे क्या भा रहा है? ॥ 4 ॥

❖❖❖

दोहा

पितु आयस भूषन बसन तात तजे रघुबीर।
बिसमउ हरषु न हृदयँ कछु पहिरे बलकल चीर ॥ 165 ॥

हे तात! पिता की आज्ञा से श्रीरघुवीर ने भूषण-वस्त्र त्याग दिए और वल्कल-वस्त्र पहन लिए। उनके हृदय में न कुछ विषाद था, न हर्ष! ॥ 165 ॥

❖❖❖

चौपाई

मुख प्रसन्न मन रंग न रोषू। सब कर सब बिधि करि परितोषू ॥
चले बिपिन सुनि सिय सँग लागी। रहइ न राम चरन अनुरागी ॥ 1 ॥
सुनतहिं लखनु चले उठि साथा। रहहिं न जतन किए रघुनाथा ॥
तब रघुपति सबही सिरु नाई। चले संग सिय अरु लघु भाई ॥ 2 ॥
रामु लखनु सिय बनहि सिधाए। गइउँ न संग न प्रान पठाए ॥
यहु सबु भा इन्ह आँखिन्ह आगें। तउ न तजा तनु जीव अभागें ॥ 3 ॥
मोहि न लाज निज नेहु निहारी। राम सरिस सुत मैं महतारी ॥
जिऐ मरै भल भूपति जाना। मोर हृदय सत कुलिस समाना ॥ 4 ॥

उनका मुख प्रसन्न था; मन में न आसक्ति थी, न रोष (द्वेष)। सबका सब तरह से संतोष कराकर वे वन को चले। यह सुनकर सीता भी उनके साथ लग गईं। श्रीराम के चरणों की अनुरागिणी वे किसी तरह न रहीं ॥ 1 ॥

सुनते ही लक्ष्मण भी साथ ही उठ चले। श्रीरघुनाथ ने उन्हें रोकने के बहुत यत्न किए, पर वे न रहे। तब श्रीरघुनाथजी सबको सिर नवाकर सीता और छोटे भाई

लक्ष्मण को साथ लेकर चले गए॥ 2॥

श्रीराम, लक्ष्मण और सीता वन को चले गए। मैं न तो साथ ही गई और न मैंने अपने प्राण ही उनके साथ भेजे। यह सब इन्हीं आँखों के सामने हुआ। तो भी अभागे जीव ने शरीर नहीं छोड़ा॥ 3॥

अपने स्नेह की ओर देखकर मुझे लाज भी नहीं आती; राम-सरीखे पुत्र की मैं माता! जीना और मरना तो राजा ने खूब जाना। मेरा हृदय तो सैकड़ों वज्रों के समान कठोर है॥ 4॥

❖❖❖

दोहा

कौसल्या के बचन सुनि भरत सहित रनिवासु।
ब्याकुल बिलपत राजगृह मानहुँ सोक नेवासु॥ 166॥

कौसल्याजी के वचनों को सुनकर भरत सहित सारा निवास व्याकुल होकर विलाप करने लगा। राजमहल मानो शोक का निवास बन गया॥ 166॥

❖❖❖

चौपाई

बिलपहिं बिकल भरत दोउ भाई। कौसल्याँ लिए हृदयँ लगाई॥
भाँति अनेक भरतु समुझाए। कहि बिबेकमय बचन सुनाए॥ 1॥
भरतहुँ मातु सकल समुझाईं। कहि पुरान श्रुति कथा सुहाईं॥
छल बिहीन सुचि सरल सुबानी। बोले भरत जोरि जुग पानी॥ 2॥
जे अघ मातु पिता सुत मारें। गाइ गोठ महिसुर पुर जारें॥
जे अघ तिय बालक बध कीन्हें। मीत महीपति माहुर दीन्हें॥ 3॥
जे पातक उपपातक अहहीं। करम बचन मन भव कबि कहहीं॥
ते पातक मोहि होहुँ बिधाता। जौं यहु होइ मोर मत माता॥ 4॥

भरत, शत्रुघ्न दोनों भाई विकल होकर विलाप करने लगे। तब कौसल्याजी ने उनको हृदय से लगा लिया। अनेकों प्रकार से भरतजी को समझाया और बहुत सी विवेक भरी बातें उन्हें कहकर सुनाईं॥ 1॥

भरतजी ने भी सब माताओं को पुराण और वेदों की सुंदर कथाएँ कहकर समझाया। दोनों हाथ जोड़कर भरतजी छलरहित, पवित्र और सीधी सुंदर वाणी बोले— ॥ 2॥

जो पाप माता-पिता और पुत्र के मारने से होते हैं और जो गोशाला और ब्राह्मणों के नगर जलाने से होते हैं; जो पाप स्त्री और बालक की हत्या करने से होते हैं और

जो मित्र और राजा को जहर देने से होते हैं— ॥ 3 ॥

कर्म, वचन और मन से होनेवाले जितने पातक एवं उपपातक (बड़े-छोटे पाप) हैं, जिनको कवि लोग कहते हैं, हे विधाता! यदि इस काम में मेरा मत हो, तो हे माता! वे सब पाप मुझे लगें ॥ 4 ॥

❖❖❖❖

दोहा

जे परिहरि हरि हर चरन भजहिं भूतगन घोर।
तेहि कइ गति मोहि देउ बिधि जौं जननी मत मोर ॥ 167 ॥

जो लोग श्रीहरि और श्रीशंकरजी के चरणों को छोड़कर भयानक भूत-प्रेतों को भजते हैं, हे माता! यदि इसमें मेरा मत हो तो विधाता मुझे उनकी गति दे ॥ 167 ॥

❖❖❖❖

चौपाई

बेचहिं बेदु धरमु दुहि लेहीं। पिसुन पराय पाप कहि देहीं॥
कपटी कुटिल कलहप्रिय क्रोधी। बेद बिदूषक बिस्व बिरोधी ॥ 1 ॥
लोभी लंपट लोलुपचारा। जे ताकहिं परधनु परदारा॥
पावौं मैं तिन्ह कै गति घोरा। जौं जननी यहु संमत मोरा ॥ 2 ॥
जे नहिं साधुसंग अनुरागे। परमारथ पथ बिमुख अभागे॥
जे न भजहिं हरि नरतनु पाई। जिन्हहि न हरि हर सुजसु सोहाई ॥ 3 ॥
तजि श्रुतिपंथु बाम पथ चलहीं। बंचक बिरचि बेष जगु छलहीं॥
तिन्ह कै गति मोहि संकर देऊ। जननी जौं यहु जानौं भेऊ ॥ 4 ॥

जो लोग वेदों को बेचते हैं, धर्म को दुह लेते हैं, चुगलखोर हैं, दूसरों के पापों को कह देते हैं; जो कपटी, कुटिल, कलहप्रिय और क्रोधी हैं, तथा जो वेदों की निंदा करनेवाले और विश्वभर के विरोधी हैं; ॥ 1 ॥

जो लोभी, लंपट और लालचियों का आचरण करनेवाले हैं; जो पराए धन और पराई स्त्री की ताक में रहते हैं; हे जननी! यदि इस काम में मेरी सम्मति हो तो मैं उनकी भयानक गति को पाऊँ ॥ 2 ॥

जिनका सत्संग में प्रेम नहीं है; जो अभागे परमार्थ के मार्ग से विमुख हैं; जो मनुष्य-शरीर पाकर श्रीहरि का भजन नहीं करते; जिनको हरि-हर (भगवान् विष्णु और शंकरजी) का सुयश नहीं सुहाता; ॥ 3 ॥

जो वेदमार्ग को छोड़कर वाम (वेद प्रतिकूल) मार्ग पर चलते हैं; जो ठग हैं और वेष बनाकर जगत् को छलते हैं; हे माता! यदि मैं इस भेद को जानता भी होऊँ

तो शंकर जी मुझे उन लोगों की गति दे॥ 4॥

॥❖❖❖॥

दोहा

मातु भरत के बचन सुनि साँचे सरल सुभायँ।
कहति राम प्रिय तात तुम्ह सदा बचन मन कायँ॥ 168॥

माता कौसल्याजी भरतजी के स्वाभाविक ही सच्चे और सरल वचनों को सुनकर कहने लगीं—हे तात! तुम तो मन, वचन और शरीर से सदा ही श्रीरामचंद्र के प्यारे हो॥ 168॥

॥❖❖❖॥

चौपाई

राम प्रानहु तें प्रान तुम्हारे। तुम्ह रघुपतिहि प्रानहु तें प्यारे॥
बिधु बिष चवै स्त्रवै हिमु आगी। होइ बारिचर बारि बिरागी॥ 1॥
भएँ ग्यानु बरु मिटै न मोहू। तुम्ह रामहि प्रतिकूल न होहू॥
मत तुम्हार यहु जो जग कहहीं। सो सपनेहुँ सुख सुगति न लहहीं॥ 2॥
अस कहि मातु भरतु हियँ लाए। थन पय स्त्रवहिं नयन जल छाए॥
करत बिलाप बहुत यहि भाँती। बैठेहिं बीति गई सब राती॥ 3॥
बामदेउ बसिष्ठ तब आए। सचिव महाजन सकल बोलाए॥
मुनि बहु भाँति भरत उपदेसे। कहि परमारथ बचन सुदेसे॥ 4॥

श्रीराम तुम्हारे प्राणों से भी बढ़कर प्राण (प्रिय) हैं और तुम भी श्रीरघुनाथ को प्राणों से भी अधिक प्यारे हो। चंद्रमा चाहे विष चुआने लगे और पाला आग बरसाने लगे; जलचर जीव जल से विरक्त हो जाए, ॥ 1॥

और ज्ञान हो जाने पर भी चाहे मोह न मिटे; पर तुम श्रीरामचंद्र के प्रतिकूल कभी नहीं हो सकते। इसमें तुम्हारी सम्मति है, जगत् में जो कोई ऐसा कहते हैं वे स्वप्न में भी सुख और शुभ गति नहीं पावेंगे॥ 2॥

ऐसा कहकर माता कौसल्या ने भरतजी को हृदय से लगा लिया। उनके स्तनों से दूध बहने लगा और नेत्रों में [प्रेमाश्रुओं का] जल छा गया। इस प्रकार बहुत विलाप करते हुए सारी रात बैठे-ही-बैठे बीत गई॥ 3॥

तब वामदेवजी और वसिष्ठजी आए। उन्होंने सब मंत्रियों तथा महाजनों को बुलवाया। फिर मुनि वसिष्ठजी ने परमार्थ के सुंदर समयानुकूल वचन कहकर बहुत प्रकार से भरतजी को उपदेश दिया॥ 4॥

दोहा

तात हृदयँ धीरजु धरहु करहु जो अवसर आजु।
उठे भरत गुर बचन सुनि करन कहेउ सबु साजु॥ 169॥

[वसिष्ठजी ने कहा—] हे तात! हृदय में धीरज धरो और आज जिस कार्य के करने का अवसर है, उसे करो। गुरुजी के वचन सुनकर भरतजी उठे और उन्होंने सब तैयारी करने के लिए कहा॥ 169॥

❖❖❖

चौपाई

नृपतनु बेद बिदित अन्हवावा। परम बिचित्र बिमानु बनावा॥
गहि पद भरत मातु सब राखी। रहीं रानि दरसन अभिलाषी॥ 1॥
चंदन अगर भार बहु आए। अमित अनेक सुगंध सुहाए॥
सरजु तीर रचि चिता बनाई। जनु सुरपुर सोपान सुहाई॥ 2॥
एहि बिधि दाह क्रिया सब कीन्ही। बिधिवत न्हाइ तिलांजुलि दीन्ही॥
सोधि सुमृति सब बेद पुराना। कीन्ह भरत दसगात बिधाना॥ 3॥
जहँ जस मुनिबर आयसु दीन्हा। तहँ तस सहस भाँति सबु कीन्हा॥
भए बिसुद्ध दिए सब दाना। धेनु बाजि गज बाहन नाना॥ 4॥

वेदों में बताई हुई विधि से राजा की देह का स्नान कराया गया और परम विचित्र विमान बनाया गया। भरतजी ने सब माताओं को चरण पकड़कर रखा (अर्थात् प्रार्थना करके उनको सती होने से रोक लिया)। वे रानियाँ भी [श्रीराम के] दर्शन की अभिलाषा से रह गईं॥ 1॥

चंदन और अगर के तथा और भी अनेकों प्रकार से अपार [कपूर, गुग्गुल, केसर आदि] सुगंध-द्रव्यों के बहुत से बोझ आए। सरयूजी के तट पर सुंदर चिता रचकर बनाई गई, [जो ऐसी मालूम होती थी] मानो स्वर्ग की सुंदर सीढ़ी हो॥ 2॥

इस प्रकार सब दाह क्रिया की गई और सबने विधिपूर्वक स्नान करके तिलांजलि दी। फिर वेद, स्मृत और पुराण सबका मत निश्चय करके उसके अनुसार भरतजी ने पिता का दशगात्र-विधान (दस दिनों के कृत्य) किया॥ 3॥

मुनि श्रेष्ठ वसिष्ठजी ने जहाँ जैसी आज्ञा दी, वहाँ भरतजी ने सब वैसा ही हजारों प्रकार से किया। शुद्ध हो जाने पर [विधिपूर्वक] सब दान दिए। गौएँ तथा घोड़े, हाथी आदि अनेक प्रकार की सवारियाँ,॥ 4॥

दोहा

सिंघासन भूषन बसन अन्न धरनि धन धाम।
दिए भरत लहि भूमिसुर भे परिपूरन काम॥ 170॥

सिंहासन, गहने, कपड़े, अन्न, पृथ्वी, धन और मकान भरतजी ने दिए; भूदेव ब्राह्मण दान पाकर परिपूर्णकाम हो गए (अर्थात् उनकी सारी मनोकामनाएँ अच्छी तरह से पूरी हो गईं) ॥ 170 ॥

❖❖❖

चौपाई

पितु हित भरत कीन्हि जसि करनी। सो मुख लाख जाइ नहिं बरनी॥
सुदिनु सोधि मुनिबर तब आए। सचिव महाजन सकल बोलाए॥ 1॥
बैठे राजसभाँ सब जाई। पठए बोलि भरत दोउ भाई॥
भरतु बसिष्ठ निकट बैठारे। नीति धरममय बचन उचारे॥ 2॥
प्रथम कथा सब मुनिबर बरनी। कैकइ कुटिल कीन्हि जसि करनी॥
भूप धरमब्रतु सत्य सराहा। जेहिं तनु परिहरि प्रेमु निबाहा॥ 3॥
कहत राम गुन सील सुभाऊ। सजल नयन पुलकेउ मुनिराऊ॥
बुहरि लखन सिय प्रीति बखानी। सोक सनेह मगन मुनि ग्यानी॥ 4॥

पिताजी के लिए भरतजी ने जैसी करनी की वह लाखों मुखों से भी वर्णन नहीं की जा सकती। तब शुभ दिन शोधकर श्रेष्ठ मुनि वसिष्ठजी आए और उन्होंने मंत्रियों तथा सब महाजनों को बुलवाया॥ 1॥

सब लोग राजसभा में जाकर बैठ गए। तब मुनि ने भरतजी तथा शत्रुघ्नजी दोनों भाइयों को बुलवा भेजा। भरतजी को वसिष्ठजी ने अपने पास बैठा लिया और नीति तथा धर्म से भरे हुए वचन कहे॥ 2॥

पहले तो कैकेयी ने जैसी कुटिल करनी की थी, श्रेष्ठ मुनि ने वह सारी कथा कही। फिर राजा के धर्मव्रत और सत्य की सराहना की, जिन्होंने शरीर त्यागकर प्रेम को निबाहा॥ 3॥

श्रीरामचंद्रजी के गुण, शील और स्वभाव का वर्णन करते-करते तो मुनिराज के नेत्रों में जल भर आया और वे शरीर से पुलकित हो गए। फिर लक्ष्मणजी और सीताजी के प्रेम की बड़ाई करते हुए ज्ञानी मुनि शोक और स्नेह में मग्न हो गए॥ 4॥

❖❖❖

दोहा

सुनहु भरत भावी प्रबल बिलखि कहेउ मुनिनाथ।
हानि लाभु जीवनु मरनु जसु अपजसु बिधि हाथ॥ 171॥

मुनिनाथ ने विलखकर (दुखी होकर) कहा—हे भरत! सुनो, भावी (होनहार) बड़ी बलवान् है। हानि-लाभ, जीवन-मरण और यश-अपयश, ये सब विधाता के हाथ हैं ॥ 171 ॥

ᗢ❖❖❖ᗡ

चौपाई

अस बिचारि केहि देइअ दोसू। ब्यरथ काहि पर कीजअ रोसू॥
तात बिचारु करहु मन माहीं। सोच जोगु दसरथु नृपु नाहीं॥ 1॥
सोचिअ बिप्र जो बेद बिहीना। तजि निज धरमु बिषय लयलीना॥
सोचिअ नृपति जो नीति न जाना। जेहि न प्रजा प्रिय प्रान समाना॥ 2॥
सोचिअ बयसु कृपन धनवानू। जो न अतिथि सिव भगति सुजानू॥
सोचिअ सूद्रु बिप्र अवमानी। मुखर मानप्रिय ग्यान गुमानी॥ 3॥
सोचिअ पुनि पति बंचक नारी। कुटिल कलहप्रिय इच्छाचारी॥
सोचिअ बटु निज ब्रतु परिहरई। जो नहिं गुर आयसु अनुसरई॥ 4॥

ऐसा विचारकर किसे दोष दिया जाए? और व्यर्थ किस पर क्रोध किया जाए? हे तात! मन में विचार करो। राजा दशरथ सोच करने के योग्य नहीं है ॥ 1 ॥

सोच उस ब्राह्मण का करना चाहिए जो वेद नहीं जानता और जो अपना धर्म छोड़कर विषय-भोग में ही लीन रहता है। उस राजा का सोच करना चाहिए जो नीति नहीं जानता और जिसको प्रजा प्राणों के समान प्यारी नहीं है ॥ 2 ॥

उस वैश्य को सोच करना चाहिए जो धनवान् होकर भी कंजूस है, और जो अतिथि सत्कार तथा शिवजी की भक्ति करने में कुशल नहीं है। उस शूद्र का सोच करना चाहिए जो ब्राह्मणों का अपमान करनेवाला, बहुत बोलनेवाला, मान-बड़ाई चाहनेवाला और ज्ञान का घमंड रखनेवाला है ॥ 3 ॥

पुनः उस स्त्री का सोच करना चाहिए जो पति को छलनेवाली, कुटिल, कलहप्रिय और स्वेच्छाचारिणी है। उस ब्रह्मचारी का सोच करना चाहिए जो अपने ब्रह्मचर्य-वर्त को छोड़ देता है और गुरु की आज्ञा के अनुसार नहीं चलता ॥ 4 ॥

ᗢ❖❖❖ᗡ

दोहा

सोचिअ गृही जो मोह बस करइ करम पथ त्याग।
सोचिअ जती प्रपंच रत बिगत बिबेक बिराग॥ 172॥

उस गृहस्थ का सोच करना चाहिए जो मोहवश कर्ममार्ग का त्याग कर देता है; उस संन्यासी का सोच करना चाहिए जो दुनिया के प्रपंच में फँसा हुआ है और ज्ञान-वैराग्य से हीन है ॥ 172 ॥

चौपाई

बैखानस सोइ सोचै जोगू। तपु बिहाइ जेहि भावइ भोगू॥
सोचिअ पिसुन अकारन क्रोधी। जननि जनक गुर बंधु बिरोधी॥ 1॥
सब बिधि सोचिअ पर अपकारी। निज तनु पोषक निरदय भारी॥
सोचनीय सबहीं बिधि सोई। जो न छाड़ि छलु हरि जन होई॥ 2॥
सोचनीय नहिं कोसलराऊ। भुवन चारिदस प्रगट प्रभाऊ॥
भयउ न अहइ न अब होनिहारा। भूप भरत जस पिता तुम्हारा॥ 3॥
बिधि हरि हरु सुरपति दिसिनाथा। बरनहिं सब दसरथ गुन गाथा॥ 4॥

वानप्रस्थ वही सोच करने योग्य है जिसको तपस्या छोड़कर भोग अच्छे लगते हैं। सोच उसका करना चाहिए जो चुगलखोर है, बिना ही कारण क्रोध करनेवाला है तथा माता, पिता, गुरु एवं भाई-बंधुओं के साथ विरोध रखनेवाला है॥ 1॥

सब प्रकार से उसका सोच करना चाहिए जो दूसरों का अनिष्ट करता है, अपने ही शरीर का पोषण करता है और बड़ा भारी निर्दयी है। और वह तो सभी प्रकार से सोच करने योग्य है जो छल छोड़कर हरि का भक्त नहीं होता॥ 2॥

कोसलराज दशरथजी सोच करने योग्य नहीं हैं, जिनका प्रभाव चौदहों लोकों में प्रकट है। हे भरत! तुम्हारे पिता-जैसा राजा तो न हुआ, न है और न अब होने का ही है॥ 3॥

ब्रह्मा, विष्णु, शिव, इंद्र और दिक्पाल सभी दशरथजी के गुणों की कथाएँ कहा करते हैं॥ 4॥

❖❖❖

दोहा

कहहु तात केहि भाँति कोउ करिहि बड़ाई तासु।
राम लखन तुम्ह सत्रुहन सरिस सुअन सुचि जासु॥ 173॥

हे तात! कहो, उनकी बड़ाई कोई किस प्रकार करेगा जिनके श्रीराम, लक्ष्मण, तुम और शत्रुघ्न-सरीखे पवित्र पुत्र हैं?॥ 173॥

❖❖❖

चौपाई

सब प्रकार भूपति बड़भागी। बादि बिषादु करिअ तेहि लागी॥
यहु सुनि समुझि सोचु परिहरहू। सिर धरि राज रजायसु करहू॥ 1॥
रायँ राजपदु तुम्ह कहुँ दीन्हा। पिता बचनु फुर चाहिअ कीन्हा॥
तजे रामु जेहिं बचनहि लागी। तनु परिहरेउ राम बिरहागी॥ 2॥

नृपहि बचन प्रिय नहिं प्रिय प्राना। करहु तात पितु बचन प्रवाना॥
करहु सीस धरि भूप रजाई। हइ तुम्ह कहँ सब भाँति भलाई॥ 3॥
परसुराम पितु अग्या राखी। मारी मातु लोक सब साखी॥
तनय जजातिहि जौबनु दयऊ। पितु अग्याँ अघ अजसु न भयऊ॥ 4॥

राजा सब प्रकार से बड़भागी थे। उनके लिए विषाद करना व्यर्थ है। यह सुन और समझकर सोच त्याग दो और राजा की आज्ञा सिर चढ़ाकर तदनुसार करो॥ 1॥

राजा ने राजपद तुमको दिया है। पिता का वचन तुम्हें सत्य करना चाहिए, जिन्होंने वचन के लिए ही श्रीरामचंद्रजी को त्याग दिया और रामविरह की अग्नि में अपने शरीर की आहुति दे दी॥ 2॥

राजा को वचन प्रिय थे, प्राण प्रिय नहीं थे। इसलिए हे तात! पिता के वचनों का प्रमाण (सत्य) करो! राजा की आज्ञा सिर चढ़ाकर पालन करो, इसमें तुम्हारी सब तरह भलाई है॥ 3॥

परशुरामजी ने पिता की आज्ञा रखी और माता को मार डाला; सब लोक इस बात के साक्षी हैं। राजा ययाति के पुत्र ने पिता को अपनी जवानी दे दी। पिता की आज्ञा पालन करने से उन्हें पाप और अपयश नहीं हुआ॥ 4॥

❖❖❖

दोहा

अनुचित उचित बिचारु तजि जे पालहिं पितु बैन।
ते भाजन सुख सुजस के बसहिं अमरपति ऐन॥ 174॥

जो अनुचित और उचित का विचार छोड़कर पिता के वचनों का पालन करते हैं, वे [यहाँ] सुख और सुयश के पात्र होकर अंत में इंद्रपुरी (स्वर्ग) में निवास करते हैं॥ 174॥

(ङ) जटायु-उद्धार (अरण्यकांड, दोहा—30-33)

मृत्यु जीवन का शाश्वत सत्य है। श्रीकृष्ण ने गीता में कहा—जातस्य हि ध्रुवो मृत्युः—जो पैदा हुआ है, उसकी मृत्यु अटल है। परंतु यह जानते हुए भी मनुष्य अपने जीवन से प्रायः अत्यंत आसक्त हो जाता है। बार-बार प्रयत्न करने पर भी वह अपने आध्यात्मिक उत्थान की तैयारी नहीं कर पाता, परमात्मा के प्रति उसके मन में भक्ति पैदा नहीं हो पाती। लेकिन जटायु जब सीताजी की करुण पुकार सुनकर उन्हें रावण के चंगुल से छुड़ाने के लिए युद्ध करते हुए बुरी तरह घायल हो जाते हैं तो श्रीराम उन्हें देखकर अत्यंत दुःखी होते हैं और जीवन-दान देने का प्रस्ताव रखते हैं।

वे कहते हैं कि 'तन राखहु ताता'—शरीर को बनाए रखिए। स्वयं परमात्मा जीवन-दान दे रहा हो तो इससे बढ़कर सौभाग्य भला क्या हो सकता है किंतु जटायु श्रीराम के दर्शन को जीवन से अधिक मूल्यवान् मानते हैं। वे कहते हैं—

जा कर नाम मरत मुख आवा। अधमउ मुकुत होइ श्रुति गावा।
सो मम लोचल गोचर आगें। राखौं देह नाथ केहि खाँगें॥

(अरण्यकांड—30-6,7)

—मरते समय जिसका नाम मुख में आ जाने से अधम भी मुक्त हो जाता है, ऐसा वेद गाते हैं। वही मेरे नेत्रों के विषय होकर सामने खड़े हैं। हे नाथ! अब मैं किस कमी के लिए देह को रखूँ!

उनके इस उच्चभाव को देखकर श्रीराम उन्हें बैकुंठ प्रदान करते हैं।

❖❖❖

दोहा

कर सरोज सिर परसेउ कृपासिंधु रघुबीर।
निरखि राम छबि धाम मुख बिगत भई सब पीर॥ 30॥

कृपासागर श्रीरघुवीर ने अपने करकमल से उसके सिर का स्पर्श किया (उसके सिर पर कर-कमल फेर दिया।) शोभाधाम श्रीरामजी का [परम सुंदर]मुख देखकर उसकी सब पीड़ा जाती रही॥ 30॥

❖❖❖

चौपाई

तब कह गीध बचन धरि धीरा। सुनहु राम भंजन भव भीरा॥
नाथ दसानन यह गति कीन्ही। तेहिं खल जनकसुता हरि लीन्ही॥ 1॥
लै दच्छिन दिसि गयउ गोसाईं। बिलपति अति कुररी की नाईं॥
दरस लागि प्रभु राखेउँ प्राना। चलन चहत अब कृपानिधाना॥ 2॥
राम कहा तनु राखहु ताता। मुख मुसुकाइ कही तेहिं बाता॥
जाकर नाम मरत मुख आवा। अधमउ मुकुत होइ श्रुति गावा॥ 3॥
सो मम लोचन गोचर आगें। राखौं देह नाथ केहि खाँगें॥
जल भरि नयन कहहिं रघुराई। तात कर्म निज तें गति पाई॥ 4॥
परहित बस जिन्ह के मन माहीं। तिन्ह कहुँ जग दुर्लभ कछु नाहीं॥
तनु तजि तात जाहु मम धामा। देउँ काह तुम्ह पूरनकामा॥ 5॥

तब धीरज धरकर गीध ने यह वचन कहा—हे भव (जन्म-मृत्यु) के भय का नाश करनेवाले श्रीरामजी! सुनिए। हे नाथ! रावण ने मेरी यह दशा की है। उसी दुष्ट

ने जानकीजी को हर लिया है॥ 1॥

हे गोसाईं! वह उन्हें लेकर दक्षिण दिशा को गया है। सीताजी कुररी (कुर्ज) की तरह अत्यंत विलाप कर रही थीं। हे प्रभो! मैंने आपके दर्शनों के लिए ही प्राण रोक रखे थे। हे कृपानिधान! अब ये चलना ही चाहते हैं॥ 2॥

श्रीरामचंद्रजी ने कहा—हे तात! शरीर को बनाए रखिए। तब उसने मुसकराते हुए मुँह से यह बात कही— मरते समय जिनका नाम मुख में आ जाने से अधम (महान् पापी) भी मुक्त हो जाता है, ऐसा वेद गाते हैं—॥ 3॥

वही (आप) मेरे नेत्रों के विषय होकर सामने खड़े हैं। हे नाथ! अब मैं किस कमी [की पूर्ति] के लिए देह को रखूँ? नेत्रों में जल भरकर श्रीरघुनाथजी कहने लगे—हे तात! आपने अपने श्रेष्ठ कर्मों से [दुर्लभ] गति पाई है॥ 4॥

जिनके मन में दूसरे का हित बसता है (समाया रहता है), उनके लिए जगत् में कुछ भी (कोई भी गति) दुर्लभ नहीं है। हे तात! शरीर छोड़कर आप मेरे परम धाम में जाइए। मैं आपको क्या दूँ? आप तो पूर्णकाम हैं (सबकुछ पा चुके हैं)॥ 5॥

❖❖❖

दोहा

सीता हरन तात जनि कहहु पिता सन जाइ।
जौं मैं राम त कुल सहित कहिहि दसानन आइ॥ 31॥

हे तात! सीताहरण की बात आप जाकर पिताजी से न कहिएगा। यदि मैं राम हूँ तो दशमुख रावण कुटुंबसहित वहाँ आकर स्वयं ही कहेगा॥ 31॥

❖❖❖

चौपाई

गीध देह तजि धरि हरि रूपा। भूषन बहु पट पीत अनूपा॥
स्याम गात बिसाल भुज चारी। अस्तुति करत नयन भरि बारी॥ 1॥

जटायु ने गीध की देह त्यागकर हरि का रूप धारण किया और बहुत से अनुपम (दिव्य) आभूषण और [दिव्य] पीतांबर पहन लिए। श्याम शरीर है, विशाल चार भुजाएँ हैं और नेत्रों में [प्रेम तथा आनंद के आँसुओं का] जल भरकर वह स्तुति कर रहा है—॥ 1॥

❖❖❖

छंद

जय राम रूप अनूप निर्गुन सगुन गुन प्रेरक सही।
दस सीस बाहु प्रचंड खंडन चंड सर मंडन मही॥

पाथोद गात सरोज मुख राजीव आयत लोचनं।
नित नौमि रामु कृपाल बाहु बिसाल भव भय मोचनं॥ 1॥
ब ल म प्र मे य म ना दि म ज म ब्य क्त मे क म गो च रं।
गोबिंद गोपर द्वंद्वहर बिग्यानघन धरनीधरं॥
जे राम मंत्र जपंत संत अनंत जन मन रंजनं।
नित नौमि राम अकाम प्रिय कामादि खल दल गंजनं॥ 2॥
जेहि श्रुति निरंजन ब्रह्म ब्यापक बिरज अज कहि गावहीं।
करि ध्यान ग्यान बिराग जोग अनेक मुनि जेहि पावहीं॥
सो प्रगट करुना कंद सोभा बृंद अग जग मोहई।
मम हृदय पंकज भृंग अंग अनंग बहु छबि सोहई॥ 3॥
जो अगम सुगम सुभाव निर्मल असम सम सीतल सदा।
पस्यंति जं जोगी जतन करि करत मन गो बस सदा॥
सो राम रमा निवास संतत दास बस त्रिभुवन धनी।
मम उर बसउ सो समन संसृति जासु कीरति पावनी॥ 4॥

हे रामजी! आपकी जय हो। आपका रूप अनुपम है, आप निर्गुण हैं, सगुण हैं और सत्य ही गुणों के (माया के) प्रेरक हैं। दस सिरवाले रावण की प्रचंड भुजाओं को खंड-खंड करने के लिए प्रचंड बाण धारण करनेवाले, पृथ्वी को सुशोभित करनेवाले, जलयुक्त मेघ के समान श्याम शरीरवाले, कमल के समान मुख और [लाल] कमल के समान विशाल नेत्रोंवाले, विशाल भुजाओंवाले और भव-भय से छुड़ानेवाले कृपालु श्रीरामजी को मैं नित्य नमस्कार करता हूँ॥ 1॥

आप अपरिमित बलवाले हैं, अनादि, अजन्मा, अव्यक्त (निराकार), एक, अगोचर (अलक्ष्य), गोविंद (वेदवाक्यों द्वारा जानने योग्य), इंद्रियों से अतीत, [जन्म-मरण, सुख-दुःख, हर्ष-शोकादि] द्वंद्वों को हरनेवाले, विज्ञान की घनमूर्ति और पृथ्वी के आधार हैं तथा जो संत राम-मंत्र को जपते हैं, उन अनंत सेवकोंके मन को आनंद देनेवाले हैं। उन निष्कामप्रिय (निष्कामजनों के प्रेमी अथवा उन्हें प्रिय) तथा काम आदि दुष्टों (दुष्ट-वृत्तियों) के दल का दलन करनेवाले श्रीरामजी को मैं नित्य नमस्कार करता हूँ॥ 2॥

जिनको श्रुतियाँ निरंजन (माया के परे), ब्रह्म, व्यापक, निर्विकार और जन्मरहित कहकर गान करती हैं। मुनि जिन्हें ध्यान, ज्ञान, वैराग्य और योग आदि अनेक साधन करके पाते हैं। वे ही करुणाकंद, शोभा के समूह [स्वयं श्रीभगवान्] प्रकट होकर हमारे जड़-चेतन समस्त जगत् को मोहित कर रहे हैं। मेरे हृदय-कमल के भ्रमररूप

उनके अंग-अंग में बहुत से कामदेवों की छवि शोभा पा रही है॥ 3॥

जो अगम और सुगम हैं, निर्मलस्वभाव हैं, विषम और सम हैं और सदा शीतल (शांत) हैं। मन और इंद्रियों को सदा वश में करते हुए योगी बहुत साधन करने पर जिन्हें देख पाते हैं, वे तीनों लोकों के स्वामी, रमानिवास श्रीरामजी निरंतर अपने दासों के वश में रहते हैं, वे ही मेरे हृदय में निवास करें, जिनकी पवित्र कीर्ति आवागमन को मिटानेवाली है॥ 4॥

❖❖❖❖

दोहा

अबिरल भगति मागि बर गीध गयउ हरिधाम।
तेहि की क्रिया जथोचित निज कर कीन्ही राम॥ 32॥

अखंड भक्ति का वर माँगकर गृध्रराज जटायु श्रीहरि के परमधाम को चला गया। श्रीरामचद्रंजी ने उसकी [दाहकर्म आदि सारी] क्रियाएँ यथायोग्य अपने हाथों से कीं॥ 32॥

❖❖❖❖

चौपाई

कोमल चित अति दीनदयाला। कारन बिनु रघुनाथ कृपाला॥
गीध अधम खग आमिष भोगी। गति दीन्ही जो जाचत जोगी॥ 1॥
सुनहु उमा ते लोग अभागी। हरि तजि होहिं बिषय अनुरागी॥
पुनि सीतहि खोजत द्वौ भाई। चले बिलोकत बन बहुताई॥ 2॥
संकुल लता बिटप घन कानन। बहु खग मृग तहँ गज पंचानन॥
आवत पंथ कबंध निपाता। तेहिं सब कही साप कै बाता॥ 3॥
दुरबासा मोहि दीन्ही सापा। प्रभु पद पेखि मिटा सो पापा॥
सुनु गंधर्ब कहउँ मैं तोही। मोहि न सोहाइ ब्रह्मकुल द्रोही॥ 4॥

श्रीरघुनाथजी अत्यंत कोमल चित्तवाले, दीनदयालु और बिना ही कारण कृपालु हैं। गीध [पक्षियों में भी] अधम पक्षी और मांसाहारी था, उसको भी वह दुर्लभ गति दी, जिसे योगीजन माँगते रहते हैं॥ 1॥

[शिवजी कहते हैं—] हे पार्वती! सुनो, वे लोग अभागे हैं जो भगवान् को छोड़कर विषयों से अनुराग करते हैं। फिर दोनों भाई सीताजी को खोजते हुए आगे चले। वे वन की सघनता देखते जाते हैं॥ 2॥

वह सघन वन लताओं और वृक्षों से भरा है। उसमें बहुत से पक्षी, मृग, हाथी और सिंह रहते हैं। श्रीरामजी ने रास्ते में आते हुए कबंध राक्षस को मार डाला। उसने

अपने शाप की सारी बात कही॥ 3॥

[वह बोला—] दुर्वासाजी ने मुझे शाप दिया था। अब प्रभु के चरणों को देखने से पाप मिट गया। [श्रीरामजी ने कहा—] हे गंधर्व! सुनो, मैं तुम्हें कहता हूँ, ब्राह्मणकुल से द्रोह करनेवाला मुझे नहीं सुहाता॥ 4॥

❖❖❖

दोहा

मन क्रम बचन कपट तजि जो कर भूसुर सेव।
मोहि समेत बिरंचि सिव बस ताकें सब देव॥ 33॥

मन, वचन और कर्म से कपट छोड़कर जो भूदेव ब्राह्मणों की सेवा करता है, मुझ समेत ब्रह्मा, शिव आदि सब देवता उसके वश में हो जाते हैं॥ 33॥

(च) शबरी को नवधा भक्ति का उपदेश (अरण्यकांड, दोहा—34-36)

श्रीराम द्वारा शबरी को नवधा भक्ति का उपदेश भक्त के मन में परमात्मा की कृपा के प्रति अखंड विश्वास पैदा करता है। जीवन-यात्रा में प्रत्येक व्यक्ति भक्ति के इन नौ सोपानों पर धीरे-धीरे किंतु दृढ़तापूर्वक चढ़ने से मुक्ति के लक्ष्य तक पहुँच सकता है, यह इस उपदेश का सार है।

❖❖❖

दोहा

कंद मूल फल सुरस अति दिए राम कहुँ आनि।
प्रेम सहित प्रभु खाए बारंबार बखानि॥ 34॥

उन्होंने अत्यंत रसीले और स्वादिष्ट कंद, मूल और फल लाकर श्रीरामजी को दिए। प्रभु ने बार-बार प्रशंसा करके उन्हें प्रेम सहित खाया॥ 34॥

❖❖❖

चौपाई

पानि जोरि आगें भइ ठाढ़ी। प्रभुहि बिलोकि प्रीति अति बाढ़ी॥
केहि बिधि अस्तुति करौं तुम्हारी। अधम जाति मैं जड़मति भारी॥ 1॥
अधम ते अधम अधम अति नारी। तिन्ह महँ मैं मतिमंद अघारी॥
कह रघुपति सुनु भामिनि बाता। मानउँ एक भगति कर नाता॥ 2॥
जाति पाँति कुल धर्म बड़ाई। धन बल परिजन गुन चतुराई॥
भगति हीन नर सोहइ कैसा। बिनु जल बारिद देखिअ जैसा॥ 3॥

नवधा भगति कहउँ तोहि पाहीं। सावधान सुनु धरु मन माहीं॥
प्रथम भगति संतन्ह कर संगा। दूसरि रति मम कथा प्रसंगा॥ 4॥

फिर वे हाथ जोड़कर आगे खड़ी हो गईं। प्रभु को देखकर उनका प्रेम अत्यंत बढ़ गया। [उन्होंने कहा—] मैं किस प्रकार आपकी स्तुति करूँ? मैं नीच जाति की और अत्यंत मूढ़ बुद्धि हूँ॥ 1॥

जो अधम से भी अधम हैं, स्त्रियाँ उनमें भी अत्यंत अधम हैं; और उनमें भी हे पापनाशन! मैं मंदबुद्धि हूँ। श्रीरघुनाथजी ने कहा—हे भामिनि! मेरी बात सुन। मैं तो केवल एक भक्ति ही का संबंध मानता हूँ॥ 2॥

जाति, पाँति, कुल, धर्म, बड़ाई, धन, बल, कुटुंब, गुण और चतुरता—इन सबके होने पर भी भक्ति से रहित मनुष्य कैसा लगता है, जैसे जलहीन बादल [शोभाहीन] दिखाई पड़ता है॥ 3॥

मैं तुझ से अब अपनी नवधा भक्ति कहता हूँ। तू सावधान होकर सुन और मन में धारण कर। पहली भक्ति है संतों का सत्संग। दूसरी भक्ति है मेरे कथा-प्रसंग में प्रेम॥ 4॥

❖❖❖

दोहा

गुर पद पंकज सेवा तीसरि भगति अमान।
चौथि भगति मम गुन गन करइ कपट तजि गान॥ 35॥

तीसरी भक्ति है अभिमान रहित होकर गुरु के चरण-कमलों की सेवा और चौथी भक्ति यह है कि कपट छोड़कर मेरे गुणसमूहों का गान करे॥ 35॥

❖❖❖

चौपाई

मंत्र जाप मम दृढ़ बिस्वासा। पंचम भजन सो बेद प्रकासा॥
छठ दम सील बिरति बहु करमा। निरत निरंतर सज्जन धरमा॥ 1॥
सातवँ सम मोहि मय जग देखा। मोतें संत अधिक करि लेखा॥
आठवँ जथालाभ संतोषा। सपनेहुँ नहिं देखइ परदोषा॥ 2॥
नवम सरल सब सन छलहीना। मम भरोस हियँ हरष न दीना॥
नव महुँ एकउ जिन्ह कें होई। नारि पुरुष सचराचर कोई॥ 3॥
सोइ अतिसय प्रिय भामिनि मोरें। सकल प्रकार भगति दृढ़ तोरें॥
जोगि बृंद दुरलभ गति जोई। तो कहुँ आजु सुलभ भइ सोई॥ 4॥
मम दरसन फल परम अनूपा। जीव पाव निज सहज सरूपा॥
जनकसुता कइ सुधि भामिनी। जानहि कहु करिबरगामिनी॥ 5॥

पंपा सरहि जाहु रघुराई। तहँ होइहि सुग्रीव मिताई॥
सो सब कहिहि देव रघुबीरा। जानतहूँ पूछहु मतिधीरा॥ 6॥
बार बार प्रभु पद सिरु नाई। प्रेम सहित सब कथा सुनाई॥ 7॥

मेरे (राम) मंत्र को जाप और मुझ में दृढ़ विश्वास—यह पाँचवीं भक्ति है, जो वेदों में प्रसिद्ध है। छठी भक्ति है इंद्रियों का निग्रह, शील (अच्छा स्वभाव या चरित्र), बहुत कार्यों से वैराग्य और निरंतर संत पुरुषों के धर्म (आचरण) में लगे रहना॥ 1॥

सातवीं भक्ति है जगत् भर को समभाव से मुझ में ओतप्रोत (राममय) देखना और संतों को मुझसे भी अधिक करके मानना। आठवीं भक्ति है जो कुछ मिल जाए, उसी में संतोष करना और स्वप्न में भी पराए दोषों को न देखना॥ 2॥

नवीं भक्ति है सरलता और सबके साथ कपटरहित बर्ताव करना, हृदय में मेरा भरोसा रखना और किसी भी अवस्था में हर्ष और दैन्य (विषाद) का न होना। इन नवों में से जिनके एक भी होती है, वह स्त्री-पुरुष, जड़-चेतन कोई भी हो— ॥ 3॥

हे भामिनी! मुझे वही अत्यंत प्रिय है। फिर तुझमें तो सभी प्रकार की भक्ति दृढ़ है। अतएव जो गति योगियों को भी दुर्लभ है, वही आज तेरे लिए सुलभ हो गई है॥ 4॥

मेरे दर्शन का परम अनुपम फल यह है कि जीव अपने सहज स्वरूप को प्राप्त हो जाता है। हे भामिनि! अब यदि तू गजगामिनि जानकी की कुछ खबर जानती हो तो बता॥ 5॥

[शबरी ने कहा—] हे रघुनाथजी! आप पंपा नामक सरोवर को जाइए। वहाँ आपकी सुग्रीव से मित्रता होगी। हे देव! हे रघुवीर! वह सब हाल बतावेगा। हे धीरबुद्धि! आप सब जानते हुए भी मुझ से पूछते हैं!॥ 6॥

बार-बार प्रभु के चरणों में सिर नवाकर, प्रेम सहित उसने सब कथा सुनाई॥ 7॥

❖❖❖

छंद

कहि कथा सकल बिलोकि हरि मुख हृदयँ पद पंकज धरे।
तजि जोग पावक देह हरि पद लीन भइ जहँ नहिं फिरे॥
नर बिबिध कर्म अधर्म बहुमत सोकप्रद सब त्यागहू।
बिस्वास करि कह दास तुलसी राम पद अनुरागहू॥

सब कथा कहकर भगवान् के मुख के दर्शन कर, हृदय में उनके चरणकमलों को धारण कर लिया और योगाग्नि से देह को त्यागकर (जलाकर) वह उस दुर्लभ हरिपद में लीन हो गई, जहाँ से लौटना नहीं होता। तुलसीदासजी कहते हैं कि अनेकों

प्रकार के कर्म, अधर्म और बहुत से मत—ये सब शोकप्रद हैं; हे मनुष्यों! इनका त्याग कर दो और विश्वास करके श्रीरामजी के चरणों में प्रेम करो।

❖❖❖

दोहा

जाति हीन अघ जन्म महि मुक्त कीन्हि असि नारि।
महामंद मन सुख चहसि ऐसे प्रभुहि बिसारि॥ 36॥

जो नीच जाति की और पापों की जन्मभूमि थी, ऐसी स्त्री को भी जिन्होंने मुक्त कर दिया, अरे महादुर्बुद्धि मन! तू ऐसे प्रभु को भूलकर सुख चाहता है?॥ 36॥

(छ) श्रीराम-नारद संवाद (अरण्यकांड, दोहा–40-46)

वन में सीताजी का अपहरण होने पर यद्यपि श्रीराम अत्यंत कष्ट व दुःख की स्थिति में हैं फिर भी वे नारदजी के समक्ष ज्ञान-भक्ति का विवेचन करते हुए संतों के लक्षणों का निरूपण करते हैं और सत्संग तथा भगवान् का यशोगान करने की प्रेरणा देते हैं।

इस प्रसंग को पढ़ने से यह विश्वास दृढ़ होता है कि हर स्थिति में परमात्मा अपने भक्त की रक्षा करता है।

इस तथ्य को ध्यान में रखते हुए इस अंश के पाठ का सुझाव 'संकट-आपदा' शीर्षक के अंतर्गत भी दिया गया है। पाठ के लिए देखिए **पृ. 262**।

(ज) बालि-उद्धार, तारा का विलाप, तारा को रामजी का उपदेश (किष्किंधाकांड, दोहा–7-12)

श्रीराम के बाणों से घायल होकर बालि जब उनके समक्ष अपनी गलती स्वीकार करता है तो श्रीराम प्रसन्न होकर उसके शरीर को स्वस्थ करने और जीवन-दान देने का प्रस्ताव रखते हैं। किंतु बालि विनम्रतापूर्वक कहता है कि जिस परमात्मा के दर्शन के लिए जन्म-जन्म तक ऋषि-मुनि प्रयत्न करते हैं, वे मेरे सामने खड़े है। उन्हें छोड़कर मैं जीवन लेकर क्या करूँगा। प्रभु की शरण में जीवन-त्याग करना सबसे बड़ा सुख है।

अपने बल-पराक्रम पर अंहकार करने वाला बालि परमात्मा की शरण में जाकर उनकी कृपा प्राप्त करता है।

दोहा

कह बाली सुनु भीरु प्रिय समदरसी रघुनाथ।
जौं कदाचि मोहि मारहिं तौ पुनि होउँ सनाथ॥ 7॥

बालि ने कहा—हे भीरु! (डरपोक) प्रिये! सुनो, श्रीरघुनाथजी समदर्शी हैं। जो कदाचित् वे मुझे मारेंगे ही तो मैं सनाथ हो जाऊँगा (परमपद पा जाऊँगा)॥ 7॥

चौपाई

अस कहि चला महा अभिमानी। तृन समान सुग्रीवहि जानी॥
भिरे उभौ बाली अति तर्जा। मुठिका मारि महाधुनि गर्जा॥ 1॥
तब सुग्रीव बिकल होइ भागा। मुष्टि प्रहार बज्र सम लागा॥
मैं जो कहा रघुबीर कृपाला। बंधु न होइ मोर यह काला॥ 2॥
एकरूप तुम्ह भ्राता दोऊ। तेहि भ्रम तें नहिं मारेउँ सोऊ॥
कर परसा सुग्रीव सरीरा। तनु भा कुलिस गई सब पीरा॥ 3॥
मेली कंठ सुमन कै माला। पठवा पुनि बल देइ बिसाला॥
पुनि नाना बिधि भई लराई। बिटप ओट देखहिं रघुराई॥ 4॥

ऐसा कहकर वह महान् अभिमानी बालि सुग्रीव को तिनके के समान जानकर चला। दोनों भिड़ गए। बालि ने सुग्रीव को बहुत धमकाया और घूँसा मारकर बड़े जोर से गरजा॥ 1॥

तब सुग्रीव व्याकुल होकर भागा। घूँसे की चोट उसे वज्र के समान लगी। [सुग्रीव ने आकर कहा—] हे कृपालु रघुवीर! मैंने आपसे पहले ही कहा था कि बालि मेरा भाई नहीं है, काल है॥ 2॥

[श्रीरामजी ने कहा—] तुम दोनों भाइयों का एक-सा ही रूप है। इसी भ्रम से मैंने उसको नहीं मारा। फिर श्रीरामजी ने सुग्रीव के शरीर को हाथ से स्पर्श किया, जिससे उसका शरीर वज्र के समान हो गया और सारी पीड़ा जाती रही॥ 3॥

तब श्रीरामजी ने सुग्रीव के गले में फूलों की माला डाल दी और फिर उसे बड़ा भारी बल देकर भेजा। दोनों में पुनः अनेक प्रकार से युद्ध हुआ। श्रीरघुनाथजी वृक्ष की आड़ से देख रहे थे॥ 4॥

दोहा

बहु छल बल सुग्रीव कर हियँ हारा भय मानि।
मारा बालि राम तब हृदय माझ सर तानि॥ 8॥

सुग्रीव ने बहुत से छल-बल किए, किंतु [अंत में] भय मानकर हृदय से हार गया। तब श्रीरामजी ने तानकर बालि के हृदय में बाण मारा॥ 8॥

❦❖❖❖❦

चौपाई

परा बिकल महि सर के लागें। पुनि उठि बैठ देखि प्रभु आगें॥
स्याम गात सिर जटा बनाएँ। अरुन नयन सर चाप चढ़ाएँ॥ 1॥
पुनि पुनि चितइ चरन चित दीन्हा। सुफल जन्म माना प्रभु चीन्हा॥
हृदयँ प्रीति मुख बचन कठोरा। बोला चितइ राम की ओरा॥ 2॥
धर्म हेतु अवतरेहु गोसाईं। मारेहु मोहि ब्याध की नाईं॥
मैं बैरी सुग्रीव पिआरा। अवगुन कवन नाथ मोहि मारा॥ 3॥
अनुज बधू भगिनी सुत नारी। सुनु सठ कन्या सम ए चारी॥
इन्हहि कुदृष्टि बिलोकइ जोई। ताहि बधें कछु पाप न होई॥ 4॥
मूढ़ तोहि अतिसय अभिमाना। नारि सिखावन करसि न काना॥
मम भुज बल आश्रित तेहि जानी। मारा चहसि अधम अभिमानी॥ 5॥

बाण के लगते ही बालि व्याकुल होकर पृथ्वी पर गिर पड़ा। किंतु प्रभु श्रीरामचंद्रजी को आगे देखकर वह फिर उठ बैठा। भगवान् का श्याम शरीर है, सिर पर जटा बनाए हैं, लाल नेत्र हैं, बाण लिए हैं और धनुष चढ़ाए हैं॥ 1॥

बालि ने बार-बार भगवान् की ओर देखकर चित्त को उनके चरणों में लगा दिया। प्रभु को पहचानकर उसने अपना जन्म सफल माना। उसके हृदय में प्रीति थी, पर मुख में कठोर वचन थे। वह श्रीरामजी की ओर देखकर बोला— ॥ 2॥

हे गोसाईं! आपने धर्म की रक्षा के लिए अवतार लिया है और मुझे व्याध की तरह (छिपकर) मारा? मैं वैरी और सुग्रीव प्यारा? हे नाथ! किस दोष से आपने मुझे मारा?॥ 3॥

[श्रीरामजी ने कहा—] हे मूर्ख! सुन, छोटे भाई की स्त्री, बहिन, पुत्र की स्त्री और कन्या—ये चारों समान हैं। इनको जो कोई बुरी दृष्टि से देखता है, उसे मारने में कुछ भी पाप नहीं होता॥ 4॥

हे मूढ़! तुझे अत्यंत अभिमान है। तूने अपनी स्त्री की सीख पर भी कान (ध्यान) नहीं दिया। सुग्रीव को मेरी भूजाओं के बल का आश्रित जानकर भी अरे अधम अभिमानी! तूने उसको मारना चाहा!॥ 5॥

दोहा

सुनहु राम स्वामी सन चल न चातुरी मोरि।
प्रभु अजहूँ मैं पापी अंतकाल गति तोरि॥ 9॥

[बालि ने कहा—] हे श्रीरामजी! सुनिए, स्वामी (आप) से मेरी चतुराई नहीं चल सकती। हे प्रभो! अंतकाल में आपकी गति (शरण) पाकर मैं अब भी पापी ही रहा?॥ 9॥

❖❖❖

चौपाई

सुनत राम अति कोमल बानी। बालि सीस परसेउ निज पानी॥
अचल करौं तनु राखहु प्राना। बालि कहा सुनु कृपानिधाना॥ 1॥
जन्म जन्म मुनि जतनु कराहीं। अंत राम कहि आवत नाहीं॥
जासु नाम बल संकर कासी। देत सबहि सम गति अबिनासी॥ 2॥
मम लोचन गोचर सोइ आवा। बहुरि कि प्रभु अस बनिहि बनावा॥ 3॥

बालि की अत्यंत कोमल वाणी सुनकर श्रीरामजी ने उसके सिर को अपने हाथ से स्पर्श किया [और कहा—] मैं तुम्हारे शरीर को अचल कर दूँ, तुम प्राणों को रखो। बालि ने कहा—हे कृपानिधान! सुनिए— ॥ 1॥

मुनिगण जन्म-जन्म में (प्रत्येक जन्म में) [अनेकों प्रकार का] साधन करते रहते हैं। फिर भी अंतकाल में उन्हें 'राम' नहीं कह आता (उनके मुख से रामनाम नहीं निकलता)। जिनके नाम के बल के शंकरजी काशी में सबको समानरूप से अविनाशीनी गति (मुक्ति) देते हैं॥ 2॥

वह श्रीरामजी स्वयं मेरे नेत्रों क सामने आ गए हैं। हे प्रभो! ऐसा संयोग क्या फिर कभी बन पड़ेगा?

छंद

सो नयन गोचर जासु गुन नित नेति कहि श्रुति गावहीं।
जिति पवन मन गो निरस करि मुनि ध्यान कबहुँक पावहीं॥
मोहि जानि अति अभिमान बस प्रभु कहेउ राखु सरीरही।
अस कवन सठ हठि काटि सुरतरु बारि करिहि बबूरही॥ 1॥
अव नाथ करि करुना बिलोकहु देहु जो बर मागऊँ।
जेहिं जोनि जन्मौं कर्म बस तहँ राम पद अनुरागऊँ॥
यह तनय मम सम बिनय बल कल्यानप्रद प्रभु लीजिऐ।

गहि बाँह सुर नर नाह आपन दास अंगद कीजिए॥ 2॥

श्रुतियाँ 'नेति-नेति' कहकर निरंतर जिनका गुणगान करती रहती हैं, तथा प्राण और मन को जीतकर एवं इंद्रियों को [विषयों के रस से सर्वथा] नीरस बनाकर मुनिगण ध्यान में जिनकी कभी क्वचित् ही झलक पाते हैं, वे ही प्रभु (आप) साक्षात् मेरे सामने प्रकट हैं। आपने मुझे अत्यंत अभिमानवश जानकर यह कहा कि तुम शरीर रख लो। परंतु ऐसा मूर्ख कौन होगा जो हठपूर्वक कल्पवृक्ष को काटकर उससे बबूर के बाड़ लगावेगा (अर्थात् पूर्णकाम बना देनेवाले आपको छोड़कर आपसे इस नश्वर शरीर की रक्षा चाहेगा?)॥ 1॥

हे नाथ! अब मुझ पर दयादृष्टि कीजिए और मैं जो वर माँगता हूँ उसे दीजिए। मैं कर्मवश जिस योनि में जन्म लूँ, वहीं श्रीरामजी (आप) के चरणों में प्रेम करूँ! हे कल्याणप्रद प्रभो! यह मेरा पुत्र अंगद विनय और बल में मेरे ही समान है, इसे स्वीकार कीजिए और हे देवता और मनुष्यों के नाथ! बाँह पकड़कर इसे अपना दास बनाइए॥ 2॥

❖❖❖

दोहा

राम चरन दृढ़ प्रीति करि बालि कीन्ह तनु त्याग।
सुमन माल जिमि कंठ ते गिरत न जानइ नाग॥ 10॥

श्रीरामजी के चरणों में दृढ़ प्रीति करके बालि ने शरीर को वैसे ही (आसानी से) त्याग दिया जैसे हाथी अपने गले से फूलों की माला का गिरना न जाने॥ 10॥

❖❖❖

चौपाई

राम बालि निज धाम पठावा। नगर लोग सब ब्याकुल धावा॥
नाना बिधि बिलाप कर तारा। छूटे केस न देह सँभारा॥ 1॥
तारा बिकल देखि रघुराया। दीन्ह ग्यान हरि लीन्ही माया॥
छिति जल पावक गगन समीरा। पंच रचित अति अधम सरीरा॥ 2॥
प्रगट सो तनु तव आगें सोवा। जीव नित्य केहि लगि तुम्ह रोवा॥
उपजा ग्यान चरन तब लागी। लीन्हेसि परम भगति बर माँगी॥ 3॥
उमा दारु जोषित की नाईं। सबहि नचावत रामु गोसाईं॥
तब सुग्रीवहि आयसु दीन्हा। मृतक कर्म बिधिवत सब कीन्हा॥ 4॥
राम कहा अनुजहि समुझाई। राज देहु सुग्रीवहि जाई॥
रघुपति चरन नाइ करि माथा। चले सकल प्रेरित रघुनाथा॥ 5॥

श्रीरामचंद्रजी ने बालि को अपने परम धाम भेज दिया। नगर के सब लोग व्याकुल होकर दौड़े। बालि की स्त्री तारा अनेकों प्रकार से विलाप करने लगी। उसके बाल बिखरे हुए हैं और देह की सँभाल नहीं है॥ 1॥

तारा को व्याकुल देखकर श्रीरघुनाथजी ने उसे ज्ञान दिया और उसकी माया (अज्ञान) हर ली। [उन्होंने कहा—] पृथ्वी, जल, अग्नि, आकाश और वायु—इन पाँच तत्त्वों से यह अत्यंत अधम शरीर रचा गया॥ 2॥

वह शरीर तो प्रत्यक्ष तुम्हारे सामने सोया हुआ है, और जीव नित्य है। फिर तुम किसके लिए रो रही हो? जब ज्ञान उत्पन्न हो गया, तब वह भगवान् के चरणों लगी और उसने परम भक्ति का वर माँग लिया॥ 3॥

[शिवजी कहते हैं—] हे उमा! स्वामी श्रीरामजी सब को कठपुतली की तरह नचाते हैं। तदनंतर श्रीरामजी ने सुग्रीव को आज्ञा दी और सुग्रीव ने विधिपूर्वक बालि का सब मृतक-कर्म किया॥ 4॥

तब श्रीरामचंद्रजी ने छोटे भाई लक्ष्मण को समझाकर कहा कि तुम जाकर सुग्रीव को राज्य दे दो। श्रीरघुनाथजी की प्रेरणा (आज्ञा) से सब लोग श्रीरघुनाथजी के चरणों में मस्तक नवाकर चले॥ 5॥

❖❖❖

दोहा

लछिमन तुरत बोलाए पुरजन बिप्र समाज।
राजु दीन्ह सुग्रीव कहँ अंगद कहँ जुबराज॥ 11॥

लक्ष्मणजी ने तुरंत ही सब नगरनिवासियों को और ब्राह्मणों के समाज को बुला लिया और [उनके सामने] सुग्रीव को राज्य और अंगद को युवराज-पद दिया॥ 11॥

❖❖❖

चौपाई

उमा राम सम हित जग माहीं। गुरु पितु मातु बंधु प्रभु नाहीं॥
सुर नर मुनि सब कै यह रीती। स्वारथ लागि करहिं सब प्रीती॥ 1॥
बालि त्रास ब्याकुल दिन राती। तन बहु ब्रन चिंताँ जर छाती॥
सोइ सुग्रीव कीन्ह कपिराऊ। अति कृपाल रघुबीर सुभाऊ॥ 2॥
जानतहूँ अस प्रभु परिहरहीं। काहे न बिपति जाल नर परहीं॥
पुनि सुग्रीवहि लीन्ह बोलाई। बहु प्रकार नृपनीति सिखाई॥ 3॥
कह प्रभु सुनु सुग्रीव हरीसा। पुर न जाउँ दस चारि बरीसा॥

गत ग्रीषम बरषा रितु आई। रहिहउँ निकट सैल पर छाई॥ 4॥
अंगद सहित करहु तुम्ह राजू। संतत हृदयँ धरेहु मम काजू॥
जब सुग्रीव भवन फिरि आए। रामु प्रबरषन गिरि पर छाए॥ 5॥

हे पार्वती! जगत् में श्रीरामजी के समान हित करनेवाला गुरु, पिता, माता, बंधु और स्वामी कोई नहीं है। देवता, मनुष्य और मुनि सब की यह रीति है कि स्वार्थ के लिए ही सब प्रीति करते हैं॥ 1॥

जो सुग्रीव दिन-रात बालि के भय से व्याकुल रहता था, जिसके शरीर में बहुत से घाव हो गए थे और जिसकी छाती चिंता के मारे जला करती थी, उसी सुग्रीव को उन्होंने वानरों का राजा बना दिया। श्रीरामचंद्रजी का स्वभाव अत्यंत ही कृपालु है॥ 2॥

जो लोग जानते हुए भी ऐसे प्रभु को त्याग देते हैं, वे क्यों न विपत्ति के जाल में फँसें? फिर श्रीरामजी ने सुग्रीव को बुला लिया और बहुत प्रकार से उन्हें राजनीति की शिक्षा दी॥ 3॥

फिर प्रभु ने कहा—हे वानरपति सुग्रीव! सुनो, मैं चौदह वर्ष तक गाँव (बस्ती) में नहीं जाऊँगा। ग्रीष्मऋतु बीतकर वर्षाऋतु आ गई। अतः मैं यहाँ पास ही पर्वत पर टिक रहूँगा॥ 4॥

तुम अंगद सहित राज्य करो। मेरे काम का हृदय में सदा ध्यान रखना। तदनंतर जब सुग्रीवजी घर लौट आए, तब श्रीरामजी प्रवर्षण पर्वत पर जा टिके॥ 5॥

❖❖❖

दोहा

प्रथमहिं देवन्ह गिरि गुहा राखेउ रुचिर बनाइ।
राम कृपानिधि कछु दिन बास करहिंगे आइ॥ 12॥

देवताओं ने पहले से ही उस पर्वत की एक गुफा को सुंदर बना (सजा) रखा था। उन्होंने सोच रखा था कि कृपा की खान श्रीरामजी कुछ दिन यहाँ आकर निवास करेंगे॥ 12॥

(झ) हनुमान्‌जी द्वारा भरतजी का प्रश्न और श्रीरामजी का उपदेश, श्रीरामजी का प्रजा को उपदेश (उत्तरकांड, दोहा—35-47)

पूरा-का-पूरा उत्तरकांड दार्शनिक विवेचना एवं ज्ञान-भक्ति का निरूपण करनेवाला कांड है। इसका पाठ किसी भी समय, किसी भी अवसर पर किया जाए

मन को सुख शांति मिलती है और परमात्मा पर आस्था दृढ़ होती है। किसी भी मार्ग से, चाहे ज्ञान का हो या भक्ति का, परमात्मा तक पहुँचा जा सकता है परंतु भक्ति का मार्ग ज्ञान की तुलना में सहज और सरल है। इस अंश में काकभुशुंडि द्वारा ज्ञान-भक्ति का बहुत ही सुंदर निरूपण और भक्ति की महिमा का मनोहारी अंकन किया गया है।

पूरे रामचरितमानस में जितने भी प्रश्न उठाए गए हैं, उन सबका उत्तर इस कांड में प्राप्त होता है। पार्वतीजी और गरुड़जी का मोह-संशय इसी कांड में दूर होता है।

इसका पूरा पाठ संभव न होने पर विशेष रूप से 36 से 64 और 89-130 दोहों का पाठ बहुत ही लाभकारी होता है। इन प्रसंगों में हनुमान्‌जी द्वारा भरतजी का प्रश्न और श्रीरामजी का उपदेश, श्रीराम का प्रजा को उपदेश, श्रीराम-वसिष्ठ संवाद, शिव-पार्वती संवाद, गरुड़ मोह, काकभुशुंडि द्वारा भक्ति की महिमा, गरुड़जी के सात प्रश्न तथा काक भुशुंडि के उत्तर, भजन-महिमा आदि का बहुत सुंदर विवेचन हुआ है। उत्तरकांड के 35-47 दोहों को, जिनमें श्रीराम हनुमान्‌जी द्वारा पूछे गए भरतजी के प्रश्न का उत्तर और प्रजा को उपदेश देते हैं, 'विद्यारंभ' शीर्षक के अंतर्गत दे चुके हैं। कृपया देखिए **पृ. 97**।

(ञ) काकभुशुंडि द्वारा ज्ञान-भक्ति-निरूपण, गरुड़जी के सात प्रश्न तथा काकभुशुंडि के उत्तर (उत्तरकांड, दोहा–114-122)

सांसारिक संकट मनुष्य के तन-मन दोनों को तोड़ देता है। तन टूट जाए तो मनुष्य संयत रह सकता है लेकिन मन टूट जाए तो सँभलना कठिन हाता है। मन को सँभालने के लिए भक्ति परम आवश्यक है। काकभुशुंडिजी द्वारा दिया गया उपदेश मानसिक उलझन में फँसे व्यक्ति के लिए परम उपयोगी है। इसके बहुआयामी महत्त्व को देखते हुए इसके पाठ का निर्देश 'शुभ अवसर' पर भी दिया जा चुका है। पाठ के लिए देखिए **पृ. 202**।

□□□